LA SYRIE

LA PALESTINE ET LA JUDÉE.

LA SYRIE

LA PALESTINE ET LA JUDÉE

ET

PÈLERINAGE A JÉRUSALEM ET AUX LIEUX SAINTS

PAR LE R. P. LAORTY-HADJI.

> Utile est plures libros a pluribus fieri, diverso stylo, non diversa fide; etiam de quæstionibus ejusdem; ut ad plures res ipsa perveniat, ad alios sic.
>
> (S. Augustin., *De Trinit.*, cap. III.)

Le Saint-Sépulcre.

PARIS.
CHEZ BOLLE-LASALLE, ÉDITEUR,
RUE DE BONDY, 68.

1853

LA SYRIE,

LA PALESTINE ET LA JUDÉE.

I

LA SYRIE.

APERÇU GÉOGRAPHIQUE ET HISTORIQUE. — SAINT-JEAN D'ACRE, SOUR (TYR), SAYDE (SIDON), BEYROUT (BÉRYTE); — TRIPOLI, ÉDEN, LE LIBAN, LES DRUSES, LES MARONITES; — ALEP, ALEXANDRETTE, LAODICÉE, ANTIOCHE; — DAMAS, BALBECK, PALMYRE.

La Syrie, qui comprend dans ses limites la Palestine, théâtre des merveilles de la religion et berceau de la civilisation chrétienne, est désignée dans la Bible sous le nom de pays d'*Aram*, parce qu'elle avait été peuplée, selon les livres saints, par les descendants d'Aram, cinquième fils de Sem. Les Arabes la nomment *Bar-el-Cham*, c'est à-dire pays septentrional. Elle est bornée au nord par l'Asie Mineure, à l'est par l'Euphrate et le désert, au sud par l'Arabie, et à l'ouest par la Méditerranée. C'est une contrée longue, étroite, hérissée de montagnes formées d'un calcaire dur, disposé par lits diversement inclinés. Le Liban, ramification du Taurus, court du nord au sud jusqu'à Suez et dans l'Arabie. Il se compose de deux chaînes parallèles, le Liban et l'Anti-Liban, séparées par une grande vallée appelée, dans les auteurs profanes, Cœlésyrie, et dans la Bible, vallée du Liban.

Par sa conformation naturelle, la Syrie offre trois parties distinctes : le plateau oriental, la large chaîne de ses montagnes et la langue de terre qui forme son littoral. La première est une plaine accidentée, située à 2,000 pieds au-dessus du niveau de la mer et couverte de vastes steppes de sable et de rochers. Le Jourdain et l'Oronte la séparent des montagnes. Celles-ci élèvent comme des murailles leurs roches escarpées dont les crevasses laissent apercevoir de longues vallées et de profonds ravins. Le versant qui regarde le désert ne présente qu'aspérités et précipices, tandis que le versant opposé, d'un caractère pittoresque, arrosé de sources abondantes, a réuni autrefois, par la fertilité de son sol et la douceur de son climat, de nombreuses populations. La troisième région se fait remarquer par son étonnante fécondité, ses chaleurs accablantes et son insalubrité. C'est au sud des montagnes que commence la Palestine, dont la description et l'histoire nous occuperont dans la seconde partie de cet ouvrage.

Tout le littoral de la Syrie était habité par les Phéniciens, issus de la race de Cham comme les Cananéens établis en Palestine avant l'arrivée des Hébreux. Fondateurs de Sidon, leur première métropole, de Tyr, la reine de leurs cités, les Phéniciens avaient bâti et occupaient en outre Byblos, le Gébal de la Bible, Béryte, Aradus, Tripolis (Tripoli), et, sous le nom de Philistins, Gath, Ékron, Ascalon, Azoth et Gaza. Quoique la Phénicie ait eu des rois particuliers depuis Abibal et Hiram, contemporains de Saül et de David, jusqu'au temps de Nabuchodonosor, ses annales se confondent, à certaines époques, avec celles de la Syrie dont elle faisait partie, et nous ne les en séparerons pas ici. L'histoire des Phéniciens serait, d'ailleurs, tout entière dans celle de leurs nombreuses colonies, dont la plus célèbre est Carthage, et de leur commerce qui embrassait presque toutes les contrées du monde connu. Ces développements historiques nous entraîneraient hors des limites de notre sujet.

Les Syriens furent d'abord partagés en plusieurs tribus, sous des chefs particuliers. De ces tribus, quelques-unes devinrent prépondérantes et assujettirent les peuplades voisines. Ainsi se formèrent de petits royaumes que nous connaissons par la sainte Écriture, mais dont on ne peut aisément retrouver la position géographique. Tels furent ceux de Sobah, d'Amath, d'Arpa, de Maacha, de Gessur, de Rahab ou Rohob et de Damas.

Quand les Hébreux sortirent de la Palestine, sous les règnes belliqueux de Saül et de David, ils rencontrèrent les Syriens. Le livre de Samuel dit que Saül combattit les rois de Sobah. L'un d'eux, Hadadézer, était contemporain de David; il essaya de rallier toutes les tribus de la Syrie pour arrêter les conquêtes des Hébreux; mais il fut vaincu par David, dont plusieurs petits chefs syriens avaient sollicité l'alliance. Les habitants de Damas, qui voulurent venger sa défaite, furent mis en déroute, et les Syriens devinrent tributaires de Jérusalem. Une nouvelle tentative pour profiter d'une prise d'armes des Ammonites ne réussit pas mieux; Hadadézer avait envoyé chercher des renforts de l'autre côté de l'Euphrate. Ces troupes furent taillées en pièces dans la plaine d'Hélam, où périrent quarante mille hommes. Depuis cette défaite, le nom d'Hadadézer ne paraît plus dans l'histoire. Un de ses serviteurs, Rézon, releva la puissance syrienne en fondant sur les ruines du royaume de Sobah celui de Damas, qu'un de ses successeurs, contemporain d'Abiam, roi de Juda, étendit sur la plus grande partie de la Syrie.

Ben-Hadad Ier, roi de Damas, profita des discordes des Hébreux pour faire acheter chèrement son alliance aux rois rivaux d'Israël et de Juda. Asa, qui lui prodigua les trésors du temple, fut son appui, et les Syriens ravagèrent Israël. Ils enlevèrent à ce royaume plusieurs villes et obligèrent le roi Amri à permettre aux marchands syriens de s'établir dans Samarie.

Ben-Hadad II, qui succéda à son père vers l'an 901 avant J. C., voulut mettre fin au royaume d'Israël. Il vint assiéger Samarie, suivi de trente-deux rois ou chefs de tribus; mais l'indiscipline régnait dans son camp : il fut forcé de fuir honteusement. Une seconde invasion amena une bataille dans laquelle cent mille Syriens, dit-on, périrent près d'Aphek. Achab, qui aurait pu faire périr le roi de Damas, préféra faire alliance avec lui; Ben-Hadad promit de rendre les villes que son père avait prises au père d'Achab, et accorda aux Israélites la permission d'ouvrir des marchés à Damas. Mais la guerre recommença bientôt entre les deux rois, et Achab, quoique soutenu par Josaphat, fut tué dans le combat. Joram, son successeur, attaqué dans Samarie par Ben-Hadad, vit la cité réduite à la plus horrible famine; une panique qui saisit les troupes syriennes la sauva. Peu de temps après, Ben-Hadad fut étranglé par un de ses officiers, Hazaël, ainsi que l'avait prédit le prophète Élisée. Malgré les revers de ce prince, son règne avait eu un tel éclat, que les Syriens l'adorèrent après sa mort comme un dieu.

Hazaël, reconnu roi de Damas (vers 885), perdit d'abord la ville de Ramoth de Galaad, que les rois d'Israël et de Juda lui enlevèrent; mais il battit Jéhu, son fils Joachaz, et ravagea impitoyablement Israël. Joas, roi de Juda, attaqué à son tour par Hazaël, fut contraint de racheter Jérusalem en livrant aux Syriens les trésors du temple. Un an après le meurtre du grand prêtre Zacharie par Joas, Jérusalem elle-même fut prise et saccagée par Hazaël. La mort délivra enfin les Israélites de leur terrible ennemi (vers 836).

Ben-Hadad III, fils d'Hazaël, ne put défendre contre le roi d'Israël les places conquises par son père. Jéroboam II paraît même s'être emparé de Damas. « Les jours de malheur étaient arrivés pour les Syriens, car à l'orient grandissait une puissance qui allait mettre sous sa domination tous les peuples d'Aram. »

Rasin, successeur de Ben-Hadad III, essaya de conjurer le péril en formant une ligue avec les rois de Juda et d'Israël. Phacée consentit, mais Achaz refusa, et attaqué par les Syriens et le roi d'Israël, implora le secours de Téglath-Phalasar. Le roi de Ninive accourut, prit Damas, mit Rasin à mort, et enleva une partie de la population syrienne qu'il transporta sur les bords du fleuve Cyrrhus.

La Syrie, repeuplée par des colons assyriens, obéissant à des chefs établis par le conquérant, n'était plus alors qu'une province du grand empire d'Assur. La décadence de Ninive ne fut d'aucun avantage pour les Syriens. L'Égypte alors les menaça, puis Babylone. Vaincus avec les Hébreux, à Mageddo, par Néchao, ils virent le Pharaon défait par les Chaldéens à Circésium, mais ce fut pour tomber au pouvoir des Chaldéens eux-mêmes, et dès lors ils ne furent plus que la proie certaine des maîtres de l'Asie, de Nabuchodonosor, de Cyrus et d'Alexandre.

Après la mort d'Alexandre, Séleucus, un de ses plus illustres capitaines, d'abord gouverneur de la Babylonie (312), était devenu bientôt maître des vastes contrées comprises entre l'Euphrate, l'Indus et l'Oxus; et après la bataille d'Ipsus, toute l'Asie antérieure, jusqu'au Taurus, fut ajoutée à ses États (301). Séleucus quitta alors la Babylonie pour s'établir en Syrie et y plaça le siége de son empire. Il bâtit sur les bords de l'Oronte une nouvelle ville qui devint sa capitale, Antioche, l'Athènes de l'Orient, la rivale de Rome et d'Alexandrie. Ce prince, fondateur d'une foule d'autres villes parmi lesquelles Appien compte seize Antioches, cinq Laodicées, neuf Séleucies et trois Apamées, divisa son vaste empire en soixante-douze satrapies, pour affaiblir la puissance des gouverneurs. Séleucus mérita le surnom de *Nicator* (triomphateur), que ses sujets lui décernèrent. Après un règne glorieux de trente-trois ans, il périt assassiné par Ptolémée Céraunus, 279 ans avant Jésus-Christ.

Sous ses quatre premiers successeurs, Antiochus Soter, Antiochus Théos, Séleucus II et Séleucus III (279-222), le nouvel empire de Syrie semble entrer déjà dans une ère de décadence, due principalement à la faiblesse de ces princes et à la corruption profonde de la cour d'Antioche.

Le règne d'Antiochus le Grand (225-186), assez riche en événements, est marqué d'abord par de glorieux exploits. La Cœlésyrie, la Phénicie et la Palestine, dont les rois d'Égypte s'étaient emparés, furent annexées à la monarchie syrienne. Mais Antiochus, s'étant imprudemment engagé dans une guerre contre les Romains, fut vaincu à Magnésie, l'an 190 avant Jésus-Christ, et n'obtint la paix qu'en cédant toute la portion de ses états d'Asie située en deçà du Taurus, et en payant quinze mille talents euboïques (près de quatre-vingts millions de francs) pour les frais de la guerre. « L'empire des Séleucides, dit un historien, ne se releva jamais d'un pareil coup. D'une part, sa force en fut singulièrement amoindrie ; de l'autre, les conditions onéreuses du traité épuisèrent ses ressources financières et le réduisirent, dans la période suivante, à une complète impuissance. La Syrie se trouva dès lors placée sous la dépendance de Rome, et l'influence du sénat se fit sentir dans tous les événements qui remplissent son histoire à partir de cette époque. »

Les règnes de Séleucus IV et d'Antiochus Épiphane (186-164 avant Jésus-Christ), furent marqués par de sanglantes persécutions contre les Juifs. C'est l'ère brillante des Machabées. Sous Démétrius Soter (162-150) le royaume de Syrie était tombé dans un tel degré d'avilissement, que ce monarque fut obligé de rechercher l'appui des Israélites, qu'il avait jusque-là traités de rebelles. Pour obtenir l'alliance de Jonathas, successeur de Judas Machabée, il renonça au tribut que la nation juive payait, et fit don au sanctuaire de Jérusalem du territoire et de la ville de Ptolémaïs. Peu d'années après, il intervint, entre Démétrius Nicator et Simon, frère de Jonathas, un traité qui affranchit complétement la Judée du joug des Syriens.

« La suite de l'histoire des Séleucides, dit Heeren, n'offre plus qu'un enchaînement de guerres civiles, de querelles de famille, de cruautés révoltantes, à quoi il serait difficile de trouver rien de semblable. Le royaume ne s'étendait plus alors que jusqu'à l'Euphrate, parce que toute l'Asie supérieure appartenait aux Parthes ; et depuis que les Juifs avaient reconquis leur indépendance, il ne consistait réellement que dans la Syrie proprement dite et la Phénicie. Sa faiblesse était telle, que les Romains eux-mêmes paraissent s'être peu souciés pendant longtemps de s'en emparer, soit parce qu'il y avait bien peu à prendre, soit parce qu'ils jugèrent plus sûr de laisser les derniers descendants de Séleucus se déchirer les uns les autres. » Enfin, lorsque Pompée arriva en Asie chargé par le sénat d'achever la ruine de Mithridate, les Syriens, depuis longtemps habitués à changer de maîtres, ne firent aucune résistance au général romain, et la Syrie fut réduite en province romaine, l'an 64 avant Jésus-Christ.

A partir de cette époque, le pays fut gouverné par des proconsuls, et depuis le règne d'Auguste par des lieutenants de l'empereur.

Sous la domination romaine, les divisions politiques de la Syrie étaient les suivantes :

La *Comagène*, au nord, capitale Samosate, patrie de Lucien. La *Cyrrhestique*, au sud de la Comagène, capitale Hiéropolis ou la ville sainte, aujourd'hui Bambig. Une autre ville de cette province, Zeugma, avait sur l'Euphrate un pont de bateaux qui la mettait en communication avec Apamée, située de l'autre côté du fleuve. La *Piérie*, à l'ouest, dont la capitale était Myriandros, ancienne colonie phénicienne s'élevant non loin des défilés de la Cilicie. La *Séleucide*, près de la mer, avec la forte place de Séleucie. La *Chalcidie*, à l'est de la précédente, qui devait son nom à Chalcis, sa ville principale. La *Chalybonitide*, plus à l'est encore, joignant, à travers le désert, l'Euphrate, où Thapsaque était le passage le plus fréquenté qu'il y eût sur le fleuve. La *Palmyrène*, oasis au milieu du désert, avec sa capitale Palmyre nommée aussi Tadmor. La *Cœlésyrie*, qui avait pour capitale Damas et renfermait en outre Héliopolis, aujourd'hui Balbeck. La *Laodicène*, sur les confins de la Phénicie. L'*Apamène*, dont les villes les plus importantes étaient Apamée, Émèse, Hamath ou Épiphanie ; enfin la *Cassiotide*, avec la grande ville d'Antioche et Laodicée.

La Syrie sous les Romains, et plus tard sous les empereurs d'Orient, n'a plus, à proprement parler, d'histoire générale ; mais la renommée de ses grandes villes, d'Antioche et de Damas surtout, continue à remplir le monde, et nous aurons occasion, en décrivant ces cités célèbres, de rappeler quelques-uns des événements dont elles ont été le théâtre. Pour compléter cet aperçu préliminaire, il nous suffira de rappeler que les provinces syriennes, ravagées sous Justinien et sous Justin par Chosroës, roi des Perses (548 et 574 depuis J. C.), furent conquises, au septième siècle, par le khalife Omar. La dynastie des Ommiades établit à Damas le siége de l'empire musulman en même temps que les Abassides fondaient Bagdad.

Au temps des croisades, une partie de la Syrie fut conquise, avec la Palestine, par les chrétiens. Sous leur domination, trop peu durable, Saint-Jean d'Acre et Tyr dépendaient du royaume de Jérusalem ; on vit se former la principauté d'Antioche. Les possessions chrétiennes comprenaient aussi les baronies de Joppé, de Sidon, de Césarée, de Scythopolis, le comté de Tripoli ; plusieurs autres seigneuries appartenaient aux Templiers et aux Hospitaliers. Le reste de la Syrie demeura au pouvoir de Saladin et de ses successeurs, qui prenaient les titres de sultans de Damas et rois d'Alep.

Les sultans d'Égypte de la dynastie des mamelouks Bahrites s'emparèrent de tout le pays au treizième siècle, et firent disparaître les traces des conquêtes des croisés en Syrie. Ils en furent dépossédés, en même temps que du trône d'Égypte, l'an 1382, par Aben-Saïd-Barkouk, fondateurs de la dynastie des mamelouks Borgites ou Circassiens. Sous le règne de Faradj, fils et successeur de Barkouk, Timour ou Tamerlan, le célèbre empereur des Mongols, envahit la Syrie (1401) et fit la conquête d'Alep, d'Émèse, de Damas et de quelques autres villes. Des ruines et des torrents de sang marquèrent son passage ; mais il abandonna bientôt ce pays dévasté pour aller combattre, dans l'Anatolie, contre l'empereur Bajazet.

Les mamelouks circassiens possédèrent la Syrie jusqu'au commencement du seizième siècle. En 1517, l'empereur ottoman Sélim Ier la conquit, ainsi que la Palestine, sur Kansou-Gauri, avant-dernier sultan d'Égypte. Le sort de ses habitants est resté sous les Turcs ce qu'il avait été sous les mamelouks. Les trois siècles qui se sont écoulés depuis cette époque n'ont été marqués dans cette partie de l'empire ottoman par aucun changement notable. Nous terminerons cet exposé en rappelant que la Syrie fut, en 1799, le théâtre des exploits du général Bonaparte, et qu'après avoir été conquise, en 1833, par les Égyptiens, sous les ordres d'Ibrahim, fils de Méhémet-Ali, vice-roi d'Égypte, elle a été replacée, en 1840, sous la domination de la Porte.

Depuis Sélim Ier, les divisions territoriales de la Syrie ont peu varié. Tout le pays se partage en quatre pachaliks, qui sont ceux d'Acre ou de Sayde, de Tripoli, d'Alep et de Damas. La circonscription de ces pachaliks a souvent subi des changements; mais la disposition générale s'est maintenue à peu près la même. Elle servira de base à la description que nous allons donner de ce pays si riche en souvenirs et en monuments du passé.

PACHALIK D'ACRE OU DE SAYDE.

Saint-Jean d'Acre est une ville plus saillante sous le rapport historique que sous celui de l'archéologie. Ses monuments sont pauvres; ses annales sont riches.

Située dans la Cœlésyrie, sur les confins de la Phénicie et de la Palestine, Acre reporte son origine aux temps mythologiques; sa date va plus loin dans les âges que celles d'Antioche, de Césarée, de Damas, de Jérusalem, plus loin même que l'entrée des Hébreux dans la terre promise. Alors elle se nommait *Ako* ou *Acco*, nom phénicien qui veut dire *étroite*, *resserrée*, sans doute à cause de l'entassement de ses maisons sur une langue de terre qui fait saillie dans la mer.

Plus tard, quand les Grecs maîtres de cette ville voulurent rattacher son origine à leurs propres traditions mythologiques, ils cherchèrent par quels moyens ils pourraient tordre ce mot *Ako*, pour en extraire une racine grecque. Après beaucoup de recherches patientes, voici ce que trouvèrent leurs étymologistes. D'*Ako* ils firent *Aké*; puis, bâtissant sur ce nom une fable religieuse, ils rapportèrent cette appellation à Hercule, qui, blessé d'un coup de flèche (ἀκή) avait trouvé sa guérison (ἄκος) dans une plante, cueillie sur les bords du fleuve Bélus. Ainsi, l'étymologie grecque reposait sur un double jeu de mots.

Les mythographes orientaux n'ont pas, de leur côté, bâti moins d'hypothèses fabuleuses. Acre, suivant les uns, fut fondée par Adam lui-même, qui s'y arrêta lorsqu'il eut découvert la source qui coule aujourd'hui encore au milieu de la ville; les autres attribuent sa fondation au prophète Saleh, qui y construisit un temple dont les ruines subsistaient encore dans les premiers siècles de l'Islamisme. Mais l'histoire réelle d'Acre ne commence que dans les premiers temps de l'ère hébraïque, quand le *Livre des Juges* cite la ville d'*Acco* comme l'une des cités limitrophes des terres phéniciennes, qui, avec Tyr et Sidon, résistèrent aux armes des Israélites.

Plus tard, Acre, devenue une annexe de Tyr, suivit les destinées de la métropole. Sous le nom d'*Acon*, elle passe des mains du roi des Perses dans celles d'Alexandre; échoit, quand le conquérant meurt, à Démétrius Soter, fils de Séleucus, et relève, en l'an 150 avant l'ère chrétienne, d'Alexandre Balas, prétendu fils d'Antiochus Épiphane, avant que Ptolémée Philadelphe la réunisse avec une portion de la Syrie à son royaume d'Égypte. De cette époque date son nouveau nom de Ptolémaïs.

Assiégée vers ce temps par le roi d'Arménie, Tigrane, la ville d'Acre résista, et se maintint sous la loi des Lagides. Mais quand, plus tard, les Romains promenèrent le niveau sur toutes ces petites dynasties, l'Arménie et la Syrie eurent pour chefs des préteurs; les villes, des cohortes pour garnisons. Sous les Hérodes, Acre reprit son ancien nom altéré en celui d'*Accon*; devint, sous l'empereur Claude, *Colonia Claudia*, désignation que l'on retrouve sur plusieurs médailles; se transforma, sous le Bas-Empire, en siége épiscopal, dont les titulaires sont cités dans les actes des conciles de Césarée, de Nicée, d'Antioche, de Constantinople, de Chalcédoine et de Jérusalem; changea encore et à diverses reprises de nom: tour à tour, *Akka, Akko, Accaron, Ptolémaïs*.

Le nom d'Akka prévaut sous le khalife Omar, dans les premiers jours de la propagande mahométane. Acre est une des premières conquêtes de l'islamisme sur l'empire byzantin: Omar y entre, et, loin d'y faire brûler des manuscrits précieux, il y construit une mosquée magnifique sur les ruines du temple attribué au patriarche Saleh. A son tour, vers l'an 260 de l'hégire (871 de l'ère chrétienne), Ahmed-ben-Touloun, devenu souverain indépendant de l'Égypte et de la Syrie, s'occupe de l'embellissement d'Acre, fait creuser son port, le ferme d'une chaîne, et réédifie ses fortifications.

Cette période de prospérité dure jusqu'aux croisades. Là elle s'arrête et s'annule devant les plus furieuses et les plus impitoyables guerres. De toutes les villes du littoral syrien, aucune n'a plus à souffrir que la ville d'Acre, aucune ne change plus souvent de maître. Cinq fois emportée d'assaut par les bataillons des croisés, cinq fois elle est reconquise par les milices musulmanes. En l'an 1104 de l'ère chrétienne (490 de l'hégire), Baudouin y entre et la sanctifie. La mosquée d'Omar se change en église dédiée à saint Jean, et l'ordre des chevaliers de Saint-Jean d'Acre est fondé. Pendant quatre-vingt-trois ans cette compagnie, si célèbre depuis sous les noms de Saint-Jean de Jérusalem et de Malte, garda la place confiée à sa bravoure, et la défendit contre toutes les forces sarrasines. Chassés de ses murs par le sultan Saladin, vers 1187 de l'ère chrétienne (583 de l'hégire), les croisés la reprirent quatre ans plus tard sous Philippe-Auguste de France et Richard Ier d'Angleterre; mais, servi par des dissensions intérieures, Saladin y rentra douze mois après. Les croisés prirent leur revanche en 1196 (592); mais, après une nouvelle trêve de dix années, Acre retomba en 1205 (606) au pouvoir de Seyf-ed-Din, frère de Saladin; et, malgré d'autres efforts et d'autres victoires chrétiennes, la place resta définitivement acquise à l'autorité mahométane en l'an 1291 (690), sous le règne du sultan d'Égypte Khalyl, fils de Kalaoun, huitième prince de la dynastie des Mamelouks-Bahrites. Le vainqueur en chassa les chrétiens et en démantela les remparts. Entièrement rasée à cette époque, Acre prit le nom d'*Akh-el-Kharâk*, Acre la ruinée, et ce nom est resté aux décombres qui gisent à l'est de la ville actuelle.

Avec des traditions aussi importantes, Acre semblait comme rayée de l'histoire moderne, quand le cheyk Daher, vieillard hardi et adroit, s'en empara, malgré la Porte, en 1749. Acre n'était alors qu'un village ouvert, dans lequel les maraudeurs bédouins dictaient la loi; Daher résolut d'en faire une place forte. Il acheta l'impunité du divan de Constantinople, se bâtit un palais fortifié comme une citadelle, éleva des tours qui commandaient le port, édifia autour de la ville une enceinte qu'il garnit de canons. Ces sûretés prises, Daher songea à des améliorations plus pacifiques; il assainit la plaine environnante, encouragea les cultures, fit creuser le port, attira des négociants européens, donna un essor subit aux échanges de la cité renaissante; traita avec les pachas ses voisins, moins comme un égal que comme un maître; gagna à sa cause les Motoalis, tribu belliqueuse et puissante; devint enfin *cheyk d'Acre, prince des princes, commandant de Nazareth, de Tabariéh, de Safed*, et *maître de toute la Galilée*. Allié des Russes, et appuyé par toute la population voisine, Daher vainquit le pacha de Damas, et fit capituler la Porte. Il ne succomba que vaincu par la trahison, et quand Djezzar eut passé dans ses rangs pour le perdre et s'installer à sa place. Ce nouveau pacha d'Acre a été une des plus saillantes figures que l'Orient moderne ait mises en relief. Ce fut lui qui résista aux Français, détachés de l'armée d'Égypte pour conquérir Saint-Jean d'Acre.

Acre est le chef-lieu du pachalik de Sayde, qui embrasse tout le territoire compris entre le Nahr-el-Kelb (l'Adonis) et Quayssariéh (Césarée), entre la Méditerranée à l'ouest, l'Anti-Liban et le cours supérieur du Jourdain à l'est. A l'importance de son étendue, ce pachalik joint de rares avantages de sol et de position. Le blé, l'orge, le maïs (*doura*), le coton, le sésame (*semsem*), couvrent les riches plaines d'Acre, d'Esdrelon, de Sour (l'ancienne Tyr), de *Gebel-Naqouréh* et du cap *Ras-el-Mecherfy*. La fertilité de cette contrée, ancien domaine de la tribu d'Aser, justifie la parole du patriarche Jacob : « Aser mangera » un pain délicieux ; son pays sera fertile en excellents blés qui feront » les délices des rois. » Les cotons de Safed sont estimés pour leur blancheur à l'égal de ceux de Chypre ; le tabac prospère sur les montagnes de Sour. Le pays des Aruzes abonde en vins et en soie. Le territoire de Quayssariéh (l'ancienne Césarée) offre une des plus belles forêts de chênes qui existent en Syrie ; enfin, comme si ce n'était pas assez de tant de richesses agricoles, ce pachalik, par sa position sur le littoral, par la sûreté de son port, de ses anses et de ses baies, peut passer pour l'entrepôt général du commerce arabique et syrien.

En face d'Acre, et dominant la petite ville de Caïffa ou Hayfa, s'élève un pic écrasé et rocailleux, dont le nom est célèbre dans les Écritures : c'est le mont Carmel où pria Élie. Une chapelle dédiée au prophète couronne ce sommet. C'est de là, dit la tradition, qu'il partit pour le ciel dans un chariot de feu. La hauteur de ce pic est de trois cents toises au-dessus du niveau de la mer. Ses flancs sont couverts d'oliviers et de vignes sauvages, qui attestent l'existence d'anciennes cultures. Sur ce plateau aéré, et dans la chapelle d'Élie, fut établie, à l'époque du siége de Saint-Jean d'Acre par l'armée française, une ambulance réservée aux soldats pestiférés.

Le pachalik dont Acre est la capitale comprend encore une foule de localités célèbres dans l'histoire des âges : Nasrâ ou Nazareth, Tabarié ou Tibériade, le mont Thabor, le lac de Génézareth, qui se lieront, dans notre Précis, à l'histoire de la Palestine ; puis Sour et Saïde, Tyr et Sydon, qui appartiennent l'une et l'autre à un autre ordre d'idées, de gloire, de puissance et de civilisation.

Sour est située sur le littoral syrien, à six lieues au nord de la ville d'Acre. Son ancien nom de Tyr, par une altération familière aux Orientaux, est devenu d'abord *Tsour*, pour former celui de *Sour*, bourgade peuplée aujourd'hui de deux mille âmes.

Là était Tyr, cette reine du monde commercial, que fondèrent des

Sidoniens chassés de leur patrie deux cent quarante ans avant la construction du temple de Jérusalem. Une langue avancée dans la mer, et continuée par un îlot peu distant du rivage ; une baie vaste et sûre, un territoire fertile et riant : voilà ce qui décida cette fondation, dont l'importance devait grandir si vite. Longtemps en terre ferme, Tyr s'y maintint malgré des ennemis nombreux et puissants : pendant treize années entières, elle résista au roi de Babylone, maître de tout le reste de la Syrie, et quand, après ce siége glorieux, il devint impossible de se défendre sur le continent, au lieu de se rendre, les Tyriens aimèrent mieux passer sur l'île, et mettre la mer entre eux et leurs ennemis. Ce fut dans cette nouvelle position qu'Alexandre vint attaquer la cité industrieuse. Ruinée, puis reconstruite, elle profita d'une jetée élevée au sein de la mer par les Macédoniens pour lier son île à la terre ferme, formant ainsi le promontoire sur lequel ses décombres s'étendent aujourd'hui.

Merveilleuse existence phénicienne encore mal éclaircie, colonie marchande jetée sur une bande étroite du littoral syrien, y occupant à peine quelques lieues carrées en territoire, et qui pourtant fonda des succursales comme Carthage, comme Utique, comme Cadix dans la Méditerranée ; comme Aradus sur le golfe Persique ; Faran et *Phœnicum Oppidum* sur la mer Rouge ! La Phénicie régnait sur les mers, et sans doute ses marins poussèrent leurs trirèmes sur une foule de plages où les modernes prétendent avoir abordé les premiers. Quand on songe aux traditions tyriennes, aux magnificences que leur prête la voix des vieux prophètes, c'est à se demander si nous ne sommes pas encore petits, nous qui nous croyons si grands.

« Ville superbe, qui reposes au bord des mers ! Tyr, qui dis : Mon empire s'étend au loin de l'Océan, écoute l'oracle prononcé contre toi ! Tu portes ton commerce dans les îles lointaines, chez les habitants de côtes inconnues. Sous ta main, les sapins de Sanir deviennent des vaisseaux, les cèdres du Liban des mâts, les peupliers de Bisan des rames. Les matelots s'asseyent sur le buis de Chypre, orné d'une marqueterie d'ivoire. Tes voiles et tes pavillons sont tissus du beau lin d'Égypte ; tes vêtements sont teints de l'hyacinthe et de la pourpre de l'Hellas (Hellespont). Sidon et Arouad t'envoient leurs rameurs, Djabal (Djebilé) ses constructeurs habiles ; tes géomètres et tes sages guident eux-mêmes tes proues. Tous les vaisseaux de la mer sont employés à ton commerce. Tu tiens à ta solde le Perse, le Lydien, l'Égyptien; tes murailles sont parées de leurs boucliers et de leurs cuirasses. Les enfants d'Arouad bordent tes parapets, et tes tours gardées par les Djimédéens (peuples phéniciens) brillent de l'éclat de leurs carquois. Tous les pays s'empressent de négocier avec toi. Tarse envoie à tes marchés de l'argent, du fer, de l'étain, du plomb. L'Ionie, le pays des Mosques et de Teblis (Teflis), t'approvisionnent d'esclaves et de vases d'airain. L'Arménie t'envoie des mules, des chevaux, des cavaliers. L'Arabe du Dedan voiture tes marchandises. Des îles nombreuses échangent avec toi l'ivoire et l'ébène. L'Araméen (le Syrien) t'apporte le rubis, la pourpre, les étoffes piquées, le lin, le corail et le jaspe. Les enfants d'Israël et de Juda te vendent le froment, le baume, la myrrhe, la résine et l'huile; Damas, le vin de Halboun (Halab peut-être) et les laines fines. Les Arabes d'Oman offrent à tes marchands le fer poli, la cannelle, le roseau aromatique, et l'Arabe du Dedan des tapis pour t'asseoir. Les habitants du désert payent de leurs chevreaux et de leurs agneaux tes riches marchandises. Les Arabes de Saba et Ramé t'enrichissent par le commerce des aromates, des pierres précieuses et de l'or. Les habitants de Harang, de Kalané et d'Adana, facteurs de l'Arabe, de Cheba, de l'Assyrien et du Chaldéen, commercent aussi avec toi et te vendent des châles, des manteaux artistement brodés, de l'argent, des mâtures, des cordages et des cèdres; enfin, les vaisseaux vantés de Tarse sont à tes gages. O Tyr, fière de tant de gloire et de richesses, bientôt les flots de la mer s'élèveront contre toi, et la tempête te précipitera au fond des eaux. Alors s'engloutiront avec toi tes richesses; avec toi périront en un jour ton commerce, tes négociants, tes correspondants, tes matelots, tes pilotes, tes artistes, tes soldats, et le peuple immense qui remplit tes murailles. Tes rameurs déserteront tes vaisseaux; tes pilotes s'assiéront sur le rivage, l'œil morne contre terre. Les peuples que tu enrichissais, les rois que tu rassasiais, consternés de ta ruine, jetteront des cris de désespoir. Dans leur deuil, ils couperont leur chevelure; ils jetteront la cendre sur leur front dénudé; ils se rouleront sur la poussière, et ils diront : « Qui jamais égala Tyr, cette reine de la mer? »

Voilà ce que disait le poëte-prophète. L'oracle n'a pas menti. Sour est un village; Sour n'a plus ni monuments, ni navires, ni port, ni marchandises, ni population. Un facteur grec au service des maisons européennes a remplacé ces mille armateurs, ces mille manufacturiers, ces myriades de marins. Quelques ballots de coton pourrissent sur les quais, où roulaient du soir au matin l'or et la pourpre, les épices et les aromates. Les colères prophétiques ont eu raison.

Le local actuel de Sour est une presqu'île qui saille du rivage et va vers la mer sous la forme d'un marteau à tête ovale. Cette tête, dont le fond est de roc et le dessus une terre brune cultivable, forme une petite plaine de huit cents pas de long sur quatre cents de large. L'isthme qui lie cette plaine au continent est au contraire de pur sable de mer ; c'est la jetée d'Alexandre élargie par des atterrissements successifs. Le village de Sour est assis sur le point d'attache de l'isthme, à l'ancienne île dont il couvre à peine le tiers. Un bassin, qui fut un port creusé de main d'homme, règne vers la pointe nord ; deux tours correspondantes en défendent l'accès, et de ces tours part une enceinte en ruines qui jadis bordait l'île entière. La partie du terrain libre autour du village est occupée par des jardins à peine cultivés. Quelques légumes et du poisson suffisent aux habitants ; ils ne cherchent pas à obtenir par le travail une condition meilleure. De toutes les constructions élevées dans l'enceinte, la plus remarquable est une ruine située à l'angle sud-est, vieille église chrétienne bâtie probablement par les croisés, et dont il ne reste aujourd'hui que la nef. Tout auprès et parmi les décombres gisent deux magnifiques colonnes en granit rouge, d'une espèce inconnue en Syrie, si massives, si pesantes, que Djezzar essaya vainement de les faire transporter à Acre pour en décorer les parois de la mosquée.

Sur l'isthme est un puits qui fournit aux besoins du village, et au delà commencent des ruines d'arcades, qui semblent appartenir à l'aqueduc qui portait de l'eau à la vieille Tyr. Plus on avance vers l'intérieur, plus cette donnée se confirme. A une heure dans les terres, les arches reparaissent avec un large canal au-dessus, formé d'un ciment plus dur que la pierre. Ce système d'arcades conduit à des réservoirs que plusieurs voyageurs ont nommés les puits de Salomon, et qui ne sont connus dans le pays que sous le nom de *Ras-el-Aën* (tête de la source). Ces réservoirs sont au nombre de six ou sept, dont l'un grand, deux moindres, les autres petits ; ils forment tous un massif de maçonnerie en ciment mêlé de cailloux de mer. Ces puits, dont le massif saille de quinze à dix-huit pieds, sont remplis jusqu'aux bords d'une eau vive et bouillonnante. Elle se déverse par une foule de courants, et son abondance est telle qu'après avoir fait marcher trois moulins, elle se forme en un petit ruisseau qui va se perdre dans la mer.

Voilà Tyr et son bassin. Saïde ou Sidon, mère de toutes les villes phéniciennes, est située à six ou sept lieues au nord. Ancien chef-lieu du pachalik, Sayde est une ville assez vaste, mais mal bâtie, malpropre, et remplie de décombres modernes. Elle occupe sur les bords de la mer un terrain d'environ six cents pas de long sur cent cinquante de large. Un fort, qu'une volée renverserait, domine la mer, la ville et la campagne. Le château au N. O. de la ville est en meilleur état. Jadis, entre le château et un écueil qui lui fait face, s'étendait une espèce de rade, bonne à peine dans la saison des vents alisés; mais l'émir Fakr-el-Dyn, à l'époque où il craignait une descente turque, fit ensabler les passes de telle manière, qu'aujourd'hui encore le mouillage est impraticable. Du côté de la mer, la ville est sans murailles; elle a un mur du côté de la terre, bon tout au plus pour la protéger contre les cavaliers de ces montagnes. L'artillerie se compose de six à sept vieux canons; la garnison va à cinquante ou soixante hommes. Quoique écrasée par le voisinage de Beyrout, Sayde est une ville assez commerçante; elle reçoit de Damas et de la vallée de Beqâa, la soie, les blés, le coton, la cire, produit des provinces intérieures. On évalue la population de la ville à quatre ou cinq mille âmes.

Plus au nord est Beyrout, l'ancienne Béryte, colonie romaine sous Auguste, qui lui donna le nom de *Felix Julia*. La ville occupe une verte et gracieuse colline qui va mourir à la mer, flanquée à droite et à gauche de petits promontoires rocheux qui portent des fortifications turques de l'effet le plus pittoresque. Tout ce terrain, mollement ondulé, se détache du pied du Liban pour saillir dans la mer, environ deux lieues hors de la ligne du rivage, et l'angle rentrant qui en résulte forme au nord une assez grande rade, où débouche la rivière de Nahr-el-Salib ou Nahr-Beyrout. On ne saurait se faire une idée de la magnificence de cette situation. Quand on arrive du large, l'œil ne rencontre partout que des massifs de verdure fraîche et lustrée; ici des terrasses étagées de mûriers blancs; là, des bois de caroubiers sombres et touffus; puis les figuiers, les platanes, les orangers, qui se groupent en vergers odorants le long de la mer, tandis qu'à l'horizon les oliviers étendent comme une mer leurs cimes grises et cendrées. L'aspect géognostique n'est ni moins curieux, ni moins imposant. A une lieue environ de la ville, le Liban se dresse ; il hérisse ses crêtes anguleuses ou arrondit ses croupes puissantes, tantôt se déchirant pour laisser apercevoir une éclaircie au travers de ses gorges, tantôt doublant et triplant ses chaînes secondaires, comme pour interdire l'accès des pays intérieurs.

Beyrout elle-même est une ville active, gaie, riche, affairée, industrieuse. C'est l'entrepôt, le port, la ville maritime des Druses, à qui appartient tout le Liban qui fait face. Là descendent les produits des plateaux supérieurs, la soie de Syrie qu'on transporte à Brousse où elle sert à la fabrication de ces étoffes, si renommées sur tous les bazars de l'Orient et dans les marchés de l'Europe. En échange de ces soies, les montagnards viennent chercher le riz de Damiette, le tabac de Lattakiéh, le café de l'Yemen, les blés de Beqâa et du Hauran. Des navires européens, des caïques arabes, des tartanes, des chaloupes encombrent cette rade que forme une simple jetée inondée souvent par la vague, digue impuissante que la mer franchit pour venir battre le môle, et couvrir de son écume les Arabes accroupis sur le quai.

Là, à Beyrout, mieux qu'ailleurs, dans une ville demi-musulmane, demi-chrétienne, on peut se faire une idée des mœurs orientales que nous connaissons si mal, quoiqu'on nous les ait tant de fois décrites. Ces maisons à toits plats et à balustrades crénelées, ces fenêtres à mille ogives, ces grilles de bois peint d'où l'on voit sans être vu, ces pins arrondis en parasols ; ces constructions pittoresques, couvents grecs ou maronites à l'architecture massive, mosquées aux colonnettes élancées, santons mystérieux et solitaires ; ces Arabes qui se disputent, ces chameaux qui grognent, ces chiens qui hurlent : tout cela, c'est bien l'Orient.

Avez-vous mis pied à terre ? A l'instant ces impressions, confuses d'abord et générales, se fixent, s'arrêtent, se spécialisent. Voici le costume arabe dans toute son éclatante simplicité, dans tout son luxe d'armes et de chevaux, le premier luxe des Arabes. Voici des femmes avec le turban, la veste brodée ; d'autres avec le *cors* d'or ciselé, orné de perles, de pierreries, et les amples habits qui les enveloppent ; toutes laissant tomber sur leurs épaules de longs cheveux nattés qui se mêlent aux franges de perles et aux chaînes de sequins vénitiens. Les hommes, accroupis devant les portes des cafés, y fument gravement leur narguilé ou leur pipe ; les femmes, empaquetées dans des voiles blancs, traversent la ville pour se rendre au bain, leur délassement et leur joie. Les journaliers, les âniers, les colporteurs appellent bruyamment la pratique, tandis que du haut des minarets les muezzins jettent une à une et lentement les paroles de la prière.

Ainsi est Beyrout, ainsi, comme elle, sont toutes les villes du littoral et presque toutes les villes orientales. Ces populations, façonnées à l'obéissance passive et au fatalisme religieux, mènent une vie monotone, mais tranquille, avec peu de joies et peu de peines.

Le plus grand plaisir des femmes et des hommes, c'est le bain, le bain oriental qui n'a avec le nôtre rien de commun, si ce n'est le nom. Les bains, dans l'Orient, sont les étuves grecques et romaines avec des raffinements plus sensuels encore. Les salles de bains se composent d'une suite de pièces qu'éclairent de petits dômes à vitraux peints. Pavées de marbres à compartiments de diverses couleurs, elles ont aussi des parois de mosaïque ou de marbre sculpté en colonnettes moresques. La pièce qui sert d'entrée au *Hammam* (bain public) est vaste, haute, aérée, garnie d'estrades où se déposent les vêtements. De là, on passe dans diverses salles dont la chaleur augmente par gradations presque insensibles. C'est d'abord la température de l'air extérieur, puis une atmosphère douce et tiède, puis une raréfaction de plus en plus grande, jusqu'à la dernière pièce où la vapeur de l'eau bouillante s'élève des bassins, et suffoque presque ceux qui y arrivent. Dans ce sanctuaire, où n'arrive qu'un jour douteux, est une étuve chauffée à un très-haut degré, et parfumée d'essences qui exhalent des odeurs suaves.

C'est en vain qu'on y chercherait, comme en Europe, des baignoires oblongues ou des bassins creusés dans le roc. Le bain oriental ne se compose que d'aspersion et d'immersion, d'étuves ou de douches. Nulle cuve remplie n'attend celui qui se baigne; mais couché sur le marbre, il se tient immobile sous ce nuage odorant qui va pénétrer dans tous ses pores. Peu à peu, en effet, le corps s'ouvre à cette température insolite; une moiteur douce et graduelle s'échappe de la peau, les fibres se dilatent, les membres s'assouplissent. Après cette première impression, arrivent les serviteurs du hammam qui saisissent le baigneur couché alors sur des nattes fines, la tête appuyée sur un coussin, et abandonnant ses membres détendus. Le serviteur masse les chairs, fait craquer les jointures, et, la main garnie d'un gant de crin, il exerce sur tout le corps un frottement rapide qui porte le sang à la peau avec une vivacité incroyable. Cette friction, ce massage, auxquels les Européens ne se font qu'avec peine, est un des plus grands délices du bain oriental. Quand l'opération est finie, on éprouve une atonie vague et complète. Cet état, s'il durait, serait dangereux peut-être. Aussi ne le prolonge-t-on que peu de temps, à peu près comme on peut le faire dans les étuves de nos bains de vapeurs ou d'eaux minérales. On quitte alors cette atmosphère brûlante pour passer en sortant par les salles que l'on a parcourues en entrant. Dans l'une d'elles, le serviteur du hammam reparaît avec de l'eau tiède qu'il jette en douche sur les épaules avec de la mousse de savon et de l'eau de rose destinée à parfumer le corps, puis il laisse le baigneur étendu sur un divan, où le tabac aromatisé, le café, les sorbets, réparent ses forces. Ce bain, qui dure ainsi plusieurs heures, fait la grande occupation du Musulman. Outre le bien-être qu'il y éprouve, c'est pour ce peuple un devoir religieux. Au bain, les femmes turques trouvent la seule distraction permise à leur réclusion : elles y traitent de leurs petites affaires, de baptêmes, de bals, de mariages. Les hommes, qui n'approchent pas de ces bains aux heures où les femmes sont admises, s'y réunissent comme dans un cercle pour deviser sur les choses de la politique et du commerce.

En quittant le littoral pour gagner la chaîne libanique, on trouve, entre Sayde et Beyrout, le pays des Druses, dont les émirs se sont fait une si grande réputation dans la contrée syrienne. Ce pays des Druses est l'Éden de toute la Syrie. C'est là que l'on récolte ces magnifiques soies qui viennent alimenter nos marchés d'Europe ; c'est là que se presse ce délicieux *vin d'or* que les bons pères de ces montagnes offrent aux voyageurs sous le péristyle de leurs couvents. Des forêts d'oliviers, dont la cime grise ressemble à la surface d'une mer clapoteuse, des champs de mûriers, des vignobles à perte de vue : voilà ce que présente une contrée mollement ondulée sur le littoral, âpre et déchirée quand on se rapproche des hautes chaînes, presque unie quand on pousse jusqu'à la riante vallée de Beqaâ. Ce pays des Druses se divise en *qatas* ou sections qui ont chacune leur physionomie spéciale. Le *Matné*, qui est au nord, est plus rocailleux et plus riche en fer ; le *Garb*, qui vient ensuite, a les plus beaux sapins ; le *Sahel*, lisière maritime, est riche en mûriers et en vignes ; le *Chouf* produit les plus belles soies ; le *Tefah*, les plus beaux fruits ; le *Chaqîf*, les meilleurs tabacs ; enfin, le *Djourd* embrasse toute la région élevée et froide où les pasteurs guident leurs troupeaux durant les chaleurs de l'été.

C'est dans ce pays des Druses, l'un des plus curieux qui soient au monde, que les chrétiens grecs et maronites ont fondé un bon nombre de couvents d'hommes et de femmes. Le chef-lieu de cette colonie chrétienne est Mar-Hanna, monastère situé en face du village de Chouair, sur une pente escarpée au pied de laquelle coule un torrent qui va au Nahr-el-Kelb. Ce couvent, qui se dresse au milieu de blocs éboulés, consiste en un dortoir à deux rangs de petites cellules. Ce fut là, suivant Volney, que fut fondée, dans le courant du siècle passé, la première imprimerie arabe qui ait réussi dans l'empire turc. La règle de ces religieux est celle de saint Basile. Leurs vœux sont ceux de pauvreté, d'obéissance, de dévouement et de chasteté. Chaque jour ils ont sept heures de prières, font perpétuellement maigre, à part les cas de très grandes maladies, observent trois carêmes par an, vivent de lentilles à l'huile, de fèves, de riz, de lait caillé, d'olives, et d'un peu de poisson salé. Le mobilier de chaque cellule consiste en un matelas, une couverture et une natte. Le vêtement de la maison se compose d'une grosse chemise de coton rayée de bleu, d'un caleçon, d'une camisole, et d'une robe de bure brune, si raide et si épaisse, qu'elle se tiendrait debout sans faire un pli. Sur leurs cheveux longs de huit pouces, contre l'usage du pays, ces religieux posent un cylindre de feutre de huit pouces de hauteur, comme celui des cavaliers turks. Dans cette communauté, le supérieur, le trésorier et le vicaire sont seuls dispensés d'un travail manuel; les autres frères sont, l'un tisserand, l'autre tailleur, celui-ci cordonnier, celui-là maçon, le tout combiné de telle sorte que le couvent puisse se suffire à lui-même et n'ait pas besoin d'ouvriers profanes. La communauté tient à bail une assez grande étendue de terres qui appartiennent à l'émir; jadis elle les cultivait elle-même; aujourd'hui elle les sous-loue à des paysans qui lui donnent la moitié des produits, lesquels consistent en cire, en soies blanches et jaunes, en grains et en vins.

Ce couvent de Mar-Hanna peut être regardé comme le chef-lieu des monastères maronites. Le plus important après lui est le couvent de Daïr-Mokallès, situé à trois lieues au nord de Sayde. Nous avons été reçu dans un de ces monastères avec une hospitalité inconnue aux peuples d'Occident, et nous avons pu y étudier ces institutions dignes des premiers temps du christianisme. Cinq couvents de femmes et dix couvents d'hommes complètent la liste de ces fondations religieuses qui donnent une physionomie chrétienne à toute la montagne.

A Daïr-el-Quammar (*Maison de la Lune*), l'aspect change et devient arabe. Daïr-el-Quammar est la capitale du pays des Druses, et l'ancienne résidence des émirs. C'est aujourd'hui une ville peuplée de six à sept mille âmes, assise sur le revers d'une montagne au pied de laquelle coule une des branches du Damour.

Auprès de cette capitale, et dans un paysage âpre, sévère, presque sauvage, s'élève le palais fantastique de Bettedin, où nous avons vu, il y a quelques années, l'émir Beschir, le roi des Druses. Qu'on se figure un château de fées accroché aux parois du roc comme une aire de vautour !

C'est dans un coude, et au détour d'une nappe d'eau qui tombe en gerbe de l'écluse d'un moulin, que s'ouvre en entonnoir le vallon de Bettedin, avec ses villages en amphithéâtre, et son palais de l'émir, dernière terrasse blanche au-dessus de toutes ces terrasses. Vu à distance, ce palais monte au ciel comme une grande tour flanquée de rochers couverts de lierre, et secouant à la brise cette robe de verdure, semblable alors aux forêts d'Amérique lorsqu'elles agitent leurs panaches de lianes fleuries. A détailler ensuite de plus près cette maison princière, on dirait la retraite de quelque soudan qui s'y serait endormi, comme un Épiménide depuis l'ère des croisades. Tout est moresque dans ce monument : les tours carrées et crénelées, les longues galeries superposées, avec leurs files d'arcades légères ; dômes et colonnettes de pierre que surmontent des colonnettes et des dômes de palmiers ; mélange singulier d'architecture et de végétation plus harmonieux qu'on ne saurait croire ; enfin, les vastes cours, qui descendent comme des escaliers immenses depuis le sommet de la montagne jusqu'au premier mur d'enceinte; tout est féerique, pompeux, splendide comme un sérail de khalifes.

Sur la gauche la demeure des femmes : la façade de cette partie de l'édifice, tout irrégulière, présente de longues rangées de colonnes aux fûts inégaux. On y monte par un escalier de marbre, dont la rampe est sculptée en arabesques, et dont les avenues sont gardées par une foule de courtisans, de serviteurs et d'imans. L'habitation particulière de l'émir est plus grandiose encore. Les salles intérieures ont un pavé de marbre et des parois couvertes de peintures allégoriques et de sentences pieuses. On y marche au milieu de jets d'eau qui bruissent, dans une atmosphère d'encens, d'aloès et de pastilles odorantes. Dans les entre-colonnements et au travers des grilles de fer, on peut apercevoir, par intervalles, un lion qui dort, ou un tigre qui tourne lentement sur lui-même. Luxe mêlé de terreur et de puissance !

C'est là que vivait naguère l'émir Beschir, beau vieillard à l'œil vif et fin, au teint frais, à la barbe grise et ondoyante. Quand un Européen de distinction venait visiter ses domaines, c'est là qu'il était reçu, au milieu d'une cour de secrétaires avec leurs robes longues et leur écritoire d'argent, de mulâtres esclaves, de nègres, d'officiers égyptiens, que distinguaient leurs vestes demi-européennes et le bonnet grec à la houppe bleue.

L'émir Beschir avait su, par une politique adroite, se créer dans ces montagnes une puissance qui lui a été cependant quelquefois disputée. S'il s'est maintenu longtemps au milieu de partis et de maîtres divers, dans une contrée tourmentée par la guerre civile et par l'invasion étrangère, c'est qu'il existait en lui d'incroyables ressources de courage, d'astuce, de sagacité. Dans un pays de fanatisme, il s'est montré tolérant ; loin de proscrire aucun culte, il les avait tous adoptés : musulman pour les musulmans, chrétien pour les chrétiens, Druse pour les Druses. Si l'on en croit quelques voyageurs, la religion réelle, la religion de cœur de l'émir, était le catholicisme ; mais il avait dans son palais, voisines l'une de l'autre, une mosquée et une église.

L'histoire de l'émir Beschir est presque une épopée. Descendant de l'antique race de Châb, il succéda dans le gouvernement de la montagne au dernier rejeton de la famille de l'émir Fakardin, dont le nom a fait tant de bruit en Syrie, dans le courant du siècle passé. Jeune, Beschir s'était fait remarquer par son courage à la guerre et par son intelligence dans le conseil. Longtemps le commandement du pays des Druses flotta, par suite de la politique de Djezzar, entre lui et son frère Youssef, et même après la mort violente de ce dernier, l'émir Beschir n'obtint l'investiture de sa souveraineté qu'après avoir langui pendant vingt mois dans les cachots de Saint-Jean d'Acre. Redevenu libre et rentré dans les bonnes grâces de Djezzar, il reconquit ses États, et, malgré les fils de l'émir Youssef, régna paisiblement jusqu'en 1804.

Ce fut durant cet intervalle de jouissance incontestée que le général Bonaparte, arrivé devant Saint-Jean d'Acre, envoya sonder l'émir Beschir au sujet d'une coopération active. La situation était critique. Secourir les Français contre Djezzar, c'était s'exposer à la mort s'ils étaient vaincus. L'émir ne voulut pas courir un aussi grand risque. Il se contenta d'approvisionner le camp des assiégeants, et de promettre son concours à l'armée française dès que les Français seraient maîtres de la place. « Que pouvais-je faire de plus, disait l'émir à un voyageur qui le questionnait à cet égard, que pouvais-je faire ? Quand j'aurais mis aux ordres du sultan français toutes les forces de la montagne, Acre n'en aurait pas été réduite davantage, et à l'heure actuelle, je n'aurais plus ma tête sur mes épaules. C'est même un miracle qu'elle y soit encore, tant Djezzar fut irrité alors de ma sympathie pour les tiens. »

L'émir Beschir eut bientôt à lutter contre d'autres périls. On l'attaqua au nom des fils de Youssef, on le vainquit, on le déposséda, et on le força à chercher un asile en Égypte auprès de Mohammed-Ali. Le vice-roi était alors déjà une puissance. Il exigea que l'émir Beschir fût rétabli dans son autorité, et il le fut. Quelques exécutions violentes l'y consolidèrent de nouveau.

Depuis cette époque, l'émir Beschir se maintint dans le Liban, malgré quelques révoltes locales, dont la plus dangereuse fut celle du cheik Beschir, son lieutenant et son bras droit. Après une guerre assez longue, le cheik rebelle fut décapité au commencement de 1824, tandis qu'on coupait la langue et que l'on crevait les yeux à ses trois frères. Ainsi, tantôt par la violence, tantôt par la ruse, l'émir Beschir s'est maintenu, pendant quarante ans, roi de ces montagnes. Dans la guerre récente d'Ibrahim-Pacha, il suivit la politique de temporisation qui lui avait réussi lors de l'invasion française; et quand les Égyptiens, maîtres d'Acre, poussèrent leurs armes jusque dans l'Asie Mineure, l'émir voulut, en leur prêtant son concours, ne paraître céder qu'à une nécessité impérieuse et à la loi du vainqueur. Le secret d'un gouvernement aussi long dans un pays où la puissance est si peu stable, tient à cette prudence de conduite et à cette sagesse de calcul.

La garde affidée du prince se composait de ces guerriers druses, dont le costume frappe l'œil par son éclat et sa richesse. C'est d'abord un turban immense sur lequel s'enroulent des châles aux vives couleurs; puis une espèce de tunique courte et rouge, tissue, suivant le grade, de coton et d'or, ou de soie et de coton, avec des enroulements bizarres sur les reins et sur la poitrine. Sous d'immenses pantalons à mille plis, paraissent des bottines en maroquin rouge, s'emboîtant elles-mêmes dans des babouches de maroquin jaune. Une veste fourrée, assez semblable au dolman hongrois, flotte sur les épaules du cavalier, tandis que sa large ceinture blanche soutient un arsenal d'armes. On y voit les manches de deux ou trois candjars ou de yatagans, et les poignées de deux pistolets, incrustées d'or ou d'argent. Outre ces armes, qui ne les quittent pas, les guerriers druses ou arabes portent à cheval une lance d'un bois mince, souple et dur, semblable à un long roseau. Quand ils cheminent, ils tiennent cette lance, ornée de houppes flottantes, la pointe en l'air, perpendiculairement; ce qui donne à leur escadron groupé dans le désert l'aspect de l'une de ces phalanges de Saladin qui parcouraient les plaines d'Ascalon. Mais quand les Arabes lancent leurs coursiers au galop, ils brandissent la lance horizontalement sur leurs têtes, et, après une longue oscillation, la décochent à de très-grandes distances. Cette lance, ainsi jetée, n'est pas perdue pour eux. Ils courent sur elle, et la ramassent, toujours au galop, mieux que ne pourrait le faire un écuyer dans les jeux de nos cirques européens. L'exercice du cheval est d'ailleurs l'éducation presque exclusive de ces populations arabes. Quand la guerre ne fournit pas des occasions de manœuvres sérieuses, les guerriers ont recours aux courses du *djérid*, espèce de guerre simulée, ou plutôt de tournoi. Dans ce jeu, la lance est remplacée par une espèce de bâton court, le *djérid*, que le cavalier brandit en courant, et envoie au loin avec une justesse dont il est difficile de se faire une idée. Dans cette joute, les cavaliers se partagent en deux camps, séparés dans le milieu par une limite convenue. On prend ainsi tour à tour barres l'un sur l'autre en s'envoyant le djérid. Rien de prestigieux comme cette lutte quand elle est engagée. Ces coursiers tout blancs d'écume, qui, arrivés à la barrière fixée, arrêtent court leur galop et pivotent presque sur eux-mêmes; ces longs bâtons qui volent, qui se croisent; ces cavaliers qui se penchent sur le cou de leurs chevaux, et saisissent au vol le djérid d'un adversaire, d'autres qui plongent pour ramasser leur arme sur le sable; cette poussière nuageuse et confuse, ces hennissements, ces éclatants costumes, ces cris, ces harnais brillants, ces étriers courbes qui sont aussi des éperons, cette mêlée de turbans de vingt couleurs, voilà quel spectacle présente le jeu du djérid, ce jeu favori des Druses et des Arabes, divertissement hippique qui a autant de dangers que de joies, et qui se termine rarement sans quelques accidents funestes.

L'émir Beschir n'est pas le seul personnage curieux que cachèrent de nos jours les profondes gorges du Liban. Sur une de ses montagnes habita plus de trente ans une célébrité européenne que les voyageurs les plus illustres ont tour à tour visitée. C'est la nièce du fameux Pitt, la fille de lord Chatham, lady Esther Stanhope. Voici le roman de cette noble Anglaise, car on ne peut pas appeler cette histoire d'un autre nom.

Élevée dans le cabinet de son oncle, lady Esther y avait été pour ainsi dire bercée des grandes questions qui agitaient alors le monde. Elle grandissait avec les vastes pensées d'un homme et une exaltation d'esprit qui ne lui laissait pas la liberté de vivre comme les autres femmes. Quand Pitt mourut, elle était jeune et belle, noble presque autant qu'un roi, riche plus qu'un roi. Les meilleurs partis de la Grande-Bretagne s'offrirent à elle. Elle les refusa tous; parcourut les diverses capitales de l'Europe, toujours sous le poids d'une préoccupation mystérieuse, puis s'embarqua un jour pour l'Orient. Son parti était pris; elle ne voulait plus revoir l'Angleterre. Pourquoi cela? on ne l'a point su. Les uns ont parlé d'un jeune général anglais tué vers ce temps en Espagne, et objet d'un deuil éternel pour la jeune Esther; d'autres n'y ont voulu voir que le conseil d'une organisation hardie, indépendante, et fuyant le prosaïsme d'un ménage anglais, pour aller courir après les poésies de l'Orient. Quoi qu'il en soit, lady Esther arriva à Smyrne, où, pour première réalisation de ses rêves, l'attendait une peste affreuse, une peste qui la toucha et faillit la tuer. A Constantinople, l'Orient devint plus doux pour elle. Elle y renouvela le passage de cette lady Montagu, qui nous a légué sur les harems, sur les mosquées, sur les bains turcs, de si longues causeries. Elle fut aussi, lady Esther, admise dans le sérail, où les sultanes lui prodiguèrent des fêtes. On eût dit, à la voir marcher au milieu de ces groupes de Circassiennes, qu'elle était la reine du lieu, la maîtresse de ces esclaves.

Ces honneurs, ces pompes la fatiguèrent bientôt; elle n'était pas venue chercher la vie d'une cour. Munie de firmans du Grand-Seigneur, elle repartit bientôt, emportant avec elle des valeurs immenses en bijoux, en présents, en or monnayé. Une tempête engloutit tout cela; elle eût aussi dévoré lady Esther, si un débris du navire ne l'eût jetée sur une petite île déserte, où elle passa vingt-quatre heures délaissée et mourante de besoin. Sans un pêcheur de Marmoriça, qui la recueillit et la conduisit à Rhodes, cette île devenait son tombeau.

Ce n'était que le premier acte d'une existence aventureuse. De retour à Malte, lady Esther y rassembla tous les restes d'une immense fortune, et vint atterrir de nouveau à Laodicée, d'où elle gagna le Liban, sa patrie d'adoption, celle qu'elle n'a plus quittée depuis. Établie d'abord dans les environs de Lattakiéh, elle y apprit l'arabe, et se créa des relations avec les autorités druses et maronites qui gouvernaient la contrée ; puis elle choisit sur les lieux un homme de confiance, interprète à la fois et conseiller. C'était un Français nommé Baudin, qu'un long séjour à Alep avait familiarisé avec tous les dialectes de l'Orient.

Avant de fixer son séjour dans la montagne, lady Esther parcourut non-seulement toute la chaîne féconde du Liban, mais elle s'aventura encore au sein des steppes sablonneuses du désert ; elle visita Damas, Jérusalem, Alep, Homs et même Palmyre ; à Palmyre elle fut reçue comme une autre Zénobie. Il y avait tant de dignité dans son regard, tant de grandeur dans ses traits, que les cheiks arabes semblaient comme frappés d'admiration à son aspect. On cite entre autres exemples de cet ascendant, son histoire avec le cheik Nassr. Nassr s'était engagé avec lady Esther à lui fournir une escorte respectable pour un voyage au désert. Le nombre d'hommes avait été stipulé, et la somme payée d'avance ; mais au jour dit, Nassr ne tint pas tout son engagement ; il envoya beaucoup moins de cavaliers qu'il n'avait promis. Aux reproches de lady Esther, il répondit que cette escorte suffisait pour la sûreté de son alliée, et qu'il répondait d'elle sur sa tête ; puis, désireux qu'on passât outre, il envoya en cadeau un bel esclave noir. Le cheik avait toutefois compté sans lady Esther et sa ténacité britannique. Elle envoya M. Baudin vers l'Arabe, avec injonction de l'amener. Au lieu de reconnaître ses torts, celui-ci entra en fureur. « Oui, dit-il, je vais devant cette infidèle ; mais comme un maître, et non comme un suppliant. » Il arriva furieux en effet ; mais à son aspect, le visage de la noble Anglaise prit une telle expression de dignité offensée et de colère majestueuse, que le cheik crut à une influence surnaturelle, et tomba à genoux. « O femme ! s'écria-t-il, quelle est ta magie pour que je tremble ainsi devant toi ? Tu n'as rien qui soit de ce monde ; commande, je t'obéirai comme on obéit à Dieu. » Non-seulement Nassr donna l'escorte qu'on lui demandait ; mais depuis ce jour, il combla lady Esther de présents, que celle-ci du reste lui rendait avec prodigalité.

Ce fut avec cette escorte que lady Esther alla jusqu'aux ruines de Palmyre. Son arrivée y avait été d'avance annoncée par le cheik ; elle y trouva des solennités préparées. Trente mille Arabes étaient accourus de tous les points du désert ; ils la proclamèrent la *Reine de Palmyre*. Pendant le séjour qu'elle fit au sein des ruines, les tribus passèrent d'une fête à une autre : des danses, des festins, des courses, des jeux de djérid eurent lieu. Lady Esther, toujours magnifique, dota des fiancées, et célébra leurs mariages ; elle prodigua les piastres espagnoles aux cheiks du désert, qui montraient ces pièces aux voyageurs, en ajoutant qu'elles venaient de leur reine. En retour de ces largesses, les diverses tribus réunies sur ce point délivrèrent à lady Esther des firmans par lesquels tout Européen protégé par elle pourrait venir en toute sûreté visiter les ruines de Palmyre, pourvu qu'il s'engageât à payer un tribut de mille piastres.

Au retour de cette excursion aventureuse, lady Stanhope choisit sa retraite dans une solitude presque inaccessible, sur un des sommets du Liban. Tour à tour respectée des deux pachas d'Acre, Soliman et Abdallah, elle obtint d'eux la concession du couvent et du village de Dgioun, peuplé de Druses. De ce couvent presque délabré, elle fit une habitation commode. Elle y bâtit plusieurs maisons avec un mur d'enceinte ; elle y créa un jardin artificiel, comme les Turcs savent en faire. Arbres à fleurs et à fruits, berceaux de vignes, kiosques aérés, eaux qui coulent dans des rigoles de marbre, jets d'eau sur le pavé des kiosques, bosquets de citronniers et d'orangers, rien n'y manquait. Longtemps lady Esther vécut en reine dans cette solitude, traitant de puissance à puissance avec l'émir Beschir, avec Abdallah-Pacha, avec la Porte elle-même. Après quelques années pourtant, cette étoile pâlit. La fortune de lady Esther, chaque année amoindrie par ses prodigalités, ne lui permit bientôt plus de ces allures de grandeur et de faste qui sont une royauté dans l'Orient. Alors l'amitié des Arabes, que les cadeaux seuls entretiennent, s'attiédit et se rebuta. On laissa la reine de Palmyre sur sa montagne de Dgioun, entourée de domestiques ses seuls sujets, réduite à quarante mille francs de rente, qui suffisaient pourtant encore à un faste oriental.

Dans cette situation nouvelle, le caractère de lady Esther, exalté plutôt que refroidi par l'âge, se tourna vers l'étude de l'astrologie arabe, mêlée de chiromancie et d'illuminisme européen. L'un de nos grands poëtes, M. de Lamartine, qui la vit en 1832, la trouva dans cette disposition d'esprit. Quand elle se vit ainsi délaissée, « elle ne songea point, dit le célèbre voyageur, à revenir sur ses pas; elle ne donna pas un regret au passé; elle ne fléchit pas sous l'abandon, sous l'infortune, sous la perspective de la vieillesse et de l'oubli des vivants : elle demeura seule où elle est encore, sans livres, sans journaux, sans lettres d'Europe, sans amis, sans serviteurs même attachés à sa personne, entourée seulement de quelques négresses, de quelques enfants esclaves noirs, et d'un certain nombre de paysans arabes, pour soigner son jardin, ses chevaux et veiller à sa sûreté. » Tout le monde a lu le récit de l'entretien de M. de Lamartine avec lady Esther, qui se révéla à lui en véritable illuminée.

Après avoir raconté cette étrange conversation, l'illustre écrivain ajoute : « Il me parut que les doctrines religieuses de lady Esther étaient un mélange habile, quoique confus, des différentes religions au milieu desquelles elle s'est condamnée à vivre, mystérieuse comme les Druses, dont seule peut-être au monde elle connaît le secret mystique ; résignée comme le Musulman, et fataliste comme lui ; avec le Juif attendant le Messie, et avec le chrétien professant l'adoration du Christ et la pratique de sa charitable morale. Ajoutez à cela les couleurs fantastiques et les rêves surnaturels d'une imagination teinte d'Orient, échauffée par la solitude et la méditation, quelques révélations peut-être des astrologues arabes, et vous aurez l'idée de ce composé sublime et bizarre qu'il est plus commode d'appeler folie que d'analyser et de comprendre. »

Rien ne prouve en effet que lady Stanhope se soit montrée aux autres voyageurs ce qu'elle fut pour M. de Lamartine. Des Français, des Allemands, des Italiens, l'ont tour à tour visitée et l'ont trouvée à leur diapason. Cela viendrait-il d'une grande souplesse d'idées et de grandes ressources de transformation? Damoiseau, par exemple, simple artiste vétérinaire envoyé en Orient avec M. le vicomte Desportes pour un achat de chevaux, Damoiseau trouva en elle une femme ouverte, bienveillante, naturelle, ne le prenant point avec lui sur un ton d'emphase divinatoire.

« Je vis, dit-il, s'avancer vers nous une personne habillée en cheik de Bédouins, mais costumée d'une manière bien plus riche que ne le sont ordinairement ces princes du désert : c'était lady Stanhope. Elle vint à moi, me prit amicalement la main, et s'excusa de m'avoir fait si longtemps attendre. « Je vous ai pris pour un Anglais, ajouta-t-elle, et je ne les reçois pas volontiers. » Alors elle me fit entrer dans un petit appartement qui ne contenait pour tous meubles que des coussins sur lesquels nous nous assîmes. On apporta des pipes ; milady en prit une, m'en offrit une autre, et, tout en fumant, la conversation s'engagea. Napoléon en fut le sujet principal ; milady en parlait avec un enthousiasme qu'on ne peut décrire. »

Ainsi, au poëte méditatif, lady Esther parlait d'astrologie et de seconde vue ; au vieux soldat de l'armée impériale elle parlait de Napoléon. Ce n'était point là une folle ; mais il serait difficile de dire ce qu'elle était.

D'un côté l'émir Beschir, de l'autre lady Stanhope, tous les deux morts maintenant, telles sont les deux singularités contemporaines que nous avons connues et que nous devions signaler dans la portion du Liban qui s'étend entre Beyrout et Sayde ; l'un prince des Druses, l'autre reine de Palmyre : celui-ci rappelant un prince syrien du moyen âge, l'autre colorant sa vie orientale de tous les reflets d'une haute naissance européenne et d'une éducation au-dessus du vulgaire.

PACHALIK DE TRIPOLI.

Ce pachalik s'étend le long de la Méditerranée, depuis le Nahr-el-Kelb jusqu'à Lattakiéh, en lui donnant pour limites le cours de ce torrent et la chaîne des montagnes qui surplombent l'Oronte. Montueux et déchiré, le pays n'a de surface plane que la bande de terrain qui longe la mer. Ce littoral, quoique coupé de nombreux ruisseaux, n'est toutefois ni aussi riche, ni aussi fécond que les plateaux libaniques. La plaine donne le blé, le coton et l'orge ; la montagne produit le mûrier et la soie, ces deux sources d'inappréciables trésors. Le territoire de Lattakiéh est plus spécialement propre à la culture du tabac.

Le chef-lieu du pachalik est Tripoli. Là résidait jadis un dignitaire ottoman qui tenait à bail cette espèce de ferme de la principale culture de la contrée, moyennant une somme de huit à neuf cents bourses (un million à douze cent mille francs) ; il donnait encore une somme à peu près égale pour le ravitaillement gratuit de la caravane de la Mecque. Il se remboursait avec le miri ou impôt foncier, les douanes et les sous-fermes. Enfin, les extorsions casuelles ou avanies, qui ne sont pas le moindre produit du poste, complétaient les recettes. Sa garde était de cinq cents Arnautes assez mal armés. Les sous-fermes étaient celles des Ansariés et des Maronites, peuples qui, de tout temps, se sont refusés à la perception directe et n'ont jamais laissé pénétrer de soldats turks sur leur territoire. Leur bail s'adjugeait à l'enchère pour une année, et presque toujours aux hommes les plus influents du pays. Ces sous-fermes, dans le pays des Ansariés, étaient divisées en trois chefs ou *mocaddamiens*; chez les Maronites, elles échéaient aux émirs.

Depuis 1828, le pachalik de Tripoli relevant de celui d'Acre, la première de ces résidences n'est plus occupée que par un fonctionnaire subalterne. Mais ce n'est là qu'une organisation provisoire.

Le chef-lieu du pachalik, Tripoli (en arabe *Tarâbolos*), est une ville charmante qui semble s'épanouir au milieu de bouquets d'orangers sur la rivière de la Quadicha; elle n'est pas littorale, mais assise à un quart de lieue dans les terres, au pied même du Liban, qui la domine et l'enceint de ses branches à l'est, au sud et même un peu au nord du côté de l'ouest. De la ville au rivage se prolonge une petite plaine triangulaire d'une demi-lieue; c'est à la pointe de cette plaine que gît le village auquel abordent les vaisseaux. C'est là ce que l'on nomme *la Marine*, d'un nom générique commun, dans le Levant, à toute ville ou partie de ville où se trouve le débarcadère. Tripoli n'a point de port, mais seulement une rade foraine qui court depuis le rivage jusqu'aux écueils dits *îles des Lapins et des Pigeons*. Les navires viennent mouiller dans l'intérieur de cette courbe, en y séjournant le moins qu'ils peuvent, le fond étant de roches et la rade ouverte au nord-ouest.

La Marine de Tripoli est un amas de maisons orientales qui s'étalent pittoresquement sur la grève avec leurs kiosques et leurs façades sans fenêtres. La première chose qu'on y rencontre au débarquement, à côté des oisifs accroupis qui fument la pipe et dégustent lentement le café, c'est une foule bruyante d'âniers qui viennent offrir des montures pour Tripoli. Deux cents ânes sans conducteurs sont là qui attendent ou qui sont en cours de service; on les enfourche, et ils prennent droit le chemin de la ville presque toujours au galop.

Tripoli, ceinte de murailles, montre encore les vestiges des fortifications que les Francs y élevèrent aux jours des croisades. Tout le côté méridional de la petite plaine est plein de débris d'habitations et de colonnes ensablées. Sept tours, restes d'un système beaucoup plus étendu, subsistent encore depuis l'embouchure de la Quadicha jusqu'à la Marine; quoique d'une construction encore solide, elles sont aujourd'hui sans emploi.

Tripoli, avec sa verte ceinture d'arbres aux pommes d'or, est un jardin des Hespérides; chaque maison a son jardin; aussi la ville occupe-t-elle un espace considérable. Quelques quartiers sont dans la plaine; d'autres pendent sur le versant du mont. Dans la partie supérieure, et en remontant le vallon encaissé de la Quadicha, on trouve des sites délicieux. Les cafés où se réunissent les fumeurs ont des terrasses étagées que sillonnent des eaux vives et qu'embaument des arbustes odorants. On voit sur l'autre versant se grouper le nopal, le mûrier blanc, le limonier et le grenadier, végétation à laquelle rien ne manque, ni l'eau, ni l'air, ni le soleil. C'est en de tels lieux que l'on peut comprendre la vie oisive et molle des Orientaux, bornée presque toute entière à des jouissances contemplatives. Vivre sans bouger de place, avec un peu de fraîcheur sur le front, un ruisseau coulant à ses pieds, de la verdure sous le regard, des parfums pour l'odorat, que peut désirer de plus l'homme né sous ces latitudes tempérées? Il n'y a pas à lutter contre une nature qui fait tout d'elle-même, contre un sol qui produit tout seul. La vie, en Europe, est un travail; là-bas, elle est un repos.

Mais avec cet aspect enchanteur, la résidence de Tripoli est insalubre pendant une portion de l'année. De juillet jusqu'en septembre, il y règne des fièvres épidémiques, dues aux inondations que l'on pratique pour arroser les plants de mûriers.

Tripoli offre des maisons assez régulières, mais peu de monuments. Une église chrétienne et une mosquée sont les seuls édifices à citer. La richesse du pays est presque toute dans ses soies écrues, dont le commerce se trouve entre les mains d'un petit nombre d'Européens. On échange ces soies et quelques éponges pêchées dans la rade contre des draps, de la cochenille et des denrées coloniales. Les habitants de la ville proprement dite sont peu industrieux; mais les montagnards du Liban viennent écouler sur ce marché les produits des plateaux intérieurs. Quoique mous, les Tripolitains sont braves et fiers. Vers le milieu du dernier siècle, un pacha envoyé par la Porte ayant dépassé les limites ordinaires de la tyrannie, ils se révoltèrent, chassèrent ce despote, et se maintinrent huit mois dans une entière indépendance. Si on les eût attaqués de force, peut-être n'auraient-ils pas cédé sitôt; mais le grand visir leur envoya un nouveau fonctionnaire, plus souple, plus adroit que l'ancien, et, séduits par des serments et des promesses de pardon, les rebelles se laissèrent museler. Un mois après on les avait dispersés, et, à un jour donné, on égorgea huit cents d'entre eux. On voit encore leurs têtes dans un caveau près de Quadicha. Depuis lors, Tripoli est restée tranquille sous le joug ottoman. Les habitants se contentent de porter le turban vert, signe de distinction des chérifs.

C'est à Tripoli qu'on trouve le chemin de la montagne des Cèdres; les cèdres, cette gloire du Liban, comme le répète souvent Isaïe (*gloria Libani*). Pour s'y rendre, on prend la route de Sgorta, par le vallon que baigne la Quadicha. Au delà du pont de Prinss, commence le plateau où coule la Sgorta, petit affluent de la Quadicha, avec des eaux plus claires et plus légères. Tout ce plateau est couvert de bois d'oliviers qui prolongent jusqu'aux limites de l'horizon leurs cimes mobiles et grises. Des quinconces de mûriers et des plants de vignes varient et animent l'aspect de cette campagne. De Sgorta au pied de la chaîne, on compte quatre heures de chemin. Là, le sol change avec la végétation. Au lieu d'une montée douce et verte, paraissent alors les sentiers âpres de la montagne, si abruptes, si perpendiculaires, que pour se maintenir en équilibre, il faut se cramponner aux crins des chevaux. En de certains passages plus dangereux que les autres, il faut mettre pied à terre. Du reste, aucun paysage européen ne saurait donner l'idée de cette région rocailleuse à la fois et féconde. Tant qu'on gravit les flancs de la chaîne, on ne voit que blocs de basalte affectant mille formes sauvages et tourmentées; mais au moindre plateau, au moindre accident de terrain cultivable, de délicieuses oasis se révèlent, bouquets verts sur la croupe nue, semblables de loin à des vases de myrte qu'on soignerait artificiellement sur une terrasse.

On gravit ainsi pendant deux heures le Liban, tantôt au travers de forêts ombreuses, que coupent des torrents, tantôt sur l'arête des divers plans de la montagne. A mesure que l'on s'élève, les points de vue s'agrandissent; ils prennent une pompe et une majesté bibliques. Tripoli et ses campagnes s'absorbent pour donner plus d'espace au vaste horizon maritime. On suit au loin tout le système géologique de la contrée, du côté du nord, jusqu'au mont Cassius, du côté du midi, jusqu'au mont Thabor, tandis qu'en face s'élèvent les crêtes de l'île de Chypre, la poétique Cypris de l'histoire païenne.

Au milieu de tels spectacles on arrive à Éden, l'un des endroits les plus populeux et les plus ombragés de la chaîne. Éden, en syriaque *jardin* ou *paradis*, est une délicieuse bourgade qui compte quatre mille habitants. Quand le soleil brûle la plaine, Éden jouit d'une température printanière. C'est dans son atmosphère pure et saine que se réfugient les malades de Tripoli, ceux que fatigue son climat fiévreux et humide. L'air, à ces hauteurs, est si léger et si doux, que les poumons se dilatent à l'aspirer. Quatre sources d'eau limpide coulent dans la bourgade, soit pour l'usage des habitants, soit pour l'arrosage des mûriers. Ces arbres y sont merveilleux à voir. Éden est peuplée de chrétiens maronites qui ont un évêque, une église assez jolie, et un couvent fondé, dit-on, par des jésuites.

On fait une halte à Éden avant d'aller à la forêt des Cèdres. La route passe par la ville de Becharré, que l'on rencontre après avoir franchi un petit pont et un plateau bien cultivé. Becharré renferme dix mille chrétiens industrieux, riches, hospitaliers, tranquilles. De Becharré, on gagne la montagne de Mar-Séman, et après quelques heures de marche on parvient à la forêt des Cèdres. Les piétons ont une route beaucoup plus courte par Mar-Sakis, où est un ermitage habité par des carmes déchaussés, gardiens des cèdres.

La forêt des Cèdres (*domus saltus Libani*), connue dans le pays sous le nom d'El-Herze, peut avoir un mille environ de circuit. Le cèdre, ce roi des arbres, se plaît dans les zones élevées. C'est de lui qu'il est souvent question dans les Écritures ; c'est à propos de lui que Salomon écrivait à Hiram, roi de Tyr : « Je compte que vous ferez avec » moi comme vous avez fait avec le roi mon père. Vous lui avez en- » voyé le cèdre qu'il a employé pour bâtir son palais ; mais quelle dif- » férence entre la demeure d'un roi et le temple du Créateur de l'uni- » vers !... Ce n'est point une entreprise commune que celle dont je » vous parle... J'ai besoin d'une grande quantité de bois de cèdre, de » genièvre et de pins du mont Liban... Je ne puis vous dire la multi- » tude d'arbres qui me sont nécessaires ; jugez-en par la grandeur et » la magnificence dont doit être l'édifice. » Et à la suite de cette lettre, Salomon envoya dans le Liban trente mille Israélites pour aider les Sidoniens dans la coupe des bois. Les troncs dépouillés étaient transportés à Boublos, et de là à Joppé, d'où on les envoyait à Jérusalem. Sans doute à cette époque le Liban était tout entier garni de pins et de cèdres, car, outre le bois de charpente, il fallait fournir de bois de construction les nombreux chantiers de navires. Avec sa réputation de solidité et d'incorruptibilité, le bois de cèdre était appliqué à tous les usages, et sans doute la nudité actuelle de la chaîne libanique provient des coupes extraordinaires que jadis on a faites sur ses flancs.

Aujourd'hui, en effet, il n'y a plus de cèdres que dans la partie élevée de la chaîne, à El-Herze et à Radhêl. A El-Herze, la conservation de ces arbres est due à des patriarches maronites qui résident à Kanobin, monastère situé dans la vallée de la Quadicha. Ces cèdres, soit à cause de la hauteur de la zone, soit pour tout autre motif, ne semblent pas tolérer d'autres végétaux dans leur voisinage. Le terrain qui les environne est nu, sauvage, dépouillé. Pendant plusieurs mois de l'année ils portent un manteau de neige sur leurs feuilles en parasol. Une fontaine qui coule aux environs est, dit-on, si froide, qu'elle donne la fièvre à ceux qui y plongent les mains.

Il n'y a point aux environs d'El-Herze d'autre habitation que celle de l'ermitage. Çà et là sur le sommet des monts qui l'encaissent, paraissent des cabanes que des pasteurs viennent habiter dans la belle saison, c'est-à-dire depuis mai jusqu'à la fin d'octobre. Après cette époque, ils descendent à mi-côte, et y restent jusqu'en décembre. Si l'hiver menace d'être trop rigoureux, ils ne s'en tiennent pas là, et arrivent jusque dans les plaines, où le printemps commence dès le mois de janvier.

Dans la belle saison, les environs des cèdres ont une population nomade. Au pied des arbres mêmes se dressent des autels provisoires sur lesquels les moines viennent officier. On accourt en pèlerinage à El-Herze de tous les coins de l'empire ottoman. Les cèdres ont leurs dévots, comme le temple de Jérusalem a les siens. Ces pèlerins, quand ils sont catholiques, prennent à Éden ou à Becharré un prêtre qui les accompagne et dit la messe. Quand ils sont Grecs-Melchites, ils se munissent d'un pope à Tripoli. Le jour de la Transfiguration, les Maronites avaient coutume de s'y rassembler; mais comme cette fête était l'occasion de querelles, le patriarche actuel l'a supprimée. Aujourd'hui les habitants de chaque village s'y rendent à tour de rôle avec leurs prêtres. Quand la messe est finie, les pèlerins tirent des coups de fusil en réjouissance, mangent, boivent, chantent et dansent au son de leur musique; puis s'en vont le lendemain en emportant des branches de cèdres, dont ils ornent le devant de leurs demeures.

Ces cèdres, dont la gloire historique s'est perpétuée jusqu'à nous, s'élèvent de soixante à cent pieds de hauteur. Ce n'est pas, comme on voit, une proportion exorbitante; mais la grosseur et l'étendue des branches sont, en revanche, énormes. Huit hommes, les bras tendus, n'embrasseraient pas le tour du roi de ces cèdres. « Un peuple » florissant se propagera, dit le prophète, comme un cèdre du Liban. » Les branches, toujours vertes, sont plates, touffues et horizontales : quand la brise les balance, on dirait des nuages que le vent chasse devant lui. Les cônes ont deux ports différents : l'arbre les incline d'abord vers la terre pour les abriter dans le temps de leur floraison; puis, quand ils sont fécondés, il les dresse de nouveau vers le ciel.

Classé longtemps par les naturalistes dans le groupe des mélèzes, le cèdre constitue aujourd'hui, pour la science, un genre à part. On lui a laissé, par respect pour sa célébrité traditionnelle, son nom de cèdre, qui ne semble appartenir qu'aux arbres conifères du genre des genévriers. Le tronc, de vingt à trente pieds de circonférence, pousse des branches dont les ramifications sont, les unes (celles du centre), dressées et presque verticales; les autres (les plus extérieures), étendues et horizontales. Les feuilles sont courtes, subulées, éparses sur les jeunes rameaux, ordinairement redressées, solitaires, persistantes. Les fruits, gros comme ceux du pin, plus ronds, plus compactes, se trouvent couverts presque entièrement par les feuilles. Les troncs de ces arbres portent d'ailleurs les stigmates du passage d'illustres voyageurs. Afin d'incruster leurs noms sur le bois, plusieurs ont enlevé l'écorce de l'arbre; mais, comme pour témoigner combien toute gloire humaine est vaine et périssable, au bout de quelques années, l'écorce envahit de nouveau l'espace d'où on l'a chassée, rongeant d'abord une lettre, puis deux, puis l'une après l'autre jusqu'à la dernière.

Le cèdre n'a pas, comme on l'a dit, pour seule patrie le mont Liban : Pallas en a vu des forêts entières sur les monts Ourals, dans les environs de la mer Caspienne. Belon en a aussi rencontré dans diverses parties de l'Asie Mineure. On l'a facilement acclimaté en France, où il acquiert parfois d'énormes dimensions. Celui du jardin des Plantes de Paris, apporté, en 1734, par le célèbre Bernard de Jussieu, forme aujourd'hui un beau et vaste dôme de verdure. On avait écrit jadis que les cèdres du Liban tournaient tous leurs flèches vers le nord : c'est une fable. Le cèdre dirige sa flèche indistinctement vers toutes les directions. Quant à son bois, il est fort peu estimé de nos jours. Soit qu'il ait dégénéré, soit que les Israélites ne l'aient exalté que par comparaison, on a mieux en Europe en fait de bois de charpente. Le nom d'incorruptible donné au cèdre semble même un peu empreint d'exagération orientale. Le grain en est blanchâtre, peu serré, semblable à celui du pin et du sapin. On dit pourtant qu'au bout de deux mille années il s'est trouvé intact dans le temple d'Utique; et l'on cite aussi la statue de Diane, à Éphèse, qui était en cèdre. Sa sciure était un des ingrédients qui servaient à embaumer les corps en Égypte, et on en tirait une huile propre à la conservation des livres. La gomme de l'arbre est, dit-on, un spécifique contre les blessures ; on en tire de la résine et de la térébenthine.

Sur les sommets de ces monts et autour de ce bouquet de cèdres planent des aigles, qui ne se posent qu'à ces hauteurs. Quand on s'élève encore de manière à atteindre la ligne la plus élevée de ces montagnes, on jouit d'un double point de vue : d'un côté la mer et l'île de Chypre; de l'autre, la vallée de Balbeck, que terminent les monts Aqqar.

Dans cette zône élevée, et sur tous les plateaux cultivables, existent une foule de riches villages maronites. Dans le nombre figure Antoura, où les jésuites avaient établi une maison commode et bien située pour un troupeau de néophytes. Un séminaire qui y attenait était destiné à des étudiants maronites et grecs-latins ; mais il est resté désert. Aujourd'hui ce couvent est aux lazaristes.

La Syrie, où l'on trouve tant de vallées agrestes et de sites escarpés, ne possède peut-être rien d'aussi surprenant au premier aspect que le château gothique qu'on rencontre à quelques lieues de Tripoli, près de Batroun. Au fond d'une gorge étroite et sombre, à une lieue environ de la mer, s'élève un rocher perpendiculaire dans tout son pourtour, de plus de cent pieds d'élévation et de six cents pieds de circonférence. Un château, que l'on suppose être l'ouvrage des croisés, couronne sa cime, et fait tellement corps avec lui qu'on l'en croirait la continuation naturelle. Des escaliers taillés dans le roc conduisent, par une suite de terrasses, jusqu'à la plate-forme supérieure, où des murs crénelés, flanqués de tours avec des meurtrières, se dressent autour d'un donjon percé de fenêtres ogivales. La porte extérieure du château est encore assez bien conservée ; il n'en est point de même de l'intérieur. Les plafonds des salles, ainsi que les toits, se sont écroulés ; de grands sycomores et une foule d'arbustes et de plantes grimpantes ont jeté leurs racines au milieu des décombres et étendent leurs branchages dans tous les vides de l'édifice. Le lierre s'est cramponné sur toutes les faces du donjon ; il grimpe autour des fenêtres et des portes parmi les mousses et les lichens qui recouvrent la pierre. Rien de plus agreste que l'intérieur de cette solitude, dont le silence n'est troublé, la nuit comme le jour, que par le cri des aigles et le rugissement des chacals. Ces ruines nous ont représenté les ruines féodales de la France, de l'Espagne, de l'Angleterre et de l'Allemagne. Tout dans la construction de ce château semble prouver que les enfants du Nord sont venus élever cette forteresse pour assurer et constater sur la terre d'Orient la puissance chrétienne et rappeler leurs demeures de l'Occident. Du sommet du rocher on découvre la mer dans les environs de Batroun, village à cinq lieues au sud de Tripoli, habité en grande partie par des Maronites. Batroun, qu'on appelait dans l'antiquité *Botrys* ou *Botrus*, aurait été bâtie, selon Ménandre, vers le temps du prophète Élie, par Ithobal, roi de Tyr. Alors des murailles élevées lui formaient une solide enceinte ; rien n'existe plus de cette ancienne grandeur, que les vestiges du ciseau et de la pioche imprimés partout sur les rochers voisins. Batroun était occupée par les croisés à l'époque de la fondation du château gothique dont nous venons de parler. Les chevaliers changèrent alors son nom en celui de Betiron. Plusieurs ruines gisent encore dans les environs et attestent que ce fut jadis une cité puissante.

Parmi les autres villes du pachalik de Tripoli, il faut citer comme une des plus considérables Lattakiéh, célèbre par la qualité de ses tabacs, estimés de tout l'Orient. Lattakiéh, fondée, sous le nom de Laodicée, par Séleucus Nicator, s'étend à la base et sur la rive méridionale d'une langue de terre qui saille en mer d'une demi-lieue. Son port, comme tous les ports de cette côte, est une espèce de parc enceint d'un môle dont l'entrée est fort étroite. Il pouvait contenir autrefois de vingt-cinq à trente vaisseaux ; mais les Turks l'ont laissé combler au point qu'aujourd'hui cinq ou six navires marchands y sont mal à l'aise ; encore en échoue-t-il chaque année quelques-uns à l'entrée du port. Malgré ce vice de situation, Lattakiéh est l'une des échelles les plus commerçantes de ce littoral. Elle envoie par année plus de trente chargements de tabac à fumer, soit à Damiette, soit à Alexandrie, et en reçoit en échange du riz qu'elle expédie dans les villes de la Syrie intérieure. Lattakiéh est d'ailleurs, au même titre qu'Alexandrette, le port de mer d'Alep, la ville la plus marchande de toute la contrée. Elle a aussi, comme Tripoli, un vice-consul français. Peuplée de cinq mille âmes, elle est sans canons, sans murailles, sans soldats. Un pirate en ferait la conquête.

Entre les deux villes et le long de la côte s'échelonnent diverses bourgades, jadis villes fortes et célèbres, aujourd'hui désertes et peu importantes. Dans le nombre, on peut citer Djébilé, Merkab, forteresse escarpée, et Tartosa. Ailleurs se trouvent d'autres emplacements qui n'offrent guère que des vestiges à demi effacés, comme l'île de Rouad, jadis république puissante sous le nom d'*Aradus*. Là où florissait, suivant Strabon, une magnifique cité, aujourd'hui on ne trouve pas même des débris de ville. Ces maisons, bâties à plus d'étages que les maisons de Rome même, n'ont pas gardé un mur debout. L'île hérissée de constructions, le port encombré de navires, la nombreuse population qu'y attirait le commerce, tout cela n'existe plus. Il n'y a sur le même lieu qu'un écueil ras et désert. La tradition n'a pas même conservé le souvenir d'une source d'eau douce que les Aradiens avaient découverte au fond de la mer, et qu'ils exploitaient en temps de guerre au moyen d'une cloche en plomb et d'un tuyau de cuir qui s'y adaptait. Le temps a désolé ces grèves jadis si bruyantes et si riches. A peine Djébail, l'ancienne Byblos, a-t-elle conservé six mille habitants, avec un ancien port, plus maltraité encore que celui de Lattakiéh. A deux lieues au midi paraît la rivière d'Ibrahim, qui a le seul pont que l'on trouve depuis Antioche, pont hardi, fait d'une seule arche, large de cinquante pieds et haute de trente. Rien de plus pittoresque et de plus gracieux que cette construction sarrasine.

Dans ce bassin littoral qui s'adosse à la grande chaîne du Liban, sur ses versants, sur ses plateaux, habitent divers peuples, simples, bons, hospitaliers, industrieux, voués à des travaux manufacturiers ou agricoles. Ce sont les Ansarié, les Maronites et les Druses.

Les Ansarié, que Delisle nomme Ensyriens, et Danville Nassaris, occupent le terrain montueux qui s'étend depuis Antakiéh jusqu'au ruisseau Nahr-el-Kébir ou Grande-Rivière. Voici ce que dit de leur origine la *Bibliothèque orientale* d'Assemani, et cette version concorde avec les sources arabes auxquelles nous puisons nous-mêmes.

« L'an des Grecs 1202 (891 de J. C.), dit-il, il y avait dans les environs de Koufa, au village de Nasar, un vieillard que les jeûnes, les prières assidues et sa pauvreté faisaient passer pour un saint. Plusieurs hommes du peuple s'étant déclarés ses partisans, il choisit parmi eux douze sujets pour répandre sa doctrine. Mais le commandant du lieu, alarmé de ces mouvements, fit saisir le vieillard et le fit mettre en prison. Dans ce revers, son état toucha une fille esclave du geôlier. Elle se proposa de le délivrer. Il s'en présenta bientôt une occasion qu'elle ne manqua pas de saisir. Un jour que le geôlier s'était couché ivre, et dormait d'un profond sommeil, elle prit tout doucement les clefs qu'il tenait sous son oreiller, et après avoir ouvert la porte au vieillard, elle vint les remettre en place, sans que son maître s'en aperçût. Le lendemain, lorsque le geôlier vint pour visiter son prisonnier, il fut d'autant plus étonné de trouver le lieu vide, qu'il ne vit aucune trace de violence. Il crut alors que le vieillard avait été délivré par un ange, et il s'empressa de répandre ce bruit, pour éviter la punition qu'il méritait. De son côté, le vieillard raconta la même chose à ses disciples, et il se livra plus que jamais à la prédication de ses idées. Il écrivit même un livre dans lequel on lit entre autres choses : « Moi, un tel, du village de Nasar, j'ai vu Christ qui
» est la parole de Dieu, qui est Ahmed, fils de Mohammed, fils de
» Hanaf, de la race d'Ali, qui est aussi Gabriel, et il m'a dit : Tu es
» celui qui lit avec intelligence ; tu es l'homme qui dit vrai ; tu es le
» chameau qui préserve les fidèles de sa colère ; tu es la bête de
» charge qui porte le fardeau, tu es l'esprit et Jean, fils de Zacharie.
» Va et prêche aux hommes qu'ils fassent quatre génuflexions en
» priant ; à savoir : deux avant le lever du soleil et deux avant son
» coucher, en tournant le visage du côté de Jérusalem, et qu'ils disent
» trois fois : Dieu tout-puissant, Dieu très-haut, Dieu très-grand, et
» qu'ils n'observent plus que la deuxième ou troisième fois ; qu'ils
» ne jeûnent que deux jours par an ; qu'ils ne se lavent point, et
» qu'ils boivent du vin tant qu'ils en voudront ; enfin qu'ils s'abstien-
» nent de la chair des bêtes carnassières. » Ce vieillard étant passé en Syrie, répandit ses opinions chez les gens de la campagne et du peuple qui le crurent en foule, et, après quelques années, il s'évada sans qu'on ait su ce qu'il devint. »

De là vinrent ces Ansarié, que nos croisés rencontrèrent en allant de Marrah vers le Liban, et qu'ils nommèrent Nasiréens. Guillaume de Tyr en parle, les confond avec les Assassins, autrement dit Bâteniens. Les Ansarié étaient divisés en plusieurs sectes, savoir : les *chamésiés*, adorateurs du soleil; les *kelbiés*, adorateurs du chien, et les *quadmousiés*, qui semblent avoir adopté un culte qui n'était pas même admis par les philosophes de l'antiquité. Ces diverses idolâtries sont si tenaces chez ces peuples, que deux religions puissantes, le christianisme et le mahométisme, n'ont pu les attirer à leur croyance. Il semble pourtant que ce dernier culte, plus grossier et plus sensuel, s'est infiltré plus aisément parmi eux que nos dogmes chrétiens. Mohammed-el-Doursi a, dit-on, introduit chez les Ansarié quelques pratiques mahométanes. Plusieurs d'entre eux croient à la métempsycose, d'autres rejettent l'immortalité de l'âme. Enfin, la liberté de religion a produit dans ces montagnes une telle confusion, qu'il n'y a, à proprement parler, ni culte, ni foi, ni pratique. Chacun est de la secte qui lui plaît et forme presque à lui seul une secte. Divisé en trois fermes, tenues par des chefs (*mocaddamiens*), le pays est moins sauvage, plus accessible que les plateaux libaniques; par conséquent plus susceptible de culture. Mais la même raison l'expose aux avanies des milices turques, et il est plus désert par cela même qu'il est plus fécond. Triste paradoxe dont l'administration ottomane a su faire une vérité!

Entre les Ansarié au nord, et les Druses au midi, habitent les Maronites, ou Mâouarné, secte chrétienne, distincte des Latins (dont ils suivent pourtant la communion), moins par des nuances de rites que par des nuances d'origine. Le fondateur de cette secte semble être un nommé Maroun, qui vécut vers la fin du sixième siècle, sur les bords de l'Oronte, et s'y rendit célèbre par ses austérités. A sa mort, on parla de miracles opérés sur son tombeau, et un couvent se fonda sur le lieu même pour honorer la mémoire du saint. Un siècle après, il eut un disciple, Jean le Maronite, qui épousa la cause des Latins contre les melkites, chrétiens-grecs, lesquels faisaient alors de grands progrès dans le Liban. Ces melkites ou royalistes suivaient les inspirations de Constantinople. Les Maronites, au contraire, tendaient déjà à ressortir de Rome, comme ils le firent quatre siècles plus tard. C'était une dissidence religieuse qui servait à couvrir une indépendance politique. Les Maronites voulaient rester maîtres dans leurs montagnes et s'affranchir du joug Byzantin. Jean fut le premier qui donna ce caractère à la lutte contre la métropole. Il organisa ces montagnards, leur donna des armes, les conduisit à l'ennemi, les rendit maîtres de toutes les hauteurs jusqu'à Jérusalem. Un schisme qui survint alors dans l'empire islamite consolida cet établissement, qui, menacé souvent depuis cette époque, et quelquefois détruit, a survécu à toutes les catastrophes pour durer jusqu'à nous. Faibles quant au nombre, mais hardis, mais courageux, mais forts dans leur rocailleux asile, les descendants de Jean le Maronite luttèrent contre les empereurs et contre les khalifes, défirent l'empereur Maurice, traitèrent avec les croisés, vécurent avec eux, tantôt sur le pied d'alliance, tantôt sur celui de neutralité, achetèrent la paix de Saladin, et se virent peu à peu acculés dans la partie la plus inaccessible de leurs montagnes. Quand ils contractèrent alliance avec Rome, en 1215, ils comptaient douze mille hommes en état de porter les armes. Paisibles sous les Mamelucks, ils se révoltèrent sous Saladin II, entrèrent dans la ligue du célèbre émir des Druses Fakr-el-Dyn, et ne furent réduits qu'en 1588, par Ibrahim, pacha du Caire, qui leur imposa le tribut annuel auquel ils sont encore assujettis aujourd'hui.

Depuis cette époque, les pachas qui régnaient sur le littoral ont, à diverses reprises, essayé d'introduire dans les montagnes peuplées de Maronites leurs agas et leurs garnisons; mais constamment repoussés, ils se sont vus contraints de laisser ces chrétiens tranquilles. Le vasselage des Maronites consiste en une somme annuellement payée au pacha de Tripoli. Cette somme est perçue par un cheik de la montagne qui la proportionne, tantôt à l'état des récoltes, tantôt aux moyens de résistance que les Maronites possèdent contre le despote du cheflieu. Ainsi, sur leurs domaines, les Maronites sont presque indépendants des autorités de la Porte. Ils s'y gouvernent à leur guise, moins avec des lois qu'avec des coutumes. La nation semble s'y partager en deux classes, le peuple et les cheiks. Les cheiks sont les notables du pays, les anciens, ceux qui ont la fortune ou l'expérience. Tous ces chrétiens vivent répandus dans la montagne par villages, par hameaux et même par maisons isolées, ce qui n'a pas lieu dans la plaine. La nation entière est agricole; chacun fait valoir son petit domaine, et le cheik lui-même se distingue à peine des autres par une habitation plus propre, un cheval et une mauvaise pelisse. Les mœurs de ces tribus sont douces et hospitalières. Dans toute la zone montueuse, le vol est presque inconnu. On voyage de jour et de nuit avec une sécurité parfaite. L'organisation sociale y est à peu près la même que dans toute agglomération chrétienne. Les Maronites n'ont qu'une femme qu'ils épousent, sans l'avoir fréquentée, quelquefois même sans l'avoir vue. Le seul usage qui jure avec une religion de mansuétude et de paix, c'est la loi arabe du talion, qu'ils appliquent dans le cas unique de meurtre. Le plus proche parent de la victime doit alors faire justice de l'assassin. Ils marchent d'ailleurs toujours armés du fusil et du poignard. Le pays n'a point de troupes régulières; mais tout le monde y est soldat. Sur cent quinze mille âmes de population, on a eu en temps de guerre trente-cinq mille combattants. La population, qui donne une moyenne de sept cent soixante habitants pour une lieue carrée, est considérable, si l'on a égard au pays, composé de rochers incultivables en grande partie.

Les Maronites relèvent aujourd'hui de Rome; mais tout en reconnaissant l'autorité du pape, ils continuent à élire leur *batray* ou patriarche d'Antioche. Contre la loi canonique, les prêtres se marient comme aux premiers temps de l'Église : seulement leur femme doit être fille et non veuve, et ils ne peuvent convoler en secondes noces. La messe se dit en langue syriaque, que les desservants ne comprennent pas; l'Évangile seul est en arabe, afin que l'assistance en comprenne la signification. La communion se pratique sous les deux espèces. L'hostie est un pain rond, non levé, un peu plus large qu'un écu. Quand le célébrant a pris le dessus, qui est marqué d'un cachet, on coupe le reste en petits morceaux, on le met dans le calice avec le vin, puis au moyen d'une cuillère qui sert à tous les fidèles, le prêtre l'administre à la ronde. Ces prêtres n'ont point de salaire fixe. Ils vivent du travail de leurs mains et du casuel de leur chapelle. Chacun d'eux exerce un petit métier qui nourrit la famille. Pauvres, ces ecclésiastiques n'en sont pas moins considérés. Quand ils marchent dans le village, c'est à qui ira prendre leur main et la baiser. Femmes, hommes, enfants, vieillards, ont été élevés dans cette pratique de déférence, et les Européens eux-mêmes ne s'en tiennent pas pour dispensés. Chaque village a sa chapelle, chaque chapelle sa cloche, chose inouïe en Turquie. Dans leurs montagnes, les Maronites portent le turban vert réservé aux chérifs musulmans. Hors de la limite de leurs possessions, ils seraient décapités pour ce fait.

Le Liban compte une quantité prodigieuse d'évêques; mais ce sont des prélats simples et pauvres que l'on rencontre souvent sur les routes, accompagnés d'un seul sacristain. Ils vivent dans les couvents, nourris et vêtus comme de simples moines. Leur revenu le plus ordinaire ne va guère au delà de quinze cents francs, mais dans un pays où la vie est à très-bon compte, ces quinze cents francs sont une aisance. Ces évêques sont tirés, comme les desservants, de la classe des moines. Ces postes ecclésiastiques sont donnés à la piété et au savoir. Rome les guide et les surveille; elle intervient dans leurs querelles théologiques, discute et règle les articles de foi. En revanche, elle a fondé pour eux dans la capitale chrétienne, un collége, où de jeunes Maronites sont élevés gratuitement.

Dans le petit espace qu'occupent les Maronites, on compte plus de deux cents couvents d'hommes ou de femmes, qui suivent presque tous la règle de Saint-Antoine. Le vêtement des moines est une étoffe commune ; la nourriture est celle des paysans, avec cette exception, toutefois, que les religieux ne mangent jamais de viande. Un jeûne rigoureux, un travail opiniâtre, de longues prières, soit de jour, soit de nuit, telle est la vie de ces cénobites. Chaque couvent a un frère cordonnier, un frère tailleur, un frère tisserand, un frère boulanger ; en un mot, un artisan par chaque métier utile à la communauté. A côté de chaque couvent d'hommes, existe presque toujours un couvent de femmes, et il ne s'en est jamais suivi de scandale. Ces femmes mènent une vie laborieuse et active. Le plus célèbre des monastères maronites est celui de *Dir-el-Mar-Antonios-el-Khez-heyeah*, à six heures à l'est de Tripoli. Il était habité, lorsque nous l'avons visité, par quatre-vingt-douze religieux ; ce couvent présente un vaste atelier où toutes les professions sont réunies. La typographie y a quatre fontes différentes de caractères syriaques. Ce lieu est encore appelé quelquefois *Bisils-el-Medjenin*, à cause d'une grande caverne qui, dit-on, a la vertu de rendre la raison aux individus atteints de folie. C'est dans cette grotte, suivant la tradition, que saint Antoine venait faire ses pénitences. C'est là encore que les religieux soignent les malades qui leur arrivent de toutes les parties de l'Égypte, de la Syrie, de l'Arabie et des bords de l'Euphrate. Nous y avons remarqué des aliénés de toutes les religions, et un plus grand nombre de musulmans que de chrétiens.

La route pour arriver au couvent de Saint-Antoine est fort escarpée et excessivement rocailleuse. On trouverait difficilement une situation plus romantique : vues du bas de la vallée, les blanches murailles du monastère semblent se tenir debout par enchantement sur le bord d'un abîme sans fond, qui commence aux cèdres du Liban et se précipite vers le fleuve Kadesha ou Qadicha. De toutes parts, d'énormes masses de rochers dressent leurs cimes anguleuses au-dessus des murs du couvent et l'enferment comme d'une immense barrière de granit infranchissable. A ses pieds, entre les gorges de la vallée, on entend bruire les eaux qui descendent des montagnes et roulent avec fracas dans les mystérieuses profondeurs du ravin; le soleil ne luit guère que quelques heures par jour sur les toits de l'édifice. A peine s'est-il montré qu'il se dérobe presque aussitôt derrière les hautes montagnes qui projettent leurs ombres gigantesques sur le monastère; aussi ce séjour est-il ténébreux et triste.

Les moines de Saint-Antoine vivent dans une continuelle occupation; ils partagent leur temps, ainsi que nous l'avons dit, entre la prière et le travail des mains : les uns cultivent la terre, les autres font paître les troupeaux, d'autres impriment des livres de piété pour l'instruction des habitants de ces montagnes. Les plus intelligents exercent la médecine avec une sorte de succès. Jusqu'ici, le couvent de Saint-Antoine n'a rien perdu de son antique réputation pour la guérison des maladies du cerveau. La rapidité et la multiplicité des cures qu'y opèrent les bons moines semblent tenir du prodige. Quelques jours leur suffisent, dit-on, pour rendre à la raison l'homme atteint de l'aliénation mentale la plus désespérée.

La chapelle de Saint-Antoine est presque entièrement taillée dans le roc. Les offices s'y célèbrent en syriaque avec la plus scrupuleuse exactitude, les moines se tiennent debout ou agenouillés pendant toute la cérémonie, quelque longue qu'elle soit; c'est, au reste, l'usage universel de tous les chrétiens maronites. On ne trouve de siéges dans aucune de leurs chapelles.

Quant à la règle du monastère, elle n'est point changée depuis l'origine; c'est toujours celle qu'y a laissée saint Antoine abbé. Les religieux portent une robe de laine noire fort étroite et très-courte; un scapulaire également de laine et un petit capuchon noir. Leurs jambes sont nues; ils ont aux pieds des sandales noires pour chaussure, et ils laissent croître leur barbe. Leur simplicité, leur douceur et leur inépuisable charité sont devenues proverbiales dans le pays. Ils accueillent indistinctement tous les étrangers avec bonté, quelle que soit leur nation ou leur religion. La parfaite tranquillité d'âme dont jouissent ces bons pères, l'air pur qu'ils respirent dans ces montagnes, leur extrême sobriété, la régularité de leur vie éloignent de leur retraite toute grave indisposition ; beaucoup d'entre eux meurent sans avoir jamais été malades; quelques-uns arrivent, dans une parfaite santé, jusqu'à un âge très-avancé. Il n'est pas rare de rencontrer aux environs du monastère une longue et vénérable barbe blanche qui retombe sur une poitrine plus que centenaire.

Au sud des Maronites sont les peuples druses, dont il a été question déjà à propos de l'émir Beschir. Les Druses sont des schismatiques musulmans, comme les Maronites sont des sectaires chrétiens ; mais à part cette dissemblance, ils se rapprochent les uns des autres par les mœurs, par les coutumes et par la langue.

La religion des Druses fut longtemps un problème. Aujourd'hui l'on sait qu'elle se compose d'un mélange de mahométisme et de préjugés locaux. La métempsycose, les transmigrations, le principe du bien et du mal; enfin, toutes les données du culte de Zoroastre s'infiltrèrent jadis dans les principes du Koran, pour composer un amalgame de croyances, qui varia bientôt d'un individu à l'autre. Chaque illuminé se fit apôtre, et chaque apôtre chef de secte. On en compta bientôt cinquante, s'accusant toutes entre elles d'hérésie et d'erreur. Les choses en étaient là au début du onzième siècle, quand un fou furieux fut couronné khalife au Caire, sous le nom d'El-Hakem-Bi-Amr-Allah. Voici ce qu'en dit l'historien arabe El-Makin : « L'an de l'hégire 386 (996 de J.-C.), parvint au trône d'Égypte le troisième khalife fatimite Hakem-Bi-Amr-Allah. Ce prince fut l'un des mortels les plus extravagants dont la mémoire des hommes ait gardé le souvenir. D'abord il fit maudire dans les mosquées les premiers khalifes, compagnons de Mahomet ; puis il révoqua l'anathème ; il força les juifs et les chrétiens d'abjurer leur culte ; puis il leur permit de le reprendre. Il défendit de faire des chaussures aux femmes, afin qu'elles ne pussent sortir de leurs maisons. Pour se désennuyer, il fit brûler un jour la moitié du Caire, pendant que ses soldats pillaient l'autre moitié. Non content de ces fureurs, il interdit le pèlerinage de la Mecque, le jeûne et les cinq prières ; enfin, il poussa la folie au point de vouloir se faire passer pour Dieu. Il fit dresser un registre de ceux qui le reconnurent pour tel, et il s'en trouva jusqu'au nombre de seize mille. Cette idée fut appuyée par un faux prophète venu vers ce temps de la Perse en Égypte. Cet imposteur, nommé Mohammed-ben-Ismaël, enseignait qu'il était inutile de pratiquer le jeûne, la prière, la circoncision, le pèlerinage, et d'observer les fêtes; que les prohibitions du porc et du vin étaient absurdes; que le mariage des frères, des sœurs, des pères et des enfants était licite. Pour être bien venu d'Hakem, il soutint que ce khalife était Dieu lui-même incarné; et au lieu de son nom Hakem-Bi-Amr-Allah, *gouvernant par l'ordre de Dieu*, il l'appela Hakem-Bi-Amrith, qui signifie *gouvernant par son ordre propre*. Par malheur pour le prophète, son nouveau Dieu n'eut pas le pouvoir de le garantir contre ses ennemis. Ils le tuèrent dans une émeute, aux pieds même du khalife, qui peu après fut massacré lui-même sur le mont Moqattam, où il entretenait, disait-il, un commerce avec les anges. »

Telle fut l'origine de la religion des Druses. Persécutés en Syrie par les Islamites orthodoxes, les sectaires qui avaient embrassé cette foi se réfugièrent, comme l'avaient fait les Maronites, dans les montagnes du Liban, où ils pouvaient défendre leurs personnes contre le fer de leurs ennemis, et leur croyance contre la persécution. Ils s'y maintinrent aussi à peu près indépendants jusqu'au règne d'Amurat III, qui les rendit tributaires.

Vers les premières années du dix-septième siècle, la puissance de cette peuplade prit tout à coup quelque développement et quelque célébrité. L'émir Fakr-el-Dyn (notre Fakardin) venait d'être appelé au gouvernement du pays des Druses, et dans ce poste il fit preuve d'un talent et d'une adresse remarquables. Sa tactique fut d'amoindrir chez lui le patronage ottoman, et de créer à la nationalité druse des éléments d'indépendance. Rusé et intelligent, il s'y prit d'abord en ménageant la puissance de la Porte, et en endormant ses défiances par des témoignages de fidélité. Il chassa des plaines de Balbeck, de Sour et d'Acre les Arabes qui les infestaient, se rendant de la sorte populaire dans tout le pays. Bientôt après il s'occupa d'utiliser les influences qu'il s'était ainsi ménagées. La ville de Beyrout, fréquentée par les Vénitiens, était à sa convenance; il fit si bien, qu'il s'en empara; puis il procéda de la même manière pour Sayde, Balbeck et Sour, jusqu'à ce qu'en 1613 il se vit maître de tout le pays, depuis Adjaloun jusqu'à Safed. Pour que la Porte fermât les yeux sur ses empiétements successifs, Fakr-el-Dyn avait soin, à chaque conquête nouvelle, d'envoyer une somme considérable à Constantinople, comme tribut et comme signe de vasselage. Longtemps il parvint à conjurer ainsi l'orage; mais enfin il éclata. Le divan s'alarma des progrès des Druses, et projeta une campagne contre eux. Soit frayeur, soit politique, Fakr-el-Dyn n'attendit pas ses adversaires. Il laissa à son fils le soin de la résistance, s'embarqua pour l'Italie, et alla voir les Médicis à la cour de Florence. Il espérait que sa présence hâterait le concours d'auxiliaires chrétiens. Son arrivée dans cette cour et à cette époque, eut un grand éclat. L'apparition d'un prince d'Orient au sein de cette société italienne, polie par les idées de la renaissance, fit une sensation profonde. Un prince d'Orient, dans toute la beauté de son costume, c'était pour la magnifique Florence elle-même quelque chose d'aussi extraordinaire qu'inattendu. Comme on savait peu alors ce qu'était la religion druse, on fit sur-le-champ de ce peuple un peuple de chrétiens, une race de croisés qui s'étaient établis dans la chaîne libanique. On alla même jusqu'à trouver l'étymologie des Druses dans le mot français de *Dreux*, en disant qu'un comte de *Dreux* avait fondé cette colonie de Francs, seuls restes de ces grandes émigrations d'hommes qui avaient signalé les onzième, douzième et treizième siècles. Fakr-el-Dyn savait parfaitement à quoi s'en tenir là-dessus; cependant il laissa dire et écrire les étymologistes; il se prêta même à passer pour allié de la maison de Lorraine, et eut une correspondance diplomatique avec ses membres. Plus tard seulement on sut que les Druses, d'origine purement arabe, étaient musulmans, et que le mot *Druse* venait du surnom *el-Dorzé*, donné à Mohammed-ben-Ismaël, le fondateur de cette secte.

Fakr-el-Dyn resta neuf ans en Italie, durant lesquels Ali, son fils, conjura les maux de la guerre et repoussa les Turks. Rentré dans ses États, l'émir n'avait plus qu'à y introduire les progrès qu'il venait d'étudier en Europe. Malheureusement, au lieu d'adopter les idées sérieuses de notre civilisation, il s'était épris des choses futiles. Au lieu de créer des moyens de défense pour le peuple qui lui était soumis, il ne construisit que des bains et des jardins, et osa, en dépit des interdictions mahométanes, les faire décorer de peintures et de sculptures. Cette conduite irrita les Druses; des factions intérieures déchirèrent le pays, et des ennemis perdirent l'émir à la cour d'Amurat IV. Sa ruine fut résolue. Le pacha de Damas eut l'ordre de marcher contre Fakr-el-Dyn, pendant que d'autre part, quarante galères investiraient Beyrout. Ali, le fils de l'émir, essaya de soutenir une lutte inégale; vainqueur dans deux batailles, il fut tué à la troisième. Dès ce moment les affaires furent désespérées. Fakr-el-Dyn perdit la tête; il traita d'abord; puis, menacé dans sa personne, il se réfugia sur des lieux escarpés, où il se maintint pendant douze mois. Il ne fut pris et livré aux Turks qu'un peu plus tard, et par trahison. Conduit à Constantinople, il obtint d'abord la vie; mais sur un caprice d'Amurat, il fut un jour étranglé dans son cachot.

La postérité de Fakr-el-Dyn n'en continua pas moins à régner sur les Druses. Ce ne fut qu'à son extinction que la couronne passa à la maison de Chach, dans la personne de l'émir Beschir dont il a été question.

La religion des Druses, espèce de mahométisme relâché, n'admet, comme pratiques d'observance rigoureuse, ni la circoncision, ni les prières, ni les jeûnes. Chez eux point de prohibitions et point de fêtes. Ils boivent du vin, mangent du porc, se marient de sœur à frère. Il n'y a d'autre culte chez eux qu'une espèce d'initiation qui les rend *oqqâls* ou spirituels, tandis que les profanes restent *djahels* ou ignorants. Dans cette initiation existent plusieurs grades : le plus élevé de tous exige le célibat. On reconnaît les initiés du premier ordre à leur turban blanc, indice de pureté. Cette pureté ne doit jamais être souillée. Si l'on mange dans leur plat, si l'on boit dans leur vase, ils les brisent. Ils ont des oratoires isolés, placés sur des éminences, et ils y tiennent des assemblées secrètes. Ils ont des livres dans lesquels il est question de Hakem, le dieu incarné. On y parle d'une autre vie, d'un lieu de bonheur, de divers degrés d'épreuves, toutes choses qui rappellent la théogonie hindoue. Les oqqâls auront, comme de droit, la première place dans le paradis druse. En dehors de ces oqqâls, il n'y a d'unité ni pour les dogmes, ni pour les cérémonies. Le reste des Druses vit à sa guise; ceux-ci adorent le soleil, la lune et les étoiles; ceux-là sont demi-chrétiens, les autres sont idolâtres. Ce qui caractérise la masse, c'est une grande tolérance dans les pratiques. Chez les catholiques, ils font comme les catholiques; chez les islamites, comme les islamites. Sollicités par les missionnaires, plusieurs se sont fait baptiser; puis, tourmentés par les Turks, ils se sont fait circoncire.

Leur organisation politique est plus fixe et plus saisissable. La nation, comme chez les Maronites, se partage en deux classes, les émirs ou cheiks, et le peuple. Chacun y vit sur le travail des terres, ceux-ci comme propriétaires, ceux-là comme fermiers. Le mûrier et la vigne dans presque tous les cantons; les tabacs, les cotons et quelques grains dans un petit nombre d'autres, composent toutes les richesses du sol. Là, comme ailleurs, les plus forts lots de terrain sont entre les mains de grands propriétaires, qui constituent une sorte d'aristocratie, dont le chef est une espèce de roi ou souverain du pays. Ce chef se nomme *hakem* ou gouverneur ; *émir* ou prince. Sa dignité passe tantôt du père aux enfants, tantôt du frère au frère. Les femmes ne peuvent en hériter. Ces promotions se font, du reste, toujours sous la surveillance et avec l'agrément des dignitaires de la Porte. Le hakem ou émir veille à la paix publique ; il maintient l'harmonie entre les émirs inférieurs et les cheiks de village. Il est à la fois chef militaire, chef judiciaire, et grand percepteur des impôts. C'est lui qui compte avec le pacha pour le tribut annuel dû au sultan. Ce tribut varie suivant la puissance de l'émir, plus faible quand il se fait craindre, plus fort quand il n'impose pas un peu de respect. On perçoit les taxes ou miry sur les produits du sol. D'ordinaire, elles rentrent sans frais dans le trésor de l'émir. Chacun vient verser son contingent à Daïr-el-Qammar, ou bien on le compte à des collecteurs du prince qui parcourent le pays.

L'émir n'a pas, du reste, des pouvoirs sans contrôle. Sur les questions d'impôts, comme sur celles de la paix et de la guerre, il est obligé de consulter les notables du pays. A cette fin, il convoque des assemblées générales, dans lesquelles il expose l'état des affaires. Tout cheik et tout propriétaire a le droit d'y voter, ce qui fait de ce petit État un mélange des trois éléments monarchique, aristocratique et démocratique. Les princes du pays, et le grand émir lui-même, ont de nombreux esclaves, mais point de troupes permanentes. Quand la guerre éclate, tout le monde est soldat, jeune homme ou homme fait, cheik ou paysan. Chacun prend un petit sac de farine, un fusil, quelques munitions, et se rend au lieu désigné par le gouverneur. En cas de guerre civile, les serviteurs se rangent auprès des maîtres ; les amis auprès des patrons. En cas de guerre générale, le rendez-vous est à Daïr-el-Qammar. C'est de là aussi que part le signal. Le soir, des crieurs montent sur les éminences, et de là se font entendre dans la vallée : « A la guerre, à la guerre ! prenez les pistolets, nobles » cheiks, montez à cheval ; armez-vous de la lance et du sabre ; ren- » dez-vous demain à Daïr-el-Qammar. Zèle de Dieu ! Zèle des com- » bats ! » A cet appel, parti du chef-lieu, succèdent d'autres appels, qui se transmettent et se répondent d'une éminence à l'autre, de telle sorte qu'en peu d'heures on sait dans tout le pays que la guerre est déclarée. Trois jours après le manifeste lancé des hauteurs de Daïr-el-Qammar, douze à quinze mille fusils sont réunis au pied de la demeure souveraine. Ces troupes, comme on le pense, ont un aspect tout autre que celui de nos bataillons réguliers. Ce sont tout au plus de méchantes guérillas en casaque courte et les jambes nues. On ne connaît que des fantassins dans ces guerres de montagnes; et jamais les Druses ne s'aventurent en plaine. Ils y supporteraient le choc de la cavalerie d'autant moins facilement qu'ils n'ont pas même de baïonnette à leurs fusils. Toute leur tactique est dans une guerre de tirailleurs; et sur un terrain de broussailles et de rochers, ils la font avec un grand avantage. Excellents tireurs, ardents à pousser leur succès, sobres, vigilants, dociles à leurs chefs, ils ont dans toutes les guerres conservé sur les Turks une supériorité réelle. Ils passent trois mois en plein air, sans tente, sans abris, vivant de petits pains cuits sous la cendre, ou sur une brique, d'oignons crus, de fromage, d'olives, de fruits, quelquefois d'un peu de vin.

Grâce à ces allures indépendantes et belliqueuses, cette petite peuplade a su défendre son territoire contre les nations maraudeuses qui l'entourent et contre la puissance des Turks, encore plus à craindre qu'elles. Les recensements donnent quarante mille combattants, et cent vingt mille âmes de population pour toute la contrée, ce qui, pour une surface de cent dix lieues carrées, présente mille quatre-vingt-dix âmes par chaque lieue, chiffre aussi élevé que celui de la population des meilleures provinces de France. Et cependant le sol est ingrat et rude, les produits sont difficiles et peu abondants. D'où vient alors cette exubérance de population, si ce n'est qu'un rayon de liberté luit sur ces montagnes, et qu'au rebours de tous les pays turks, le cultivateur sait que le grain qu'il jette dans la terre germera pour lui, et non pour le collecteur du pacha?

Le caractère druse est plus fier, plus énergique, plus fortement trempé qu'aucun de ceux des nations voisines, arabes ou maronites. On cite ces tribus dans tout le Levant, où elles se font remarquer par cette hardiesse aventureuse qui cherche et affronte le péril. Ils ont ces qualités à un degré plus élevé que les Maronites, et quand on demande à ces derniers la raison de cette différence : « Les Druses, » répondent-ils, craindraient peut-être davantage la mort, s'ils » croyaient à ce qui la suit. » Très-susceptibles sur le point d'honneur, ces peuples punissent sur-le-champ, à coups de candjar ou de fusil, une insulte faite à leur barbe, dont ils se montrent fort jaloux. La loi du talion, qui règne chez ces peuples comme chez les Maronites, y a des conséquences plus terribles encore, à cause de leur caractère irascible et violent.

A côté de ces défauts, les Druses ont une vertu qui les rachète, celle de l'hospitalité. Le voyageur, le suppliant, sont sacrés pour eux. On a vu des paysans donner leur dernier morceau de pain à un passant affamé. « Tous les hommes sont frères, disent-ils, et Dieu est libéral. » Aussi n'y a-t-il point dans la contrée d'hôtellerie qui rappelle celles d'Europe. On frappe aux portes des maisons que l'on trouve sur son chemin. On cite, en fait d'hospitalité, des traits qui honorent le caractère druse. Un aga des janissaires coupable de rébellion, s'étant un jour enfui de Damas pour se réfugier chez les Druses, le pacha le sut et réclama le fugitif sous peine de guerre. L'émir effrayé s'adressa au cheik qui avait donné l'asile au proscrit; mais celui-ci répondit : « Depuis quand a-t-on vu les Druses livrer » leurs hôtes? Dites au pacha que, tant que je garderai ma barbe, il » ne tombera pas un cheveu de la tête de mon réfugié. » L'émir ayant insisté et menacé de l'enlever de vive force, le cheik arma sa famille. Afin de ne pas livrer le pays à la guerre civile, le pacha renonça à la voie des armes; mais, usant d'une loi du pays, il déclara au cheik qu'il ferait couper cinquante de ses mûriers chaque jour, jusqu'à ce qu'il eût rendu le proscrit. Ce cheik en laissa couper mille sans sourciller. Cette résignation et ce courage mirent bientôt de son côté tous les cheiks du pays, et sans doute un soulèvement général en serait résulté, si l'aga, occasion de cette lutte, ne s'était sauvé à l'insu de son hôte.

Les Druses s'allient d'ordinaire en famille; ils préfèrent toujours un parent, fût-il pauvre, à un étranger riche; les paysans mêmes ont une espèce de répugnance à donner leurs filles aux marchands du littoral. Du reste, les coutumes de la vie privée ne diffèrent pas chez eux de celles des autres Orientaux. Ils peuvent épouser plusieurs femmes et les répudier quand cela leur plaît, mais ces sortes de répudiations sont fort rares. Les femmes ne marchent que voilées et ne sortent guère de leurs demeures que pour se rendre au bain; dans le ménage, elles pétrissent le pain, brûlent le café, lavent le linge et font la cuisine. De leur côté, les hommes vont aux champs pour s'y livrer aux travaux qu'ils exigent. Leur seul délassement, c'est, le soir, de s'accroupir en cercle dans la cour ou l'aire du chef de village; et là, la pipe à la bouche, le poignard à la ceinture, de deviser entre eux des choses qui les intéressent, de la récolte ou de l'émondage, de la guerre ou de la paix, de la disette ou de l'abondance, des chances de résistance contre le pacha, de la quotité de l'impôt. Les enfants, pendant ces heures de loisir, rôdent et jouent autour des pères de famille. Du reste, entre ces hommes, il y a peu de nuances de rang : ce sont des propriétaires, les uns plus riches, les autres moins aisés, qui vivent entre eux sur le pied d'une familiarité raisonnable. L'émir lui-même n'est qu'un fermier plus opulent et plus puissant que les autres; il ne croit pas que son autorité implique une attitude de morgue et de fierté onéreuse pour ses subalternes.

A côté de ces trois peuplades dont on vient de parler, il en est une quatrième qui habite une vallée intérieure, située à l'orient du pays des Druses : ce sont les Motoualis, campés entre le Liban et Damas. Ces Motoualis sont des musulmans, mais de la secte d'Ali comme les Perses, et non de la secte d'Omar ou de Moaouïa comme les Turks. Cette nuance d'origine entretient parmi ces divers religionnaires des haines vives et constantes. Les sectateurs d'Omar se regardent comme les seuls orthodoxes, se qualifient de *sonnites*, tandis qu'ils nomment les autres *chiites* ou dissidents. Le mot *motouali* a la même signification en syriaque. Les Motoualis se nomment aussi *adlié* ou *justiciers*, par suite d'une de leurs croyances. « Dieu, disent-ils, ne peut proposer un culte impraticable, ni ordonner des actions impossibles, ni obliger à des choses hors de portée; mais en ordonnant l'obéissance, il donne la faculté, il éloigne la cause du mal, il permet le raisonnement; il demande ce qui est facile et non ce qui est difficile; il ne rend point responsable de la faute d'autrui; il ne punit point d'une action étrangère; il ne trouve pas mauvais dans l'homme ce que lui-même a créé en lui, et il n'exige pas qu'il prévienne ce que la destinée a décrété sur lui, parce que cela serait une *injustice* et une tyrannie dont Dieu est incapable par la perfection de son être. » A ces dogmes, ils joignent des pratiques qui contrarient directement celles des Sonnites. Ainsi les Motoualis commencent les ablutions par le coude au lieu de les commencer par le bout des doigts, se prétendent souillés par toute espèce de contact étranger, ne boivent jamais au vase d'un individu étranger à leur secte, et ne s'asseyent pas à la même table que lui.

Ces usages et ce rite distinguent les Motoualis de toutes les tribus situées dans leur voisinage. Belliqueux et hardis, du territoire de Balbeck dans le pachalik de Damas qu'ils occupaient jadis, ils se sont peu à peu étendus vers l'Anti-Liban, et jusqu'à Becharré. Plus d'une fois leurs brigandages ont inquiété les Maronites qui ont eu recours aux armes pour s'en délivrer. Longtemps cette peuplade se maintint dans ces montagnes, plus intrépide, plus forte qu'aucune de celles que l'on a citées. Dans le milieu du dernier siècle, les Motoualis s'emparèrent de Sour et en firent leur entrepôt maritime; en 1771, ils servirent à Daher et à Ali-Bey d'auxiliaires contre les Ottomans. Toutes les fois qu'ils se rencontrèrent avec les Druses, l'avantage leur resta. Plus tard pourtant, Djezzar ayant entrepris de les soumettre et de les anéantir graduellement, ils ont peu à peu abandonné leurs positions littorales pour se réfugier dans les hautes chaînes, et aujourd'hui c'est à peine s'il en reste cinq cents familles abritées dans l'Anti-Liban.

Voilà les peuples qui, avec les Grecs, les Turks, les Juifs, les Arabes et les Francs des ports de mer, composent la population des pachaliks du Liban; races distinctes par les mœurs et par les traditions, par les croyances religieuses et par l'organisation politique. Quand le général Bonaparte, campé sous Saint-Jean d'Acre, espérait étendre ses conquêtes en Orient, il n'avait pas négligé cet élément de force placé sur sa route, et il comptait, Djezzar une fois soumis, entraîner avec lui à d'autres victoires les Druses et leurs émirs, les Maronites et leurs cheiks, les Motoualis et leurs guerriers influents, les Ansarié et leurs mocaddamiens.

PACHALIK D'ALEP.

Le pachalik d'Alep s'étend entre l'Euphrate et la Méditerranée, d'un côté de Skanderoun à Biré par les montagnes, de l'autre de Belès à la mer par Marra et le pont de Chogr. A proprement parler, le terrain se compose de deux vastes plaines : l'une, celle d'Antioche, à l'ouest; l'autre, celle d'Alep, à l'est. Au nord, et le long du littoral, règne un système de hautes montagnes. Le sol du pachalik est en général gras et argileux, mais presque inculte. Le système d'exactions ottomanes, qui ne laisse jamais au cultivateur la certitude de recueillir ce qu'il a semé, arrête et paralyse toutes les exploitations agricoles. En place des riches moissons que cette terre pourrait nourrir, on n'aperçoit que des herbes hautes et vigoureuses venues partout spontanément après la saison des pluies. A peine aux environs des villages trouve-t-on quelques champs assez mal tenus, dans lesquels croissent le froment, l'orge et le coton, produits spéciaux des pays plats. Le sol des montagnes offre des vignes, des mûriers, des oliviers et des figuiers. Les coteaux maritimes sont consacrés aux tabacs, le territoire d'Alep aux galles et aux pistaches. Quant aux pâturages, ils sont abandonnés aux hordes errantes des Turkomans et des Kourdes.

Sous un régime de taxes régulières et de stable propriété, nulle contrée ne serait plus prospère ; mais, dans le pachalik d'Alep, les terres ne sont à personne, parce qu'elles sont à tout le monde. Dans ces vastes plaines, les paysans n'ont pas, pour défendre leurs champs, les mêmes ressources que les habitants des montagnes, et il s'ensuit qu'ils restent livrés à des invasions à peu près continuelles. Limitrophes entre le rayon désert qu'occupent les Bédouins et la partie cultivable dans laquelle vaguent les Turkomans et les Kourdes, ils sont justiciables de l'un et de l'autre peuple maraudeur, souvent même de tous les deux à la fois. A ce fléau vient encore se joindre celui des exactions commises par les troupes de la garde du pacha, lesquelles perçoivent l'impôt pour leur maître, soit en argent, soit en nature, et ne laissent pas même au cultivateur de quoi ensemencer son champ pour la saison prochaine. Quelquefois même deux autorités se partagent le droit de pressurer le malheureux contribuable : d'une part, c'est le pacha, chef de la force armée ; de l'autre, le *mehassel* ou collecteur avec lequel la Porte compte directement. Ce mehassel tient le pachalik à bail, mais pour une seule année ; le prix en varie de 800 à 1,000 bourses, suivant l'état de la contrée et l'abondance des récoltes, sans compter un *droit de babouche*, espèce de pot de vin à l'aide duquel on achète la faveur du visir et des intermédiaires influents. Moyennant cet arrangement, le mehassel est substitué à tous les droits du gouvernement sur les douanes, sur le passage des bestiaux kourdes et turkomans, sur la saline de Djeboul ; enfin, sur le miry ou impôt foncier.

Quand le mehassel est ainsi en possession des recouvrements de fonds généraux, on affecte au pacha un traitement fixe, assez peu élevé. Mais, dans cette taxation, la Porte fait entrer en ligne de compte les ressources extraordinaires et illicites des pachas ; les avanies qu'ils imposent, soit aux particuliers, soit aux villages, les taxes exorbitantes que leurs émissaires tirent des Turkomans et des Kourdes. On a vu même des pachas, poussant plus loin la soif de l'argent, rançonner chaque corps de métier, et exiger même un tribut des nettoyeurs de pipes. Quand ces extorsions vont trop loin, la Porte rappelle ses dignitaires; mais avant qu'elle sévisse, il faut que les actes arbitraires aient comblé toute mesure.

La garde du pacha d'Alep se compose de cinq cents cavaliers et d'un nombre à peu près égal de fantassins, troupe régulière, composée pour l'ordinaire d'hommes étrangers au pays. En outre, il avait le droit de disposer du corps des janissaires, avant que cette milice bourgeoise eût été dissoute dans toute l'étendue de l'empire ottoman. Il faut dire toutefois qu'à Alep, ville d'intérieur, les ordres formels de la Porte ont été longtemps à prévaloir contre une institution presque aussi vieille que l'empire ottoman. Le corps des janissaires y existait encore quand nous avons visité cette partie de la Syrie. Chaque consulat a un janissaire à sa solde; toute maison franque un peu importante a aussi le sien. Longtemps après la destruction des janissaires à Constantinople, ceux d'Alep se levaient et s'armaient, soit pour le service du pacha, soit pour lui imposer ses volontés tumultueuses. Ces janissaires étaient un nombre d'hommes classés qui formaient une espèce de garde civique. Des priviléges et des immunités étant attachés à ce titre, il y avait brigue pour l'obtenir. Du reste, cette troupe était fort peu martiale, se composant de paysans et d'ouvriers qui ne voulaient s'astreindre à aucun exercice, ni à aucune discipline. Longtemps souverains à Alep, les janissaires en étaient venus à y rendre les pouvoirs du pacha presque illusoires, quand ceux-ci imaginèrent de se retirer dans un château fort situé hors de la ville, et de s'y faire garder par un millier d'hommes à leur solde, moitié cavaliers, moitié piétons.

Les cavaliers de cette garnison sont les seuls que l'on tienne pour gens de guerre, en les nommant à ce titre *daoulé*, ou *delcti*, ou encore *delibaches*, ou *laouend*, d'où nous avons fait *leventé*. Coiffés d'un long cylindre de feutre noir et sans bords, ils ont pour armes le sabre court, le pistolet, le fusil et la lance. Leurs selles, d'un seul cuir verni tendu sur un châssis de bois, sont rases et incommodes; le reste du harnachement ressemble à celui des Mamelouks : seulement il est moins riche et moins bien tenu. Des habits déchirés, des armes rouillées, des chevaux de toutes couleurs et de toute taille, donnent à cet escadron une physionomie étrange. On dirait plutôt une réunion de bandits que de soldats, et dans le fait, avant d'être soldats, presque tous ces hommes ont été maraudeurs turkomans ou kourdes, ou caramaniens. Les gens de pied sont quelque chose de plus désordonné encore. Jadis, on les tirait du pays même, à l'aide d'enrôlements forcés; mais depuis un siècle environ, on les recrute parmi les Barbaresques ou les Arnautes. Sous le nom de *magarbé* (hommes du couchant), ils forment à eux seuls l'infanterie du pacha. Les armes de ces piétons se composent d'un seul fusil rouillé et d'un grand couteau; leur bagage consiste en une chemise de coton, un caleçon, une toque rouge, et quelquefois des pantoufles. Tout cela, les chargeant peu, leur permet de marcher lestement dans les plus affreux chemins. Moyennant une légère solde, ces gardes du corps sont tenus de s'entretenir d'armes et de vêtements. Le pacha les nourrit. La paie est double pour le cavalier, à qui l'on fournit en outre un cheval avec sa ration d'orge. Ce corps est divisé à l'ancienne manière tartare, par *bairaqs* ou drapeaux, chaque drapeau comptant pour dix hommes.

Ces janissaires autrefois et ces gardes du pacha, cette organisation fiscale et militaire ont amené la ruine graduelle de l'un des plus beaux pachaliks de l'empire. Le gouvernement d'Alep comptait autrefois plus de trois mille villages; on lui en sait à peine quatre cents aujourd'hui. A chaque pas on y rencontre des hameaux déserts, des citernes enfoncées, des champs sans cultivateurs. Ici ce sont des ruines de l'époque romaine et grecque avec des pierres si énormes, qu'on les prendrait pour des matériaux cyclopéens; ailleurs, ce sont des vestiges de l'ère des khalifes, ou des débris de monuments laissés par nos croisés à la suite de leur long séjour sur cette terre, curieux jalons que l'archéologue et l'historien rencontrent à chaque pas dans toutes les provinces syriennes.

La ville la plus considérable du pachalik est Alep, l'Halab des Arabes. Située dans la vaste plaine qui s'étend de l'Oronte à l'Euphrate, en se confondant au midi avec le désert, elle n'a autour d'elle qu'une oasis de terres fécondes et cultivées. Pendant que le sol, à plusieurs lieues à la ronde, est privé de cours d'eau, Alep a sa petite rivière, qui, descendue des montagnes d'Aëntab, va se perdre à six lieues au-dessous de la ville, dans un marécage peuplé de sangliers et de pélicans. A sa source, ce ruisseau roule au travers de deux murs de roches nues; mais près d'Alep, ses bords se recouvrent d'une terre rougeâtre sur laquelle croissent de délicieux vergers.

Alep est une des plus belles et des plus grandes villes de la Syrie, en ne prenant pour ces épithètes aucun terme de comparaison européenne. Elle est aussi d'une propreté relative. Ses rues fort étroites sont encombrées de chiens vaguants, d'ânes et de chevaux marchant à la file et se pressant sous les poternes des fortifications. Dans la plupart de ces rues, c'est à peine si deux cavaliers peuvent aller de front. La partie la plus large et la plus belle est le quartier européen, qui se compose de vastes khans, cours intérieures autour desquelles se groupent des constructions et des bazars voûtés, pratiqués sous les maisons mêmes. Chacun de ces khans se ferme le soir à l'aide d'une grande porte. En cas de révolte ou de peste, chacune de ces portes reste close. C'est une espèce de forteresse contre la contagion ou le danger. Les rues ouvertes ne sont formées que de deux murs, traversés çà et là par des corps de logis tout entiers ou par des kiosques en saillie. On y voit peu de fenêtres, et toutes sont grillées à l'extérieur. Ces maisons ont un aspect triste et délabré; mais quand on y pénètre, on y découvre toutes les jouissances raffinées et mystérieuses du luxe oriental. Quelques logements ont une cour centrale pavée en marbre, au milieu de laquelle un jet d'eau bruit sur le marbre; des arbres en fleurs, des volières, des serres animent ce délicieux intérieur. L'habitation elle-même ne se compose que de petites pièces, mais une vaste salle commune, garnie de divans de soie, réunit tous les hôtes du lieu. C'est là que, la pipe aux lèvres, on reçoit les visiteurs, et qu'on les convie aux honneurs du café, des confitures et des sorbets. Les femmes, chez les Orientaux, même chez les chrétiens, ont leur corps de logis spécial dans lequel nul visiteur ne pénètre.

Outre des maisons de ville somptueuses et commodes, Alep a une foule de jardins charmants, situés, les uns dans le faubourg même, les autres à peu de distance de la ville. Là, chaque jour, on peut aller sous des voûtes d'arbustes odorants, oublier les ardeurs d'un soleil perpendiculaire, se coucher sur la pelouse, à côté du filet d'eau qui bruit, jouir de cette vie contemplative qui semble une nécessité pour les Orientaux. Ne rien faire, et remuer le moins possible, voilà le suprême bonheur de ces peuples. Le soir, quand le soleil est couché, et que la nuit ne laisse plus aux objets qu'une forme vague et confuse, tous les Aleppins montent sur les terrasses, d'où l'on découvre au travers des coupoles et des minarets, l'immensité aride et silencieuse du désert. Ces terrasses s'enchaînent de telle sorte, qu'on pourrait, en franchissant l'un après l'autre les petits murs qui les séparent, faire le tour de la ville.

De quelque côté qu'on arrive à Alep, l'œil est saisi par la multitude de ses minarets et de ses dômes blanchâtres. Ainsi accidentée d'aiguilles et de coupoles, sa physionomie a quelque chose d'imposant et de pittoresque. Dans le centre même de la ville est une montagne factice qu'entoure un fossé sans eau, et que couronne une forteresse en ruine. De là on plane sur la ville, et au delà on découvre d'un côté, jusqu'aux cimes neigeuses de Baïlan, de l'autre jusqu'à la chaîne qui sépare l'Oronte de la mer, tandis qu'à l'orient et au sud, là vue va se perdre jusqu'à l'Euphrate. Jadis ce château était une puissance pour la ville; il arrêta pendant plusieurs mois les Arabes d'Omar, et ne fut pris que par trahison. Aujourd'hui il ne résisterait pas à un coup de main. Sa muraille mince et sans contre-fort est déjà éboulée, ses petites tourelles ne sont pas en meilleur état. Dans toute son artillerie, il n'y a pas quatre canons en état de service, sans en excepter une couleuvrine de neuf pieds de long, prise sur les Persans au siége de Basrah. La garnison chargée de le défendre ne se tient jamais à son poste. L'aga qui commande le fort au nom de la Porte a à peine assez de place pour loger ses gens. Dans l'enceinte même du château est un puits qui tire son eau d'une source distante de cinq quarts de lieue. Du reste, le terrain des environs d'Alep offre tant d'éminences propres à un siége, que le château, dans l'état actuel de notre science militaire, est une dérision et une inutilité.

Si, comme ville de guerre, Alep est une place insignifiante, elle a, en revanche, quelque importance comme ville de commerce. Entrepôt de l'Arménie et du Diarbékir, elle reçoit des caravanes de Bagdad et de Perse; elle communique avec l'Inde par Basrah, avec l'Égypte et la Mecque par Damas, avec l'Europe par Skanderoun et Lattakiéh. Chaque année on voit passer dans ses murs la grande caravane qui amène de Perse les Musulmans jaloux de visiter à la Mecque le tombeau de Mahomet et la sainte Kaaba. Cette caravane, composée de cinq à six mille marchands, porte avec elle des ballots de châles, des pipes d'ambre, des tissus, des tapis, des narguilés de grande valeur, des perles, des diamants, des chevaux, des armes magnifiques; en un mot, tous les produits industriels des provinces persanes. Elle échange ces divers objets de luxe contre des produits indigènes ou des objets d'Europe. A Alep, le commerce se fait presque tout par échanges. Les principales ressources locales sont les cotons en laine ou filés; les toiles grossières qui se fabriquent dans les villages, les étoffes de soie ouvrées dans la ville, les cuivres, les bourres, les poils de chèvre, les noix de galle du Kourdestan, enfin les pistaches des environs. En contre-valeur de ces objets, nos ports de la Méditerranée y envoient des draps communs du Languedoc, des calottes rouges, les unes simples, les autres brodées, des denrées coloniales, des teintures et des épiceries. Dans aucun pays du Levant les négociants d'Europe ne jouissent d'une sécurité plus grande. Alep compte une douzaine de maisons françaises qui y sont établies de père en fils, depuis bientôt un siècle; cinq ou six maisons italiennes, deux maisons anglaises, et un nombre plus grand encore de maisons juives. La France, l'Angleterre, la Hollande, l'Autriche, la Russie, l'Espagne, la Sardaigne et d'autres petits États y maintiennent chacun un consul.

Après Constantinople et le Caire, la ville la plus considérable de l'empire ottoman est Alep. On lui attribuait autrefois deux cent mille âmes de population; mais cette évaluation exagérée peut se réduire au chiffre de cent mille, qui approche plus que tout autre de la vérité. Les habitants musulmans ou chrétiens sont plus civilisés qu'on ne l'est d'habitude dans les provinces turques. L'air d'Alep est vif et salubre, et pourtant la ville et son territoire sont sujets à une endémie singulière que l'on nomme *dartre* ou *bouton d'Alep*. C'est un petit bouton qui, d'abord inflammatoire, devient ensuite un ulcère de la largeur de l'ongle. La durée fixe de cet ulcère est d'un an : il se place ordinairement au visage, et laisse une cicatrice qui défigure la plupart des habitants. Les étrangers qui passent dans la ville sont sujets à son influence. Pour combattre cette endémie, d'ailleurs fort innocente, on a eu recours à toutes sortes de spécifiques. Aucun n'a eu de succès, et aujourd'hui encore, on estime que le meilleur remède est de n'en point faire. La cause réelle de ce mal est encore un problème. Cependant quelques voyageurs l'ont attribué à la qualité des eaux; et cela avec d'autant plus de raison qu'on retrouve la même endémie, soit aux environs d'Alep, soit dans quelques villages du Diarbékir.

C'est à Alep que l'on élevait jadis les pigeons voyageurs qui servaient de rapides courriers entre cette ville et Bagdad. Voici comment était organisée cette espèce de poste ailée. On prenait des couples qui eussent des petits, et on les portait à cheval au lieu d'où l'on voulait qu'ils revinssent. Quand l'oiseau était arrivé, on lui attachait un billet à la patte, et on le lâchait. Impatient de voir ses petits, le pigeon prenait son vol, et parcourait en quelques heures le trajet de Bagdad à Alep. Alep, d'ailleurs, est très-facile à découvrir de loin. Elle est placée comme un écueil élevé sur le vaste océan des sables. Cette position dans la plaine entièrement rase attire autour d'elle une quantité innombrable d'oiseaux de mer qui s'abattent de temps à autre sur la ville pour dévorer les débris qu'on laisse dans les rues.

Autour d'Alep, et dans un rayon de dix lieues, apparaissent çà et là des ruines qui appartiennent évidemment à l'ère de la domination romaine. Ces débris se composent presque tous de blocs énormes qui rappellent Balbeck et Alexandrie de Troie. Quelques-uns ont de quarante à cinquante pieds de long. On trouve encore debout des fragments de murs soutenant des voûtes qui faisaient partie de temples ou de prétoires. Parmi ces monuments, il en est beaucoup qui sont dans un bon état de conservation, et qui servent à abriter les caravanes pour leurs haltes de nuit. A côté de ces édifices on distingue, par intervalles, ici quelques morceaux de voies antiques, là des fragments d'aqueduc suspendus aux flancs des collines. Ces imposantes ruines annoncent que cette région, aujourd'hui si ingrate, a été une station romaine importante, et probablement un des lieux de passage du commerce de l'Inde avec l'Occident.

Après Alep, sa capitale, ce pachalik compte plusieurs villes remarquables et assez riches. La seconde, dans l'état moderne, est Alexandrette, que les Turcs nomment *Skanderoun*, située au fond d'un golfe qui prend son nom. Alexandrette est l'un des ports littoraux d'Alep; l'autre est Lattakiéh. Par elle-même Alexandrette est une bourgade sans importance; mais sa rade, la seule de toute la Syrie, y attire la plupart des vaisseaux européens chargés de marchandises pour les maisons aleppines. Cette rade n'est sûre pourtant que pendant quelques mois de l'année. Tant que dure l'hiver, elle est sujette aux rafales capricieuses et violentes d'un vent que les marins nomment *raguier*, vent qui descend des sommets abruptes et neigeux dont est bordé le golfe. Quand ces bourrasques éclatent, impossible aux navires de tenir en place; ils chassent sur leurs ancres, et sont poussés vers la haute mer.

Cette difficulté du mouillage n'est pas la seule qui fasse obstacle à l'importance d'Alexandrette et à son progrès commercial. Le climat le plus insalubre en écarte les habitants qui n'y sont pas retenus par des affaires majeures. Des fièvres du plus fâcheux caractère, accompagnées d'obstructions au foie et compliquées d'hydropisie, enlèvent le tiers des équipages qui viennent y charger pendant l'été. Les malheureux Francs qu'y retient l'appât du gain, ont tous le teint jaune, les yeux cernés, l'air triste et cadavéreux. L'insalubrité de ce lieu provient du peu d'exhaussement de la plaine, qui ne peut pas verser dans le golfe les eaux qui se précipitent des montagnes. Pendant la saison des pluies, Alexandrette est un véritable marécage.

Cependant à quelques lieues de là, au point où commencent les collines, gît une bourgade charmante, aérée, salubre, arrosée d'eaux vives et ombragée d'arbres touffus. On la nomme Bailan. Bailan est l'Élysée des agents francs condamnés à l'enfer d'Alexandrette. Même pendant la saison des arrivages, ils ne passent guère que trois heures par jour dans l'entrepôt littoral, règlent leurs affaires, puis remontent à cheval pour aller coucher à Bailan. C'est ainsi seulement qu'ils évitent des fièvres lentes et mortelles. Bailan serait une charmante résidence, même sans ce contraste de deuil et de mort. Assise parmi des précipices sinueux, au milieu d'une vallée étroite et profonde, elle n'a sur le golfe qu'une échappée de vue. Appuyées sur les pentes rapides des deux montagnes, les maisons sont disposées de manière à ce que les terrasses des unes servent de rues et de cours aux autres. L'hiver est très-froid à Bailan, mais l'été y est délicieux. Les habitants y parlent turk; ils vivent des produits de leurs chèvres et de leurs buffles, et de quelques jardins qu'ils cultivent.

Au delà de Bailan commence la plaine féconde et abandonnée qu'arrose le poétique Oronte. Sur ce beau terrain qui nourrissait jadis des millions d'âmes, à peine de loin en loin rencontre-t-on de chétifs villages, trop éloignés les uns des autres pour que sur la route on ne soit pas exposé aux brigandages des partis kourdes et turkomans qui infestent le pays. En descendant le cours de la rivière, on trouve les ruines d'Antioche, Antioche si célèbre autrefois, et que le luxe de ses habitants caractérisa dans l'antiquité.

Antioche peut compter au nombre des villes les plus puissantes de la Syrie. Cette grande cité, qui fut la capitale de l'empire des Séleucides, devait son origine à Séleucus Nicator, qui la fonda l'an 300 avant J.-C., près des débris d'une autre ville, *Antigonia*, qu'Antigone avait bâtie, et que Séleucus venait de ruiner de fond en comble. Cette nouvelle ville reçut le nom d'Antioche. Nicator l'appela ainsi pour consacrer la mémoire de son père et de son fils Antiochus. Sa situation est à sept lieues nord de la Méditerranée sur la rive gauche de l'Oronte, entre ce fleuve et une montagne qui s'élève vers le sud. Agrandie successivement, elle compta bientôt parmi les métropoles les plus considérables de l'Orient. Trois villes élevées dans le voisinage par Séleucus furent enfermées dans ses murs et formèrent une seule cité d'après laquelle on surnomma cette contrée *Tetrapolis* ou le pays des quatre cités. Strabon donne ce nom même à Antioche, parce que chacune des villes dont elle se composait était environnée de ses propres murailles. Une ligne commune de défense les enfermait toutes dans une même enceinte. Ces remparts, dont il ne reste actuellement que des ruines, s'étendaient sur la croupe de deux montagnes en courant vers le sud, à partir de l'Oronte du côté du nord, et revenaient vers le fleuve après avoir décrit une courbe immense de trois lieues environ; ce qui en subsiste présente encore un aspect formidable. Bâtis en pierre de taille, ils n'ont pas moins de soixante-dix à quatre-vingts pieds de haut en quelques endroits. La partie septentrionale qui est baignée par l'Oronte n'a guère qu'une trentaine de pieds d'élévation. Des tours, les unes carrées, les autres rondes, flanquaient toute cette ligne de circonvallation à des intervalles de trente ou quarante pas. On en comptait autrefois cent trente; plus de cinquante sont encore assez bien conservées. Celles de la partie méridionale ou grandes tours ont quatre ou cinq étages; quelques-unes possèdent jusqu'à vingt chambres réparties avec un art admirable. Un grand fossé borde le pied des murailles du côté du midi; celles du couchant sont protégées par le lit d'un ravin qui leur servait de défense naturelle. C'est dans cette partie qu'on remarque les ouvrages les plus solides et les tours les mieux conservées. C'est aussi là qu'on trouve les restes de l'antique palais de Séleucus, dont les constructions font partie des murs de la ville.

La portion du rempart qui court à l'est unit deux montagnes séparées par un torrent profond. Une arche a été pratiquée au pied de la muraille pour l'écoulement des eaux. Depuis longtemps cette arche est à moitié obstruée par les pierres et les sables que les pluies entraînent avec elles; en sorte qu'en hiver les eaux, ne trouvant plus comme autrefois un libre passage, s'amassent en cet endroit et y forment une vaste mare. Il est difficile de se défendre d'un sentiment d'admiration en présence d'une muraille gigantesque de plus de soixante-dix pieds d'élévation au-dessus du torrent, qui enjambe les deux montagnes et les lie ensemble par leur mamelon. L'arche dont nous venons de parler est appelée *Bab-Haddid*, c'est-à-dire *porte de fer*, vraisemblablement, dit Pococke, parce qu'elle était grillée; cette porte est sur le chemin d'Alep en allant par les montagnes. Vers la moitié de la hauteur de la muraille sont des issues par où l'on peut circuler tout autour, à l'aide d'escaliers qui conduisent au sommet des mamelons depuis la porte Bab-Haddid.

Selon Yafei, auteur arabe qui a donné une relation d'Antioche, le faîte des remparts était généralement crénelé; on y comptait jusqu'à vingt-quatre mille créneaux; aujourd'hui ils ont presque tous disparu. Les briques et la forme des pierres dont les murailles sont construites en beaucoup d'endroits donnent tout lieu de penser qu'elles ont été sinon bâties, du moins réparées par les Romains. Ce fait seul suffirait pour prouver, contre l'assertion de quelques voyageurs, que ce n'est point aux croisés qu'on en doit attribuer l'édification. Ce qui a pu causer leur erreur, ce sont des croix de Malte sculptées sur les murs extérieurs des tours ; mais il est visible que ces croix n'ont été mises là qu'après coup par les chevaliers, et probablement pour consacrer l'occupation et la conquête du pays. Comme une preuve de l'antiquité de ces murailles, nous devons encore citer l'entrée de la porte de Médine, où, au milieu d'arrachements que couvrent des plantes grimpantes, s'élève un arceau dont la frise et la voûte intérieure portent encore l'empreinte du ciseau grec.

A en juger par ce qui reste des aqueducs d'Antioche, ils ont dû être nombreux et magnifiques. Les anciens excellaient dans ces sortes d'ouvrages. Près de la fontaine de Zoïba, à deux milles environ au sud-ouest d'Antioche, on remarque les restes d'une construction de ce genre, qui semble avoir appartenu aux Romains. Dans la partie où la montagne présente plus de difficulté, vers l'orient, est un conduit de cinq pieds de haut sur deux de large, pratiqué dans l'épaisseur du roc en forme de voûte. La porte de fer elle-même a dû servir d'aqueduc; cela paraît évident par les vestiges qui subsistent encore.

L'une des montagnes au sud de la ville, sur laquelle s'étendent les remparts, présente trois sommets séparés par trois gorges profondes qui se transforment en torrents dans la saison des pluies. La croupe du milieu surpasse les deux autres en élévation. Sur celle de l'orient l'on voit les ruines d'un vieux château ou citadelle protégée du côté du couchant par deux tours demi-rondes. Des bains étaient construits au nord-est, ainsi que des souterrains au-dessous de la citadelle, qui servaient de citernes. Un vaste réservoir de forme circulaire existe entre le mamelon du milieu et le château; ce réservoir peut avoir environ cent trente pieds de diamètre sur huit de profondeur; il ouvre son entrée du côté du sud-ouest entre deux tours. La tradition rapporte que les empereurs romains aimaient à s'y promener en bateau, et il a été vraisemblablement construit par eux. Quant au roc dont se composent en grande partie les montagnes autour de la ville, il est de nature sèche et friable, souvent aussi granitique et calcaire.

Antioche était au rang des plus belles villes du monde. Pendant plusieurs siècles les rois séleucides la choisirent pour leur résidence. Rome y envoyait ses gouverneurs, et les empereurs romains y fixèrent fréquemment leur séjour, ce qui la fit surnommer la *Reine de l'Orient.* Suivant Pline, l'Oronte la partageait en deux; d'où l'on peut inférer que, primitivement, elle avait un quartier sur la rive droite du fleuve. Il est très-probable que le bourg de *Daphné,* dont il est question dans les Machabées (l. II, c. iv, v. 33), en était une dépendance. Ce bourg se trouvait situé à cinq milles de la ville, au nord de l'Oronte. Antioche prit même le nom d'*Epi-Daphné* à cause de ce voisinage. Les habitants de la ville avaient coutume de s'y rendre pour se livrer au plaisir, comme ceux d'Alexandrie allaient à Canope, et ceux de Rome à Tibur ou à Tusculum. Nulle trace n'atteste aujourd'hui l'existence de ces lieux.

Peu de cités ont éprouvé plus de révolutions et de désastres qu'Antioche. Plusieurs fois elle faillit succomber par les famines, les guerres, la peste. Sous Trajan, l'an 115 de J.-C., elle fut presque entièrement détruite par un tremblement de terre qui dura plusieurs jours. Le récit de cet événement, rapporté par Évagrius, Aurélius Victor et Eusèbe, est horrible. L'empereur faillit y périr. Quarante ans plus tard, la reine de l'Orient, encore toute mutilée de ses désastres, devint la proie des flammes. Grâce aux soins de l'empereur Antonin, elle recouvra bientôt sa première splendeur. Mais en 540 Cosrhoès, roi des Perses, s'en étant emparé, la livra au pillage de ses soldats, et fit passer les habitants au fil de l'épée ou les réduisit en esclavage.

Pendant le règne de Justinien, un effroyable tremblement de terre ayant renversé presque toutes les villes de Syrie sans que celle d'Antioche en eût été beaucoup endommagée, cet empereur la nomma *Théopolis*, pour consacrer la mémoire de cette faveur du ciel.

Antioche comptait ses habitants par centaines de mille. Dès le quatrième siècle on croit qu'elle possédait plus de sept cent mille âmes. Elle en perdit deux cent cinquante mille d'un seul coup par un tremblement de terre qui eut lieu sous Justin Ier. Aujourd'hui la ville est aussi restreinte que peu populeuse. Ses rues sont étroites, sales et bourbeuses. Pendant les pluies, chacune d'elles est un véritable torrent. Les maisons y sont basses, légères, mal bâties, et entremêlées d'arbres. La plupart y sont en terre et couvertes de chaume. La crainte des tremblements de terre empêche les habitants de se construire des maisons hautes avec des murs épais. *Antakiéh*, ainsi que l'appellent les Arabes, possède une population qui ne peut guère être évaluée au delà de quinze mille âmes. Elle se compose d'Ansarié, de chrétiens, de juifs et de Turks. Ces derniers y ont trois mosquées. Un espace de deux cents toises environ sépare les montagnes de la ville actuelle. Cet espace est rempli par des jardins plantés de mûriers disposés en quinconce, ce qui est très-rare en Orient. On y cite plusieurs portes remarquables, soit par leur structure et leur antiquité, soit par les souvenirs qui s'y rattachent. Nous avons déjà parlé de la porte de Médine. La porte Saint-Paul (*Bab-Boulos*) était la plus belle. On l'appelait ainsi d'un monastère situé sur le versant d'une montagne, à l'orient de la ville, qui était consacré à ce saint. Elle est encore assez bien conservée, quoique le tremblement de terre de 1822 l'ait fortement ébranlée. On trouve dans son voisinage une source d'eau vive et l'ombrage frais de trois beaux platanes, au-dessous desquels un cafetier turk tient à la disposition des voyageurs et des désœuvrés le sorbet, la pipe et le café. Une autre porte, appelée porte des Oliviers (*Bab-Zetoun*), se voit dans le voisinage d'une des tours qui flanquent les remparts du sud-ouest. Ce monument est très-bien conservé. Enfin, nous mentionnerons la porte du Pont (*Bab-Gessr*), qui a été élevée à la place de la vieille porte de ce nom, et construite avec ses débris. C'est l'unique porte aujourd'hui qui ferme la ville. Elle est située en face d'un pont de quatre arches, le seul qui existe sur l'Oronte, pour arriver à Antioche. Près de cette porte et sur les rives du fleuve, est une place où le platane, le saule, le jujubier, projettent leur épais ombrage. C'est le rendez-vous journalier des oisifs de la ville.

Autrefois Antioche eut jusqu'à trois cent soixante monastères et posséda les plus belles églises de l'Orient ; maintenant à peine s'il reste de tout cela quelques faibles vestiges. On lit dans les Actes des Apôtres que c'est dans cette ville que les disciples de Jésus-Christ furent qualifiés du titre de chrétiens pour la première fois. A cause de cela elle fut nommée l'*œil de l'Église d'Orient*. Antioche a été le siége du grand patriarcat d'Orient, fondé par saint Pierre, et occupé par lui le premier. C'est aussi là que se séparèrent les deux apôtres, saint Barnabé et saint Paul, pour aller répandre la parole de l'Évangile. Elle a la gloire d'avoir donné naissance à saint Jean Chrysostome. On y montre encore la maison que ce grand homme habitait avec son père et sa mère. C'est une chapelle d'environ vingt pas carrés, bâtie en briques, où réside une famille mahométane, ce qui empêche les étrangers de pouvoir la visiter. Il n'y a guère qu'une cinquantaine d'années que les chrétiens sont revenus dans la ville. Jusque-là, depuis 1269, le fanatisme des musulmans les en avait tenus constamment éloignés. Nous ajouterons un dernier souvenir à tant de souvenirs intéressants : il se rattache aux croisades. C'est par Antioche que la conquête de la Syrie et de la Terre-Sainte commença. Godefroi de Bouillon s'en rendit maître en 1097. Elle fut érigée immédiatement en principauté en faveur de Bohémond, prince de Tarente, petit-fils de Tancrède.

Les sources de la prospérité d'Antioche sont peu étendues : quelques tanneries, la soie écrue ou manufacturée, la production du tabac, le commerce des babouches, du poil de chèvre et de chameau, voilà à peu près toute son industrie.

Toute déchue qu'elle est, Antioche pourrait, en d'autres mains, reprendre de l'importance et de l'activité. La civilisation des Européens aurait bientôt repeuplé ce désert. Sa situation pourrait, bien mieux que celle d'Alep, en faire l'entrepôt du commerce avec les ports de la Méditerranée. Pour cela, il suffirait de dégorger l'embouchure de l'Oronte qui se trouve à six lieues plus bas, et avec fort peu de frais on parviendrait à le rendre navigable pour de grosses barques. L'un des plus grands obstacles serait la rapidité même du fleuve, que les Arabes ont surnommé *El-Aasi*, le rebelle. A Antioche, l'Oronte n'a guère qu'une trentaine de toises de largeur ; sept lieues au-dessus, il traverse un lac très-riche en anguilles, dont on sale une grande quantité.

Les environs d'Antioche, et surtout la belle plaine de l'Oronte, sont le plus beau sol qu'on puisse voir au monde : noir, gras, vierge, fécond, il est propre à toutes les cultures. Cependant tout y est stérile et abandonné. Placé entre les incursions des Kourdes et les avanies des pachas, le fellah ne veut pas confier des semailles à la terre, dans la crainte qu'elles ne germent pour un autre. Dans la plaine surtout, où nul obstacle naturel ne s'oppose aux incursions des cavaliers, on ne remarque aucune trace d'une industrie agricole calme et suivie. Les seules parties cultivées sont les montagnes qui bordent l'Oronte, surtout en face de *Serkin*. Là s'étendent des plantations de mûriers, de figuiers, d'oliviers et de vignes, qui, par une exception fort rare en Turquie, sont alignées en quinconces. Cet amphithéâtre riche et verdoyant console le regard fatigué de la morne nudité de la plaine.

A l'embouchure de l'Oronte et sur la rive septentrionale, le roi macédonien Séleucus Nicator avait bâti une ville forte, Séleucie, à laquelle il avait donné son nom. Aujourd'hui, ce serait vainement qu'on chercherait cette cité avec les vieux géographes à la main. Il n'y reste pas un seul vestige d'habitation, à peine y découvre-t-on quelques décombres sur le rocher adjacent, et les traces de deux jetées qui semblent dessiner la configuration d'un ancien port, aujourd'hui comblé par les sables. Les gens du pays qui viennent faire la pêche dans cet endroit, le nomment *Souadié*. De ce point, en remontant au nord, le rivage de la mer est serré par une haute chaîne de montagnes que les anciens géographes désignent sous le nom de Rhosus, nom emprunté au syriaque, et subsistant encore dans celui de *Râs-el-Kansir*, ou cap du Sanglier, qui forme l'angle de ce rivage.

Les autres localités du pachalik d'Alep qui méritent une mention sont le village de Martoùan, célèbre chez les Francs et chez les Turks par la singulière hospitalité qu'on y exerce à l'égard des étrangers. Au nord d'Alep et dans les montagnes qui terminent ce pachalik vers le nord, on cite comme deux endroits considérables, les bourgades de Klès et d'Aëntab, habitées l'une et l'autre par des chrétiens arméniens, des Kourdes et des Musulmans, qui vivent en bon accord, malgré la divergence des cultes. Unis et braves, ils peuvent ainsi résister aux pachas, aux avanies desquels ils se sont soustraits plus d'une fois, et ils vivent tranquillement du produit de leurs troupeaux, de leurs abeilles, et de leurs champs de tabac.

Le vaste territoire du pachalik est tout semé de ruines antiques semblables à celles qui entourent Alep. Ici est l'ancienne Bembyce ou Hiérapolis, sur les décombres duquel s'élève le bourg moderne de Mambedj. On chercherait vainement, dans cette enceinte, les traces du temple dont parle Lucien. En fait de débris de ce temps et de ce caractère, tout ce que l'on retrouve est un canal souterrain qui amène l'eau des montagnes du nord, et qui se prolonge pendant une étendue de quatre lieues. Ce système d'aqueducs était autrefois général dans toute cette contrée aride et brûlante. Les divers maîtres du pays, les Assyriens, les Mèdes, les Perses, et les premiers Arabes, avaient, autant par devoir religieux que dans un but d'améliorations matérielles, conduit dans le désert les sources abondantes cachées dans les gorges des montagnes. C'est ce qui explique pourquoi ces plaines nues et sablonneuses, qui semblent aujourd'hui inaccessibles aux vivants, étaient jadis florissantes et populeuses. Quand on suit la route pénible qui conduit d'Alep à Homs, on rencontre à chaque pas des ruines d'anciens villages, des citernes enfoncées, des débris de forteresses et même de temples. Le trait le plus caractéristique de ces vestiges des temps anciens, c'est une suite de monticules ovales et ronds, dont la saillie brusque indique qu'ils ont été élevés par la main des hommes. L'un de ces monticules, mesuré par Volnoy, avait quatorze cents pieds de tour sur cent pieds d'élévation. On les retrouve comme autant de jalons plantés dans la plaine unie, à la distance d'une lieue l'un de l'autre. Sur le sommet de ces buttes factices existent presque toujours des décombres dont on ne peut pas clairement préciser le caractère. Était-ce des forts élevés pour la protection des caravanes? ou bien, comme d'autres l'ont dit, des lieux d'adoration? On ne pourrait avancer là-dessus que des hypothèses.

Quoi qu'il en soit, ces buttes, couronnées de fortifications et de temples, font présumer un état florissant de la contrée, qui s'est totalement évanoui de nos jours. Au lieu de riches moissons que jadis elle devait porter, cette lisière du désert est, à l'heure présente, une campagne poudreuse et nue, sans eau, sans ombre, sans gazon, ouverte aux Bédouins maoulis qui y perçoivent, la lance à la main, un droit de péage sur les caravanes, livrée à de pauvres fellahs qui cultivent de distance en distance quelques petites oasis étendues autour de la margelle des puits saumâtres et à demi desséchés.

PACHALIK DE DAMAS.

Le pachalik de Damas occupe la partie orientale de la Syrie. Quoique, dans la géographie moderne, ses limites aient empiété sur le terrain de la Judée et de la Palestine, nous maintiendrons ces deux provinces, qui ont leur caractère historique et spécial, en dehors de la circonscription du pachalik ottoman.

Le territoire de Damas se composera donc, pour nous, des plaines qui bordent le versant oriental de la chaîne libanique depuis Mara et Hama jusqu'à Boshra en suivant au nord le cours de l'Oronte, et au midi les vastes plaines du Hauran.

Dans cette grande étendue de pays, le sol fertile porte des produits nombreux et variés. Il donne du froment, de l'orge, du dourah, du sésame, du coton. Le pays de Damas, proprement dit, et le haut Beqaâ sont d'un terrain graveleux et maigre, plus propice au tabac et aux fruits qu'à aucune autre denrée. Les montagnes sont garnies d'oliviers, de mûriers, de fruits, et en plusieurs endroits de vignes. Avec leur produit les Maronites font un vin connu sous le nom de *vin d'or*. Quant aux Musulmans, ils se contentent de faire sécher le raisin.

Le pachalik de Damas, l'un des plus importants de la Syrie, est confié presque toujours à un fonctionnaire sûr et dévoué. Dans les premières années du siècle il était occupé par un nommé Ahmet, qui ne fut rappelé que pour combattre Ali, pacha de Janina. Le voisinage des Bédouins, qui font sur ce territoire des incursions incessantes et désastreuses, demande de la part du titulaire de ce pachalik quelque capacité militaire et en outre du courage personnel. Aussi, il y a cinquante ans, ce gouvernement ne se donnait pas, comme les autres, pour un temps précaire et limité. Les pachas de Damas étaient nommés à vie. On le vit, dans le courant du siècle, occupé par une riche famille de Damas, dont un père et trois frères se succédèrent au pouvoir. Le dernier, que connut Volney, un nommé Asad, le garda pendant douze ans. Avare, mais bon administrateur, Asad avait réussi à se faire craindre de ses soldats et à se faire aimer de ses sujets. Son habileté à aller chercher de l'argent là où il se trouvait lui donnait les moyens de faire moins peser son avidité sur le peuple. Voici un trait en ce genre qui prouve un grand génie fiscal.

Asad avait besoin d'argent, et pour s'en procurer il consulta d'abord ses familiers qui lui dirent : Mettez une avanie sur les chrétiens et sur les fabricants d'étoffes. — Combien croyez-vous que cela puisse me rendre? répliqua Asad. — Cinquante à soixante bourses, poursuivirent les donneurs de conseils. — Mais, insista le pacha, ce sont des gens peu riches; comment feront-ils cette somme? — Seigneur, lui fut-il répondu, ils vendront les joyaux de leurs femmes, et puis ce sont des chiens. — J'y songerai, dit le pacha; je veux éprouver si je suis plus habile avaniste que vous. En effet, dans le jour même, il fit demander le muphti, en lui disant de ne venir que de nuit et à la dérobée. Quand ce dignitaire religieux fut arrivé : « Je sais, lui dit sévère-
» ment le pacha, que depuis longtemps vous menez une vie fort
» irrégulière; je sais que vous, chef de la loi, vous mangez du porc
» et vous buvez du vin, contrairement à l'esprit et à la lettre du *livre*
» *très-pur* (le Koran). Ainsi ne soyez point étonné que je fasse part de
» tout cela au muphti de Constantinople. J'ai voulu vous en prévenir,
» afin de ne point encourir de votre part le reproche de perfidie. »
A cette ouverture, le muphti se prit à trembler de tous ses membres, en priant le pacha de se désister de ce dessein; puis, voyant qu'il résistait, il aborda sur-le-champ la question d'argent, sans aucun scrupule, comme cela se pratique chez les Turks. — Voulez-vous mille piastres pour garder le silence? dit-il. — Non. — Deux mille? — Non. — Trois mille? — Non. — Cinq mille? — Non. — Six mille? — Eh bien! soit, envoie-moi six mille piastres, et j'annulerai ma dépêche. Ce qui fut dit fut fait. Le lendemain le pacha avait les six mille piastres dans son trésor. — Le jour suivant ce fut le tour du cadi. — Je sais, dit-il à ce nouveau contribuable, je sais que votre gestion financière est un péculat perpétuel, et je dois envoyer demain à Constantinople une pièce qui peut avoir pour résultat de vous faire couper la tête. On conçoit quelles furent les craintes du cadi, et avec quel empressement il chercha à négocier son impunité. Six mille nouvelles piastres tombèrent dans le coffre du pacha. Après le cadi, ce fut le tour de l'ouali; puis vint le naqib, puis l'aga des janissaires, puis le mohtesseb; enfin les plus riches marchands turcs et chrétiens. Pris en flagrant délit, soit touchant les choses de son état, soit pour quelque peccadille religieuse, chacun s'empressa d'expier sa faute par

une contribution. Lorsque la somme totale fut rassemblée, Asad fit venir ses familiers, et leur dit : — Avez-vous entendu parler d'avanie dans Damas? — Non, seigneur. — Comment se fait-il donc que j'aie trouvé près de deux cents bourses que voici? Les donneurs de conseils restèrent émerveillés. Les preuves étaient là, matérielles, palpables, évidentes. — Comment vous y êtes-vous donc pris? s'écrièrent-ils. — J'ai tondu les béliers, répliqua le pacha, plutôt que d'écorcher les agneaux et les chèvres.

Les droits du pacha de Damas sont plus considérables, ses priviléges plus grands que ceux des autres gouverneurs, car il est *émir-hadj* (prince des pèlerins), c'est-à-dire conducteur de la grande caravane de la Mecque. Cette conduite de la caravane est une fonction si essentielle pour les Musulmans, que le pacha qui s'en acquitte à la satisfaction de tous devient sacré et inviolable, même pour le sultan. Le sultan ne peut plus *verser son sang*. Il est vrai qu'il tourne souvent la défense en faisant étouffer dans un sac le prince des pèlerins. Le tribut du pacha de Damas, vis-à-vis de la Porte ottomane, est insignifiant; mais il a d'autres charges. C'est lui qui supporte tous les frais du *hadj*, c'est-à-dire du mouvement de la grande caravane, frais que l'on évalue à près de huit millions par an. Ils consistent en provisions de blé, d'orge et de riz; en louage de chameaux pour les troupes d'escorte et pour les pèlerins. Il y a en outre à s'arranger avec les tribus arabes pour le droit de passage sur leur territoire, droit qui ne laisse pas que d'être fort coûteux. Pour se rembourser de ces déboursés annuels et exorbitants, le pacha n'a guère que le *miry*, ou impôt foncier, qu'il sous-afferme ou qu'il règle en perception directe. Les douanes lui formeraient bien un autre revenu, mais le pèlerinage de la Mecque les absorbe aussi. Avant la destruction des janissaires, ce produit était employé en partie pour leur solde. Une autre partie sert encore à payer la garde des châteaux qui sont sur la route de la Mecque. Seulement le pacha est l'héritier direct de tous les pèlerins qui meurent en route; et d'ordinaire ce sont les plus riches. L'état militaire du pacha consiste en six ou sept cents janissaires, auxquels on a pourtant enlevé ce nom, troupe moins mal tenue qu'elle ne l'est d'ordinaire, et en une quantité à peu près égale de Barbaresques nus et pillards; enfin, en cinq ou six cents *delibaches* ou cavaliers. Cela forme une espèce d'armée qui s'est acquis, dans la contrée syrienne, une redoutable réputation de force et de despotisme. Les troupes du pacha de Damas sont surtout la terreur des tribus arabes, qui n'en parlent qu'avec une espèce d'épouvante. Du reste, ce n'est pas seulement contre les maraudeurs du désert que le gouverneur ottoman emploie ces mercenaires, mais encore à la perception de l'impôt, et quelquefois à d'intolérables avanies. Trois mois avant le départ de la sainte caravane, cette troupe criarde et indisciplinée quitte les casernes de Damas, et sous la conduite, tantôt du pacha lui-même, tantôt d'un de ses délégués, elle parcourt tout le ressort de ce vaste gouvernement, en taxant les villes, les villages, et jusqu'aux habitations isolées. Cette perception ne s'accomplit pas, du reste, sans résistance de la part des contribuables. Aux demandes exagérées de tribut, quelquefois ils répondent par des coups de fusil, et alors s'engage un conflit qui se termine rarement à l'avantage des populations.

La grande ville de Damas, chef-lieu du pachalik, peut revendiquer l'antiquité la plus haute. C'est, sans contredit, l'une des plus anciennes cités du monde. On lui donne assez généralement pour fondateur Hus, petit-fils de Sem. Quelques écrivains, se fondant sur la signification du mot *Dammeseck*, nom hébreu de Damas, qui veut dire *sac de sang*, ont supposé que c'est dans le lieu même où la ville a été bâtie que Caïn tua son frère. Les Arabes l'appellent Scham ou El-Châm, c'est-à-dire la Syrie, parce qu'elle en est la capitale. Certains auteurs font dériver son nom de El-Chams, qui signifie le soleil.

Damas fut la capitale de la Syrie et de la Phénicie jusqu'aux temps où Antioche devint le siége des États de Séleucus Nicator. Comme toutes les villes anciennes, elle a subi les effets désastreux des guerres, et trois prophètes, Isaïe, Jérémie et Amos, avaient prédit le sort qui lui était réservé, en punition de ses crimes et de son idolâtrie. Plusieurs fois les rois d'Assyrie l'ont prise et ruinée. Alexandre s'en rendit maître après la victoire qu'il remporta sur Darius. Elle fut subjuguée par les Romains, sous les ordres de Pompée, et réunie, avec toute la Syrie, à l'empire. C'est à Damas que s'opéra la conversion de saint Paul, dont les prédications la remplirent de chrétiens. Les musulmans l'envahirent sous le khalifat d'Omar, l'an 636 de J.-C. Elle fut vainement assiégée par les croisés. Tamerlan la prit aux Sarrasins en 1401, et la couvrit de ruines et de cadavres. En 1517, le sultan Sélim s'en empara et ses successeurs la conservèrent. Soumise en 1832 par Ibrahim-Pacha, fils du vice-roi d'Égypte, elle est rentrée en 1840 au pouvoir des Turks.

Située entre le dernier versant de la chaîne anti-libanique et le grand désert, entourée à huit ou dix lieues à la ronde d'une forêt d'arbres fruitiers de toutes sortes, entremêlés de jardins et de bosquets odorants, de kiosques et de jolis pavillons, de maisons de campagne élégantes et de vastes prairies où paissent librement des troupeaux de chameaux, de chevaux et de bétail, où çà et là le sycomore au large feuillage balance ses touffes ombreuses au-dessus de l'oranger, du citronnier, du cerisier, du figuier, de l'abricotier, chargés de fleurs et de fruits, où la vigne grimpe en festons irréguliers jusqu'au sommet des plus grands arbres, et confond ses grappes vermeilles aux productions les plus diverses, Damas, la ville des pèlerins, Damas la sainte, sortant du milieu de ces vastes verdures aux mille nuances, avec sa forêt de mosquées et de minarets qui lancent vers le ciel leurs croissants et leurs flèches dorées, avec sa ceinture de remparts en pierre ou en blocs de marbres jaunes et noirs, symétriquement alternés, ses tours carrées et ses créneaux, son fleuve aux sept branches, ses ruisseaux nombreux qui circulent dans tous les points de cette délicieuse oasis, et répandent l'abondance et la fraîcheur, Damas offre au premier aspect, à l'œil du voyageur étonné, le spectacle le plus ravissant. Nous ne saurions traduire l'impression qu'on éprouve lorsqu'au sortir de ce labyrinthe de vergers et de fleurs, l'on découvre tout à coup, sur la limite, l'immensité du désert, dont les sables étincelants aux rayons du soleil semblent se perdre à l'orient, dans les profondeurs d'un ciel ardent. L'admiration, l'étonnement, la surprise, vous saisissent tout à la fois. Selon Aboulféda, auteur arabe, le *Goutha*, ou vallée de Damas, est considéré comme le premier des quatre paradis terrestres. Aucun site, en effet, dans toute la Syrie, n'offre une végétation plus luxuriante et plus riche.

La ville possède plusieurs grands faubourgs de formes irrégulières. Ils occupent ensemble une étendue de terrain beaucoup plus vaste que la cité même. Le faubourg du Sud, appelé *Bab-Allah*, la porte de Dieu, parce qu'il est tourné du côté de Jérusalem et de la Mecque, a trois quarts de lieue d'étendue. Sa population est entièrement musulmane. La bâtisse des maisons dans les faubourgs est en terre ou en briques, composées de paille hachée mêlée à de l'argile, et cuite au soleil. Une jolie coupole blanche surmonte chaque maison. Ce mode d'architecture a pour objet de faciliter l'écoulement des eaux de la pluie. Le fleuve *Barrada* ou *Barrady* sillonne la ville en plusieurs sens. Des remparts nouvellement construits l'enferment de tous côtés. Au pied de ces remparts, élevés sur les fondements des anciens, sont de larges fossés. Autrefois ces derniers, formés d'une triple muraille avec des tours rondes et carrées, avaient beaucoup plus de solidité. Un château, que l'on prendrait pour une seconde ville par son étendue, domine au centre de la cité. Il renferme dans son enceinte un grand nombre de maisons assez bien bâties. Ses murs délabrés sont flanqués de cinq tours encore en bon état, malgré l'ancienneté de leur construction. Les pierres en sont taillées à facettes. Un fossé profond entoure aussi le pied du château. Les murs de la ville ont environ une lieue et demie de circuit. Vus de loin, la forme qu'ils affectent ressemble un peu à une mandore. Dix-huit portes, dont chacune a son gardien, facilitent la circulation à une population de cent quarante mille âmes. Chaque quartier a une porte particulière. Celle de Saint-Paul (*Bab-Boulos*), située vers l'Orient, est la plus antique et la plus remarquable.

Des rues étroites, d'une largeur assez régulière, mais mal alignées et mal pavées, ou même point pavées du tout, répondent peu à l'idée qu'on se fait de Damas par son extérieur. Cependant dans le quartier du Sérail, plusieurs sont bordées de trottoirs, et pourraient être comparées aisément, par un voyageur admirateur du *confortable* de l'Orient, à nos rues européennes. Celle habitée par la noblesse du pays surtout, est la plus belle et la plus large ; elle est formée par les palais des principaux agas, dont les façades extérieures n'ont rien de bien gracieux, et ressemblent plutôt à des murs de prison qu'à des habitations splendides. Construites avec une espèce de terre grise, percées çà et là de quelques rares fenêtres, avec une grande porte ouverte de temps en temps sur une cour où une multitude d'esclaves noirs, de serviteurs et d'écuyers font la sieste à l'ombre des arceaux des portes : tel est l'aspect que présentent au dehors ces palais si riches, si pleins de luxe au dedans. Nous devons dire pourtant à la louange de Damas que les rues y sont en général bien moins sales que dans les autres villes de Syrie. Toutefois, elles le sont encore beaucoup, surtout dans la saison des pluies. Il n'y a pas très-longtemps que celle où habitent les pères Franciscains était dans un tel état de malpropreté, qu'on ne pouvait y circuler. Les religieux du couvent l'ayant fait paver à leurs frais, le pacha les condamna à payer quarante bourses pour les punir d'avoir osé commettre un pareil sacrilège.

La rue appelée par saint Luc *via Recta*, rue droite, et où se trouvait la maison de Jude, existe encore tout entière ; elle traverse Damas dans sa plus grande longueur, d'orient en occident. C'est la plus étendue de toute la ville. Des boutiques où les plus riches productions de l'Europe et de l'Asie sont étalées, la bordent des deux côtés. A quarante pas environ de la maison de Jude était celle du disciple Ananie, dont parlent les Actes des Apôtres :

« Or, il y avait à Damas un disciple nommé Ananie, à qui le Seigneur dit dans une vision : Levez-vous et allez dans la rue qu'on appelle la rue Droite, et cherchez dans la maison de Jude un homme de Tarse nommé Saul. Allez, parce que cet homme est un instrument que j'ai choisi pour porter mon nom devant les gentils, devant les rois et devant les enfants d'Israël... Ananie s'en alla donc, et étant entré dans la maison où était Saul, il lui imposa les mains et lui dit : Saul, mon frère, le Seigneur Jésus m'a envoyé afin que vous recouvriez la vue et que vous soyez rempli du Saint-Esprit. » On pense que le saint disciple Ananie fut inhumé dans la maison même qu'il habitait. C'est aujourd'hui une mosquée. La fontaine qui est tout près de là servit, dit-on, à baptiser l'apôtre saint Paul.

Bâties en bois ou en briques, et recouvertes d'une espèce de boue grise ou blanchâtre, les maisons n'ont extérieurement qu'une apparence pauvre et mesquine ; elles sont, comme dans toute la Turquie, sans fenêtres sur la rue, avec des portes si basses, qu'on est obligé de se courber pour y entrer. Les palais n'ont guère un meilleur aspect. Mais si le dehors des habitations est grossier et misérable, combien il y a de luxe et d'opulence au dedans ! Vous pénétrez derrière ces murs sans apparence, et vous trouvez d'abord une cour magnifique, dallée en marbre blanc ou pavée en mosaïque, ayant au milieu une belle fontaine jaillissante entourée de grenadiers, d'orangers, de citronniers, et d'une foule d'autres arbres qui procurent la fraîcheur par leur ombrage ou exhalent des parfums délicieux. De là vous entrez dans des salles où des lambris dorés, des arabesques ciselées et peintes de différentes couleurs en ornent le pourtour. Une estrade de bois de deux ou trois pieds de haut, recouverte de tapis ou de nattes élégantes, court tout autour de la salle, bordée de superbes divans cramoisis. Le toit des maisons est soutenu par des poutres en bois de peuplier, avec des frises arabes. Sur les murs sont des glaces, des paysages peints, des mosquées, de jolis kiosques au milieu de verts feuillages, et dans des boiseries disposées avec goût, des vases d'argent et de porcelaine, des plats et des coupes d'étain; divers ustensiles de cuivre concourent aussi à la décoration des murs intérieurs. Les familles chrétiennes possèdent généralement au fond de la salle principale un petit autel dans une espèce d'armoire qu'on ouvre et qu'on ferme à volonté. Les lits ne restent point étendus comme chez nous : on roule chaque matin les matelas dans une toile blanche, et on les enferme dans un petit réduit particulier. Il n'est pas d'habitation qui n'ait à sa disposition au moins trois conduits d'eau, l'un pour le jardin, l'autre pour les besoins de la cuisine, et le troisième pour l'entretien de la propreté.

Quoique de près l'espèce de boue dont les Damasquins se servent pour badigeonner les façades de leurs maisons soit désagréable à l'œil, elle ne produit point le même effet de loin. Ces briques jaunes dont le haut du bâtiment est construit, se distinguant de la teinte des pierres qui constituent la partie inférieure, sont d'un aspect charmant, surtout quand on embrasse en même temps du regard cette multitude d'édifices publics, peints des couleurs les plus variées.

On compte à Damas plus de deux cents mosquées, dont plusieurs sont d'une grande beauté. Les musulmans seuls peuvent les fréquenter. Avant la conquête d'Ibrahim Pacha, malheur à l'Européen qui se serait hasardé à y pénétrer; il aurait payé infailliblement de sa vie un pareil crime. On ne saurait même encore en approcher sans danger. Quelques-unes de ces mosquées ont été d'abord des églises chrétiennes. Celle qui portait le nom de Saint-Jean-Baptiste, et que les musulmans appellent la *Zekia*, est la plus remarquable. Selon les habitants de Damas, le corps du saint précurseur y serait enterré, et on y conserverait sa tête dans un plat d'or. Ali-Bey ou Badia-y-Leblich que nous avons connu, et que la politique de Charles IV envoya dans le royaume de Maroc et celle de Napoléon en Orient avec une mission secrète, nous a raconté que la grande mosquée est divisée en trois nefs de quatre cents pieds de long, ayant quarante-quatre colonnes sur chaque rang, au-dessus desquelles reposent les arceaux de la voûte. Une immense coupole s'élève au centre de l'édifice, soutenue par quatre piliers gigantesques de l'ordre corinthien. Deux tribunes basses sont au fond avec des korans d'un format in-folio pour les lecteurs, et un chœur au-dessus pour les chantres. Le sol est recouvert de superbes tapis. Dans la nef du milieu, à gauche, est le tombeau de saint Jean-Baptiste. C'est une maisonnette en bois avec des arabesques, des ornements en or et des moulures. La forme de la mosquée est oblongue; elle est flanqué de deux minarets couronnés par une coupole d'une architecture gracieuse. Son portail est orné de belles colonnes en granit rouge. En face est une magnifique fontaine avec une chute d'eau de vingt pieds de haut qui concourt à l'embellissement de l'édifice.

Dans l'enceinte de cette mosquée se trouvent une cour, des jardins et un hospice destiné aux pauvres de la ville. En 1830, nous n'avons pu entrer que dans la première cour. Il existe à Damas plusieurs autres établissements du genre de ce dernier, dont le plus considérable et le plus beau est l'hôpital bâti par Selim II. On l'aperçoit à l'ouest de la cité avec ses cinquante coupoles toutes recouvertes de lames de plomb. Le lieu près duquel il est situé s'appelle *El-Merj*, le pré vert. L'administration intérieure de ces établissements est fort mauvaise. D'après le fatalisme des musulmans, on conçoit que la clinique qu'on y observe ne saurait être très-favorable aux malades. Les hôpitaux des fous sont les seuls dont la charité publique prenne un soin tout particulier. En général, les fous en Orient sont l'objet d'une grande sollicitude; non que les traitements qu'on leur prodigue aient pour but de changer leur état et de les guérir; l'insensé est regardé comme un inspiré, un élu de Dieu, et on n'aurait garde de vouloir le priver d'un privilége aussi précieux. Dans les soins qu'ils donnent aux fous, les musulmans n'ont pour objet que de prévenir leurs besoins, et de satisfaire jusqu'à leurs caprices.

Parmi les monuments remarquables dont s'enorgueillit Damas, nous devons citer entre autres le palais du pacha, appelé *Seraïa*. Ce vaste édifice est situé en face du château fort dont nous avons déjà parlé, et dans le quartier le plus beau de la ville. Il est entouré de murs, et offre plutôt l'aspect d'une forteresse. Dans la cour, qui est immense, on voit çà et là de petites pièces de canon montées sur leurs affûts ou couchées parmi des piles de boulets, entre le gazon qui croît tout autour. De nombreux cavaliers albanais avec leurs armes, dont les uns exercent des chevaux, les autres fument la pipe assis par terre, donnent à cette cour la physionomie d'un camp. Le pacha d'Égypte entretenait constamment une garnison de douze mille hommes à Damas, depuis la reddition de cette ville. C'est par ce moyen qu'il était parvenu à contenir le fanatisme des Damasquins jusque-là toujours dangereusement hostiles envers les chrétiens et les Européens. Ibrahim affectait de traiter les uns et les autres avec une égale protection, ce qui irritait beaucoup les Damasquins, qui ne peuvent se faire à l'idée que des chrétiens méritent les mêmes égards et aient part à la même justice qu'eux.

Les khans ou bazars de Damas méritent aussi une mention particulière. La ville en possède trente et un, dont plusieurs sont d'une élégance digne des plus beaux temps de l'Orient.

Quoique les Damasquins soient réputés pour leur intolérance, on n'en trouve pas moins établis chez eux plusieurs cultes. On y compte huit synagogues, une église syriaque, une maronite, une arménienne, une grecque, et trois couvents de moines catholiques. Cinquante mille pèlerins, tant persans que musulmans, passent annuellement dans leur cité pour se rendre à la Mekke. Nous avons vu revenir de cette ville une caravane qui se composait de quarante-cinq mille pèlerins. Dans le nombre se trouvaient dix mille Persans.

De ces pèlerins, il en est qui arrivent plusieurs mois à l'avance, d'autres qui entrent dans la ville à la fin du ramadam. Alors, Damas ressemble à une foire immense; elle est encombrée d'hommes, de chevaux, de chameaux et de ballots de marchandises. Quand l'heure est venue, cette foule s'ébranle pêle-mêle, confusément, de manière à pouvoir faire son entrée à la Mekke, pour les fêtes du Bairam. Ce voyage ne s'effectue pas sans quelques engagements et quelques risques; mais le plus souvent le pacha, qui est l'émir Hadgj, a traité avec le cheik principal des Arabes, qui se porte garant de la sécurité des routes. Alors le cheik, après avoir reçu du pacha une masse d'armes, une tente et une pelisse, devient ce qu'on appelle chef de conduite. En cette qualité, il fournit des chameaux moyennant un louage convenu, les morts demeurant pour son compte. On calcule qu'il meurt, année commune, dix mille chameaux dans ce trajet. Le but de cette caravane, religieuse seulement dans l'origine de l'institution, a pris depuis plusieurs siècles un caractère mercantile et spéculateur. La caravane est moins un pèlerinage qu'un moyen commode et sûr d'exploiter toutes les branches du commerce asiatique et africain. C'est un vrai bazar perpétuel, où chaque voyageur apporte les denrées de son pays, qu'il échange, soit en route, soit à la Mekke, tantôt contre les mousselines et les toiles de l'Inde, contre les châles de Kachemyr, et l'ambre du Dekkan, tantôt contre les perles de Ceylan, les poivres de Sumatra ou les cafés de Yémen. Plusieurs de ces hadgjs, vieux courtiers de caravanes, ont parcouru jusqu'à dix fois le chemin de la Mekke, et y ont recueilli des profits immenses. Un autre avantage pour eux, c'est de pouvoir, rentrés dans leurs foyers, raconter les merveilles de ce pèlerinage, les combats imaginaires qu'ils ont soutenus contre les Arabes, les fatigues subies, les victimes tombées en chemin; enfin, les merveilles du mont Arafat et de la Kaaba sainte, ces deux destinations finales de la promenade pieuse. Cette habitude d'exagération chez les hadgjs a été consacrée par un proverbe arabe : « Défie-toi de ton voisin, dit-il, s'il a fait un hadgj; mais s'il en a fait deux, hâte-toi de déloger. »

Le passage de la caravane donne à Damas une activité commerciale que sa situation isolée eût exclue sans cela. Touchant à l'Asie par Alep, à l'Afrique par le Kaire, recevant les denrées d'Europe par le littoral syrien, elle rayonne ainsi dans toutes les directions utiles au développement de ses rapports. Ses étoffes de soie et de coton, ses armes renommées, les fruits secs de son territoire, et ses pâtes sucrées que consomme toute la Turquie, forment un capital de richesse locale qui se féconde encore par les échanges. Si l'esprit remuant de la population n'avait écarté de la ville les résidents européens, Damas aurait pu devenir une cité plus importante que ne l'est Alep, la clef du commerce asiatique. Mais des insultes stupides et inévitables, des avanies sans mesure et sans raison, ont écarté de ce point les maisons franques que l'on trouve dans presque toutes les Échelles orientales. Nulle part le fanatisme musulman n'a des allures plus repoussantes et plus farouches; non-seulement les femmes doivent marcher voilées dans les rues, mais encore la moindre infraction à cette coutume est-elle impitoyablement punie. Damoiseau raconte qu'un jour qu'il traversait le bazar de Damas, une jeune fille malheureuse et mourant de faim l'accosta, et écarta son voile. Comprenant quelle dure nécessité la poussait à cet acte hardi, le voyageur allait lui donner quelques secours, quand un arnaute aperçut la pauvre créature. Froidement, et sans prononcer un mot, le soldat tira un pistolet de sa ceinture, et fit sauter, à bout portant, la cervelle à la jeune imprudente. En vain Damoiseau, exaspéré, voulut-il faire punir ce furieux; on lui répondit que c'était l'usage, et que sa conduite, au lieu d'être digne de reproche, lui vaudrait au contraire toutes les récompenses du pacha.

Seul, parmi les provinces syriennes, le pachalik de Damas offre des vestiges d'une existence historique, météore brillant et court des anciennes annales. Nous voulons parler du royaume de Palmyre, si célèbre dans le troisième âge de Rome, tant par son intervention dans les démêlés entre les Romains et les Parthes, que par l'étrange fortune de ses derniers souverains Odenat et Zénobie. Longtemps on se contenta des beaux souvenirs que nous ont laissés, sur cet empire fastueux, les traditions grecques et romaines; et jusqu'à la fin du dernier siècle on ne parut pas se douter que de vastes et magnifiques décombres pouvaient ajouter aux preuves écrites une preuve monumentale non moins curieuse et non moins concluante. C'est à ce titre que les ruines de Balbeck et de Palmyre ont une importance aujourd'hui bien appréciée.

Quoique Balbeck gise dans la vallée de Beqaâ, il nous semble, par son caractère antique qui le lie à Palmyre, appartenir plutôt au pachalik de Damas qu'à celui de Tripoli; Balbeck, que les Grecs nommèrent *Héliopolis* ou ville du soleil, dort au pied de l'Anti-Liban, à la dernière ondulation de la montagne, et se signale au loin par la ligne blanche de ses monuments, qui semble se poser sur la verte couronne des arbres. Quand on arrive au pied même de la ville, ce qui frappe l'œil d'abord, c'est un mur en ruines, qui, flanqué de tours carrées, indique dans ses contours l'enceinte de l'ancienne ville. Quand on franchit ce mur, on se trouve en face de l'un des plus beaux monuments de l'architecture antique, monument dont les beautés frappent le regard, même au milieu des débris qui l'obstruent.

Ce monument, ou plutôt cet ensemble de monuments, se compose de deux temples assez distincts, l'un plus grand, l'autre plus petit. Le portique n'y est caractérisé que par les bases de douze colonnes qui régnaient d'un pavillon à l'autre. Quand on l'a franchi, on rencontre une vaste cour hexagone de cent vingt pieds de diamètre, semée de fûts brisés, de chapiteaux frustes, de débris de pilastres, d'entablements et de corniches. A cette cour succède une deuxième cour plus spacieuse que la première, et terminée par six énormes colonnes qui saillent majestueusement à l'horizon. Ces six colonnes ont vingt-neuf pieds de circonférence sur cinquante-huit pieds de hauteur; de sorte que la hauteur totale, y compris l'entablement, est de soixante et onze à soixante et douze pieds. La première pensée est toute d'étonnement à la vue de cette ruine solide que rien ne semble soutenir; mais en examinant bien le terrain, on reconnaît toute une suite de bases qui forment un carré long de deux cent soixante-huit pieds sur cent quarante-six de large, d'où l'on conclut que c'est là le péristyle d'un grand temple, qui présentait à la grande cour une face de dix colonnes sur dix-neuf de flanc. Les galeries latérales formaient une suite de chambres qui conservent des frontons de niches et de tabernacles, construction bizarre et pittoresque, qui saisit aujourd'hui l'attention par le mélange des feuillures des chapiteaux avec les touffes d'herbes sauvages qui les enlacent de toutes parts.

C'est dans cette cour, et sur la gauche, qu'une file de colonnes révèle un second temple; ce monument, plus bas que l'autre, présente un flanc de treize colonnes sur huit de front, colonnes d'ordre corinthien comme celles du grand temple, avec un fût de quinze pieds sur quarante-quatre de hauteur. L'édifice auquel elles aboutissent est un temple obstrué par des pierres et des tronçons de colonnes, et ouvert par la chute de sa voûte. Des décombres souillés de poussière et tapissés de plantes parasites remplissent l'intérieur du monument. Les murs que couvraient jadis toutes les richesses de l'ordre corinthien, offrent à peine quelques frontons de niches, dont presque tous les soutiens sont tombés, et entre ces niches des pilastres cannelés, dont le chapiteau supporte un entablement plein de brèches. Ce qui reste de cet entablement conserve une admirable frise de guirlandes, soutenues d'espace en espace par des têtes de satyres, de chevaux et de taureaux. C'était, du reste, là-dessus que s'élevait la voûte dont la portée devait avoir cinquante-sept pieds de largeur sur cent dix de longueur. C'était là, sur ces vastes parois arrondies en arc, que les décorateurs du temple semblaient avoir épuisé toutes les ressources de leur art. Aujourd'hui, par les seuls débris dont le sol est jonché, l'on peut se faire une idée des merveilles de cette voûte, comme aussi de celles de la galerie qui semble accuser le même travail, et reproduire à peu près les mêmes scènes. Ce qui en subsiste offre des encadrements à losange, où sont représentées en relief les scènes de Jupiter assis sur son aigle, de Léda, de Diane portant l'arc et le croissant, enfin, divers bustes qui paraissent être des portraits d'empereurs et d'impératrices.

Telles sont les ruines des temples de Balbeck. Il y a un siècle, quand Dawkins et Robert Wood les visitèrent, ces vestiges étaient beaucoup plus imposants qu'ils ne le sont aujourd'hui, le tremblement de terre de 1759 ayant renversé depuis lors un grand nombre de colonnes. A ces ébranlements naturels qui précipitaient la ruine de ces monuments, il faut joindre les efforts des Turks, qui cherchaient à s'emparer des axes de fer servant de tenons aux deux ou trois pièces dont chaque fût est composé. Rien d'ailleurs n'égale la perfection avec laquelle sont coupées ces pierres; quoique aucun ciment ne les joigne, on aurait peine à passer la lame d'un couteau dans leurs interstices. Pour donner une idée de l'énormité des matériaux employés dans cette construction, il suffit de dire que la plupart des assises se composent de pierres qui ont depuis vingt-huit pieds jusqu'à trente-cinq pieds de longueur sur environ neuf de hauteur. Dans un endroit, trois pierres occupent à elles seules un espace de cent soixante-quinze pieds, et ont environ cinquante-neuf pieds chacune sur une épaisseur commune de douze pieds. Une carrière qui règne sous la ville a fourni ces magnifiques blocs, qui sont de granit blanc à grandes facettes luisantes comme le gypse. Le transport de ces pierres suppose des procédés fort avancés en mécanique et en statique. Aussi les habitants actuels prétendent-ils que cet édifice a été construit par les *Djnouns* ou génies, sous les ordres du roi Salomon, lequel roi avait enterré sous ses profondeurs d'immenses trésors qui y dorment encore. Du reste, c'est là une habitude à peu près générale dans le pays syrien, d'attribuer à Salomon tous les grands ouvrages d'architecture. Et ce qu'il y a de plus remarquable, c'est que juifs, chrétiens et musulmans s'accordent dans cette croyance. Le Salomon de la Bible est la grande figure de tradition, même pour les sectaires du Koran.

Quelle que soit la magnificence des vestiges dont Balbeck est semée, les historiens grecs et romains parlent peu de cette ville et de son temple. A peine les trouve-t-on cités dans un fragment de Jean d'Antioche, qui attribue la construction de cet édifice à Antonin le Pieux. Cependant plusieurs écrivains modernes, entre autres M. Quatremère de Quincy, pensent que les monuments de Balbeck ne remontent pas au delà du règne de Dioclétien ou d'Aurélien. Le temple, d'après l'aspect des sculptures, devait être consacré au soleil. On y retrouve l'aigle oriental à aigrette, symbole de cette divinité. Le culte du soleil, transporté d'Égypte, existait à Balbeck dès la plus haute antiquité. On y adorait cet astre avec des cérémonies dont Macrobe nous a donné le détail. C'est de ce culte qu'est dérivé le nom de *Balbeck* donné à la ville, nom qui en syriaque signifie ville de Bal, ou ville du Soleil, et qu'on devait traduire en grec par Héliopolis. A des époques antérieures, on ne sait guère ce que put être Balbeck; mais placée comme elle l'était entre Palmyre et Tyr, elle dut participer au commerce de ces opulentes métropoles. On arrive ainsi sans autre jalon jusqu'à Antonin le Pieux, qui bâtit le temple actuel sur les débris de l'ancien, puis à Constantin qui le convertit en église.

Quelque imposantes que soient les ruines de Balbeck, elles ne sauraient guère être regardées, quand on les compare à celles de Palmyre, que comme une sorte de magnifique propylée. Pour arriver à la célèbre capitale de l'empire de Zénobie, aujourd'hui perdue au sein des déserts, il faut, après avoir quitté Homs, traverser des steppes incultes, habitées seulement par des troupeaux de gazelles. Au delà paraît entre deux chaînes de montagnes une gorge que caractérisent les débris d'un ancien aqueduc, et des espèces de tours carrées, qui paraissent être d'anciens sépulcres palmyréniens. C'est au débouché de cette gorge que se présente Palmyre, sous la forme d'une île jetée sur l'océan sablonneux. On ne saurait se faire une idée du spectacle magnifique qui se déroule alors devant l'œil du voyageur. Ce sont de tous les côtés de longues enfilades de colonnes au travers desquelles la vue se joue sans qu'aucun massif vienne l'arrêter; ce sont des fûts immenses qui semblent aller chercher leur entablement vers le ciel; c'est une forêt de piliers debout, que rien ne lie plus entre eux, et cela dans une étendue de plus de treize cents toises. Au delà de ce point, se révèlent pourtant des édifices plus complets. Ici c'est un palais dont on ne reconnaît plus que les cours et les murailles; là c'est un temple dont le péristyle est à moitié renversé; puis un portique, une galerie, un arc de triomphe. Sur un point, les lignes de la colonnade sont troublées par la chute de plusieurs tronçons; ailleurs, au contraire, semblable à une allée d'arbres, la colonnade se prolonge de manière à fuir et à se masser dans le lointain, à un et deux milles de distance. Que si, détournant le regard de ces grandioses perspectives, on le reporte sur les objets environnants, ce ne sont de toutes parts que fûts renversés, les uns entiers, les autres frustes, les uns cassés à faux, les autres disloqués seulement dans leurs articulations. A chaque pas, dans cette vaste enceinte, on heurte d'énormes pierres à demi enterrées, souillées par le sable, tapissées de plantes grimpantes : chapiteaux écornés, frises mutilées, sculptures effacées, tombeaux violés, autels profanés, pêle-mêle de ruine actuelle et de grandeur ancienne, tel est l'aspect de Palmyre. Au nombre des ruines qu'on a pu réédifier par la pensée, et dont on a reconnu ou à peu près la destination, figurent quelques fortifications turques en ruines, témoignages de la dernière transformation de Palmyre; des sépulcres, de longues files de colonnes aboutissant à quatre grands piédestaux; d'autres colonnes ayant une fausse apparence de cirque, divers débris de temples, au centre desquels s'élevait le magnifique temple du Soleil. C'est dans ce dernier et merveilleux monument que cette reine du désert a laissé le plus de preuves de son éclat passé et de sa pompe primitive. L'enceinte carrée de la cour qui l'enferme a sur chaque face six cent soixante-dix-neuf pieds, et dans toute la longueur régnait intérieurement un double rang de colonnes. Au fond se déployait la façade du temple, large de quarante-sept pieds, et par une exception rare, la porte en répond à l'occident au lieu de répondre à l'orient. Sur le soffite de cette porte, tombé à terre, paraît un zodiaque dont les signes sont les mêmes que les nôtres; un autre soffite porte le même oiseau que l'on voit à Balbeck.

Les savants qui ont exploré ces ruines les divisent en deux catégories, dont chacune a son caractère et son âge. Les unes semblent appartenir à des temps fort reculés, les autres à des siècles beaucoup plus modernes. Ces dernières paraissent se rapporter aux trois siècles qui précédèrent Dioclétien, siècles durant lesquels l'ordre corinthien a produit tant de monuments remarquables. On sait que le siècle d'Auguste fut la plus belle époque de l'art chez les Romains et particulièrement de l'ordre corinthien. Située à trois journées de l'Euphrate, sur une espèce de terrain neutre entre les Parthes et les Romains, Palmyre dut atteindre l'apogée de sa puissance à l'époque où la guerre des deux grands empires l'avait rendue nécessaire à l'un et à l'autre. Alors, devenue tout à la fois une barrière et un entrepôt, elle eut l'art de profiter de ces démêlés sans s'y associer en aucune manière, et elle utilisa au profit de son industrie et de son commerce le luxe de ces deux grands empires.

L'origine de Palmyre semble remonter à Salomon. Sa position centrale entre le golfe Persique et l'Asie Mineure, et l'existence de deux sources d'eau douce et sulfureuse, sources plus salubres que ne le sont les eaux saumâtres de ces déserts, y attirèrent des habitants dès une époque fort reculée. C'était déjà une colonie naissante quand Salomon jeta les yeux sur elle. « Il y construisit de bonnes murailles,

» dit Josèphe, pour s'en assurer la possession, et il la nomma *Tadmour,*
» qui signifie lieu des Palmiers. » Ces travaux importants de la part
du roi des Juifs indiquent que Palmyre était dès lors une station
utile au commerce de la Judée, une échelle intermédiaire entre le littoral de la Méditerranée et le littoral Persique, un des dépôts intérieurs
dans lesquels la célèbre Ophir versait son or et ses perles. L'opulence
de Palmyre aurait toujours dès lors marché dans une progression
ascendante, si à diverses reprises les guerres des idolâtres contre le
peuple juif ne lui eussent porté des coups funestes. Avant de marcher contre Jérusalem, Nabuchodonosor s'empara de Tadmour ou
Tadmor, qui rivalisait alors avec les grandes métropoles de Ninive et
de Babylone. Comme la puissance des villes ne s'accroissait alors que
par l'absorption d'autres villes, on voit Palmyre augmenter en importance à mesure que les autres capitales déchoient. Quand arrive la
lutte longue et sanglante des Romains et des Parthes, restée neutre et
paisible, elle profite des dévastations qui se poursuivent autour
d'elle, et rencontre une ère de paix, d'activité et de bonheur qui lui
permet de s'élever à des pompes monumentales, ce luxe de la vie
des peuples. Sous Odenat et Zénobie, cette prospérité était arrivée à
son comble, quand une période de désastres arriva tout d'un coup
pour elle. Proscrite, prise et dévastée par Aurélien, Palmyre tomba
en un jour du rang qu'elle s'était fait aux conditions d'existence des
autres colonies romaines. Depuis lors, accablée d'impôts, bouleversée par la guerre, changeant à diverses fois de maîtres, Palmyre a
marché peu à peu vers une décadence complète. Dans des âges plus
modernes, Alep et Damas ont recueilli ses dernières dépouilles. Aujourd'hui, du sein de ces ruines pleines de grandeur, de magnificence, à peine s'élève-t-il une trentaine de huttes en terre, habitées
par des familles de misérables fellahs. C'est là tout ce qui reste de ce
peuple riche et policé, de cette nation qui fut plus grande par les arts
que par la guerre. La culture de quelques champs de blé et de quelques bouquets d'oliviers, un petit nombre de chèvres et de brebis,
sont les seules richesses de ces hommes perdus au milieu de ces imposantes ruines. Leur commerce consiste dans l'envoi de deux ou trois
petites caravanes qui arrivent chaque année de Homs. Faibles d'ailleurs et cernés par les Bédouins, ils sont obligés de se racheter chaque
jour du pillage par des contributions volontaires ou forcées. Il est à
croire que, décimée par les privations ou par la guerre, cette petite

colonie disparaîtra un jour du milieu des ruines où elle est campée. Déjà les voyageurs modernes ont pu constater une décroissance dans le nombre des derniers Palmyréniens, depuis le jour où le chevalier Dawkins et Robert Wood les visitèrent. « Leur corps est sain » et bien fait, disaient alors les voyageurs anglais, et la rareté des » maladies parmi eux prouve que l'air de Palmyre mérite l'éloge » qu'en fait Longin, dans son épître à Porphyre. Il y pleut rarement, » si ce n'est au temps des équinoxes, où il arrive aussi de ces oura- » gans de sable si dangereux dans le désert. Le teint de ces Arabes est » très-hâlé par la grande chaleur ; mais cela n'empêche pas que les » femmes n'aient de beaux traits. Elles sont voilées comme dans tout » l'Orient ; mais elles ne se font pas autant de scrupule qu'ailleurs de » laisser voir leur visage ; elles se teignent le bout des doigts en roux » (avec du *henné*), les lèvres en bleu, les sourcils en noir, et elles » portent aux oreilles et au nez de gros anneaux d'or ou de cuivre. » Il est utile de constater tout ce qui se rattache à cette race, car bientôt sans doute elle n'existera plus que comme un souvenir.

Tout ce rayon désert, situé à l'est de l'Anti-Liban, ne contient en dehors de ces localités historiques qu'un très-petit nombre de lieux dignes d'un examen attentif. En avant de Palmyre, et sur la lisière même du désert, on rencontre Homs, *l'Émèse* des Grecs, située un peu au dessus du lac Kades et sur la rive orientale de l'Oronte ; c'est un gros bourg ruiné qui compte deux mille habitants, Musulmans ou Grecs. Un aga y gouverne toute la contrée jusqu'à Palmyre, au nom et pour le compte du pacha de Damas. A deux journées au-dessous, et toujours sur l'Oronte, paraît la ville d'Hama, célèbre dans la contrée pour ses roues hydrauliques, les plus grandes et les plus puissantes que l'on y connaisse ; elles ont trente-deux pieds de circonférence ; leur mécanisme, des plus simples, est celui que l'on rencontre dans toute l'Égypte et dans toute la Syrie. La circonférence des roues est formée par des augets disposés de telle façon qu'ils s'emplissent d'eau d'abord en tournant dans le courant du fleuve, puis, qu'arrivés au zénith de la roue, ils se dégorgent dans un bassin d'où, par des canaux publics ou particuliers, l'eau se rend dans les maisons de bains ou dans les habitations des riches. La situation d'Hama, affourchée pour ainsi dire sur les deux rives de l'Oronte, est une des plus délicieuses que l'on puisse voir. Ville intermédiaire entre Alep et Tripoli, Hama, outre d'assez grandes ressources agricoles, a aussi quelque activité industrielle et commerciale. Sa population de quatre mille habitants serait même l'une des plus riches de la Syrie, si les environs n'étaient devenus tributaires des puissantes peuplades arabes qui les infestent. Placés entre les rapines de ces forbans du désert et les exactions des pachas turks, les habitants ne se livrent à la culture qu'avec mollesse et défiance. Le pays le plus fécond reste ainsi improductif. En continuant à descendre l'Oronte jusqu'aux limites du pachalik d'Alep, on s'engage dans un terrain marécageux, au milieu duquel s'élève Famiéh, l'ancienne *Apamée*, l'une des villes les plus célèbres de ces environs, que Strabon cite comme l'école et la pépinière de la cavalerie des Séleucides. Que les temps sont changés! Au lieu des trente mille cavales, des trois cents étalons et des cinq cents éléphants que nourrissaient ses vastes pâturages, à peine aujourd'hui les marais de Famiéh renferment-ils quelques buffles épars et quelques troupeaux de moutons. Où campaient les soldats d'Alexandre, on ne voit plus aujourd'hui qu'un petit nombre de malheureux fellahs, dont la propriété est à la merci des maraudeurs arabes. C'est là, du reste; le fléau qui dévaste toute cette zone, jadis peuplée de villes comme l'attestent de magnifiques débris, aujourd'hui solitaire et ruinée. Marra vers le nord, et, en descendant vers le sud, Haonarân, Haria, Quaritain, Maloula, villages turks, sont des localités qui n'ont aucune garantie d'existence calme et assise. Les mêmes inquiétudes et les mêmes fléaux règnent dans les vastes plaines de Haurân, situées au midi de Damas. Les traditions anciennes nous dépeignent cette zone comme peuplée de villes et de bourgs magnifiques, et des vestiges imposants justifient le témoignage des livres hébreux. La seule richesse qui manquât à ces steppes, c'étaient des matériaux durables pour la construction des édifices. Le sol y est tout meuble, offrant une terre pure sans pierres, presque sans cailloux. Les pèlerins qui traversent cette plaine féconde pour se rendre à la Mecque parlent tous de la fertilité de ce sol, qui attend et sollicite la culture. Le froment qu'on y sème croît à hauteur d'homme quand les pluies ne manquent pas. Les habitants, au dire des voyageurs, y ont une taille et une force corporelle au-dessus de celles des autres Syriens. Leur vie, du reste, diffère peu de celle des autres Arabes; ils manquent, comme dans le reste du désert, d'eaux vives et de bois, font du feu avec de la fiente, et construisent des huttes avec de la terre battue et de la paille. Quoique tributaires du pacha de Damas, ils n'en sont pas moins obligés de mettre leurs villages sous la protection de quelque cheik du désert. Ce cheik, s'il est puissant, assure par son concours un peu de sécurité aux habitants de ces plaines, et alors les cultures s'en ressentent. C'est surtout dans la partie montueuse de l'ouest et du nord que se sont groupés les villages les plus populeux et les plus riches, connus dans le pays sous le nom de Deas. Parmi leurs habitants, on compte beaucoup de familles druses et maronites que les troubles du Liban chassent souvent vers la plaine, et qui y obtiennent sans peine de la tolérance arabe le droit de professer librement leur culte, d'avoir leurs chapelles et leurs prêtres.

Tel est l'ensemble du pachalik de Damas, vaste territoire qui, en dehors de sa capitale, grande et belle, n'embrasserait qu'une zone infertile et déserte, si la Porte n'avait fait entrer dans sa circonscription et mis dans sa dépendance une bonne portion de la Palestine et de la Judée qui nous restent à décrire.

II

LA JUDÉE ET LA PALESTINE.

APERÇU GÉOGRAPHIQUE. — RÉSUMÉ HISTORIQUE DES ÉVÉNEMENTS QUI SE SONT PASSÉS EN PALESTINE ET EN JUDÉE, DEPUIS L'ENTRÉE DES HÉBREUX DANS LA TERRE DE CHANAAN JUSQU'AUX TEMPS MODERNES.

Le plus ancien nom de la Palestine est celui de terre de Chanaan, que lui donne la Bible, parce que ses premiers habitants tiraient leur origine de Chanaan, fils de Cham. Cette désignation s'appliquait à la contrée située entre le Jourdain et la Méditerranée, et comprenait aussi la Phénicie et le pays des Philistins. On trouve ce nom de Chanaan sur les monnaies phéniciennes; et saint Augustin rapporte qu'il était usité encore de son temps en Afrique parmi les paysans des environs de Carthage, qui s'appelaient eux-mêmes *Chanani*, comme descendants des Phéniciens [1]. Avant l'établissement des Hébreux, la

[1] *Histoire de la Palestine*, par S. Munk.

Palestine est aussi appelée dans la sainte Écriture *terre promise* ou *terre de promission*. Depuis l'entrée du peuple de Dieu, elle reçoit les dénominations de *pays des Hébreux, pays d'Israël*. Après l'exil de Babylone, elle fut nommée *terre de Juda*, d'où vient le nom de *Judée*, dont les Romains se servirent les premiers. Le prophète Zacharie l'appelle *terre Sainte*, désignation adoptée par les auteurs chrétiens, aussi bien que celle de Palestine. Quant à ce dernier nom, qui nous a été transmis par les écrivains grecs, et dont se servent aussi les historiens juifs Josèphe et Philon, il dérive du nom hébreu *Peléscheth* [1]. Il ne s'appliquait d'abord qu'au pays des Philistins ou Palestine proprement dite, située le long de la Méditerranée, depuis Gaza, au sud, jusqu'à Lydda, au nord ; mais il s'est étendu dans la suite à toute la terre des Hébreux, et c'est dans ce sens qu'il a prévalu généralement au moyen âge et dans les temps modernes.

Les limites de la Palestine ont subi beaucoup de variations, et on n'a pas de données certaines pour les déterminer à toutes les époques. En rapprochant divers passages de la Bible, on voit qu'à l'orient le pays des Hébreux s'étendait jusque dans le désert vers l'Euphrate. Sous Salomon, qui bâtit Tadmor (Palmyre), la ville de Thapsacus, sur l'Euphrate, était le point extrême du royaume vers le nord-est. Au nord, il aboutissait au territoire de Damas, à l'Anti-Liban et au territoire de Tyr. La limite occidentale était la Méditerranée jusqu'à l'embouchure du torrent d'Égypte, maintenant *Wadi-el-Arisch*, bien que plusieurs villes aient été longtemps occupées par les Phéniciens au nord et par les Philistins au sud. La limite du midi, partant d'El-Arisch, se dirigeait vers la pointe méridionale de la mer Morte ; mais à l'est de cette mer et du Jourdain, les possessions des Hébreux ne dépassaient pas, vers le midi, le torrent d'Arnon, maintenant *Wadi-moudjeb*, qui les séparait du pays des Moabites.

Plusieurs peuples occupèrent, avant les Hébreux, la contrée dont nous venons d'indiquer la situation. C'est d'abord la race aborigène des Réphaïm, nation composée d'hommes gigantesques, devant lesquels les Hébreux n'étaient que comme des sauterelles, suivant l'expression des livres saints [2]. A l'ouest du Jourdain, ce peuple primitif subit, plus de deux mille ans avant J.-C., l'invasion des Chananéens,

---

[1] *Histoire de la Palestine*, par S. Munk.
[2] Deutér., II, 11.

ou Phéniciens issus de Chanaan, fils de Cham. Ceux-ci occupaient la plus grande partie du pays, et lui avaient donné leur nom, lorsque Abraham y arriva. Des Chananéens, étaient descendues plusieurs peuplades, entre autres celle des Jébuséens, établis à Jérusalem, et qui restèrent maîtres de la forteresse de Sion jusqu'au temps de David. Tous ces premiers habitants de la Palestine, livrés à l'idolâtrie, devaient faire place au peuple élu qui avait pour mission de faire connaître le vrai Dieu.

De Sem, fils de Noé, était sorti, à la neuvième génération, le patriarche Tharé, qui était établi dans la ville d'Ur en Chaldée, où il conservait encore quelques-unes des vérités révélées. Irrité des progrès de l'impiété, Dieu avait résolu de se choisir une race fidèle. Il jeta les yeux sur Abraham, fils de Tharé, pour être le père de son peuple. Afin de le tirer des lieux où régnait le culte des idoles, il le fit sortir de la Chaldée. A la sollicitation de son fils, Tharé quitta donc la ville d'Ur et s'avança jusqu'à Haran, où il mourut. Ce fut dans cette ville que Dieu apparut à Abraham, et lui dit : « Sors de ton pays, quitte ta » famille et la maison de ton père, et viens en la terre que je te mon- » trerai. Je te rendrai le père d'un grand peuple, et toutes les nations » de la terre seront bénies en toi. »

Abraham sortit donc de la Chaldée (2000 ans environ avant notre ère) à la tête des nombreux serviteurs qui conduisaient ses troupeaux, la seule richesse du patriarche. Son neveu Loth l'accompagnait. Après avoir traversé l'Euphrate et le désert de Syrie, il entra, par Sichem, dans la terre de Chanaan, où il erra longtemps. Une fois, la disette le força d'aller acheter du blé dans la fertile Égypte. Une autre fois, il vainquit avec ses serviteurs, près de Damas, la troupe d'un roi des Élamites qui emmenait Loth prisonnier. Il fut témoin de la catastrophe qui ruina Sodome et Gomorrhe et forma le lac Asphaltite (mer Morte). Après une longue et pieuse carrière, durant laquelle il avait affermi les siens dans la croyance au vrai Dieu qui rendrait sa postérité nombreuse et puissante, Abraham mourut (1955 avant J.-C.) et fut inhumé dans le champ d'Hébron. Son héritage passa à son fils Isaac, qui continua sa vie nomade et ses saints enseignements. Jacob, qu'on appela aussi Israël, imita son père et son aïeul. Il avait douze fils, qui devinrent les chefs des douze tribus entre lesquelles le peuple israélite resta divisé. De ces douze fils, un des plus jeunes, Joseph, était odieux à ses frères, jaloux de la préférence que son père lui témoignait. Ils le vendirent comme esclave à des marchands qui allaient en Égypte. La basse et la moyenne Égypte appartenaient alors aux rois pasteurs, de même race peut-être que les descendants d'Abraham. L'esclave hébreu y fut bien accueilli, et, à force de sagesse et d'habileté, il s'éleva aux premiers honneurs, et devint ministre du roi Pharaon. Une année que ses frères, pressés par la disette, étaient venus acheter du blé à Memphis, il se découvrit à eux, appela auprès de lui son père, et établit sa famille dans la terre de Gessen, entre le Nil et la mer Rouge (1900 ans avant J.-C.).

Les Hébreux demeurèrent 430 ans en Égypte. Au bout de ce temps, ils formaient une grande nation comptant six cent mille hommes en état de combattre. Moïse, que Dieu avait fait naître pour tirer ce peuple de la servitude et lui donner sa loi, sort d'Égypte avec les enfants d'Israël (1470); et, après avoir erré avec eux pendant quarante ans dans le désert, les conduit jusque sur la frontière du pays des Chananéens, en vue de laquelle il meurt sur le mont Nébo (1430 avant J.-C.).

Il était réservé à Josué, successeur de Moïse comme juge d'Israël, d'introduire les Hébreux dans la terre promise. Alors les eaux du Jourdain se divisent pour laisser passer le peuple de Dieu, et un autel de douze pierres, élevé par les douze tribus, marque le lieu où s'est opéré ce prodige. Il est bientôt suivi de la prise de Jéricho et de celle de Haï. C'est ainsi que commence la guerre d'extermination décrétée par l'Éternel contre cette race de Chanaan, réprouvée pour ses abominations et son idolâtrie. L'idée du vrai Dieu s'y était tellement confondue avec celle de la matière, qu'on y adorait jusqu'aux animaux les plus vils. *Tout était Dieu*, dit Bossuet, *excepté Dieu même*. C'est apparemment pour éviter les conséquences d'un si funeste voisinage, autant que pour châtier ces peuples pervers, que le Seigneur avait ordonné aux enfants d'Israël de les détruire entièrement. Cet ordre ne fut pas toujours exécuté à la rigueur, et les Israélites se contentèrent de rendre tributaires quelques-unes de ces nations, telles que les Phéniciens et les Philistins, après avoir cependant tiré de la plupart d'entre elles le châtiment qu'elles avaient mérité.

Effrayés du progrès de leurs armes, les Gabaonites surprirent la bonne foi de Josué en venant solliciter son alliance. Esclave de sa parole, il la tint fidèlement, quoiqu'elle eût été surprise par la ruse, et il défendit ces nouveaux alliés contre cinq rois chananéens, ligués contre eux. C'étaient Adonisédech, roi de Jérusalem; Élam, roi d'Hébron; Phédon, roi de Jérimoth; Jephté, roi de Lachis, et Dabin, roi d'Odollam. Josué les surprit, les rejeta en désordre sur la route qui monte vers Oromin, et les tailla en pièces entre Azéca et Masséda. C'est dans cette lutte célèbre que le vainqueur, parlant selon le langage et les connaissances de son temps, arrêta la marche du jour et commanda à la lumière de lui laisser le temps d'achever la défaite de ses ennemis. Pas un n'échappa, et les cinq rois, réfugiés dans une caverne, en furent tirés et mis à mort.

Josué combattit ensuite les peuplades qui se trouvaient vers le nord de la Palestine. A leur tête était Jabin, roi d'Azor, la plus puissante cité du pays de Chanaan; leurs troupes campaient auprès des eaux de Mérom; Josué les battit, tua leurs rois, pilla leurs villes et soumit presque tout le pays des Philistins. Les Jébuséens conservèrent leur ville, Jébus (depuis Jérusalem), dont il était réservé à David de faire la conquête. Quelques peuplades, retranchées dans les montagnes, gardèrent aussi leur indépendance, comme les Chananéens de Gazer, Bethsan, Dor, Mageddo, Mapheta, Jezraël, les Phéniciens de Tyr et de Sidon, et une partie des Philistins de la côte du sud-ouest. L'exemple et l'influence de ces dangereux voisins devait entraîner souvent à l'idolâtrie la fragile nation qui s'était prosternée devant le veau d'or, malgré des merveilles toutes récentes qui avaient accompagné sa sortie de l'Égypte.

La conquête de la terre promise étant ainsi terminée, Josué rassembla les anciens du peuple et procéda au partage des terres entre les douze tribus. Moïse avait déjà assigné aux tribus de Ruben et de Gad et à la demi-tribu de Manassé, les terres à l'orient du Jourdain. Josué partagea à deux reprises différentes le pays de Chanaan aux autres tribus. D'abord il fit la part des plus puissantes : Juda, Éphraïm et ce qui restait de la tribu de Manassé. Ce ne fut que plus tard que les autres prirent leur part, et quelques-unes aux dépens des premières. Juda céda à Benjamin Jérusalem, que cette tribu ne sut pas conserver, Kariath-Jarim et Betharaba. A Dan, elle donna Astaol et Accaron, et enfin une portion de ses terres au sud-ouest à Siméon.

D'après le livre de Josué, les limites de JUDA, au premier partage, étaient : au sud, une ligne courant de l'extrémité méridionale de la mer Morte jusqu'à l'embouchure du ruisseau d'Égypte; à l'est, le lac Asphaltite jusqu'à l'embouchure du Jourdain; au nord, une ligne passant au-dessus de la ville de Géliloth, assise en face du mont Adummin et de Kariath-Jarim ; de là elle tournait à l'ouest, vers le mont Séir, et plus au sud-ouest, vers Bethsamès et Thimna, passait au nord d'Accaron, et de là gagnait la Méditerranée, frontière de l'ouest. Le livre de Josué cite sur ce territoire vingt-neuf villes situées au midi, le long du pays des Édomites, et parmi elles *Cidès* ou *Kadès-Barnée*, *Horma*, *Bersabée*, *Siceleg;* quarante-deux à l'ouest, vers la Méditerranée, et parmi elles *Accaron*, *Gaza* et *Azoth*, qui appartenait aux Philistins ; quarante-huit dans les montagnes du centre, dont les plus remarquables étaient *Hébron*, *Bethléem* et *Jérusalem*, habitée par les Jébuséens, qui lui donnaient alors leur nom ; enfin, six dans le désert salé, qui s'étend vers l'embouchure du Jourdain, Thecoa, Engaddi, etc.

Siméon, établi au milieu de Juda, occupa, entre autres places, *Bersabée*, *Horma*, *Siceleg*, *Jérimoth*, *Lachis*, *Lobna*, *Maceda*, *Eglon*, *Odollam*, *Dabir*, *Eter* et *Arad*.

Benjamin, entre Éphraïm et Juda ; sa frontière septentrionale partait du Jourdain et passait au nord de *Jéricho*, de *Béthel*, de la *basse Béthoron*, et s'arrêtait à Kariath-Jarim ; de là elle allait rejoindre la frontière de Juda par la vallée des fils d'Hennon, au pied de la montagne de Sion, et la suivait jusqu'à l'embouchure du Jourdain. *Jéricho*, *Béthel*, qu'elle ne put enlever aux Chananéens et dont, plus tard, les Éphraïmites s'emparèrent, *Ophra*, *Gabaa*, *Gabaon*, *Rama*, *Ha*, *Maspha*, *Galgala*, où Saül fut définitivement proclamé roi, *Machmas*, étaient, avec *Jébus*, ses principales villes.

Dan, à l'ouest de Benjamin et de Juda, depuis Kariath-Jarim jusqu'à Joppé ; villes : *Esthéal*, *Zaréa*, *Accaron*, *Joppé*, *Aïalon*, *Ekron*.

Éphraïm, au nord de Dan et de Benjamin ; sa frontière méridionale partait du Jourdain, courait au nord de *Béthel* et d'*Atharah*, au sud de la *basse Béthoron* et de *Gazer*, et de là gagnait la Méditerranée, qui formait sa limite occidentale jusqu'à l'embouchure du Kanah. Le territoire de Manassé lui servait de frontière au nord ; villes : *Sichem*, *Galgal*, *Saron*, *Gazer*, *Silo*, où l'arche resta longtemps, *Béthoron*, *Ramath*, patrie de Samuel, *Pharaton*, *Samir*.

Manassé, entre Azer au nord, Issachar à l'est et Éphraïm au sud ; villes : *Dor*, qui resta à ses habitants, *Mageddo*, *Thénach*, *Thersa*, *Endor*, où Saül consulta la pythonisse, *Thébès*, où périt Abimélech, *Éphra*, patrie de *Gédéon;* plus tard, *Samarie* fut bâtie sur son territoire. Les *Chananéens* restèrent longtemps encore maîtres d'Endor et de Bethsan.

Issachar, du Jourdain au Carmel, avec les villes de *Jezraël*, théâtre de la victoire de Gédéon, *Hapharaïm*, *Sunam*, non loin des monts Gelboé, où périt Saül, *Aphec*, *Dabrath*.

Azer, entre Sidon et le Carmel; mais *Acco*, *Achsib*, *Tyr* et *Sidon*, restèrent à leurs anciens habitants; villes : *Rohob*, *Helcath*, *Achsaph*, près d'Achsib.

Zabulon, du lac de Génézareth au Carmel. Le *Thabor* et *Dabrath* le séparaient d'Issachar, *Capharnaüm*, de Nephtali; villes : *Séméron*, *Jachanam*, *Béthulie*, patrie de Judith, *Kana*, *Gath-Hépher*, patrie de Jonas, et *Abel-Beth-Maacha*. Plus tard on trouve sur ce territoire Tibériade, Sepphoris et Nazareth.

Nephtali, depuis Capharnaüm jusqu'aux sources du Jourdain; villes : *Dan*, nommé *Laïs* avant que des hommes de Dan n'en eussent fait la conquête; *Madon*, prise et brûlée par Josué; *Azor*, capitale de Jabin; *Cédis*, non loin de la vallée de *Sennim*, où périt Sisara; **Mérom**, près du lac de ce nom, dont la rive occidentale fut le théâtre d'une victoire de Josué sur les rois confédérés du nord de la Palestine. Juda possédait, sur la rive gauche du Jourdain, la fertile plaine de Médan, comme ancien patrimoine de Jacob.

Quant aux tribus établies à l'est du Jourdain, Manassé avait pour villes principales *Astaroth*, *Adraï*, où fut vaincu Og, roi de Basan; *Canath*, où Gédéon défit deux rois madianites; *Gaulon*, *Bazra* et *Jabès-Galaad;* Gad, *Manaïm*, *Sucoth*, *Phanuel* et *Maspha*, résidence de Jephté; Ruben, *Adom*, près des lieux où les Israélites passèrent le Jourdain, *Hésébon*, *Cariathaïm*, *Bozor* et *Jazer*, où Séhon fut battu.

La tribu de Lévi n'obtint point de propriété, parce qu'elle recevait la dîme de tous les fruits de la terre. On lui assigna seulement pour demeure quarante-huit villes disséminées dans le territoire des diverses tribus.

L'on désigna encore six villes de refuge, asiles inviolables où tout homme, soit Hébreu, soit étranger, coupable d'un meurtre involontaire, pouvait se retirer jusqu'à la mort du grand prêtre, et retourner ensuite dans sa famille sans être plus inquiété. Ces villes étaient : *Hébron* en Juda, *Cédès* en Nephtali, *Gaulon* et *Bazra* dans Manassé oriental, *Ramoth-Galaad* dans Gad, et *Bosor* dans Ruben. Ainsi, de ces six villes, quatre avaient été prudemment placées au loin à l'orient du Jourdain, et les deux autres à l'extrémité de la Palestine, dans Juda et Nephtali.

Au sud-ouest de la Palestine, les Philistins conservèrent *Gath, Accaron, Azoth*, Ascalon et Gaza; au sud, habitaient les Amalécites, descendants d'Amalec, fils d'Ésaü, qui, vaincus une première fois par Josué, furent presque exterminés par Saül, et les Édomites ou Iduméens, descendants d'Ésaü; au sud-est, les Madianites, issus de Madian, fils d'Abraham et de Céthura, et qui, malgré la défaite que Moïse leur fit éprouver, devinrent assez puissants pour asservir les Israélites jusqu'à ce que Gédéon brisât leur joug; à l'est, les Moabites, issus de l'aînée des filles de Loth, et dépouillés d'une partie de leurs terres par les Amorrhéens; enfin les Ammonites, descendus de l'autre fille de Loth. Quant aux Ismaélites, ou descendants d'Ismaël, leurs douze tribus erraient dans les déserts qui s'étendent à l'orient de la Palestine, et peuplèrent une partie de l'Arabie. Les plus connus d'entre eux sont les Nabathéens, qui avaient *Pétra* pour capitale, les Ituréens et les Cidaréniens.

A la mort de Josué, les enfants d'Israël furent gouvernés pendant quelque temps par un conseil des anciens composé de soixante-dix membres et qui réglait les affaires générales. Les douze tribus formèrent alors une sorte d'État fédératif dont le chef était le grand prêtre. Sous ce gouvernement qui manquait de force, les Hébreux ne purent achever que lentement la conquête commencée avec tant d'éclat par Josué. Cependant, tant que vécut la génération témoin des merveilles opérées par le Seigneur, le peuple demeura fidèle à ses devoirs.

« Quand Josué fut mort, dit le livre des Juges, les enfants d'Israël dirent au Seigneur : « Qui marchera à notre tête pour combattre les » Chananéens? qui sera notre chef dans cette guerre? » Dieu, qui voulait de libres hommages, refusa, pour éprouver son peuple, de lui donner un chef militaire, et le laissant à lui-même sous l'inspiration de sa foi et les conseils du grand prêtre, il répondit : « Juda vous » guidera, je lui ai livré cette terre. » Juda, appelant donc à lui son frère Siméon, reprit les armes, et les deux tribus envahirent le territoire des Phéréséens et leur tuèrent dix mille hommes. Ils prirent leur roi Adonibézec et lui coupèrent les extrémités des pieds et des mains. « J'ai ainsi fait, disait le malheureux, à soixante-dix rois, et ils man- » geaient sous ma table les miettes qui en tombaient; comme j'ai » traité les autres, Dieu m'a traité. »

La génération suivante oublia le Seigneur, et se laissa entraîner au culte de Baal par l'exemple des peuples voisins. Pour la punir, Dieu suscita Chusan, roi de Mésopotamie, qui tint Israël en servitude durant huit années. En récompense de leur repentir, les Israélites furent délivrés par Othoniel, qui les gouverna pendant quarante ans en qualité de juge. L'histoire de ce peuple n'est qu'une suite continuelle d'égarements et de punitions, de repentir et de miséricorde. Après Othoniel vient Aod qui remporta la victoire sur Églon, roi de Moab. Jabin, roi de Chanaan, réduit de nouveau le peuple ingrat en servitude, et cette fois, c'est une femme, Débora la prophétesse, qui entreprend de le délivrer. Avec l'aide de Barac, fils d'Abinoem, elle défait Sisara, général de ce roi. « Quarante ans plus tard, Gédéon, victorieux sans combattre, poursuit et abat les Madianites ; Abimélech, son fils, usurpe l'autorité par le meurtre de ses frères, l'exerce tyranniquement et la perd enfin avec la vie. Jephté ensanglante sa victoire par un sacrifice qui ne peut être excusé, dit Bossuet, que par un ordre secret de Dieu, sur lequel il ne lui a pas plu de nous rien faire connaître. » C'est vers ce temps que se passa la touchante histoire de Ruth la Moabite, qui, par son mariage avec le Juif Booz, devint l'aïeule de David et prit place dans la généalogie du Messie.

Après Jephté, Abésan, Aïalon et Abdon gouvernèrent successivement Israël.

Ensuite vint Samson, l'Hercule d'Israël, et, comme Hercule, faible au milieu de sa force. Sa mort fut encore plus fatale aux Philistins que sa vie. Après lui, l'autorité religieuse et le pouvoir civil se trouvaient réunis dans les mains d'Héli, grand pontife et juge tout à la fois. Héli était au-dessous de cette tâche, et ne sut pas gouverner sa propre famille ; ses fils, en dépit des bons exemples qu'ils recevaient de lui, le déshonorèrent. Abandonnés du Seigneur, les Israélites furent défaits par les Philistins et l'arche sainte enlevée. Samuel fut le dernier juge d'Israël, qu'il fit jouir de la paix et où il rétablit le zèle des premiers temps. Mais ce peuple inconstant se lassa de la forme de gouvernement établie par Moïse, et dit à Samuel, devenu vieux : « Donnez-nous un roi comme en ont les autres nations, afin qu'il nous juge et nous commande. »

Le premier de ces rois fut Saül, jeune homme de la tribu de Benjamin, d'une grande beauté et d'une force remarquable. Samuel le sacra en répandant sur son front l'huile sainte (1096 avant J.-C.), et le choix du peuple fut d'abord justifié par la victoire que le jeune roi remporta sur les ennemis d'Israël. Nabal, roi des Ammonites, étant venu mettre le siége devant Jabès en Galaad, Saül rassembla, dit le livre des Rois, trois cent mille guerriers et fondit sur les Ammonites qui furent vaincus. Mais bientôt, agissant contre l'ordre du Très-Haut, il méprisa les conseils de Samuel et s'empara des fonctions du sacerdoce. Le prophète alors déclara à Saül que Dieu, en punition de sa faute, lui ôterait son royaume pour le donner à un homme selon son cœur. La valeur de Jonathas, fils de Saül, se signala contre les Philistins, et le roi lui-même battit complétement les Amalécites, mais il épargna leur roi Agag contre les avis du grand prêtre. Alors Samuel lui fit connaître que, puisqu'il avait rejeté les ordres du Seigneur, le Seigneur le rejetait à son tour. Le prophète se rendit à Bethléem où il fit sacrer le dernier des fils de Jessé, David, qui avait déjà montré son courage en défendant son troupeau contre les lions et les ours. Le jeune berger, dont on ne connaissait pas encore la mystérieuse élection, révéla sa valeur par la défaite du géant Goliath, un des restes, peut-être, de la race des Rephaïm, premiers habitants de la Palestine. Cette victoire valut à David une faveur populaire dont Saül conçut une sombre jalousie. Forcé, pour remplir sa promesse, de donner la main de sa fille au vainqueur de Goliath, il n'en devint pas moins son ennemi. Il était livré à une mélancolie profonde, dont il ne sortait que pour se livrer à des actes de cruauté. Un jour il veut percer David de sa lance pendant que le sublime poëte, par ses chants inspirés et le son mélodieux de sa harpe, cherchait à dissiper ses noires pensées. Plus tard, il poursuit David fugitif et fait périr le grand prêtre Abimélech et quatre-vingt-cinq sacrificateurs qui lui ont donné asile. La forêt de Hareth, les déserts d'Engaddi et de Pharan servirent tour à tour de refuge à l'élu de Dieu qui finit par désarmer son ennemi à force de patience et de générosité.

Cependant les Philistins avaient commencé leurs attaques contre Israël. Saül, agité de funestes pressentiments, « et, dit l'Écriture, tou- » jours possédé par l'esprit malin, consulte la sibylle d'Endor, et » l'ombre de Samuel invoquée lui annonce sa fin prochaine et celle » de son fils. » Le lendemain, en effet, Saül et le valeureux Jonathas, gisaient sur le champ de bataille de Gelboë (1056).

David les pleura et les vengea, mais leur mort lui ayant assuré la couronne, il fut reconnu roi par toutes les tribus réunies à Hébron.

Au commencement de son règne, qui est l'époque la plus glorieuse de l'histoire juive, il fit disparaître les derniers restes de la puissance des nations chananéennes en enlevant aux Jébuséens, la plus belliqueuse de ces nations, la partie haute de Jébus ou Jérusalem, et la forteresse qu'ils avaient élevée sur la colline de Sion. Il songeait à y bâtir un temple au Très-Haut, et il y fit solennellement transporter l'arche d'alliance, mais il ne put que rassembler les matériaux de ce temple, la gloire de l'élever étant réservée à Salomon, son fils. David fixa désormais sa demeure sur la montagne de Sion et fit de Jérusalem la capitale de son royaume, dont il recula les limites en achevant de vaincre les Philistins, les Moabites, les Iduméens, et en s'emparant des pays de Sobah, de Damas et d'Émath.

Au milieu de tant de travaux et de conquêtes, David, si fort contre ses ennemis, donna une grande preuve de faiblesse contre ses propres passions. On connaît la triste histoire d'Urie et de Bethsabée, et la pénitence qui fut la suite de ce double crime. La révolte de son fils Absalon mit le comble aux chagrins qui remplirent d'amertume ses dernières années. Après avoir pardonné une première fois, ce malheureux père fut obligé de fuir devant son fils, et eut à subir les outrages de mécontents qui insultaient à sa douleur. Les armées du père et du fils se trouvèrent en présence dans la forêt d'Éphraïm et la mort d'Absalon, tué contre ses ordres, assura à David une triste victoire. La révolte du Benjamite Soba, et les trois jours de peste qui firent périr soixante-dix mille Israélites, achevèrent de troubler la vieillesse du saint roi, qui mourut à l'âge de soixante-dix ans, après avoir fait sacrer, suivant l'ordre de Dieu, son fils Salomon, issu de Bethsabée, au préjudice d'Adonias, son aîné (1016 avant J.-C.).

« David, dit un historien, avait fait beaucoup pour donner à l'état juif une organisation en rapport avec son nouveau mode de gouvernement. Le régime patriarcal des tribus avait été fort ébranlé par la création, au profit du pouvoir central, de fonctions administratives, judiciaires et militaires, par l'établissement d'une capitale, d'une garde royale et d'une armée permanente, dont un douzième (24,000 hommes), était mis tous les mois sous les armes ; enfin par l'étroite association du culte et du gouvernement. David, en effet, après avoir établi l'arche sainte sur la montagne de Moria, avait donné plus de pompe aux cérémonies. Poëte et musicien, il avait fait de la poésie et de la musique l'âme du service divin. Quatre mille lévites, divisés par lui en classes et en chœurs différents, chantaient les prières, les cantiques d'Asaph, d'Héman, de Jédithun, des enfants de Coré et surtout les psaumes composés par le roi lui-même. D'autres accompagnaient ces chants sur les harpes. Cette intervention du roi, du chef politique et militaire, dans les cérémonies du culte, plaçait le grand prêtre dans une position subalterne. Le pouvoir sacerdotal s'abaissait devant l'autorité politique; cette infériorité ira désormais toujours croissant, c'est-à-dire que le gouvernement et l'État juif se rapprocheront de plus en plus de la forme des autres monarchies asiatiques [1]. »

Salomon, le plus sage des rois, monta sur le trône à vingt ans. Son règne fut pacifique et prospère, et l'Écriture a exprimé la tranquillité profonde dont jouissait alors Israël, en disant : « Chacun, depuis Dan jusqu'à Bersabée, vivait dans l'abondance et la joie à l'ombre de sa vigne et de son figuier. » Le commerce acquit alors une grande importance. Les ports d'Élath et d'Asiongaber, sur la mer Rouge, déployèrent une grande activité. Une flotte y fut construite, et, sous la direction de pilotes phéniciens, elle allait à Ophir chercher la poudre d'or, les bois rares, les parfums et les pierres précieuses.

Salomon fit de cette prospérité le plus noble usage en accomplissant le vœu de son père, par la construction du temple de Jérusalem. Sept années furent employées à cette œuvre immense où le roi prodigua tout le luxe et toute la richesse de l'Orient. La huitième année, Salomon en fit la dédicace au milieu d'un grand concours de peuple. Puis il se bâtit à lui-même un palais magnifique, employant aux travaux de cette construction le reste des nations chananéennes qu'il avait rendues tributaires. Il fonda ou agrandit Héser, Mageddo, Gazer, Balaath et la célèbre ville de Palmyre. Le royaume fut soumis à une organisation nouvelle et partagé en douze intendances, à la tête desquelles étaient placés des officiers chargés de lever les tributs. L'armée fut mise sur un pied nouveau et la cavalerie seule s'éleva à plus de soixante mille hommes. Une telle puissance excita l'admiration des peuples voisins, et la reine de Saba vint, du fond de l'Arabie, lui rendre hommage et s'instruire à son exemple. Elle le quitta en exaltant le bonheur de ses sujets et en rendant gloire au Seigneur d'avoir donné un tel roi à Israël.

[1] Duruy, *Histoire Sainte*.

Mais la trop grande prospérité corrompit Salomon ; il épousa plusieurs femmes étrangères de Moab, d'Hammon, de Sidon et du pays des Héthéens. Souvent leur influence le pervertit, et celui qui avait élevé un temple sans égal à l'Éternel, finit par s'agenouiller devant d'impures idoles. Alors les ennemis vaincus relevèrent la tête, Ader, de la race royale d'Édom, reprit l'Idumée, et Rasin se rendit indépendant à Damas. Au cœur même du royaume une révolte fut excitée par ce même Jéroboam, qui devait bientôt séparer dix tribus de l'obéissance au souverain et aux lois. Jéroboam n'ayant pas réussi dans cette première tentative, s'enfuit auprès de Sésac, roi d'Égypte, et y resta jusqu'à la mort de Salomon, qui arriva la soixantième année de son âge et la quarantième de son règne (976 avant J.-C.).

A la mort de Salomon, les Hébreux se rassemblèrent à Sichem pour couronner Roboam, son fils et son successeur, et lui demandèrent une réduction d'impôt, qu'il refusa. Alors dix tribus le quittèrent, ayant à leur tête Jéroboam, qu'elles proclamèrent roi. Juda et Benjamin restèrent seules fidèles à Roboam.

Ainsi fut consommée la division du royaume des Juifs, qui forma dès lors deux États : celui d'Israël ou des dix tribus, plus étendu et plus peuplé ; celui de Juda, plus riche et plus respecté, parce qu'il possédait l'arche d'alliance et le sanctuaire de Jérusalem.

La séparation des Hébreux en deux royaumes affaiblit beaucoup leur puissance. Au temps de David leur domination s'étendait jusqu'à l'Euphrate ; depuis le schisme elle se borna à la Palestine.

Jéroboam régna vingt-deux ans sur Israël. Pour séparer davantage son peuple de celui de Juda, il défendit à ses sujets de venir sacrifier dans le temple de Jérusalem, et leur fit adorer des idoles, tout en conservant la loi de Moïse. Il appela Sésac, roi d'Égypte, à son secours contre Roboam, et mourut en 955.

Dans Juda, Roboam ne se montra pas beaucoup plus fidèle à la loi de Dieu : sous son règne des idoles s'élevèrent de toutes parts ; mais Sésac envahit son royaume, pénétra dans Jérusalem, pilla les trésors de Salomon et s'en retourna chargé d'un immense butin. Abiam, fils et successeur de Roboam (959), eut une guerre à soutenir contre Jéroboam, qu'il vainquit. Son fils Asa (956) rétablit le vrai culte, repoussa Zara, roi d'Éthiopie, qui menaçait ses États, et fit alliance avec Benadad, roi de Syrie, contre le roi d'Israël.

Pendant ces trois règnes, six rois s'étaient succédé dans Israël.

Nadab, fils de Jéroboam, ne régna que deux ans, au bout desquels il fut assassiné par Baaza (953), qui lui succéda et qui, pour s'affermir sur le trône, fit massacrer toute la famille de Jéroboam. Il mourut en 931, laissant la couronne à Éla, son fils. Zamri, général de la cavalerie, se révolta contre Éla et le fit mettre à mort (930 avant J.-C.); mais il ne put longtemps jouir de son crime : l'armée proclama Amri, qui vint assiéger Zamri dans Thersa. Ce dernier, voyant la ville sur le point d'être prise, mit le feu à son palais et s'y brûla avec tous les siens. Amri fut alors proclamé roi. Ce fut lui qui fonda Samarie pour en faire la capitale de son royaume. Il mourut après un règne de douze ans (919). Son fils Achab lui succéda ; il épousa la fille d'un roi de Tyr, Jézabel, qui éleva des autels à Baal dans Israël.

A la même époque Josaphat, fils d'Asa, régnait en Juda (915). Ce prince, un des plus pieux qui aient occupé le trône de Juda, rétablit partout le culte du vrai Dieu; mais il fit alliance avec l'impie Achab, et son fils Joram épousa Athalie, fille d'Achab et de Jézabel.

Pendant ce temps-là, Achab méprise les avis prophétiques d'Élie; il usurpe la vigne de Naboth ; et il est tué dans une guerre contre les Syriens. Son fils Ochosias lui succède (896) et ne porte la couronne que deux ans, pendant lesquels il imite en tout point la conduite impie d'Achab. Joram, son frère, qui régna ensuite (895), soutint une guerre contre les Syriens et fut assassiné par son général Jéhu.

Cependant Joram, fils de Josaphat, avait succédé à son père (891) dans le royaume de Juda. Ce prince imita l'impiété des rois d'Israël : pour s'affermir sur le trône, il fit massacrer tous les frères de Josaphat. Il battit d'abord les Iduméens ; mais les Arabes et les Philistins envahirent son royaume. Dieu le frappa d'une maladie cruelle, et il mourut en 884, laissant la couronne à son fils Ochosias, qui périt l'année suivante.

Jéhu, après avoir tué Joram, roi d'Israël, mit à mort l'impie Jézabel et fit massacrer tout ce qui restait de la maison d'Achab ; son fils Joachas lui succéda en 855.

Vers le même temps Athalie, veuve de Joram, ensanglantait le royaume de Juda et faisait mettre à mort tous les enfants d'Ochosias; un seul, Joas, échappe au massacre et est élevé secrètement dans le temple par le grand prêtre Joïada. Au bout de sept ans Joïada assemble les lévites et les chefs de l'armée, leur annonce qu'il existe encore un fils d'Ochosias; à cette nouvelle, Athalie accourt, mais elle est massacrée, et Joas lui succède (877). Il gouverna sagement jusqu'à la mort de Joïada; mais ensuite il se livra à toutes sortes d'excès, et fit lapider Zacharie, fils de Joïada, au pied des autels.

Peu après il fut assassiné (837 avant J.-C.), et eut pour successeur son fils Amasias, qui eut à soutenir une guerre contre Joas, roi d'Israël, qui le battit et s'empara de Jérusalem; il reprit cependant ses États; mais il fut peu après mis à mort à Lachis en 808.

Son fils Ozias soumit les Ammonites et les Philistins; atteint de la lèpre, il se vit contraint de céder le trône à son fils Joathan, dont le règne fut troublé par les incursions des Syriens.

Après Joathan, Achaz, prince impie, introduisit le culte des faux dieux dans Juda. Razin, roi de Syrie, et Phacée, roi d'Israël, vinrent l'assiéger dans Jérusalem; il fut obligé d'appeler à son aide Théglath-Phalassar, roi d'Assyrie, qui, en effet, battit ses ennemis; mais il ne put se débarrasser de ce dangereux allié qu'en lui livrant le port d'Élath et les trésors du temple. Il mourut en 726 et laissa le trône à son fils Ézéchias. Ézéchias, aussi célèbre par ses vertus que son père par ses désordres, rétablit le culte de Jéhovah, battit les Philistins et Sennachérib, et couvrit Jérusalem de monuments.

Pendant que tous ces princes se succédaient à Jérusalem, le royaume d'Israël était en pleine décadence. Après Jéhu, Joachas, pendant un règne de dix-sept ans, avait vu son royaume constamment en butte aux attaques des Syriens. Joas, son fils (839), reprit les villes qu'avait perdues son père, assiégea Jérusalem et la pilla. Jéroboam II, son successeur, rendit au royaume d'Israël ses anciennes limites, mais après sa mort (771), ses successeurs, Zacharie (771), Manahem (770), Phacéia (757), Phacée (752), livrèrent le royaume aux Assyriens par leurs crimes et leur impiété. Sous ce dernier roi, Théglath-Phalassar s'empara d'une grande partie d'Israël. Osée assassina Phacée et lui succéda (730). Salmanasar le rendit tributaire; mais il se révolta peu de temps après, Salmanasar revint, détruisit Samarie, emmena Osée prisonnier, et transporta les Israélites au delà de l'Euphrate. Ainsi finit le royaume d'Israël ou des dix tribus, qui avait duré deux cent cinquante-cinq ans.

Après la chute du royaume d'Israël, Ézéchias continua pendant quelque temps à faire prospérer celui de Juda. Mais Manassès, son fils (697), encourut par son impiété la colère du ciel. Asarhaddon, roi d'Assyrie, envahit ses États et l'emmena en captivité. Il fut pourtant rétabli sur le trône. C'est sous son règne qu'Holopherne, étant venu mettre le siége devant Béthulie, fut tué par Judith. Amon succéda à Manassès (642 avant J.-C.), et mourut assassiné deux ans après. Son fils Josias (640), se montra fidèle au vrai Dieu, mais s'étant allié avec Néchao, roi d'Égypte, il marcha avec lui contre les Assyriens et fut battu et tué (609). Joachas est proclamé roi, mais Néchao le fait prisonnier, l'emmène en Égypte et met Joachim à sa place. Ce prince ne put rester longtemps sur le trône; Nabuchodonosor, qui venait de battre encore Néchao, s'empara de Jérusalem et emmena Joachim captif avec dix mille guerriers.

Joachim recouvra cependant la liberté. Jéchonias, qui régna après lui, n'occupa le trône que trois mois. Sédécias, son successeur, tenta de se soustraire à la domination assyrienne; mais Nabuchodonosor marcha encore sur Jérusalem qui fut emportée et détruite (587), et ses habitants emmenés en captivité à Babylone. Le royaume de Juda avait duré trois cent quatre-vingt-neuf ans.

Soixante-dix ans s'étaient écoulés depuis cet événement, lorsque Cyrus, vainqueur de Babylone, permit aux Juifs de retourner à Jérusalem et d'y rétablir le temple (536). Deux ans après leur retour, ils posèrent les fondements du nouvel édifice, dont la construction, interrompue par les intrigues des Samaritains, ne put être achevée que sous Darius (516). La domination des rois perses laissa aux Juifs les moyens de recouvrer une partie de leur ancienne prospérité. En 454, Néhémie, un des officiers d'Artaxercès Longuemain, obtint la permission de rééditier les murs de Jérusalem. A la même époque, Esdras remettait en ordre les livres de la loi et réprimait sévèrement les abus qui s'étaient introduits parmi les Juifs. Manassès, fils du grand prêtre Joïada, banni pour avoir épousé une étrangère, se retira à Samarie, où il fit élever un temple en tout semblable à celui de Jérusalem. Dès ce moment, les deux peuples furent irréconciliables, et, oubliant leur origine commune, ils ne furent plus occupés que des moyens de s'entre-détruire. Quelques années après, un crime inouï ensanglanta le sanctuaire : Jonathan égorgea Jésus, son propre frère, au pied des autels, pour s'assurer la grande prêtrise. Le gouverneur de Syrie, pour punir les Juifs de ces désordres, leur imposa un tribut. Aussi prirent-ils part à la révolte des Phéniciens contre les Perses en 351. Cette insurrection fut sévèrement punie par Ochus, qui envahit la Judée, prit Jéricho, et transporta un grand nombre de Juifs dans des contrées lointaines.

Ce fut sous le grand prêtre Jaddus qu'Alexandre, après avoir vaincu Darius, se dirigea vers Jérusalem, pour punir les Israélites de leur fidélité au roi de Perse. A son approche, Jaddus vint à sa rencontre, revêtu des habits pontificaux et suivi d'une foule nombreuse de lévites et de gens du peuple. Frappé de cette pompe religieuse, Alexandre ne fit aucun mal aux Juifs, il se rendit même dans le temple et y sacrifia, dit-on, au vrai Dieu (332 avant J.-C.).

Après la mort du conquérant, la Judée passa alternativement sous la domination des maîtres de la Syrie et de l'Égypte. Elle fut d'abord soumise par Ptolémée Soter, puis par Antigone ; enfin, après la bataille d'Ipsus, elle se trouva replacée sous la dépendance des rois d'Égypte. Ptolémée Philadelphe fut très-favorable aux Juifs ; ce fut lui qui fit faire la traduction grecque de la Bible, connue sous le nom de version des septante.

Cependant, Ptolémée Philopator, ayant vaincu Antiochus le Grand à la bataille de Raphia, se rendit à Jérusalem et voulut pénétrer dans le sanctuaire ; le refus des Juifs attira sur eux de grandes persécutions. Aussi, lors de la seconde guerre des Égyptiens contre Antiochus, les Juifs aidèrent-ils ce prince à repousser ses ennemis. Antiochus montra beaucoup de bonté aux Juifs et fit enfin renaître le calme dans Jérusalem. Sous Séleucus Philopator, Héliodore, qui voulut s'emparer des trésors du temple, fut frappé par une apparition miraculeuse et ramené mourant hors de son enceinte.

Pendant le règne d'Antiochus Épiphane, la grande sacrificature fut mise à prix d'argent ; il en résulta des dissensions dans la famille sacerdotale. Jason et Ménélas se disputèrent cette charge. Il en résulta une guerre civile qui servit de prétexte à Antiochus pour faire peser sur les Juifs la plus affreuse tyrannie ; il leur interdit l'entrée du temple et rendit un décret portant défense de reconnaître d'autre Dieu que les siens. Bientôt la persécution commença ; les sept Machabées et leur mère périrent dans les plus cruels supplices plutôt que de désobéir à la loi.

C'est alors que le grand prêtre Matathias, ne voulant pas plus longtemps supporter la vue de ce qui se passait à Jérusalem, se retire à Modin, d'où il donne le signal de la guerre ; ses cinq fils, tous animés du même courage, parcourent le pays et parviennent à rassembler une petite armée, avec laquelle Matathias bat les Syriens en plusieurs rencontres, mais il meurt avant d'avoir pu terminer sa tâche.

Judas Machabée, son troisième fils, succède à toute l'autorité de son père; il commence par battre successivement Apollonius et Séron, lieutenants d'Antiochus, et dissipe les armées commandées par Nicanor et Gorgias. L'année suivante, Timothée et Bacchide sont défaits (165 avant J.-C.). Après la mort d'Antiochus Épiphane (164), Antiochus Eupator et Démétrius Soter continuèrent la guerre contre les Juifs. Nicanor, général de Démétrius, fut battu à Béthoron. Cependant, quelque temps après, Judas fut surpris avec une poignée de soldats, il se défendit avec courage, mais il succomba, laissant à ses frères le soin de le venger.

Jonathas lui succéda, il continua glorieusement la guerre, mais il fut attiré dans un piège et massacré avec toute sa famille (144).

Il eut pour successeur son frère Simon, le dernier des enfants de Matathias. Simon acheva de délivrer Israël du joug des étrangers, mais il ne jouit pas longtemps de sa gloire; il fut, comme son frère, attiré dans un piège et y périt avec sa famille (135).

Jean Hyrcan fut le seul qui échappa. On l'investit du commandement donné à son père, et il continua d'affermir la puissance renaissante des Juifs.

Aristobule, son fils, lui succéda (107), il se fit donner le titre de roi et fit périr un de ses frères, pour affermir son autorité, mais il mourut au bout d'un an (106). Alexandre Jannée, son frère et son successeur, soutint une guerre contre Ptolémée Lathyre. Sous Alexandra sa veuve (79), les dissensions entre les deux sectes des Pharisiens et des Saducéens ensanglantent Jérusalem. Aristobule et Hyrcan, fils d'Alexandre Jannée, augmentent encore les troubles en se disputant le pouvoir. Pompée intervient enfin, place Hyrcan sur le trône, et emmène Aristobule et ses fils prisonniers à Rome (63). Antigone, l'un d'eux, parvient à s'échapper, retourne en Judée, et renverse Hyrcan; mais il ne tarde pas à être lui-même précipité du trône par Hérode, qui est proclamé roi par la protection des Romains. Hérode ne se crut pas en sûreté avant d'avoir fait mourir ce qui restait des descendants d'Alexandre Jannée, excepté Marianne, fille d'Hyrcan, qu'il épousa.

La Judée, déjà favorisée de tant de merveilles, était destinée à en voir de plus grandes encore. Dans son sein, suivant les prophètes, devait naître le Messie, promis à Adam et à Abraham, et le moment était venu où devait s'accomplir ce grand événement. Mais les Juifs attendaient un Messie bien différent de celui qui devait venir; ils espéraient voir un prince puissant qui relèverait le trône de David et de Salomon, et ne surent pas reconnaître dans l'humble enfant de Bethléem, celui qui devait changer la face du monde.

Persécuté dès son berceau par Hérode, il est obligé de fuir en Égypte, de retour en Judée, il y demeure obscur jusqu'à l'âge de trente ans. Les eaux du Jourdain sont sanctifiées par son baptême et le désert par ses jeûnes. Il se fait connaître ensuite par de miraculeux bienfaits. Cana, Capharnaüm, Sichar, Bethsaïde, Tibériade, Corozaïm, Jéricho, en sont les heureux témoins; à Naïm et à Béthanie il fait voir que la mort elle-même doit céder à son pouvoir. Jérusalem, surtout, est l'objet de sa sollicitude, mais cette ville, déjà tant de fois ingrate, met le comble à ses titres de malédiction, en demandant à grands cris la mort du juste par excellence. Ce vœu inique est ratifié par des juges plus coupables encore, et les prophéties s'accomplissent jusqu'au bout. Jérusalem devient la ville sainte arrosée par le sang d'un Dieu. Là aussi s'accomplit le mystère qui fait des apôtres des hommes nouveaux, et le même jour où commence la prédication de l'Évangile, trois mille personnes reçoivent le baptême. C'est encore à Jérusalem que s'est consommé le premier martyre de la foi chrétienne, et son église fut longtemps le modèle des autres églises.

Après la mort d'Hérode le Grand ou l'Ascalonite, ses états avaient été divisés entre ses trois fils, Archélaüs, Hérode Antipas et Philippe. L'empereur Auguste ratifia d'abord ce partage; après dix ans de règne, Archélaüs, accusé devant lui, fut déposé et envoyé en exil dans la Gaule, à Vienne. Philippe étant mort, Hérode Antipas resta seul successeur de son père, et sut conserver la faveur de Tibère comme celle d'Auguste. Il tomba plus tard dans la disgrâce de Caligula et mourut aussi dans l'exil avec sa femme Hérodiade, tous deux auteurs du meurtre de Jean-Baptiste. C'est encore ce même Hérode qui avait reçu avec raillerie le Christ, que Ponce-Pilate avait adressé à son tribunal.

Agrippa, neveu d'Hérode, mis en possession de ses États, y fut confirmé par l'empereur Claude. Hérode, roi de Chalcidique, gendre de cet Agrippa, gouverna après lui quelque temps la Judée; puis vint Agrippa II, son neveu, le dernier prince de la race d'Hérode qui porta le titre de roi (44 depuis J.-C.). La Judée fut alors, pour la seconde fois, réduite en province romaine et soumise à des procurateurs qui n'épargnèrent à ce peuple aucune vexation. L'un d'eux, Gessius Florus, abusa plus que les autres de son autorité. C'était le commencement de la punition des Juifs, qui devait s'accomplir avant l'extinction de la génération coupable. Ils supportaient d'autant plus impatiemment le joug que, d'après l'interprétation qu'ils donnaient à leurs prophéties, ils attendaient vers ce temps un libérateur. Croyant donc être arrivés au moment de leur délivrance et de leur élévation, ils essayèrent de s'affranchir de la domination des Romains (66 de J.-C.).

Quelques succès d'abord remportés par les Juifs sur les troupes romaines encouragèrent leur résistance. Fl. Josèphe, qui fut plus tard leur historien, essaya vainement de les éclairer sur leurs intérêts en les engageant à se soumettre; n'y pouvant réussir, il se décida à partager leur sort et accepta le gouvernement de la Galilée. Il déploya une grande capacité en organisant la résistance; mais il fallut céder aux armes de Vespasien. Ce général, ayant été proclamé empereur, laissa son fils Titus à la tête de son armée; celui-ci marcha vers Jérusalem et trouva partout la révolte déclarée, malgré les sinistres présages qui auraient dû la prévenir. Les plus sages d'entre les Juifs s'étaient prudemment retirés, et les chrétiens de Jérusalem s'étaient réfugiés dans la petite ville de *Pella*, d'après l'avis même du Sauveur lorsqu'il avait annoncé la ruine de Jérusalem.

« C'est, dit Bossuet, une tradition constante, attestée dans le Talmud et confirmée par tous les rabbins, que, quarante ans avant la ruine de Jérusalem, ce qui revient à peu près au temps de la mort de Jésus-Christ, on ne cessait de voir dans le temple des choses étranges. Tous les jours il y paraissait de nouveaux prodiges, en sorte qu'un fameux rabbin s'écria un jour : « O temple ! ô temple ! qu'est-ce qui » t'émeut, et pourquoi te fais-tu peur à toi-même ? »

» Qu'y a-t-il de plus marqué que ce bruit affreux qui fut ouï par les prêtres dans le sanctuaire le jour de la Pentecôte? et cette voix manifeste qui sortit du fond de ce lieu sacré : « Sortons d'ici ! sortons » d'ici ! » Les saints anges protecteurs du temple déclarèrent hautement qu'ils l'abandonnaient, parce que Dieu, qui y avait établi sa demeure durant tant de siècles, l'avait réprouvé.

» Josèphe et Tacite même ont raconté ce prodige; il ne fut aperçu

que des prêtres. Mais voici un autre prodige qui a éclaté aux yeux de tout le peuple; et jamais aucun autre peuple n'a rien vu de semblable : « Quatre ans devant la guerre déclarée, un paysan, dit Josèphe,
» se mit à crier : Une voix est sortie du côté de l'orient, une voix est
» sortie du côté de l'occident, une voix est sortie du côté des quatre
» vents : voix contre Jérusalem et contre le temple; voix contre les
» nouveaux mariés et les nouvelles mariées; voix contre tout le peuple.
» Depuis ce temps, ni jour ni nuit, il ne cessa de crier : Malheur!
» malheur à Jérusalem! Il redoublait ses cris les jours de fête; aucune
» autre parole ne sortit jamais de sa bouche. Ceux qui le plaignaient,
» ceux qui le maudissaient, ceux qui lui donnaient ses nécessités,
» n'entendirent jamais de lui que cette terrible parole : Malheur à
» Jérusalem! Il fut pris, interrogé et condamné au fouet par les ma-
» gistrats; à chaque demande et à chaque coup, il répondait sans ja-
» mais se plaindre : Malheur à Jérusalem! Renvoyé comme un in-
» sensé, il courait tout le pays en répétant sans cesse sa triste prédiction.
» Il continua durant sept ans à crier de cette sorte, sans se relâcher et
» sans que sa voix s'affaiblît. Au temps du dernier siége de Jérusalem,
» il se renferma dans la ville, tournant infatigablement autour des
» murailles et criant de toute sa force : Malheur à la ville! malheur
» au temple! malheur à tout le peuple! A la fin il ajouta : Malheur à
» moi-même! Et, en même temps, il fut emporté par un coup de
» pierre lancée par une machine. »

Titus avança son camp jusqu'à deux stades de Jérusalem, dont le siége, comme toujours, se fit principalement du côté du nord. Le corps de l'armée romaine placé sous ses ordres immédiats campa au nord-ouest, en face de la tour Pséphina, qui était de forme octogone et avait soixante-dix coudées de hauteur; une division campa à l'ouest, en face de la tour quadrangulaire Hippicos, haute de quatre-vingts coudées; et la dixième légion garda sa position à l'est, sur la montagne des Oliviers. Après avoir fait sommer vainement les Juifs par Josèphe, qui se trouvait au camp, et par quelques Romains, Titus fit commencer les opérations du siége. Les deux factions, réunies pour la défense commune, firent de vains efforts pour repousser l'ennemi et détruire les ouvrages. Au bout de quinze jours, les Romains, après avoir essuyé de grandes pertes, purent pratiquer la brèche et se rendre maîtres du quartier de Bezétha; le 7 jygar (avril-mai), les Juifs se retirèrent derrière la deuxième muraille.

Des deux côtés la lutte se continua avec une fureur extrême. Après cinq jours, les Romains purent pénétrer dans la basse ville (Acra); mais chaque pas qu'ils voulaient faire en avant leur coûtait cher : chaque rue devint un champ de bataille, chaque maison une forteresse; et après une lutte acharnée, dans laquelle Titus lui-même courut de grands dangers, les Romains se retirèrent. Au bout de quatre jours, cependant, ils parvinrent à se rendre maîtres de l'Acra et à s'y maintenir. Les Juifs n'occupaient plus que la haute ville, la forteresse Antonia et le temple; mais Jean et Simon, qui les commandaient, étaient, ainsi que leurs soldats, bien décidés à verser leur dernière goutte de sang, plutôt que de se rendre. Si les abondantes provisions de Jérusalem n'avaient pas été dévorées par les flammes, et si la paix avait régné à l'intérieur, les Juifs auraient pu résister longtemps dans leurs positions inexpugnables. Titus envoya de nouveau Josèphe pour faire sommer les Juifs. En vain Josèphe, placé à quelque distance des murs, essaya dans un long discours de montrer aux Juifs que c'était Dieu lui-même qui livrait la ville aux Romains, et que les crimes horribles qu'ils avaient commis ne leur permettaient pas de compter sur la miséricorde divine; en vain il leur dépeignit les angoisses de la famine qui allaient les exterminer; pour toute réponse les Juifs lancèrent des flèches contre Josèphe et l'accablèrent de malédictions.

Titus se prépara à attaquer la troisième muraille. A la fin du mois de jygar, on avait achevé quatre terrasses, dont deux étaient dirigées contre la forteresse Antonia et deux contre la haute ville. Jean ayant fait miner le terrain, l'une des terrasses s'écroula; les soldats de Simon attaquèrent les autres avec le courage du désespoir et brûlèrent les machines de guerre; ils pénétrèrent même dans le camp romain et y firent un grand carnage. Titus prit la résolution de réduire la ville par la famine, qui déjà avait commencé ses ravages; pour couper aux Juifs toute ressource du dehors, il fit construire par ses soldats, avec une incroyable rapidité, une muraille qui entourait la ville de tous les côtés. Elle avait trente-neuf stades de circuit et était garnie de treize tours. Les malheureux habitants de Jérusalem voyaient la mort sous mille formes planer sur leurs têtes. Plusieurs vendaient leur patrimoine pour une mesure de froment ou d'orge; chaque jour d'innombrables victimes périrent dans les angoisses de la faim ou furent immolées par les barbares, qui se disaient les défenseurs de la patrie. Ceux-ci parcouraient les maisons et faisaient subir aux habitants les plus terribles tortures pour leur arracher les vivres qu'ils pouvaient encore posséder ; ils enlevaient aux pauvres les herbes qu'ils avaient cueillies au péril de leur vie, et assassinaient les riches, sous prétexte de trahison et de désertion. L'ingrat Simon accusa l'ancien pontife Mathias, qui l'avait reçu dans la ville, de vouloir passer du côté des Romains, et le fit mourir avec ses trois fils et seize autres citoyens. Un des officiers de Simon, profondément indigné de ces excès, voulut se rendre aux Romains avec sa troupe ; mais Simon, l'ayant prévenu, le fit mettre à mort avec dix de ses complices.

Les horreurs de la famine étouffèrent tous les sentiments humains et déchirèrent tous les liens de la nature. La femme arrachait le morceau de pain de la bouche de son mari, le fils de celle de son vieux père ; la mère enlevait à son enfant sa chétive nourriture. La famine forçait les habitants à sortir armés pour aller chercher des herbes ; Titus faisait crucifier tous ceux qui furent saisis par les Romains ; et il en mourait de cette manière jusqu'à cinq cents par jour. Le bruit s'étant répandu que c'étaient les transfuges que l'on traitait de cette manière, Titus fit couper les bras à plusieurs prisonniers et les renvoya dans la ville pour qu'ils y fissent connaître la vérité. Malgré cette cruelle extrémité, les zélateurs (on appelait ainsi dans la ville le parti le plus animé pour la résistance) tuaient tous ceux qui conseillaient de se rendre ; ils se faisaient un jeu cruel de percer de leurs épées ceux qui mouraient de faim. Les rues étaient pleines de cadavres qu'on ne pouvait enterrer et qu'on jetait dans les ravins qui entourent la ville. Pendant que le peuple périssait par la famine, Jean et ses soldats se nourrissaient de l'huile sacrée et du vin destiné aux sacrifices.

Josèphe, qui essaya de nouveau de parler aux assiégés, manqua d'être tué par une pierre lancée contre lui ; tombé évanoui, il ne put être tiré qu'avec peine des mains des Juifs qui accoururent pour le traîner dans la ville.

Les Romains avaient recommencé les travaux du siége ; en vingt et un jours ils avaient relevé les ouvrages détruits, malgré les grandes difficultés qu'ils eurent à vaincre, car il leur fallut aller chercher du bois à une distance de quatre-vingt-dix stades. Le 1er thammouz (juin-juillet) on commença à donner l'assaut à la forteresse Antonia ; la muraille s'étant écroulée, les Romains virent à leur désespoir une seconde muraille qui avait été élevée à l'intérieur. Celle-ci fut attaquée sans succès le 3 thammouz ; après plusieurs combats des plus sanglants, la forteresse fut prise le cinq du même mois, mais les Juifs se retranchèrent dans l'enceinte du temple.

Titus donna ordre à ses soldats de raser la forteresse Antonia, afin de faciliter la prise du temple. Le 17 thammouz, on cessa d'offrir des sacrifices quotidiens, qui jusque-là, malgré les terreurs de la guerre, n'avaient pas été interrompus. Titus envoya encore une fois Josèphe auprès de Jean, pour le conjurer de ne pas profaner le temple, et de venir avec toutes ses troupes lui livrer bataille hors de l'enceinte sacrée. Jean ne répondit à Josèphe que par des injures; Jérusalem, ajouta-t-il, la ville de Dieu, ne saurait être détruite. En vain, Titus s'approcha-t-il lui-même de la muraille, pour engager Jean à sortir, protestant de sa sollicitude pour la conservation du temple; tout fut inutile, les zélateurs prétendirent que c'était la peur qui avait dicté les paroles de Titus, et celui-ci se vit obligé de recommencer l'attaque. Dès le lendemain, à trois heures du matin, des troupes d'élite tombèrent sur les postes des Juifs; il faisait encore nuit, les soldats juifs accourus, ne se reconnaissant pas les uns les autres, tuèrent beaucoup des leurs, tandis que les Romains se reconnaissaient au mot d'ordre. Le combat se prolongea jusqu'à midi, mais la victoire resta indécise.

Au bout de sept jours, la forteresse Antonia ayant été entièrement rasée, les Romains élevèrent sur son emplacement leurs terrasses contre le temple. Les Juifs, qui venaient d'être battus dans une sortie qu'ils avaient faite du côté de la montagne des Oliviers, voyant les ouvrages des Romains très-avancés, mirent eux-mêmes le feu aux portiques du nord-ouest du temple, par lesquels celui-ci communiquait avec la forteresse Antonia. Deux jours après, le 24 thammouz, le portique du nord fut dévoré par le feu que les Romains y avaient lancé. Les Juifs, au lieu d'éteindre le feu, se réjouissaient de l'incendie, le croyant avantageux pour leur position militaire. Le 27, ils remplirent les portiques de l'occident de bois sec, de soufre et d'asphalte, y ayant attiré les Romains en simulant une fuite, ils y mirent le feu, et beaucoup de Romains périrent dans les flammes.

Les horreurs de la famine augmentèrent de plus en plus dans l'enceinte du temple et de la haute ville; les soldats juifs étaient réduits à manger les courroies des sandales, les cuirs des ceintures et des boucliers. Une femme de Pérée, appelée Marie, à qui les soldats avaient enlevé les derniers restes de nourriture et qui implorait vainement la mort, saisit, dans son désespoir, son jeune fils qui se mourait à côté d'elle, l'immola, fit rôtir sa chair et en dévora la moitié. Les soldats, attirés par l'odeur, menacèrent la malheureuse de la tuer sur-le-champ, si elle ne leur livrait la nourriture qu'elle venait de préparer. « Voici, dit-elle, je vous en ai réservé une bonne portion. » Les barbares, saisis de terreur à cet affreux spectacle, ne purent proférer un mot. « C'est mon fils, continua Marie, c'est moi-même qui ai commis cette action ; mangez, j'en ai mangé aussi, ne soyez pas plus tendres qu'une femme, plus sensibles qu'une mère. » Les soldats s'enfuirent en tremblant. L'horrible histoire s'étant répandue dans la ville, beaucoup de malheureux exténués par la faim se donnèrent la mort, estimant heureux ceux qui avaient pu mourir avant d'apprendre cette affreuse nouvelle. Titus protesta que c'étaient les Juifs eux-mêmes qui avaient préféré ces désastres à la paix qui leur était offerte.

Les béliers des Romains avaient vainement battu, pendant six jours, le mur occidental de l'enceinte intérieure ; vainement les Romains avaient essayé de saper les fondements de la partie du nord. Le 8 ab (juillet-août), Titus donna ordre d'escalader le haut des portiques au moyen des échelles. Les Romains purent monter sans obstacle, mais à peine arrivés au haut de la muraille, ils furent renversés par les Juifs, qui leur arrachèrent même leurs enseignes. Titus, voyant toutes ses tentatives échouer contre la résistance opiniâtre des Juifs, fit mettre le feu aux portes ; le revêtement d'argent fondit, le bois fut consumé par les flammes, qui se communiquèrent aux portiques dans toutes les directions. Le feu exerça ses ravages toute la journée et toute la nuit, sans que les Juifs, saisis de terreur, fissent rien pour arrêter les progrès de l'incendie. Le lendemain 9 du mois, Titus ordonna à ses soldats d'éteindre le feu afin de se frayer un passage vers le temple. Il assembla son conseil pour délibérer sur le sort du sanctuaire : les uns, le présentant comme une citadelle qui servirait toujours de point de ralliement aux rebelles, furent d'avis qu'il fallait le détruire ; les autres pensaient qu'on devait l'épargner, si les Juifs consentaient à se retirer. Titus manifesta l'intention de conserver à tout prix le magnifique édifice, qui, disait-il, resterait un des plus beaux ornements de l'empire romain.

Ce jour-là, les Juifs, épuisés de fatigue et anéantis par la douleur, n'essayèrent point d'attaque contre l'ennemi ; mais le lendemain matin ils firent un dernier effort. Après une sortie par la porte orientale, ils attaquèrent les postes romains inférieurs en nombre qui furent obligés de se retirer; mais aussitôt, Titus, qui était à la forteresse Antonia, vint à leur secours. Les Juifs reculèrent d'abord, puis ils revinrent une seconde fois à la charge; mais vers la cinquième heure du jour (onze heures), ils furent repoussés jusque dans l'intérieur du temple. Titus était décidé à donner l'assaut avec toutes ses troupes, dès le lendemain matin. Mais le temple devait être détruit en ce jour fatal et de funeste mémoire, car il y avait dix siècles et demi qu'à pareil jour, le 10 ab, les Babyloniens avaient mis le feu au temple de Salomon. Les Juifs, ayant fait une sortie contre les Romains qui travaillaient à éteindre le feu de l'enceinte intérieure, furent refoulés jusque dans l'intérieur du temple. Alors un soldat romain, sans attendre l'ordre, se fit soulever par un de ses camarades et jeta un tison enflammé dans l'une des fenêtres dorées des chambres adossées au temple du côté du nord. Le feu se communiqua rapidement. Titus accouru donnait vainement des ordres pour le faire éteindre; sa voix fut étouffée par le tumulte, personne ne prenait garde à ses signes, les soldats furieux, au lieu d'obéir à leur chef, s'excitaient les uns les autres à hâter les progrès de l'incendie, et il devint impossible de l'arrêter. Les Juifs, poussant des hurlements horribles, s'efforçaient, mais trop tard, de sauver ce dernier monument de leur culte; déjà il s'écroulait de toutes parts; ses défenseurs furent immolés par milliers, la fureur des Romains n'épargnait pas même le peuple sans armes, les vieillards, les enfants, les femmes et les prêtres.

Titus entra dans le lieu saint; il ordonna une dernière fois de sauver ce qui restait de l'édifice, mais ses ordres, ses menaces furent inutiles. L'espoir du butin augmenta la fureur incendiaire des troupes; Titus se retira avec ses généraux. Simon et Jean, avec le reste de leurs soldats, se frayèrent un chemin à travers les légions romaines, et gagnèrent la haute ville. Plusieurs prêtres saisirent les aiguilles dorées du toit du temple, les lancèrent contre les soldats romains, et cherchèrent ensuite un dernier refuge sur le haut de la muraille fumante. Deux prêtres, Médi, fils de Belga, et Joseph, fils de Dalaï, se jetèrent dans les flammes pour périr avec le sanctuaire. Des vieillards, des femmes et des enfants, au nombre de six mille, se réfugièrent sur l'un des portiques du nord qui était encore debout; un faux prophète leur avait dit que Dieu leur enverrait le salut et que ce jour même ils verraient du haut du temple les miracles de la délivrance. Les Romains mirent le feu au portique et pas un seul de ces malheureux n'échappa à la mort. Les prêtres réfugiés sur la muraille y restèrent cinq jours, jusqu'à ce que la faim les forçât de descendre; ils implorèrent la clémence de Titus, mais celui-ci leur répondit que le temps de la clémence était passé, que le sanctuaire en faveur duquel il leur avait fait grâce était en ruines, et qu'il convenait aux prêtres de mourir avec le temple. Ils furent tous mis à mort. Les Romains plantèrent leurs enseignes devant la porte orientale et sacrifièrent à leurs dieux, sur la place du temple de Jéhova. Titus y fut proclamé empereur par ses légions.

Voyant que tout était perdu, Simon et Jean, du haut du mont Sion, demandèrent un entretien à Titus; celui-ci, s'étant présenté près du *Xystus*, prit le premier la parole et promit aux Juifs de leur faire grâce, s'ils déposaient immédiatement les armes et se rendaient à discrétion. Les Juifs répondirent qu'ils avaient juré de ne pas se rendre aux Romains, et demandèrent la permission de se retirer librement avec leurs femmes et leurs enfants. Titus, irrité de ce que les vaincus prétendaient lui dicter des conditions, fit dire qu'il n'épargnerait personne. Aussitôt il donna ordre de piller la basse ville et d'y mettre le feu, ce qui fut exécuté le lendemain. Toute l'Acra, les archives et le palais d'Hélène d'Adiabène, ainsi que la place Ophla, devinrent la proie des flammes. Les fils et les frères du roi d'Adiabène, qui avaient combattu dans les rangs des Juifs, firent un appel à la clémence de Titus, qui leur accorda la vie et les envoya à Rome comme otages.

Titus disposa tout pour l'attaque de la haute ville. Pendant les préparatifs, beaucoup de Juifs assez heureux pour tromper la vigilance des zélateurs, arrivèrent au camp romain. Titus oublia les ordres sévères qu'il avait donnés; les soldats eux-mêmes étaient enfin las d'égorger, et beaucoup de transfuges conservèrent la vie. Le prêtre Jésus, fils de Thébout, et Phinéas, trésorier du temple, qui livrèrent divers objets d'un haut prix, obtinrent également leur grâce. Le 7 éloul (août-septembre), après un travail de dix-huit jours, les machines de guerre battirent les murailles de la haute ville. Les Juifs découragés n'opposèrent qu'une faible résistance. Bientôt, la muraille ayant été ouverte, les Romains pénétrèrent dans ce dernier refuge des défenseurs de Jérusalem; le carnage, l'incendie et le pillage recommencèrent de nouveau. On trouva beaucoup de maisons remplies des cadavres de ceux qui étaient morts de faim. Titus fit ensuite son entrée dans la ville, qui fut rasée. Il ne fit conserver que les trois tours d'Hippicos, de Phasaël et de Marianne pour attester le souvenir de la force et de la magnificence de Jérusalem.

Telle fut l'issue de cette guerre effroyable, qui termina l'existence de la nation juive avec un gouvernement indépendant.

Quand les soldats romains eurent quitté Jérusalem, changée en un monceau de ruines, quelques familles juives et chrétiennes revinrent s'établir dans ces lieux de désolation et préférèrent de misérables masures sur les ruines de la cité sainte, au séjour des autres villes de la Judée qui avaient été épargnées par la guerre. Pour empêcher la réédification de Jérusalem, les Romains placèrent sur le mont Sion une garnison de huit cents hommes. L'empereur Domitien persécuta les Juifs comme les chrétiens : il ordonna de chercher avec soin tous les descendants de David, afin de s'emparer d'eux et d'ôter au peuple tout espoir de voir le Messie, toujours attendu, sortir de cette race royale.

Adrien se montra particulièrement hostile aux Juifs. Il renouvela un décret de Trajan qui leur défendait l'exercice de leurs pratiques religieuses ; et, pour leur ôter tout espoir de rétablir leur culte et leur nationalité, il résolut de rebâtir Jérusalem et d'en faire une ville païenne, peuplée de Grecs et de Romains. Un homme hardi et entreprenant, nommé Bar-Coziba, qui se disait le Messie et prenait le nom de *Bar-Cocheba* (fils de l'étoile), profita de l'absence des légions romaines pour rassembler des troupes nombreuses et s'emparer de Jérusalem, de cinquante places fortes et d'un grand nombre de villes ouvertes et de villages. Il se conduisit bientôt en roi et fit battre monnaie. Akiba, un des plus illustres docteurs de cette époque, reconnut publiquement dans Bar-Cocheba le Messie annoncé par les prophètes et déclara que c'était là l'*Étoile de Jacob*, sous laquelle avait été désigné le futur Rédempteur du peuple hébreu. Adrien, qui avait commencé par mépriser cette insurrection, dut bientôt en reconnaître toute la gravité. Tinnius Rufus, qui commandait alors en Judée, fut battu en plusieurs rencontres. Adrien envoya en Palestine Jules Sévère, dont la bravoure et le talent pour la guerre venaient d'être éprouvés dans la Grande-Bretagne. Encore une fois Jérusalem fut prise et rasée. Bar-Cocheba s'étant enfermé dans Béthor, cette ville soutint contre les Romains un siège de trois ans et demi ; elle fut prise d'assaut, après des efforts incroyables, l'an 136 ; et l'on vit s'y renouveler les scènes de désolation qui avaient eu lieu à la prise de Jérusalem, par Titus. Selon Dion Cassius, cinq cent quatre-vingt mille Juifs furent massacrés par les Romains qui, de leur côté, essuyèrent des pertes immenses. Bar-Cocheba ayant péri dans la mêlée lors de la prise de Béthor, la conquête de cette ville termina la guerre.

Adrien fit bâtir, sur les ruines de Jérusalem, une nouvelle ville qu'il appela *Ælia*. Il y fit aussi élever un temple à Jupiter Capitolin, sur l'emplacement de celui de Salomon ; c'est pourquoi le surnom de *Capitolina* fut donné à cette ville. Il fut défendu aux Juifs, sous peine de mort, d'entrer dans Ælia, ou de s'en approcher jusqu'à une certaine distance. Sur la porte du chemin de Bethléem, Adrien fit placer un pourceau de marbre. Le décret d'Adrien frappait aussi les chrétiens issus des Juifs ; les chrétiens Gentils, c'est-à-dire qui n'étaient pas de race juive, eurent la permission de s'établir dans l'ancienne Jérusalem, qui devint bientôt le siége d'un évêque. Les Juifs obtinrent à prix d'argent la permission d'y aller une fois par an pour pleurer leurs malheurs.

Depuis la défaite de Bar-Cocheba, les Juifs ne firent plus de tentative sérieuse pour reconquérir leur indépendance. Les Samaritains seuls embrassèrent la cause de Pescennius Niger, compétiteur de Septime Sévère, et prirent part à la guerre (194) ; ils eurent à subir les persécutions de Sévère qui punit les Juifs d'une rébellion dont ils étaient innocents. Ils finirent par renoncer à toute tentative contre les vainqueurs, et, à mesure que l'esprit de sédition disparaissait chez eux, les Romains les traitèrent avec plus de douceur ; ils formaient une société religieuse, protégée par l'État, et dépendaient d'une hiérarchie sanctionnée par le gouvernement romain. Ils étaient administrés civilement par leur *nasi* ou patriarche, qui résidait à Tibériade, et par leurs *primats* ou juges.

Constantin ayant fait monter la religion chrétienne sur le trône des Césars, l'empereur et sa mère Hélène couvrirent la Palestine d'édifices magnifiques, consacrés au culte et dont le plus célèbre est l'église du Saint-Sépulcre achevée en 335. Sur l'emplacement de ce lieu sacré, les païens avaient élevé un temple à Vénus. L'impératrice fit démolir cet édifice profane, et après avoir déblayé les décombres, l'on fit des fouilles qui amenèrent la découverte du saint tombeau, de la croix et des autres instruments du supplice. Depuis cette époque, les pèlerinages de Jérusalem devinrent de plus en plus fréquents parmi les chrétiens; les pèlerins arrivaient en foule des contrées les plus lointaines de l'Orient et de l'Occident pour contempler les monuments de leur rédemption. Alors la Palestine se peupla de solitaires qui menaient la vie contemplative des anges, réduisant à la plus petite mesure possible les besoins de la vie.

L'avénement de Julien l'Apostat ranima les espérances des Juifs ; ce prince les favorisa en haine de la religion chrétienne, et, voulant donner un démenti aux Écritures, il leur permit de rebâtir le temple de Jérusalem, dont le Sauveur avait prédit qu'il ne resterait pas pierre sur pierre. Il fournit même les sommes nécessaires à l'exécution de cette entreprise et chargea un de ses officiers, Alypius d'Antioche, d'y présider en son nom. Bientôt, les Juifs accourent de toutes parts, une multitude d'ouvriers se rassemblent sur le terrain du temple; on nettoie la place, on travaille avec ardeur à reconnaître les anciens fondements. Les vieillards, les enfants, les femmes même, prennent part aux travaux ; elles reçoivent dans le pan de leurs robes les pierres et la terre des décombres. Cependant, Cyrille, évêque de Jérusalem, se moquait de leurs efforts : il disait que le temps était venu où l'oracle sacré allait être accompli à la lettre. En effet, lorsque les fondements du temple païen furent démolis, il survint un tremblement de terre qui combla les fouilles, dispersa les matériaux, tua et blessa les ouvriers. Les ouvrages étaient ruinés, mais l'opiniâtreté des Juifs n'était pas vaincue. Revenus de leur frayeur, ils remettent la main à l'œuvre. Alors des globes de feu sortent du sein de la terre, repoussent sur les ouvriers les pierres qu'ils s'efforçaient de placer. Ce fait a été unanimement attesté, non-seulement par des Pères de l'Église contemporains et par Ruffin, Théodoret, Socrate le Scolastique et Sozomène, mais par Ammien Marcellin, et par un fameux rabbin qui écrivait dans le siècle suivant. Ainsi avorta le projet de Julien, qui mourut bientôt après en combattant contre les Perses.

Le septième siècle amena des événements funestes aux chrétiens de la Palestine. Le roi de Perse Chosroës II, étant en guerre avec Héraclius, envoya une division de son armée en Palestine; vingt-six mille Juifs combattirent sous les drapeaux du roi de Perse, dans lequel peut-être ils espéraient trouver un nouveau Cyrus. Après avoir occupé la Galilée et les deux rives du Jourdain, Schaharbarz, gendre de Chosroës, marcha sur Jérusalem, qui succomba bientôt aux efforts réunis des Perses et des Juifs. L'église du Saint-Sépulcre et tous les autres édifices du culte chrétien furent livrés aux flammes. Les habitants échappés au massacre furent emmenés captifs et le bois de la vraie croix enlevé par les Perses (615). Héraclius ayant conclu la paix avec Siroës, fils de Chosroës, rendit, en 620, cette précieuse relique, et les églises chrétiennes se relevèrent.

A la même époque, une grande révolution se préparait en Asie; Mahomet venait d'élever son étendard. La Palestine était sans défense contre les Musulmans, qui, sous le commandement de Khaled et d'Abou-Obéida, vinrent mettre le siége devant Jérusalem (636). Ce siége dura quatre mois, et il ne se passa pas un jour sans une attaque ou une sortie. L'hiver ajouta ses rigueurs aux fatigues des assiégeants; mais les Arabes ne se découragèrent point et les chrétiens furent obligés de capituler. Le calife Omar accorda aux habitants de Jérusalem une paix généreuse et le libre exercice de leur culte dans l'intérieur des églises. Il ordonna la construction d'une mosquée sur les ruines de l'ancien temple des Juifs. La conquête de la Palestine fut achevée en 638. Devenue une des provinces du califat, elle partagea depuis lors le sort du vaste empire arabe. Les chrétiens eurent beaucoup à souffrir sous le joug des successeurs d'Omar. Ceux de Jérusalem habitaient un quartier particulier et payaient un tribut pour la protection qui leur était accordée. Le règne d'Haroun-al-Raschid leur fut plus favorable (786-809). En 878, la Syrie et la Palestine furent conquises par Ahmed-Ben-Toulona qui avait usurpé la souveraineté de l'Égypte. Sa dynastie s'étant éteinte au bout de peu d'années, ses États rentrèrent sous la domination des califes de Bagdad.

En 936, un Turk, Abou-Beker Mohammed, se rendit maître de la Palestine, de la Syrie et de l'Égypte. La succession de ce prince ayant donné lieu à des contestations, l'empereur Nicéphore Phocas et son successeur Zimiscès, profitèrent de ces troubles pour essayer d'envahir la Syrie. Quelques succès qu'ils obtinrent animèrent les Turks contre les chrétiens, dont les souffrances s'accrurent encore, sous le règne de Hakem, troisième calife d'Égypte. Ce prince fit détruire l'église du Saint-Sépulcre; Mostanser Billuh, son petit-fils, en permit la reconstruction. L'empereur Constantin Monomaque rendit la liberté à cinq mille prisonniers musulmans, pour les employer aux travaux de l'édifice, et envoya en outre de grandes sommes d'argent pour subvenir aux frais (1047).

Sous la nouvelle dynastie des Turks Seljoukides, les habitants de la terre sainte éprouvèrent le contre-coup des querelles de ces princes. Les pèlerins surtout étaient rançonnés et persécutés si cruellement, qu'un grand nombre périssaient de besoin ou par le glaive des Barbares. C'est au retour d'un de ces pèlerinages que Pierre l'Ermite, par ses pathétiques récits, commença à appeler l'attention des peuples et des rois de l'Occident sur la situation des lieux saints et des chrétiens qui les habitaient.

A la voix de cet homme inspiré, qui parut au concile de Clermont à côté du pape Urbain II, la croisade fut résolue au cri unanime de *Dieu le veut!* Tous ceux qui s'engagèrent à aller combattre en Asie attachèrent sur leurs vêtements une pièce d'étoffe rouge en forme de croix. Le pape Urbain nomma Adhémar de Monteil, évêque du Puy, son légat apostolique auprès de l'armée des chrétiens, dont le départ fut fixé au 15 août 1096.

A la tête des chefs de la première croisade se place Godefroi de Bouillon, duc de Basse-Lorraine, qui réunit quatre-vingt mille fantassins et dix mille cavaliers; il était accompagné de ses deux frères Eustache et Baudouin, et de son cousin Baudouin du Bourg. Les principaux d'entre les autres chefs étaient : Hugues, comte de Vermandois, frère du roi de France ; Robert, duc de Normandie, fils de Guillaume le Conquérant; Robert, comte de Flandre; Étienne, comte de Chartres; Raymond, comte de Toulouse; Guinart, comte de Roussillon ; Raimbaud d'Orange; Bohémond, prince de Tarente, et son cousin Tancrède.

Dès le commencement du printemps, rien ne put contenir l'impatience de Pierre l'Ermite, qui devança les autres croisés à la tête d'une foule d'environ cent mille personnes de tout sexe et de tout âge ; cette multitude indisciplinée se grossit encore en traversant l'Europe; elle commit de grands désordres sur son passage, et, lorsqu'elle arriva en Asie Mineure, elle ne tarda pas à périr presque entièrement sous les coups des infidèles. Environ trois cent mille chrétiens avaient ainsi trouvé la mort sans voir la terre sainte, lorsque Godefroi de Bouillon se mit en marche avec l'armée régulière des croisés. Elle s'empara d'abord de Nicée, puis d'Antioche. Au mois de mai 1099, les chrétiens s'avancèrent entre le Liban et la Méditerranée vers la Palestine; la plupart des villes de la côte se rendirent ou se soumirent au tribut. Après avoir passé par Ramla et Emmaüs, les croisés arrivèrent, le 7 juin, sur une hauteur d'où l'on apercevait Jérusalem. A la vue de la sainte cité, les cris de : *Jérusalem! Dieu le veut!* retentissaient de toutes parts ; les guerriers se prosternaient et versaient des larmes de joie, et tous renouvelaient le serment de délivrer le tombeau de Jésus-Christ du joug des Musulmans. Dès le lendemain, ils commencèrent à assiéger la ville ; un premier revers leur apprit que leur enthousiasme seul ne suffisait pas ; il leur fallut construire des machines de guerre ; mais ce ne fut qu'avec bien de la peine qu'ils purent se procurer le bois nécessaire. Enfin, le 14 juillet, ils tentèrent un assaut général ; mais après deux heures de combat ils furent obligés de retourner dans leur camp. Le lendemain matin, vendredi 15 juillet, l'armée chrétienne s'avança de nouveau vers la muraille aux chants religieux du clergé, qui marchait en procession autour de la ville. Le choc fut terrible ; mais, malgré le courage des assaillants, la moitié de la journée s'était passée en efforts inutiles, lorsqu'on vit tout à coup paraître sur la montagne des Oliviers un cavalier agitant son bouclier et donnant le signal d'entrer dans la ville. On s'écrie que c'est saint Georges qui vient au secours des chrétiens. Alors toute l'armée revint à la charge ; au bout d'une heure, la tour roulante de Godefroi abaissa son pont-levis sur la muraille. Les croisés se précipitèrent dans Jérusalem. Les Musulmans se réfugièrent en grand nombre dans la mosquée d'Omar ; mais ils y furent poursuivis et massacrés.

Dix jours après leur victoire, les croisés s'occupèrent d'élire un roi : leur choix tomba sur Godefroi de Bouillon. Ce pieux guerrier ne voulut accepter que le titre modeste de défenseur du Saint-Sépulcre, et refusa la royauté en disant que jamais il ne consentirait à porter une couronne d'or dans la ville où le Sauveur du monde avait porté une couronne d'épines. Arnould de Rhoës fut ensuite élu comme patriarche de Jérusalem.

Le royaume de Godefroi ne se composait encore que de la ville sainte, de Joppé et d'une vingtaine de petits bourgs. Le calife d'Égypte envoya contre le nouveau roi son visir Al-Afdhal, avec une puissante armée ; mais les croisés remportèrent sur les Égyptiens une victoire éclatante dans les plaines d'Ascalon. Baudouin, prince d'Édesse, et Bohémond, prince d'Antioche, étant venus à Jérusalem, Godefroi travailla avec eux à jeter les bases d'un code pour le nouveau royaume ; ce code, complété par les successeurs de Godefroi et connu sous le nom d'*Assises de Jérusalem*, introduisit en Orient la constitution féodale établie en Europe. Le règne de Godefroi ne dura qu'un an; il mourut au mois de juillet 1100, laissant le trône à son frère Baudouin d'Édesse. La Galilée, conquise par Tancrède, était venue s'ajouter au petit royaume chrétien.

Baudouin prit Arsouf, Césarée, Ptolémaïs et d'autres villes de la côte, et appela à Jérusalem les chrétiens qui habitaient au delà du Jourdain. La mort vint l'arrêter au milieu de ses victoires. Il eut pour successeur son cousin Baudouin du Bourg.

Baudouin II eut moins de bonheur que ses prédécesseurs. Dans une excursion aux environs d'Édesse, il tomba au pouvoir de Balac, émir des Turkomans, et fut emmené en captivité à Harran. Après la conquête de Tyr par les croisés, il parvint à faire accepter une rançon. Il mourut en 1131, à la suite d'une expédition malheureuse contre Damas.

Le vieux Foulques, comte d'Anjou, arrivé en Palestine en 1129, avait épousé Mélisende, fille aînée de Baudouin II; il devint l'héritier du royaume de Jérusalem, Baudouin n'ayant pas laissé d'enfants mâles. La prise de Panéas, appelée alors Bélinas, fut le seul événement important de son règne. Il mourut à Ptolémaïs, en 1142, d'une chute de cheval. Il ne laissa pour lui succéder que deux jeunes enfants, Baudouin et Amaury.

Baudouin III, en montant sur le trône, était âgé à peine de quatorze ans; sa mère Mélisende prit la régence du royaume. Lorsqu'il fut en âge de régner, il voulut s'emparer de Bosra; mais il fut battu. A la même époque, Emâd-Eddîn Zengui s'empara de la ville d'Édesse et y fit un grand carnage des chrétiens (1144). Cet événement donna lieu à la seconde croisade, prêchée par saint Bernard, et qui fut résolue dans l'assemblée de Vézelay, le 31 mars 1146. Louis VII, roi de France, et Conrad, empereur d'Allemagne, prirent la croix et levèrent une nombreuse armée. Trahis par l'empereur grec Manuel Comnène et battus par les Turks, Conrad et Louis arrivèrent enfin en Palestine avec les débris de leurs troupes au commencement de l'année 1148. On commença par assiéger Damas; mais déjà la discorde s'était introduite parmi les croisés, les opérations du siége se ralentirent, et l'approche des émirs d'Alep et de Mossoul détermina la levée du siége. Conrad, alors, abandonna subitement la terre sainte et repassa en Europe, où Louis le suivit peu de temps après.

Depuis lors, Nourreddin, fils de Zengui, ne cessa d'accroître sa puissance. Le roi Baudouin parvint pourtant à prendre Ascalon (1153); mais Nourreddin prit Damas (1154) et le battit l'année suivante près du Jourdain. A la même époque, Baudouin épousa une nièce de l'empereur Manuel; la fin de son règne n'offre plus rien de remarquable. Il mourut en 1162, sans laisser d'enfants; et ce ne fut qu'après de longs débats que son frère Amaury fut reconnu pour son successeur.

A cette époque, l'Égypte se trouvait le théâtre d'une guerre civile occasionnée par les prétentions rivales de deux visirs; Amaury en profita et remporta plusieurs victoires sur les Égyptiens et les Sarrasins. Mais les choses changèrent de face lorsque le jeune Saladin (Sala-Eddin Yousouf, fils d'Ayoub) parvint à la dignité de visir de l'Égypte. C'est le célèbre héros qui, bientôt après (1171), renversa le califat des Fatimites et qui, d'abord gouverneur au nom de Nourreddin, se rendit bientôt indépendant et s'empara, après la mort de ce dernier (1174), de Damas et étendit ses possessions jusqu'aux frontières de la Palestine. Amaury mourut en 1173, sans pouvoir arrêter les progrès de ce redoutable ennemi et laissant le royaume entouré des plus grands dangers à son fils Baudouin IV, âgé de treize ans.

En 1178, Saladin se mit en marche pour attaquer la Palestine à la tête d'une puissante armée; mais le jeune roi de Jérusalem le battit près d'Ascalon. Ce revers ne découragea pas Saladin; il revint un an après dans la Judée attaquer les chrétiens dans le lieu appelé *Pont de Jacob*, et prit d'assaut la forteresse qui défendait la Galilée et les deux rives du Jourdain. Les chrétiens n'échappèrent aux plus grands désastres que par la famine qui obligea Saladin de retourner en Égypte et de conclure une trêve de deux ans; mais dès l'année suivante il trouva un prétexte pour la rompre et vint ravager la Galilée. Baudouin, atteint de la lèpre, confia le gouvernement à Guy de Lusignan, qui avait épousé Sibylle, sa sœur aînée; mais l'impéritie que Lusignan montra dans la guerre lui fit ôter le commandement, et Baudouin le confia au comte de Tripoli. En même temps il fit couronner Baudouin V, enfant de cinq ans qu'avait eu Sibylle d'un premier mariage avec Guillaume Longue-Épée. Baudouin IV, qui avait encore obtenu une trêve de Saladin, mourut en 1185, et Baudouin V l'année suivante. Homfroi de Thoron et Guy de Lusignan se disputèrent le trône; mais Sibylle parvint à assurer la couronne à son mari.

Saladin ne tarda pas à recommencer les hostilités (1187). L'armée des chrétiens s'avança pour délivrer Tibériade, qu'il assiégeait; mais elle fut battue, Guy de Lusignan fait prisonnier, et les Templiers et Hospitaliers massacrés. Par suite de cette victoire, les Musulmans s'emparèrent de presque toute la terre sainte; Ascalon ne se rendit qu'à condition que le roi de Jérusalem serait mis en liberté. Saladin y consentit; mais il ne remplit sa promesse qu'au bout d'une année. Sur la côte, les seules villes de Tyr et de Tripoli restaient encore aux chrétiens; le sultan marcha enfin vers Jérusalem. On dit que cent mille personnes étaient renfermées dans la ville sainte; mais on n'y comptait que peu d'hommes d'armes capables de la défendre; et la multitude qui s'y pressait ne faisait qu'augmenter le trouble et rendre la résistance plus difficile. Les assiégés choisirent pour chef Baléan d'Ibelin, vieux chevalier qui s'était trouvé à la bataille de Tibériade. Saladin dirigea ses attaques vers le nord de la ville, comme tous ceux qui, jusqu'alors, avaient assiégé Jérusalem. Douze jours se passèrent en combats continuels : les chrétiens montrèrent d'abord un grand courage; mais bientôt, voyant que toute résistance était inutile contre les forces imposantes de l'ennemi, le désespoir s'empara d'eux, ils ne pouvaient plus que se rendre dans les églises pour implorer la protection du ciel. Enfin les Latins, ayant appris que les chrétiens grecs et orientaux avaient formé un complot pour livrer la ville aux Musulmans, se hâtèrent de demander une capitulation à Saladin. Les hommes de guerre obtinrent la permission de se retirer à Tyr ou à Tripoli, et il fut permis aux autres habitants de se racheter. Leur rançon fut fixée à dix pièces d'or pour chaque homme, cinq pour chaque femme et deux pour chaque enfant. Cette capitulation fut signée le 2 octobre 1187. Quoiqu'on l'eût reçue avec joie, les chrétiens ne purent se défendre d'un profond sentiment de tristesse en quittant les lieux sacrés illustrés par les souffrances de leur Sauveur.

La conduite de Saladin envers les chrétiens fut, à quelques égards, digne d'éloges : il délivra gratuitement deux mille pauvres, et distribua des aumônes à un grand nombre. Il permit aussi aux chevaliers Hospitaliers de rester un an à Jérusalem pour soigner les malades.

Cependant Guy de Lusignan, délivré par Saladin, avait rassemblé une petite armée de neuf mille hommes et était venu mettre le siége devant Saint-Jean d'Acre. Frédéric de Souabe, fils de l'empereur Barberousse, vint le rejoindre avec les débris de l'armée de son père (1190), et un an après Philippe-Auguste et Richard Cœur-de-lion débarquèrent devant le camp. Acre fut bientôt accablée par le nombre et se rendit, promettant, au nom de Saladin, la remise de la vraie croix, qui avait été prise à la bataille de Ptolémaïs. Philippe-Auguste partit aussitôt pour la France, Richard resta seul ; il eût pu, s'il eût continué la guerre avec vigueur, reprendre Jérusalem, mais il lui tardait de retourner en Angleterre. Il ne sut pas profiter d'une éclatante victoire qu'il gagna à Arsouf sur Saladin, et il résolut de quitter la terre sainte. Avant son départ il convint avec Saladin que les chrétiens conserveraient toute la côte de Joppé à Tyr, et que Jérusalem serait ouverte aux pèlerins chrétiens, et on stipula une trêve de trois ans et huit mois. Richard donna la royauté titulaire de Jérusalem à Henri, comte de Champagne, troisième mari d'Isabelle, fille d'Amaury et sœur de Sibylle, et dédommagea Guy de Lusignan en lui donnant l'île de Chypre. Vers la fin de l'an 1192 il partit pour l'Europe, où de nouveaux malheurs et une longue captivité l'attendaient. Un an après Saladin mourut, laissant son royaume en proie aux dissensions. Son frère Malek-Adhel, connu aussi sous le nom de Seif-Eddin, parvint à triompher des autres compétiteurs, et continua la puissance des Ayoubites en Égypte et dans une grande partie des provinces syriennes.

Une quatrième croisade fut provoquée par le pape Célestin III et l'empereur d'Allemagne Henri VI. Les croisés furent divisés en deux armées : l'une était commandée par les ducs de Saxe et de Brabant, l'autre par l'archevêque de Mayence et par Valeran, comte de Limbourg. Malek-Adhel, informé de l'arrivée des croisés à Saint-Jean d'Acre, vint assiéger Joppé et se rendit maître de la ville, où vingt mille chrétiens furent passés au fil de l'épée. Après avoir détruit les fortifications de Joppé, le sultan alla à la rencontre des croisés. Les deux armées se joignirent entre Tyr et Sidon, et la victoire resta aux chrétiens. Bientôt les Musulmans ne conservèrent plus sur la côte que la forteresse de Thoron, située à une lieue de Tyr. L'armée chrétienne vint y mettre le siége ; mais la désunion se mit dans le camp, et, à la nouvelle que Malek-Adhel s'avançait pour faire lever le siége, les croisés se retirèrent en désordre. Les Allemands se rendirent à Joppé, où ils se fortifièrent. Malek-Adhel les y vint attaquer ; la victoire se déclara pour les chrétiens, mais ils perdirent un grand nombre de leurs plus braves soldats, et au nombre des morts furent le duc de Saxe et le duc d'Autriche (1198). Bientôt la mort de l'empereur Henri VI détermina les seigneurs allemands à retourner en Occident, et ils partirent, laissant quelques troupes pour garder Joppé. Peu de temps après leur départ, les Musulmans surprirent cette ville pendant une fête et en massacrèrent la garnison.

A Henri de Champagne, mort pendant cette quatrième croisade, avait succédé comme roi titulaire de Jérusalem Amaury II de Lusignan, qu'Isabelle, veuve de Henri, venait d'épouser. Amaury II et Isabelle moururent en 1205. Le royaume de Jérusalem devint l'héritage de Marie, fille d'Isabelle, que Philippe-Auguste maria à Jean de Brienne.

Pendant les premières années du treizième siècle la guerre sainte s'organisa de nouveau en Europe contre les Musulmans; mais les croisés s'attachèrent plus particulièrement à l'Égypte et ne tentèrent rien d'important en Palestine.

Cependant Malek-Kamel, fils de Malek-Adhel, engagé dans une guerre contre son frère, le sultan de Damas, appela Frédéric II, empereur d'Allemagne, à son secours, promettant de lui livrer Jérusalem, avec quelques villes et villages, mais en réservant aux Musulmans la mosquée d'Omar et le libre exercice de leur culte.

Frédéric arriva et se couronna roi de Jérusalem ; les chrétiens se virent encore une fois en possession de la ville sainte (1228); mais le traité qu'il avait fait avec le sultan fut considéré comme impie et sacrilége. Le patriarche latin frappa d'interdit Jérusalem, et les ecclésiastiques désertèrent l'église du Saint-Sépulcre, tandis que, de leur côté, les poëtes musulmans faisaient des élégies sur la perte de leur conquête. Frédéric, voyant que tout le monde se retirait de lui, quitta bientôt la cité sainte ; et, trouvant partout des dispositions hostiles, il retourna en Europe.

On avait stipulé une trêve de dix ans. Ce terme expiré, l'émir de Pétra se rendit maître de Jérusalem, abattit la tour de David et les remparts élevés par les chrétiens. Toutefois, l'émir dut se retirer, et l'on commençait à se mettre en état de défense, lorsque les bandes féroces des Kharismiens se précipitèrent sur la Judée. Trop faibles pour soutenir un siège, les chrétiens se retirèrent ; mais les Barbares employèrent un stratagème pour faire revenir les fugitifs, qui furent tous massacrés ou chargés de fers (1244). Le sultan d'Égypte reprit Jérusalem et la Syrie en 1247 sur les Kharismiens.

Après son expédition malheureuse en Égypte, saint Louis se rendit dans la terre sainte, et débarqua à Saint-Jean d'Acre en 1250 ; mais il ne put que ranimer par sa présence le courage abattu des chrétiens et relever les murs de quelques villes, comme Saint-Jean d'Acre, Caïpha, Joppé, Césarée. Il se vit hors d'état de délivrer Jérusalem ; et, après un séjour de trois ans, la mort de la reine Blanche le détermina à quitter la Palestine (1254).

Au mois d'avril 1291 le sultan Malek-Aschraf vint mettre le siége devant Acre, principal boulevard des chrétiens, avec une armée de cent quarante mille fantassins et soixante mille cavaliers. Après plusieurs assauts, que les chrétiens soutinrent avec le plus grand courage, la ville tomba au pouvoir des Musulmans. A cette nouvelle, les villes de Tyr, de Beyrout et de Sidon ouvrirent leurs portes sans résistance. Ainsi furent effacées les dernières traces de la conquête chrétienne en Palestine, et il ne resta plus rien de ce royaume de Jérusalem dont un historien, l'abbé Guénée, expose ainsi l'organisation à l'époque des croisades :

« Le royaume de Jérusalem, dit-il, s'étendait du couchant au levant, depuis la mer Méditerranée jusqu'au désert d'Arabie, et du midi au nord, depuis le fort de Darum, au delà du torrent d'Égypte, jusqu'à la rivière qui coule entre Béryte et Byblos. Ainsi, il comprenait d'abord : les trois Palestines, qui avaient pour capitales : la première, Jérusalem ; la deuxième, Césarée maritime ; la troisième, Bethsan, puis Nazareth ; il comprenait, en outre, tout le pays des Philistins, toute la Phénicie, avec la deuxième et la troisième Arabie, et quelques parties de la première. »

« Cet état, disent les Assises de Jérusalem, avait deux chefs seigneurs, l'un spirituel et l'autre temporel ; le patriarche était le seigneur spirituel, et le roi le seigneur temporel.

» Le patriarche étendait sa juridiction sur les quatre archevêchés de Tyr, de Césarée, de Nazareth et de Krak ; il avait pour suffragants les évêques de Bethléem, de Lydda et d'Hébron. De lui dépendaient encore les six abbés du mont Sion, de la Latine, du Temple, du Mont-Olivet, de Josaphat et de Saint-Samuel, le prieur du Saint-Sépulcre, et les trois abbesses de Notre-Dame la Grande, de Sainte-Anne et de Saint-Ladre.

» Les archevêques avaient pour suffragants : celui de Tyr, les évêques de Béryte, de Sidon, de Panéas et de Ptolémaïs ; celui de Césarée, l'évêque de Sébaste ; celui de Nazareth, l'évêque de Tibériade et le prieur du mont Thabor ; celui de Krak, l'évêque du mont Sinaï.

» Les évêques de Saint-George, de Lydda et d'Acre avaient sous leur juridiction : le premier, les deux abbés de Saint-Joseph d'Arimathie et de Saint-Habacuc ; les deux prieurs de Saint-Jean l'Évangéliste et de Sainte-Catherine du mont Gisard, avec l'abbesse des Trois Ombres ; le deuxième, la Trinité et les Repentirs.

» Tous ces évêchés, abbayes, chapitres, couvents d'hommes et de femmes, paraissent avoir eu d'assez grands biens, à en juger par les troupes qu'ils étaient obligés de fournir à l'État. Trois ordres surtout, religieux et militaires tout à la fois, se distinguaient par leur opulence ; ils avaient dans le pays des terres considérables, des châteaux et des villes.

» Outre les domaines que le roi possédait en propre, comme Jérusalem, Naplouse, Acre, Tyr et leurs dépendances, on comptait dans le royaume quatre grandes baronnies ; elles comprenaient, la première, les comtés de Jaffa et d'Ascalon, avec les seigneuries de Rama, de Mirabel et d'Ybelin ; la deuxième, la principauté de Galilée ; la troisième, les seigneuries de Sidon, de Césarée et de Bethsan ; la quatrième, les seigneuries de Krak, de Montréal et d'Hébron. Le comté de Tripoli formait une principauté à part, dépendante, mais distinguée du royaume de Jérusalem.

» Un des premiers soins des rois avait été de donner un Code à leur peuple. De *sages hommes* furent chargés de recueillir les principales lois des différents pays d'où étaient venus les croisés, et d'en former un corps de législation d'après lequel les affaires civiles et criminelles seraient jugées. On établit deux cours de justice, la haute pour les nobles, l'autre pour la bourgeoisie et toute la roture. Les Syriens obtinrent d'être jugés suivant leurs propres lois.

» Les différents seigneurs, tels que les comtes de Jaffa, les seigneurs d'Ibelin, de Césarée, de Kaïffa, de Krak, l'archevêque de Nazareth, etc., eurent leurs cours de justice, et les principales villes, Jérusalem, Naplouse, Acre, Jaffa, Césarée, Bethsan, Hébron, Godres, Lydda, Assur, Panéas, Tibériade, Nazareth, leurs cours et justices bourgeoises ; les justices seigneuriales et bourgeoises, au nombre d'abord de vingt ou trente de chaque espèce, augmentèrent à proportion que l'État s'agrandissait.

» Les baronnies et leurs dépendances étaient chargées de fournir deux mille cavaliers ; les villes de Jérusalem, d'Acre et de Naplouse, en devaient six cent soixante-six, et cent treize sergents ; les cités de Tyr, de Césarée, d'Ascalon, de Tibériade, mille sergents.

» Les églises, évêques, abbés, chapitres, etc., devaient en donner environ sept mille, savoir : le patriarche, l'église du Saint-Sépulcre, l'évêque de Tibériade et l'abbé du mont Thabor, chacun cinq cents ; l'archevêque de Tyr et l'évêque de Tibériade, chacun cinq cent cinquante ; les évêques de Lydda et de Bethléem, chacun deux cents, et les autres à proportion de leurs domaines.

» Les troupes de l'État réunies firent d'abord une armée de dix à douze mille hommes : on les porta ensuite à quinze, et quand Lusignan fut défait par Saladin, son armée montait à près de vingt-deux mille hommes, toutes les troupes du royaume.

» Malgré les dépenses et les pertes qu'entraînaient des guerres presque continuelles, les impôts étaient modérés, l'abondance régnait dans le pays, le peuple se multipliait, les seigneurs trouvaient dans leurs fiefs de quoi se dédommager des avantages qu'ils avaient laissés en Europe, et Baudouin du Bourg lui-même ne regretta pas longtemps son riche et beau comté d'Édesse. »

Lorsque la perte du royaume des croisés eut été définitivement consommée, les souverains de l'Occident, ne pouvant plus songer à conquérir le tombeau du Sauveur, voulurent du moins le protéger.

Robert, roi de Sicile, et Sanche, sa femme, pour mettre les lieux saints à l'abri de la profanation, les rachetèrent à grand prix du sultan d'Égypte et les cédèrent au souverain pontife, qui en confia la garde aux franciscains, comme on le voit par une bulle de Clément VI en date du 13 novembre 1342. Ces humbles religieux, soldats désarmés, défendent, depuis cette époque, par leurs prières et quelquefois au péril de leur vie, des monuments que la politique et l'épée de l'Europe ne protégent plus guère, mais qui sont restés chers à toute âme chrétienne.

Nous avons rappelé ailleurs que les sultans d'Égypte restèrent paisibles possesseurs de la Syrie et de la Palestine jusqu'en 1382, et qu'alors Barkouk, fondateur de la dynastie des Mamelouks Borgites, s'en empara. Ceux-ci en furent à leur tour dépossédés par l'empereur ottoman Sélim Ier, en 1517.

Pendant plus de deux siècles et demi il n'arriva en Palestine aucun changement notable. Nous ne sommes instruits de l'état du pays que par les pèlerins et les voyageurs qui le visitaient de temps à autre ; mais son histoire n'offre qu'une série d'événements sans importance, des troubles, des séditions causés par l'ambition et l'avidité des pachas.

L'Europe, en s'occupant d'arrêter les invasions des Turks en Occident, ne cessa pas de veiller en même temps sur les lieux saints, auxquels se rattachaient tant de souvenirs, et pour la possession desquels elle avait fait tant de vains sacrifices.

Voici comment l'historien des croisades, en terminant son brillant tableau de la lutte de l'Occident avec l'Orient, rend compte des efforts pacifiques faits par les souverains de l'Europe pour protéger les intérêts chrétiens en Orient et les lieux saints.

« La plupart des souverains de la chrétienté, à l'exemple de Charlemagne, mettaient leur gloire non plus à délivrer, mais à protéger la ville de Jésus-Christ contre les violences des Musulmans. Les capitulations de François Ier, renouvelées par la plupart de ses successeurs, renferment plusieurs dispositions qui tendent à assurer la paix aux chrétiens et le libre exercice de la religion chrétienne en Orient.

» Sous le règne de Henri IV, Deshayes, ambassadeur de France à Constantinople, alla visiter les fidèles de Jérusalem et leur porta les secours et les consolations d'une charité toute royale. Le comte de Nointel, qui représentait Louis XIV auprès du sultan des Turks, se rendit aussi dans la terre sainte, et Jérusalem reçut en triomphe l'envoyé du puissant monarque dont le crédit et la renommée allaient protéger les chrétiens jusqu'au delà des mers. Après le traité de Passarowitz, la Porte envoya une ambassade solennelle à Louis XV. Cette ambassade était chargée de présenter au roi très-chrétien un firman du Grand-Seigneur qui accordait aux catholiques de Jérusalem l'entière possession du Saint-Sépulcre et la liberté de réparer leurs églises. Les princes de la chrétienté envoyaient chaque année leurs tributs à la ville sainte, et dans les cérémonies solennelles l'église de la Résurrection étalait les trésors des rois de l'Occident. Les pèlerins n'étaient plus reçus à Jérusalem par les chevaliers de Saint-Jean, mais par les gardiens du Sépulcre, qui appartenaient à la règle de Saint-François d'Assise.

» Conservant les mœurs hospitalières des temps anciens, le supérieur lavait lui-même les pieds des voyageurs et leur donnait tous les secours nécessaires pour leur pèlerinage. La sécurité qui régnait dans la ville de Jérusalem, fit qu'on songea moins à sa délivrance. Ce qui avait suscité l'esprit des croisades dans le onzième siècle, c'était surtout la persécution dirigée contre les pèlerins et l'état misérable dans lequel gémissaient les chrétiens d'Orient. Lorsqu'ils cessèrent d'être persécutés, et qu'ils eurent moins de misères à souffrir, des récits lamentables ne réveillèrent plus ni la pitié ni l'indignation des peuples de l'Occident, et la chrétienté se contenta d'adresser à Dieu des prières pour le maintien de la paix dans les lieux qu'il avait sanctifiés par ses miracles. Il y avait alors un esprit de résignation qui remplaçait l'enthousiasme des croisades ; la cité de David et de Godefroi se confondait dans la pensée des chrétiens avec la Jérusalem céleste ; et comme les orateurs sacrés disaient *qu'il fallait passer par le ciel pour arriver au territoire de Sion*, on ne dut plus s'adresser à la bravoure des guerriers, mais à la dévotion et à la charité des fidèles [1]. »

Malheureusement, la possession des lieux consacrés par les saintes traditions était un sujet de luttes continuelles entre les différentes communions chrétiennes. Tantôt les Latins faisaient reconnaître leurs priviléges, sous la puissante protection de l'Occident; tantôt les intrigues et l'or des Grecs l'emportaient sur les droits tant de fois garantis aux catholiques romains.

Il ne se passa, d'ailleurs, rien de remarquable dans cette partie de l'Orient jusqu'à la fin du dernier siècle, époque de l'expédition française.

Dans les premiers jours de février 1799, l'armée française, commandée par le général Bonaparte, et composée des divisions Kléber, Régnier, Lannes, Bon et Murat, forte d'environ treize mille hommes, entra en Palestine. El-Arisch et Gaza se soumirent après une courte résistance. De là, l'armée se dirigea vers Jaffa ou Joppé, qui fut prise d'assaut. C'est là que nos soldats prirent les germes de la peste qui enleva sept à huit cents hommes dans l'expédition de Syrie. De Jaffa, les Français s'avancèrent sur Saint-Jean d'Acre, en passant par la plaine de Saron ; mais la place, défendue par une nombreuse garnison qui était dirigée par des officiers anglais, résista à toutes les attaques. Une armée turque vint pour en faire lever le siége, mais elle fut mise en déroute ; on reprit alors les travaux d'attaque et on livra plusieurs assauts sans plus de succès qu'auparavant. Les Français avaient perdu trois mille hommes, lorsque le général Bonaparte se décida à lever le siége. Il retourna à Jaffa, dont il fit sauter les remparts et où il fut obligé d'abandonner une cinquantaine de pestiférés.

De nos jours, la guerre entre le vice-roi d'Égypte et le sultan a de

---

[1] Michaud, *Histoire des Croisades*, tome V.

nouveau donné quelque importance à la Palestine. Méhémet-Ali, ayant à se plaindre d'Abdallah, pacha d'Acre, s'avança en Syrie avec une armée. Le sultan voulut s'interposer entre eux ; mais le pacha d'Égypte ne tint aucun compte de ses remontrances, et il poursuivit le cours de ses victoires.

Enfin, en 1840, l'Angleterre, l'Autriche, la Prusse et la Russie se joignirent à la Sublime Porte, pour arrêter la marche victorieuse du pacha. L'obstination de Méhémet nécessita l'exécution militaire des résolutions prises par les puissances alliées. Beyrouth fut bombardée et prise le 11 septembre, Sidon se rendit le 21, Acre le 3 novembre, et tout retomba sous la domination de la Porte.

DESCRIPTION DE LA PALESTINE ET DE LA JUDÉE.

I

DE JAFFA A JÉRUSALEM.

Pour décrire la Palestine et la Judée, une description méthodique serait insuffisante, en supposant même qu'elle ne fût point fautive. Un double écueil s'y rencontre, c'est d'une part de violer les circonscriptions turkes qui règnent de fait, de l'autre, de morceler un territoire qui demande à être envisagé dans son unité primitive et antique. Pour ces causes, nous avons adopté à son égard la forme de l'itinéraire qui laisse plus de liberté aux allures et plus de marge aux tableaux.

En allant vers la terre sainte, la première plage où aborde le pèlerin est celle de Jaffa. Jaffa est un lieu de réputation moderne autant que de célébrité antique. Les croisades consacrèrent son nom que devait mettre plus tard en relief la campagne orientale du général Bonaparte. C'est sur la plage de Jaffa que périrent les quatre mille maugrabins composant la garnison de la ville. C'est à Jaffa que se passèrent les épisodes les plus mémorables de la peste qui décima l'armée française.

Dans l'Écriture, Jaffa est l'ancienne Joppé, qui échut à Éphraïm avec Lydda et Ramleh. Ce fut à Joppé qu'abordèrent les flottes d'Hiram, chargées de cèdres pour le temple de Salomon; ce fut là que s'embarqua Jonas quand il s'enfuit devant la face du Seigneur. Tombée entre les mains des divers peuples idolâtres, Joppé devint l'une des onze toparchies où Ascarlen était adorée. Judas Machabée la brûla; saint Pierre y ressuscita Tabithe, et y reçut chez Simon, le corroyeur, les hommes venus de Césarée. Détruite par Sestius, saccagée par Vespasien, prise et reprise par Saladin et Richard Cœur-de-lion, Jaffa eut, dans tous les âges, une existence oscillante et tourmentée. Elle ne présente guère plus aujourd'hui qu'un amas circulaire de maisons disposées en amphithéâtre. Un mur qui vient aboutir de chaque côté à la mer la met à l'abri d'un coup de main. Ce qui a rendu de tout temps sa position avantageuse pour l'établissement d'une ville, ce sont deux sources de fort bonne eau qui se trouvent dans son enceinte même, et sur le rivage de la mer. Son port, que forme une jetée, est aujourd'hui comblé, ce qui force les navires à mouiller au large sur une rade foraine. Les environs de Jaffa offrent un coup d'œil agréable. Avant que des siéges récents les eussent dévastés, des jardins d'orangers, de limoniers, de cédrats, entouraient la ville, tandis qu'au delà, des bois d'oliviers déroulaient leur ceinture d'un vert plus pâle. Cependant, depuis quelques années, les eaux et le soleil ont rendu à Jaffa sa parure de vergers et sa campagne riante. Quand nous la visitâmes, la ville avait déjà retrouvé ses forêts profondes de citronniers, de grenadiers et de figuiers. Jaffa obéit à un aga, qui prend la place à forfait, et s'indemnise à l'aide du droit du myri, de la capitation imposée à quelques villages voisins, et surtout des droits de douane qui sont assez considérables. Comme port des pèlerins et comme échelle directe de Jérusalem, Jaffa entretient un commerce assez actif.

Le R. P. J. Besson, dans sa *Syrie Sainte*, décrit ainsi son débarquement à Jaffa [1] :

« Ie ne puis exprimer auec quel transport de toutes les puissances de mon ame ie touchay cette terre qui sanctifie les esprits, où l'Homme-Dieu a formé si souuent ses pas pour redresser les nostres. Ie cher-

---

[1] *La Syrie Sainte*, par le R. P. Joseph Besson, divisée en deux parties. Paris, 1660. — Sec. part., page 55, le *Voyage de Jaffa à Hiérusalem*.

chay cet ancien port, d'où vn prophete, dont le naufrage fait vne grande preuue de la prouidence, et les Apostres estoient partys pour la conqueste du monde. J'admiray la constance des Saintes Apostoliques Marie Magdelaine et Marthe, nobles persécutées qui firent d'vne barque sans pilote, sans auirons, sans voile mais non sans vn vent fauorable, le vaisseau de la victoire, vne carraque chargée de richesses et le nauire de l'église de France. Il me sembloit que ie voyois encor sur ce sable les traces qu'elles laissoient en sortant d'vne terre d'où la grace sortoit auec elles. Leur exil nous establit dans l'espérance de la patrie et d'vne Ierusalem Céleste. Il fit de l'occident l'orient, de la Prouuence vne prouuince tousiours très chrestienne et de Marseille vn haure de grâce. Sur ce mesme port tout ruiné ie consideray les restes des tours et des remparts qu'y fit bastir S. Louys. Ie ne vis que des sujets de larmes et quelques bouts de colonnes qui soustenoient en trauersant des fortifications que le temps démolissoit. »

En sortant de Jaffa, et au delà de sa lisière de jardins commence la plaine de Saron, la plaine célèbre des Livres Saints, la plaine des rosiers. Aujourd'hui encore, quand vient le printemps, la campagne s'y couvre de fleurs éclatantes et parfumées. Seulement ce ne sont plus des roses, mais des chardons rouges, blancs, jaunes et violets. La plaine de Saron, qui s'étend depuis Gaza au midi jusqu'au mont Carmel au nord, embrasse quatre plateaux, qui sont séparés les uns des autres, par autant de cordons de pierres nues et dépouillées. Le sol est une arène fine, blanche et rouge, et, quoique sablonneuse, d'une extrême fertilité. Par intervalles, on y aperçoit de grands troupeaux que chassent devant eux des cavaliers arabes, armés d'une longue lance comme les pâtres des marais Pontins. Quelques villages bâtis en boue, recouverts d'herbe sèche, sortent de terre comme autant de meules de foin.

L'endroit le plus important, après qu'on a quitté Jaffa, est le village de Loudd (*Lydda* ou *Diospolis*). Lydda fut bâtie par un descendant de Benjamin et elle est mentionnée dans le livre de Néhémie. Sous la domination syrienne, elle fit partie de la province de Samarie. Détruite par Sestius, elle fut rétablie plus tard sous le nom de Diospolis. Au quatrième siècle, elle eut un évêque dépendant du patriarche de Jérusalem. L'évêché, rétabli par les croisés, reçut le nom de Saint-Georges. Impossible de se faire une idée de l'air dévasté et misérable de ce lieu, amas de décombres et de masures, dont le *seraï* ou palais de l'aga est la plus apparente. A l'aspect de ces cônes renversés qui forment les habitations, on se croirait dans quelque contrée laponne. Cependant Loudd est célèbre dans la Judée par les restes d'une église de Saint-Pierre. Les habitants y montrent une colonne sur laquelle ce saint se reposa; on y voit aussi l'endroit où il prêchait, celui où il faisait sa prière. Au delà de ce point, et à une très-petite distance, se présente Ramla ou Ramleh, endroit charmant situé à l'une des extrémités de la plaine de Saron. Ramleh, suivant quelques auteurs, est l'ancienne Arimathie. Selon le géographe arabe Aboul-Féda, elle fut fondée, en 716 de notre ère, par le khalife Soliman, fils d'Abdul-Melik. Le moine Bernard, qui visita la Palestine en 870, en fait mention, et Reland croit qu'elle n'est citée par aucun historien avant cette époque. Cette ville est aujourd'hui presque aussi ruinée que Loudd. Son enceinte est remplie de décombres : l'aga y est logé entre des murs qui se lézardent, et sous des voûtes qui croulent. Les Barbaresques à sa solde occupent un khan que les scorpions leur disputent. Cependant rien n'est plus beau que la campagne environnante : des oliviers gigantesques s'y groupent en quinconce, et de vastes champs de coton occupent les espaces libres. Ramleh, aujourd'hui peuplé de deux cents familles, a dû autrefois nourrir une population bien plus importante, comme l'attestent la grande étendue de ruines, de citernes enfoncées, et de vastes réservoirs voûtés que l'on y rencontre à chaque pas. Parmi les citernes on en remarque une surtout qu'on dit être l'ouvrage de la mère de Constantin. On y descend par vingt-sept marches : elle a trente-trois pas de long sur trente de large; elle est composée de vingt-quatre arches, et reçoit les pluies par vingt-quatre ouvertures.

Mais de toutes les ruines de Ramleh, la plus caractéristique est celle que l'on nomme la tour des Quarante Martyrs, qui servit de minaret, comme l'indique une inscription arabe du temps du sultan Seyf-ed-Dyn. Lors du voyage de M. de Lamartine, la tour des Quarante Martyrs était occupée par des derviches tournants, prêtres musulmans dont les voyageurs purent constater les pratiques bizarres. Voici ce fragment curieux de leur relation.

« C'était un vendredi, jour de cérémonie de leur culte : nous y assistons. Une vingtaine de derviches, revêtus d'une longue robe et d'un bonnet pointu de feutre blanc, étaient accroupis en cercle dans une enceinte entourée d'une petite balustrade. Celui qui paraissait en être le chef, figure vénérable à grande barbe blanche, était, par distinction, placé sur un coussin et dominait les autres. Un orchestre, composé d'un *nahi* ou basson, d'un *shoubabé*, sorte de clarinette, et de deux petits tambours réunis appelés *nacariate*, jouait les airs les plus discordants à nos oreilles européennes. Les derviches se lèvent gravement un à un, passent devant le supérieur, le saluent, et commencent à tourner en cercle sur eux-mêmes, les bras étendus et les yeux élevés vers le ciel. Leur mouvement, d'abord lent, s'anime peu à peu, arrive à une rapidité extrême et finit par former comme un tourbillon où tout est confusion et éblouissement : tant que l'œil peut les suivre, leurs regards paraissent exprimer une grande exaltation; mais bientôt on ne distingue plus rien. Le temps que dura cette valse étrange, je ne saurais le dire, mais il me parut incroyablement long. Peu à peu, cependant, le nombre des tourneurs diminuait; épuisés de fatigue, ils s'affaissaient l'un après l'autre et retombaient dans leur attitude première; les derniers semblaient mettre une grande persistance à tourner le plus longtemps possible, et j'éprouvais un sentiment pénible à voir les efforts que faisait un vieux derviche, haletant et chancelant à la fin de cette rude épreuve, pour ne céder qu'après tous les autres. Pendant ce temps, nos Arabes nous entretiennent de leurs superstitions; ils prétendent qu'un chrétien récitant continuellement le *Credo* forcerait le Musulman à tourner sans fin par une impulsion irrésistible jusqu'à ce qu'il en mourût; qu'il y en avait beaucoup d'exemples, et qu'une fois les derviches, ayant découvert celui qui employait ce sortilége, l'avaient forcé à réciter le *Credo* à rebours, et avaient ainsi détruit le charme au moment où le tourneur allait expirer. Et nous, nous faisons de tristes réflexions sur la faiblesse de la raison humaine, qui cherche à tâtons, comme l'aveugle, sa route vers le ciel, et se trompe si souvent de chemin. Ces bizarres extravagances, qui dégradent en quelque sorte l'esprit humain, avaient pourtant un but digne de respect et un noble principe. C'était l'homme voulant honorer Dieu ; c'était l'imagination voulant s'exalter par le mouvement physique, et arriver, comme elle y arrive par l'opium, à cet étourdissement divin, à cet anéantissement complet du sentiment et du moi, qui lui permet de croire qu'elle s'est abîmée dans l'unité infinie, et qu'elle communique avec Dieu !

» En sortant de la tour, nous entrons dans les galeries d'un cloître ruiné qui conduisent à une église souterraine; nous descendons par plusieurs marches sous une voûte surbaissée que porte une belle colonnade. L'aspect d'une église souterraine m'a toujours paru d'un effet imposant et attendrissant à la fois. L'obscurité mystérieuse, la solitude de ces voûtes silencieuses reportent l'imagination aux premiers temps du culte, lorsque les chrétiens se retiraient dans des grottes profondes pour dérober leurs mystères aux yeux profanes, et les soustraire à la persécution. En Orient, la plupart des églises semblent bâties pour embellir ces asiles primitifs, et orner de tout le luxe de l'architecture ces humbles retraites où la foi s'était longtemps cachée, comme pour venger, par une éclatante réparation, les humiliations et les injures de la domination païenne; mais le temps des persécutions devait renaître pour les malheureux chrétiens, et le nom de ce monument, les Quarante Martyrs, ferait croire qu'il a servi de refuge aux fidèles, sans pouvoir les protéger. Et maintenant tout est en ruine; les nefs et les colonnades bâties par les empereurs n'ont pas commandé plus de respect aux vainqueurs que les humbles grottes des premiers disciples de la croix ; les voûtes servent d'écuries, et les cloîtres de casernes. »

Ces ruines qui avoisinent la tour des Quarante Martyrs consistent en des espèces de portiques parsemés de figuiers sauvages. On dit que saint Joseph, la Vierge et l'enfant Jésus se sont arrêtés dans ce lieu, lors de la fuite en Égypte.

Quand on quitte Ramleh, la route continue pendant deux lieues au travers de la plaine, sans offrir d'autre particularité que la vue d'un puits nommé, comme une foule d'autres, puits de Jacob ou Yakoub. Au delà de ce point, commencent les premières ondulations des montagnes de Judée, et trois milles plus loin les premières rampes de la chaîne. Alors les chemins deviennent escarpés et difficiles : tantôt on longe un torrent sur un sentier étroit qui semble taillé dans les parois du roc, tantôt on franchit des quartiers de roc roulés et entassés en forme d'escaliers. Toute cette charpente montueuse se trouve composée de pics coniques, dont les bandes sont disposées en amphithéâtre. De chaque redan du rocher sortent des touffes de chênes nains, de buis et de lauriers roses. Le fond des ravins est tapissé d'oliviers qui, parfois, forment des bois entiers sur les flancs de la chaîne. Quand on a atteint le sommet des premiers rameaux et qu'on se retourne vers la mer, l'œil est frappé du plus magnifique spectacle. Toute la plaine de Saron, de Gaza à Césarée, est étendue sous les pieds du voyageur, avec la mer pour bordure, tandis qu'au nord s'ouvre le vallon de Jérémie, où l'on croit qu'est né le grand poëte des Lamentations. Cependant, en approchant du village de Saint-Jérémie, des troupeaux de chèvres à oreilles tombantes et des moutons à large queue se révèlent comme autant de preuves traditionnelles de la vie pastorale des anciens Hébreux. Des femmes arabes font sécher les raisins dans les vignes, ou, comme les filles de Madian, portent sur leurs têtes des vases pleins d'eau. Plus loin recommencent les ondulations montueuses, tantôt au travers d'avalanches de pierres qui roulent sous les pieds des chevaux, tantôt sur le bord d'une étroite et glissante corniche. Les versants à droite et à gauche sont souvent très-boisés; le vert brillant du laurier-tin et du fraisier arbuste contraste avec le mince et élégant feuillage des oliviers et des lentisques.

Ainsi, de la vallée de Jérémie on descend dans la vallée de Térébinthe, plus étroite et plus profonde que la première, couverte de vignes et de roseaux de doura. Là coule le torrent où David ramassa les cinq pierres dont il frappa le géant Goliath. Le torrent a un pont de pierres, le seul que l'on rencontre dans ces déserts. A peu de distance est Kercet Lefla, au bord d'un ravin desséché ; puis, dans le lointain, El-Bire, sur la route de Nablous ou Naplouse, la Sichem du royaume d'Israël et la Néapolis des Hérodes. Sichem est une des villes les plus anciennes du pays de Chanaan. Du temps d'Abraham, il y avait là un bois de térébinthes appelé Moré, dont parle la Genèse (XII, 6); mais au temps de Jacob nous y trouvons une ville, sous un prince des Hévites nommé Hamar. Ce prince avait un fils, appelé Sichem, qui donna sans doute son nom à la cité. Après la conquête des Hébreux, Sichem, appartenant au canton d'Éphraïm, devint une ville lévitique ; on y transporta les restes de Joseph. Ce fut là que Josué, avant de mourir, convoqua les Israélites et donna aux anciens et aux chefs de tribus ses derniers conseils. La ville fut détruite par le juge Abimélech, contre lequel les habitants de Sichem s'étaient révoltés (Juges, ch. XIX). Nous ne la trouvons ensuite mentionnée que sous David (Ps. 60, v. 8). Après la mort de Salomon, il se tint à Sichem une assemblée de la nation, par suite de laquelle eut lieu le schisme des dix tribus. Jéroboam, le premier roi d'Israël, embellit la ville et y fixa sa résidence. Sous les rois de Perse, elle devint le siège principal du culte des Samaritains. Ils bâtirent sur le mont Garizim un temple qui fut détruit, deux siècles plus tard, par Jean Hyrcan. Dans l'Évangile de saint Jean, Sichem est mentionnée sous le nom de Sichar. L'empereur Vespasien en fit une colonie romaine qui reçut le nom de *Flavia Neapolis*. Depuis cette époque, l'ancien nom disparaît peu à peu dans les auteurs. De Néapolis les Arabes ont fait *Naplouse* ou *Nablous*. Cette ville eut de bonne heure une communauté chrétienne; saint Justin le martyr y vit le jour. L'empereur Zénon expulsa les Samaritains du mont Garizim et y bâtit une église; Justinien y rétablit cinq autres églises que ces sectaires avaient brûlées. Incendiée pendant les croisades, Naplouse fut rebâtie en 1283. C'est encore aujourd'hui un assez gros bourg, résidence d'un cheik, qui relève du pacha de Damas. Sa population, toute composée de zélés Musulmans, ne souffre pas le mélange de chrétiens. Ce pays, situé au cœur des montagnes et loin des pachas avanistes, est plus prospère que ne l'est ordinairement un pays turk ou arabe. Les Nablousains sont répartis dans des villages populeux, dont le sol produit du blé, du coton, des olives et de la soie. Ils ont passé de tout temps pour le peuple le plus indépendant et le plus riche de la Syrie.

À mesure que l'on avance vers les plateaux élevés au faîte desquels est assise Jérusalem, les sites prennent un caractère plus âpre et plus sauvage. C'est un désert onduleux, où des figuiers desséchés étalent leurs feuilles noircies. Peu à peu la terre, qui jusqu'alors a conservé quelque verdure, se fane et se dépouille. Bientôt toute végétation cesse, les mousses mêmes disparaissent. On a peine à se rendre compte de la grande fortune de cette ville en examinant sa situation; on s'explique difficilement comment il a pu arriver à une ville placée loin de tout grand passage, sur un terrain scabreux et sans eau, au milieu de ravines et de hauteurs ardues, de réaliser une des plus grandes et des plus magnifiques existences qu'ait jamais atteintes une métropole. Cette situation ingrate empêchait que Jérusalem ne fût ni un entrepôt de commerce ni un siége de consommation; et pourtant Jérusalem est encore aujourd'hui la ville sainte, la ville de la tradition, la ville du prestige religieux, sacrée aux yeux des juifs, des chrétiens et même des Musulmans, qui la nomment *El Qods*, la ville sainte. Son assiette même, difficile et ardue, sa grandeur morne et dépouillée, ont dû contribuer à lui conserver ce culte de tous les peuples et de tous les âges. M. de Châteaubriand fut frappé de cet aspect de puissance et de rudesse.

« Parvenus à ce passage, dit-il, nous cheminâmes pendant une autre heure sur un plateau nu, semé de pierres roulantes. Tout à coup, à l'extrémité du plateau, j'aperçus une ligne de murs gothiques flanqués de tours carrées, et derrière lesquels s'élevaient quelques pointes d'édifices. Au pied de ces murs, paraissait un camp de cavalerie turke, dans toute la pompe orientale. Le guide s'écria : « *El Qods!* » (la sainte), et il s'enfuit au grand galop.

» Je conçois maintenant ce que les historiens et les voyageurs rapportent de la surprise des croisés et des pèleriens à la première vue de Jérusalem. Je puis assurer que quiconque a eu, comme moi, la patience de lire à peu près deux cents relations modernes de la terre sainte, les compilations rabbiniques et les passages des anciens sur la Judée, ne connaît rien du tout encore. Je restai les yeux fixés sur Jérusalem, mesurant la hauteur de ses murs, recevant à la fois tous les souvenirs de l'histoire, depuis Abraham jusqu'à Godefroi de Bouillon, pensant au monde entier changé par la mission du Fils de l'Homme, et cherchant vainement ce temple, dont il ne reste pas pierre sur pierre. Quand je vivrais mille ans, jamais je n'oublierais ce désert, qui semble respirer encore la grandeur de Jéhova et les épouvantements de la mort. »

II

JERUSALEM.

Jérusalem, suivant le témoignage des Écritures, fut fondée l'an 2023 avant notre ère, par le grand prêtre Melchisedech, ce qui lui donne une existence de trois mille trois cent cinquante-neuf années. Elle n'occupait pas, comme elle l'a fait depuis, le bas du mont de Sion, les monts d'Acra et de Moria, et le Calvaire; mais seulement les deux montagnes de Moria et d'Acra. Son nom de Jérusalem (*vision de la paix*) lui vient des Jébuséens, qui la soumirent cinquante ans après sa fondation. Ce fut sur ces maîtres que Josué conquit la partie basse de la ville, et David la ville haute ainsi que la citadelle. Les Jébuséens y avaient régné huit cent vingt-quatre ans. Après David vint Salomon, à qui Jérusalem dut ses plus grandes magnificences. Saccagée par le roi d'Égypte Sésac, puis cent cinquante ans après par Joas, roi d'Israël, envahie par Manassès, rasée par Nabuchodonosor, Jérusalem perdit, dans cette période de troubles, son beau temple de

Salomon, ses monuments splendides, et une partie de sa population, emmenée en esclavage. Ce fut Zorobabel qui commença à rebâtir le temple et la ville. Esdras et Néhémie continuèrent son œuvre.

Bientôt, dans leur passage, les invasions grecques et romaines touchèrent à la ville sainte. Alexandre y passa, l'an 332 avant J.-C. ; Ptolémée fils de Lagus s'en rendit maître ; Ptolémée Philadelphe la protégea ; Antiochus le Grand reconquit la Judée ; Antiochus Épiphane régna à Jérusalem jusqu'au moment où les Machabées la délivrèrent. A leur tour, les Romains, appelés par la guerre civile, s'emparèrent de la ville sainte ; Pompée y entra en vainqueur clément et protégea le temple que Crassus devait piller plus tard. Ballottée entre les armes des Parthes et des Romains, affaiblie par les prétentions de divers candidats au trône, la Judée tombe entre les mains d'Hérode, qui envoie le dernier Machabée au supplice, règne paisiblement et dote Jérusalem de nouvelles créations monumentales. Ce fut sous lui que Jésus-Christ vint au monde.

La descendance d'Hérode s'arrête à Agrippa, à la mort duquel la Judée fut réduite en province romaine. Les Juifs s'étant révoltés, Titus assiégea et prit Jérusalem. Deux cent mille habitants périrent de faim dans ce siège, et cent seize mille cadavres sortirent par une seule porte de Jérusalem. Les détails de ce siége sont affreux. « On mangea, dit M. de Châteaubriand, le cuir des souliers et des boucliers ; on en vint à se nourrir de foin et des ordures que l'on cherchait dans les égouts de la ville : une mère dévora son enfant. Les assiégés avalaient leur or : le soldat romain, qui s'en aperçut, égorgeait les prisonniers et cherchait ensuite le trésor recélé dans les entrailles de ces malheureux. Onze cent mille Juifs périrent dans la ville de Jérusalem, et deux cent trente-huit mille dans le reste de la Judée. Enfin, il y eut quatre-vingt-dix-neuf mille deux cents prisonniers de guerre : les uns furent condamnés aux travaux publics, les autres furent réservés au triomphe de Titus : ils parurent dans les amphithéâtres de l'Europe et de l'Asie, où ils s'entre-tuèrent pour amuser la populace du monde romain. Ceux qui n'avaient pas atteint l'âge de dix-sept ans furent mis à l'encan avec les femmes ; on en donnait trente pour un denier. Le temple fut brûlé trente-huit ans après la mort de Jésus-Christ ; de sorte qu'un grand nombre de ceux qui avaient entendu la prédiction du Sauveur purent en voir l'accomplissement. »

Ce sac effroyable ne fut pas le seul que Jérusalem eut à essuyer. Après Titus vint Adrien, qui poursuivit l'œuvre de destruction. Adrien bâtit une autre ville sous le nom d'Ælia; il en interdit l'entrée aux Juifs et immola dans ses guerres près de six cent mille victimes. Jérusalem, ou plutôt Ælia, demeura païenne jusqu'à Constantin, qui y fit abattre les idoles. Julien, trente-sept ans plus tard, voulut vainement faire rebâtir le temple, et Justinien éleva l'église de Jérusalem au rang de patriarcat.

A un siècle de là, les calamités recommencent. Jérusalem est prise par Chosroës, roi des Perses, qui enlève le bois de la vraie croix; Héraclius reconquit l'un et l'autre et en resta maître jusqu'au moment de la propagande islamite. Alors, Omar paraît devant la ville sainte et l'enlève de force. Sous la main des Musulmans, Jérusalem éprouve une nouvelle série de désastres et de misères; elle passe tour à tour des Ommiades aux Abassides, puis aux Toulonnides, aux Ecchédites, aux Seldjoucides, aux Fatimites et aux Ortokides. Les Fatimites commandaient quand les croisés parurent. Godefroi arriva devant Jérusalem en l'an 1099 de notre ère; autour de lui se groupait l'élite de la noblesse européenne. Après avoir pris tour à tour Rama et Emmaüs, l'armée des croisés pénétra dans Jérusalem le 12 ou le 15 juillet 1099. Maître de la ville, Godefroi refusa, comme nous l'avons dit, de poser sur son front la couronne brillante qu'on lui destinait.

Après avoir conquis Naplouse et battu le soudan dans les plaines d'Ascalon, Godefroi mourut à Jaffa. Après lui régnèrent Baudouin, Foulques d'Anjou, Baudouin III, Amaury et Baudouin IV. Ce fut pendant ce temps qu'eurent lieu les croisades de Louis VII et de l'empereur Conrad. Baudouin V, et Guy de Lusignan après lui, devaient rencontrer un terrible adversaire dans Saladin. Saladin fit prisonnier, à la bataille de Tibériade, le roi de Jérusalem et vint ensuite mettre le siége devant cette capitale; il la prit en 1187 de notre ère. La liberté de chaque habitant fut taxée à un besan d'or; et, faute de pouvoir payer cette somme, quatorze mille habitants demeurèrent esclaves. Avant d'entrer dans la mosquée du temple, Saladin, s'il faut en croire Sanut, en fit laver et purifier les murs avec de l'eau de rose. Une croix d'or qui couronnait le fronton fut abattue et brisée; on n'épargna qu'une église, celle du Saint-Sépulcre, que les Syriens rachetèrent pour une grosse somme d'argent.

Dès ce moment, ce royaume lointain, à demi perdu, n'eut guère que des souverains titulaires. Philippe-Auguste et Richard Cœur-de-lion ne purent sauver la ville sainte et vinrent seulement s'immortaliser sur les côtes de la Palestine. Louis IX arriva en Orient plus d'un demi-siècle après. Dès lors, le mouvement chevaleresque des croisades fut arrêté. Les sultans mameloucks, baharites ou circassiens, occupèrent tour à tour Jérusalem, jusqu'à l'époque où Sélim s'en empara pour la réunir à son empire.

L'aspect de Jérusalem peut donner une idée de ses grandeurs successives ; on peut la réédifier et la reconstruire à l'aide des vestiges de monuments qu'on y rencontre à chaque pas, monuments de caractères divers, hébreux, grecs, romains, chrétiens, arabes, gothiques ou turks.

De ces monuments, le plus important par les souvenirs qui s'y rattachent est l'église du Saint-Sépulcre, église qui en comprend trois, celle du Saint-Sépulcre proprement dite, celle du Calvaire, et celle de l'Invocation de la Sainte-Croix.

L'église du Saint-Sépulcre est bâtie dans la vallée du Calvaire, sur le terrain où Jésus fut enseveli. « Et il y avait là (près de la croix) plusieurs femmes qui regardaient de loin et qui avaient suivi Jésus depuis la Galilée, ayant soin de l'assister ; — entre lesquelles étaient Marie-Madeleine, Marie, mère de Jacques et de Joseph, et la mère des fils de Zébédée. — Sur le soir, un homme riche de la ville d'Arimathie, nommé Joseph, qui était aussi disciple de Jésus, alla trouver Pilate ; il lui demanda le corps de Jésus, et Pilate commanda qu'on le lui donnât. Joseph, ayant pris le corps, l'enveloppa dans un linceul blanc, le mit dans un sépulcre tout neuf qu'il s'était fait tailler dans le roc[1] ; puis, ayant roulé une grande pierre à l'entrée du sépulcre, il se retira. — Marie-Madeleine et l'autre Marie étaient là, se tenant assises vis-à-vis du sépulcre. — Le lendemain, qui était le jour du sabbat, les princes des prêtres et les pharisiens se rendirent ensemble chez Pilate. — Et ils lui dirent : Seigneur, nous nous sommes souvenus que cet imposteur a dit, lorsqu'il était encore vivant : Je ressusciterai trois jours après ma mort. — Commandez donc que le sépulcre soit gardé jusqu'au troisième jour, de peur que ses disciples ne viennent pendant la nuit dérober son corps et ne disent au peuple : Il est res-

---

[1] Saint Luc et saint Jean disent : « Dans un sépulcre neuf où personne n'avait encore été mis. *In quo quisquam nondum positus erat.* Luc., cap. XXIII, vers. 53. — Joan., cap. XIX, vers. 41.

suscité d'entre les morts. — Pilate leur répondit : Vous avez des gardes, faites-le garder comme vous l'entendrez. — Ils s'en allèrent donc au sépulcre; et, pour s'en assurer, ils scellèrent la pierre et y mirent des gardes. — Mais le premier jour de la semaine suivante commençait à peine à luire, que Marie-Madeleine et l'autre Marie allèrent pour voir le sépulcre. — Et tout à coup il se fit un grand tremblement de terre ; car un ange du Seigneur descendit du ciel, vint renverser la pierre qui couvrait le sépulcre et s'assit dessus. — Son visage était brillant comme un éclair, et ses vêtements blancs comme la neige. — Les gardes en furent tellement saisis de frayeur, qu'ils devinrent comme morts. — Mais l'ange, s'adressant aux femmes, leur dit : Pour vous, ne craignez point; car je sais que vous cherchez Jésus, qui a été crucifié. — Il n'est point ici, puisqu'il est ressuscité comme il avait dit. Venez, et voyez le lieu où le Seigneur avait été mis[1]. » L'édifice, cruciforme et circulaire comme le Panthéon de Rome, ne reçoit le jour que par un dôme au-dessous duquel se trouve le Saint-Sépulcre. Cette rotonde est ornée de seize colonnes de marbre qui soutiennent, en décrivant dix-sept arcades, une galerie supérieure, également composée de dix-sept arcades et de seize colonnes, les unes et les autres plus petites que celles du rang inférieur. Au-dessus de la frise de la deuxième galerie s'élèvent des niches qui correspondent aux arcades, et qui autrefois étaient décorées de mosaïques. Le dôme s'appuie sur l'arc de ces niches.

Le chœur de l'église, situé à l'orient du Tombeau, est double comme dans les anciennes basiliques, et autour du double sanctuaire règnent les ailes du chœur, toutes garnies de chapelles. Dans l'aile droite s'ouvrent deux escaliers qui conduisent, l'un à l'église et à la cime du Calvaire, l'autre à l'église de l'Invention de la Sainte-Croix.

Toute cette architecture, avant l'incendie de 1808, était évidemment en grande partie du temps de Constantin : l'ordre corinthien y dominait. Les colonnes étaient lourdes ou maigres et leurs diamètres presque toujours sans proportion avec les hauteurs. L'église est sans péristyle; on y entre par une seule porte. Quant au sépulcre de Jésus-Christ, destination pieuse et spéciale de cette église, il consiste en un tombeau de marbre blanc, des plus simples que l'on puisse voir, recouvert d'un catafalque orné d'arceaux engagés dans les côtés pleins.

---

[1] Évangile selon saint Matthieu, chap. xxvii, vers. 55. — Chap. xxviii, vers. 6.

Ce monument s'élèverait avec assez d'élégance sous le dôme qui l'éclaire, s'il n'était gâté par une construction italienne moderne.

L'église du Saint-Sépulcre, d'une ancienneté incontestable, a été, suivant les uns, commencée sous Adrien, suivant les autres, sous Constantin seulement et achevée en 335, comme nous l'avons déjà dit. Elle fut tour à tour ravagée par Chosroës, roi des Perses, et dévastée par le khalife fatimite Hakem ; mais l'ensemble et les grosses œuvres de l'édifice ne semblent pas avoir beaucoup souffert de ces atteintes. Elles seraient aujourd'hui encore à peu près ce qu'elles étaient à la date de l'érection, sans les dévastations de l'incendie du commencement de ce siècle.

Rien de plus saisissant que l'aspect de l'église du Saint-Sépulcre, dont toutes les Stations ont un caractère imposant et sublime. Éclairée par une foule de lampes qui jettent sur tous les objets leur teinte douce et mystérieuse, elle dispose l'âme à la prière, et agit sur la mémoire par la grandeur des souvenirs. Du haut des arcades qu'habitent les prêtres chrétiens de diverses sectes sortent, de temps à autre, des cantiques psalmodiés qui semblent descendre du ciel. A la variété des voix et des idiomes se joignent les sons harmonieux qui se font entendre à toutes les heures du jour et de la nuit. Vous écoutez tour à tour l'orgue, les chants et les prières, tandis qu'un nuage d'encens s'élève de tous les coins de la nef et semble donner une réalité physique aux mystères qui s'accomplissent sur l'autel.

Avant l'incendie dont nous venons de parler, on voyait en descendant de la chapelle du Calvaire, pour entrer dans celle d'Adam, deux tombes de deux héros les plus illustres de la chrétienté, Godefroi de Bouillon et Baudouin. On lisait sur ces tombes deux inscriptions latines, dont voici la traduction : *Ci-gît l'illustre Godefroi, duc de Bouillon, qui soumit toute cette terre à la religion chrétienne. Que son âme règne avec le Christ. Ainsi soit-il.* — Et : *Le roi Baudouin, cet autre Judas Machabée, l'espoir de la patrie, la force de l'Église et le soutien de l'une et de l'autre ; ce prince, devant lequel tremblaient en lui payant tribut Cédar* [1], *l'Égypte, Dan et l'homicide Damas, repose, hélas ! dans cette modeste tombe.*

---

[1] Cédar. L'Écriture donne ce nom au pays de Galaad, situé à l'orient du Jourdain, vers le désert d'Arabie. Dans le *Cantique des Cantiques* (liv. I, chap. IV), l'épouse dit qu'elle est noire comme les tentes de Cédar. Saint Jérôme, et après lui Ziegler, disent que cette contrée devait son nom à Cédar, second fils d'Ismaël. (Voy. Genèse, chap. XXV, vers. 13.)

Lorsque les moines grecs ont restauré la partie du temple qui avait été incendiée, ils ont détruit ces tombeaux. Jalousie vaine et impie qui a bien pu faire disparaître des inscriptions gravées sur quelques pierres, mais non pas arracher les pages de l'histoire qui instruisent le monde catholique, que les rois Godefroi de Bouillon et Baudouin ont conquis le Saint-Sépulcre, et le droit pour leurs ossements d'être déposés au pied du Calvaire.

Il ne reste plus à Jérusalem de Godefroi de Bouillon que son épée, maniée peut-être par Philippe-Auguste, Richard Cœur-de-lion et saint Louis, et que les Français ne peuvent toucher qu'avec un sentiment profond de foi religieuse et de patriotisme.

Cette chapelle d'Adam était destinée autrefois à la sépulture des rois latins de Jérusalem. On y déposa, outre les dépouilles mortelles de Godefroi de Bouillon et de Baudouin Ier, celles de Baudouin II, Baudouin III, Amaury Ier, Baudouin IV et Baudouin V; on lisait sur le tombeau de ce dernier, en caractères très-altérés, cette épitaphe : *Sous cette tombe repose le septième roi de Jérusalem, du sang royal des Baudouins. Le sort commun de l'humanité l'a enlevé de ce monde pour le mettre en possession du paradis.*

L'érudition des anciens auteurs et leurs narrations ont toujours beaucoup de charme; leurs récits sont d'autant plus curieux, qu'ils nous décrivent des monuments détruits maintenant, qui méritaient toute notre admiration, et que le temps, l'ignorance ou la méchanceté des hommes ont fait disparaître. On lira donc probablement avec intérêt ce que dit du Saint-Sépulcre le R. P. Besson, ce vieux missionnaire pèlerin que nous avons déjà cité [1] :

« Qve cette Église est auguste et non pareille! Dans les autres Églises on représente les mystères de nostre religion, et dans celle cy on les voit en partie; ailleurs nous adorons Dieu fait homme, mort pour les hommes et résuscité. Icy nous les touchons presque et nous nous vnissons à lui par la voye mesme des sens qui y sont consacrez et comme déifiez. Ailleurs, nous exerçons les fonctions du christianisme finissant et languissant en ces derniers siècles : dans l'église de la Résurrection du Seigneur nous auons part aux glorieux auantages des apostres, et disons auec sainct Iean : *Quod fuit ab initio, quod audivimus, quod vidimus oculis nostris, quod prospeximus et manus nostræ con-*

---

[1] *Syrie Sainte*, 1660, sec. part., p. 126. *Les sept Thrésors de l'Église du S. Sépulchre.*

trectauerunt de verbo vitæ... testamur et annunciamus vobis[1]. C'est pourquoy la pratique des hommes apostoliques de l'Orient estoit de visiter les saincts lieux deuant que de prescher l'Éuangile aux peuples éloignez. Saincte Hélène appeloit cette Église la nouvelle Ierusalem ; mais Vrbain second, ce grand pape qui fut la trompette des croisades, dans vn sermon qu'il fit pour le recouurement de la terre saincte, dit que la meilleure partie du monde est renfermée dans cette diuine maison qui contient le Caluaire, le lieu de la résurrection de Iesvs et celui de ses premieres apparitions : *In illo templo, non ignara loquor, requieuit Deus, ibi pro nobis mortuus est, ibi sepultus est*[2]. Combien de merueilles se rencontrent dans ce temple? le centre des plus grands mystères de nostre religion, et comme les Grecs parlent de la partie qu'ils y possèdent, le milieu du monde où Iesvs a opéré le salut des hommes. Ie ne puis en discourir sans toucher vn mot de sa fondation et de son histoire.

» Enuiron l'an de Nostre Seigneur 326, Constantin[3], après son baptesme, qui fut l'heureuse crise de la religion chrestienne, et après le concile de Nicée, renuersa les idoles dans l'estenduë de l'empire romain deuenu chrestien, et enuoya en Ierusalem sa mère saincte Hélène, qui auança les desseins de son fils, ruina les restes de l'idolatrie et fit bastir cette admirable Église du Sainct-Sépulchre, appellée du nom de son fils, Constantinienne, afin que Constantin ne parust pas moindre que Salomon, qui donna son nom à vn temple plus beau que celui cy, mais non pas si riche, l'vn ne contenant que les ombres et l'autre les lumières, l'un ne monstrant que les copies, et l'autre faisant voir les originaux. Ce chef-d'œuure fut commencé la vingtième année de l'empire de Constantin, et la bastisse dura dix ans. Le patriarche Macaire en eut les premiers ordres, et Maxime, qui luy succéda cinq ans après, l'acheua. Ainsi vn empereur, une impératrice et deux patriarches contribuerent leurs soins pour cet admirable bastiment, lequel ayant esté destruit par Chosroas, fut réparé par Héraclius ; et de rechef ayant esté renuersé par Ammirat Prince de Babylone, fut redressé par la princesse, mère d'Ammirat, qui estoit chrestienne. Comme si c'estoit vne chose fatale à ceste Église de n'auoir que de grands princes pour fondateurs et de grandes princesses pour fondatrices.

[1] Joan., cap. I.
[2] Socrat., lib. IV, cap. XXXIII.
[3] Euseb., lib. III, *De vita Constantini*.

» L'an 1009, Ammirat le fit démolir par la sollicitation des Iuifs, qui enuoyèrent un exprès d'Orléans à ce Sarrasin iusques en Perse où il estoit, auec ce faux aduis que s'il ne le destruisoit bientost les chrestiens y accoureroient de toutes parts et tascheroient de rentrer en possession du royaume de la Palestine. La démolition ordonnée par ce barbare et la réparation commandée par la princesse sa mère sont marquées en la mesme année. Godefroy, ensuite de ses victoires, y fit quelque changement, réduisant en vn corps d'église le sainct mont du Caluaire, la pierre de l'onction et le sainct sépulchre, qui estoient trois différentes églises.

» Il est basti en forme de croix : la partie supérieure regarde l'orient; le bras droit est du costé du septentrion; le gauche du midy; le sainct sépulchre est situé en la plus basse partie. Ie ne dis rien des grandes colonnes qui le soustiennent, ny des galeries qui l'embellissent, ny des diuerses nations qui se partagent ceste diuine demeure; ny du concours de tous les peuples qui y vont aux grandes solemnitez de l'année, et nommément de Pasques. Sa principale beauté, c'est la grandeur des mystères qu'il a comme enfantez et qu'il resserre dans ses sanctuaires. Mon dessein n'est pas de conter les présents des rois qui l'ont enrichy ; il n'est pas tant recommandable pour l'or, l'argent, les perles et les pierreries, que pour les pierres du sainct sépulchre, du Caluaire et de quelques colonnes dont le pied destal n'a pas esté pris d'autre carrière que du Caluaire, sur lequel il a esté taillé, comme monsieur de la Vallée, dans ses Lettres très fidèles, l'asseure. »

Si l'on quitte le divin sanctuaire pour suivre la Voie Douloureuse, c'est-à-dire le chemin que parcourut Jésus-Christ en se rendant de la maison de Pilate au Calvaire, toute l'histoire animée, parlante, de la Passion, se déroule peu à peu sous les yeux du voyageur. D'abord paraît la maison de Pilate, maintenant la demeure du gouverneur, et qui domine le vaste emplacement du temple de Salomon et la mosquée bâtie sur cet emplacement. On y fait remarquer encore l'arcade d'où Pilate montra au peuple le Fils de Dieu, après qu'on l'eut battu de verges et couronné d'épines. Ce fut là qu'il s'écria : *Ecce Homo*, voilà l'homme[1] ! A cent vingt pas plus loin est l'église de Notre-Dame

---

[1] Joan., cap. xix, vers. 5. — Voir dans l'*Histoire de l'état présent de Jérusalem* de Mariti, le chapitre xii : *de la voie douloureuse, autrement dite la voie de la Croix*.

des Douleurs ou de la *Madone du Spasme*, où l'on dit que Marie[1], chassée d'abord par les gardes, rencontra son fils chargé de la croix. Plus loin, Simon le Cyrénéen aida le Sauveur à porter l'instrument de son supplice[2]. Une rue voisine, où demeuraient d'un côté Lazare le pauvre, et de l'autre le mauvais riche, réveille le souvenir de cette belle parabole de l'Évangile : « Il y avait un homme riche qui était vêtu de pourpre et de lin, et qui se traitait magnifiquement tous les jours. — Il y avait aussi un pauvre, nommé Lazare, couché à sa porte, tout couvert d'ulcères, — qui eût désiré de se rassasier des miettes qui tombaient de la table du riche; mais personne ne lui en donnait et les chiens venaient lécher ses ulcères. — Or, il arriva que ce pauvre mourut et fut porté par les anges dans le sein d'Abraham; le riche mourut aussi, et eut l'enfer pour sépulcre[3]. »

Après la maison du mauvais riche, on remarque l'endroit où Jésus, voyant des femmes qui pleuraient, leur dit : « Filles de Jérusalem, ne pleurez pas sur moi, mais pleurez sur vous-mêmes et sur vos enfants, car le jour approche où l'on dira : Heureuses les entrailles qui n'ont point porté d'enfants et les mamelles qui n'ont point allaité. — Alors ils commenceront à dire aux montagnes, Tombez sur nous, et aux collines, Couvrez-nous[4]. »

Ensuite se découvre l'emplacement de la maison de Véronique, cette pieuse femme qui essuya le visage du Sauveur, puis la *Porte Judiciaire* qui conduit au Golgotha, et où se termine la voie douloureuse, après un mille environ de longueur.

La ville de Jérusalem est encore toute remplie des souvenirs les plus admirables de notre histoire religieuse. Les Arméniens ont bâti une église sur l'emplacement de la maison d'Anne le Pontife, où Jésus-Christ fut conduit lorsqu'il eut été pris dans le Jardin des Oliviers, comme on le voit dans l'Évangile de saint Jean. « Aussitôt, la cohorte et le tribun, avec les officiers des Juifs, prirent Jésus et le lièrent. — Ils l'emmenèrent premièrement chez Anne, beau-père de Caïphe, qui était grand prêtre cette année-là. Pierre les suivait de loin avec un autre disciple qui, connaissant Caïphe, le fit entrer dans la cour de la maison, où

---

[1] Raphaël a fait sur cette scène de la passion un merveilleux tableau nommé *le Spasme* et qu'on admire au musée de Madrid.
[2] Matth., cap. XXVII, vers. 52.
[3] Luc., cap. XVI, vers. 19-31.
[4] Luc., cap. XXIII, vers. 27 et seq.

ils s'assirent avec les soldats autour d'un grand feu, attendant ce qui allait arriver. Cependant, Anne interrogea le Christ sur sa doctrine et sur ses disciples, Jésus lui répondit : « J'ai parlé publiquement à tout le monde ; je n'ai rien dit en secret ; pourquoi m'interroger ? Demandez ce que j'ai dit à ceux qui m'ont entendu ; ceux-là connaissent ma doctrine. » A ces mots, un des officiers frappa Jésus au visage, en disant : « Est-ce ainsi que vous répondez au grand prêtre (car Anne avait été revêtu de cette charge). » Jésus lui répondit : « Si j'ai mal parlé, faites-le voir ; sinon, pourquoi me frappez-vous ? » Et Anne renvoya le Christ à Caïphe [1]. »

On rencontre, non loin de la maison d'Anne le Pontife, une église totalement ruinée, située à l'orient de la ville, au lieu où était la maison de Simon le Pharisien. Nous devons citer encore le monastère de Sainte-Anne, mère de la Vierge, aujourd'hui changé en mosquée ; la prison de saint Pierre, près du Calvaire, dont il ne reste plus que les murs ; la maison de Zébédée, grande église grecque ; la maison de Marie, mère de Jean-Marc, église syrienne ; enfin, le lieu du martyre de saint Jacques le Majeur, qui est aujourd'hui le couvent des Arméniens.

Maintenant, si l'on quitte la ville pour faire le tour de ses remparts, on rencontre d'abord la piscine de Bethsabée [2], fossé large et profond, mais sans eau ; on se trouve ensuite en face du mont de Sion, qui jadis eut la gloire de donner son nom à la ville. Ce mont, en croissant du côté de Jérusalem, est d'un aspect jaunâtre et stérile, son faîte arrondi est couronné de trois ruines : la maison de Caïphe, le Saint-Cénacle, et le palais de David. Du haut de ce mont, on découvre, par delà la vallée de Ben Hinnon, le champ du Sang, le mont du Mauvais Conseil, les tombeaux des Rois, ceux des Juges et tout le désert vers Hébron. La maison de Caïphe, où saint Pierre renia Jésus-Christ [3], couronne la montagne. C'est aujourd'hui une église desservie par les Arméniens. Le palais du tombeau de David est une petite salle voûtée où l'on trouve trois sépulcres de pierre noirâtre. Le Saint-Cénacle est une mosquée et un hospice turks. C'est dans ce lieu que David garda, pendant trois mois, l'arche d'alliance ; ce fut là

---

[1] Joan., cap. xviii, vers. 15-24.
[2] Voyez le *Livre des Rois*, II, chap. xi.
[3] Joan., cap. xviii, vers. 19 et seq.

que Jésus-Christ fit sa dernière pâque, qu'il institua le sacrement de l'eucharistie, et apparut à ses disciples; là aussi que le Saint-Esprit descendit sur les apôtres. Benjamin de Tudèle rapporte, au sujet de fouilles tentées dans cet endroit, un fait miraculeux que nous donnons sous son autorité.

« Toute l'étendue de Jérusalem, dit-il, est environnée de hautes montagnes; mais c'est sur celle de Sion que doivent être les sépulcres de la famille de David dont on ignore le lieu. En effet, il y a quinze ans qu'un des murs du temple que j'ai dit être sur la montagne de Sion, croula. Le patriarche donna ordre à un prêtre de le réparer avec des pierres qui se trouveraient dans le fondement des murailles de l'ancienne Sion. Pour cet effet, celui-ci fit marché avec environ vingt ouvriers entre lesquels il se trouva deux hommes amis et de bonne intelligence. L'un d'eux mena un jour l'autre dans sa maison pour lui donner à déjeuner. Étant revenus après avoir mangé ensemble, l'inspecteur de l'ouvrage leur demanda la raison pourquoi ils étaient venus si tard; auquel ils répondirent qu'ils compenseraient cette heure de travail par une autre. Pendant donc que le reste des ouvriers fut à dîner, et que ceux-ci faisaient le travail qu'ils avaient promis, ils levèrent une pierre qui bouchait l'ouverture d'un antre, et se dirent l'un à l'autre : « Voyons s'il n'y a pas quelque trésor caché. » Après y être entrés, ils avancèrent jusqu'à un palais soutenu par des colonnes de marbre et couvert de feuilles d'or et d'argent. Au-devant, il y avait une table avec un sceptre et une couronne dessus : c'était là le sépulcre de David, roi d'Israël; celui de Salomon, avec les mêmes ornements, était à la gauche, aussi bien que de plusieurs autres rois de Juda de la famille de David, qui avaient été aussi enterrés dans ce lieu. Il s'y trouva en outre des coffres fermés; mais on ignore ce qu'ils contenaient. Les deux ouvriers ayant voulu pénétrer dans le palais, il s'éleva un tourbillon de vent qui, entrant par l'ouverture de l'antre, les renversa par terre, où ils demeurèrent comme s'ils eussent été morts, jusqu'au soir. Un autre souffle de vent les réveilla, et ils entendirent une voix semblable à celle d'un homme qui leur dit : « *Levez-vous, et sortez de ce lieu.* » La frayeur dont ils étaient saisis les fit retirer en diligence, et ils rapportèrent tout ce qui leur était arrivé au patriarche, qui le leur fit répéter en face d'Abraham de Constantinople, le pharisien, et surnommé le pieux, qui demeurait alors à Jérusalem. Il l'avait envoyé chercher pour lui demander quel était son sentiment là-dessus ; à quoi il répondit que c'était le lieu de la sépulture de la maison de David, destinée pour les rois de Juda. Le lendemain, on trouva ces deux hommes couchés dans leurs lits et fort malades de la peur qu'ils avaient eue. Ils refusèrent de retourner dans le même lieu à quelque prix que ce fût, assurant qu'il n'était permis à aucun mortel de pénétrer dans un lieu dont Dieu défendait l'entrée : de sorte qu'elle a été bouchée par le commandement du patriarche, et que la vue en a été ainsi cachée jusqu'aujourd'hui. »

Cette histoire de Benjamin de Tudèle semble renouvelée de celle de Josèphe, qui la rapporte au temps d'Hérode le Grand.

En descendant le versant oriental du mont de Sion, on arrive dans la vallée, où se trouvent et la fontaine et la piscine de Siloé. La fontaine sort sans bruit du rocher et s'épanche dans son réservoir. Les uns la font paraître du temps d'Isaïe, les autres du temps d'Ézéchias. Les deux piscines sont auprès de la source ; elles servent aujourd'hui comme alors à laver le linge. Plus loin une autre fontaine, dite de la Vierge, mêle ses eaux à celles de Siloé.

Ici, à la racine du mont Moria, et sous les murs mêmes du temple, commence la vallée de Josaphat. Cette vallée court du nord au sud entre le mont Moria et la montagne des Oliviers ; le torrent de Cédron, presque toujours à sec, la traverse. La vallée de Josaphat prit ce nom du mausolée de ce roi, qui y fut inhumé. C'était d'ailleurs, de temps immémorial, un lieu de sépulture pour les Juifs ; les cèdres dont elle était plantée lui donnaient une physionomie funèbre. Le côté occidental est formé d'une haute falaise sur laquelle reposent les murs de la ville ; le côté oriental s'appuie au mont des Oliviers et au mont du Scandale, *offensionis*, l'un et l'autre nus, sombres, tristes, parsemés de vignes brûlées, d'oliviers sauvages, qui poussent au milieu de décombres. Sur le torrent de Cédron est jeté un pont d'une seule arche. En fait de monuments, on n'y remarque guère que les tombeaux de Zacharie, de Josaphat et d'Absalon, qui dorment en ce champ de deuil avec les mille pierres blanches du cimetière des Juifs, qu'on aperçoit à la hauteur du village arabe de Siloan. A la naissance de la vallée et presque à la source du Cédron, se découvre le jardin des Oliviers, dans lequel on remarque huit gros troncs d'arbres d'une extrême décrépitude. Les pères latins, qui ont acheté ce local de leurs deniers, font remonter bien haut l'origine de ces arbres séculaires. Le village de Gethsémani touche au jardin des Oliviers, et sur ses ruines est le sépulcre de la Vierge. C'est là que, d'après l'opinion de plusieurs pères, Marie fut ensevelie. Une église souterraine y a été construite, et toutes les sectes chrétiennes se la partagent : les Turks mêmes y ont un oratoire. On y voit, à côté du tombeau de la Vierge, ceux de saint Joachim, de saint Joseph et de sainte Anne. Plus loin est la grotte où Jésus sua du sang et à la porte de laquelle Judas le trahit par un baiser. Sur le sommet de la montagne, on montre la place d'où Jésus lança sur Sion une prophétie de deuil, et où plus tard Titus vint asseoir ses tentes.

En continuant à gravir la colline, on arrive à une petite mosquée, bâtie sur les débris d'une église. C'est de là qu'après sa résurrection Jésus-Christ remonta au ciel. On fait voir sur le rocher même l'empreinte du pied gauche d'un homme que l'on dit être celui du Sauveur. Là s'arrête cette histoire divine qui commence à Bethléem et se termine sur le mont des Oliviers.

Mais à côté de cette Jérusalem de la Bible, et comme fondue avec elle, existe une autre Jérusalem, celle qui fut tour à tour romaine, sarrasine et turque, la ville moderne près de la ville ancienne. Le premier édifice qui frappe la vue, c'est le château que les chrétiens nomment la tour des Pisans, et qui, d'après d'Anville, est bâti sur les ruines de l'ancienne forteresse de David. Ce monument, extrêmement curieux, a été reconstruit en partie plusieurs fois; la grosseur des pierres qui forment sa base indique une haute antiquité. Les Pisans croisés qui s'y sont établis d'abord l'ont réparé et lui ont donné leur nom. Enfin on trouve au-dessus de la porte et en d'autres endroits différentes inscriptions attestant que la tour des Pisans a été définitivement restaurée par Soliman Ier, l'an 941 de l'hégire, 1534 de l'ère chrétienne. Du sommet de ce château, on découvre toute la campagne. « Le pay-
» sage qui environne la ville est affreux, dit l'éloquent auteur de l'*Iti-*
» *néraire ;* ce sont de toutes parts des montagnes nues, arrondies à
» leurs cimes ou terminées en plateau; plusieurs d'entre elles, à de
» grandes distances, portent des ruines de tours et de mosquées dé-
» labrées. Ces montagnes ne sont pas tellement serrées qu'elles ne
» présentent des intervalles par où l'œil va chercher d'autres per-
» spectives; mais ces ouvertures ne laissent voir que d'arrière-plans
» de rochers aussi arides que les premiers plans. »

Quand on a quitté cette forteresse démantelée, à droite du bazar, et au pied de la montagne de Sion, on entre dans le quartier des Juifs, le plus misérable, le plus sale, le plus dégoûtant de tous les quartiers de la ville. La population y végète en proie à mille privations et à mille misères. Pour nourrir les Juifs de Jérusalem, on a été obligé d'avoir recours à des quêtes faites en Europe.

Non loin de là, et à peu de distance du Prétoire de Pilate, paraissent la piscine Probatique, le palais d'Hérode, et un ancien hôpital jadis chrétien, aujourd'hui turk, où figure la chaudière dite de Sainte-Hélène. Chaque Musulman pauvre recevait autrefois à cet hôpital deux petits pains, et des légumes cuits à l'huile.

Quand on fait le tour de Jérusalem, on reconnaît que ses remparts forment un carré long qui court de l'est à l'ouest. Le mur d'enceinte actuel est l'ouvrage de Soliman, fils de Sélim, ce qui est constaté par des inscriptions turques. Cette enceinte, flanquée de tours carrées, se compose de murs qui ont cent vingt pieds de haut, et environ trente pieds de large. Les fossés sont les vallons qui enveloppent la ville. Du reste, avec les moyens actuels pour l'attaque des places, Jérusalem ne tiendrait pas quarante-huit heures. Parmi les portes de la ville, on cite : *Bab-el-Khalil* (porte du bien-aimé), que l'on nomme aussi porte des Pèlerins, porte de Jaffa; *Bab-el-nabi-Daoud* (porte du prophète David), qui regarde le sud; *Bab-el-Maugarbé* (porte des Maugrabins); *Bab-el-Dahabié* (la porte Dorée), *Bab-el-setti-Mariam* (la porte de la sainte Vierge), *Bal-el-Zahara* (la porte de l'Aurore, porte aujourd'hui murée située entre la porte de Damas et la porte Saint-Étienne), *Bab-el-Cham* (la porte de Damas)[1]. Les rues principales sont : *Harat-bab-el-Hamoud* (la porte de la Colonne), *Souk-el-Kebir* (rue du Grand-Bazar), *Harat-el-Allam* (qui comprend la Voie Douloureuse). Sept autres petites rues complètent cette nomenclature, et dans le nombre figure la rue des Maugrabins, où logent presque tous les Barbaresques.

Des monuments de l'ère antique, il en est peu dont les vestiges soient dans un état satisfaisant de conservation. Le premier et le second temple n'existent plus que dans la tradition : on en chercherait vainement une trace. Le premier n'a guère été décrit que par Josèphe. « La longueur du temple, dit cet historien, est de soixante coudées, sa hauteur d'autant, sa largeur de vingt. Sur cet édifice, on en éleva un autre de la même grandeur; et ainsi, toute la hauteur du

[1] Voir la description du plan de Jérusalem, pl. 20.

temple était de six-vingts coudées. Il était tourné vers l'Orient, et son portique était de pareille hauteur de six-vingts coudées, de vingt de long, et de six de large. Il y avait à l'entour du temple trente chambres en forme de galeries, et qui servaient au dehors comme d'arcs-boutants pour les soutenir. On passait des unes dans les autres, et chacune avait vingt coudées de long, autant de large et vingt de hauteur. Il y avait au-dessus de ces chambres deux étages de pareil nombre de chambres toutes semblables. Ainsi la hauteur de trois étages ensemble montant à soixante coudées, revenait justement à la hauteur du bas édifice du temple dont nous venons de parler; et il n'y avait rien au-dessus. Toutes ces chambres étaient couvertes de bois de cèdre, et chacune avait sa couverture à part, en forme de pavillon; mais elles étaient jointes par de grosses et longues poutres, afin de les rendre plus fermes; et ainsi elles ne faisaient ensemble qu'un seul corps. Leurs plafonds étaient de bois de cèdre fort poli, et enrichis de feuillages dorés, taillés dans le bois. Le reste était aussi lambrissé de bois de cèdre, si bien travaillé et si bien doré, qu'on ne pouvait y entrer sans que leur éclat éblouît les yeux. Toute la structure de ce superbe édifice était de pierres si polies et tellement jointes, qu'on ne pouvait pas en apercevoir les liaisons; mais il semblait que la nature les eût formées de la sorte, d'une seule pièce, sans que l'art et les instruments dont les excellents maîtres se servent pour embellir leurs ouvrages, y eussent en rien contribué. Salomon fit faire dans l'épaisseur du mur, du côté de l'orient, où il n'y avait point de grand portail, mais seulement deux portes, un degré à vis de son invention pour monter jusqu'au haut du temple. Il y avait, dedans et dehors du temple, des ais de cèdre, attachés ensemble avec de grandes et fortes chaînes, pour servir encore à le maintenir en état.

» Lorsque tout ce grand corps de bâtiment fut achevé, Salomon le fit diviser en deux parties, dont l'une, nommée le Saint des Saints, ou Sanctuaire, qui avait vingt coudées de long, était particulièrement consacrée à Dieu, et il n'était permis à personne d'y entrer. L'autre partie, qui avait quarante coudées de longueur, fut nommée le Saint-Temple, et destinée aux sacrificateurs. Ces deux parties étaient séparées par de grandes portes de cèdre, parfaitement bien taillées et fort dorées, sur lesquelles pendaient des voiles de lin, pleins de diverses fleurs de couleur de pourpre, d'hyacinthe, d'écarlate, etc..... Salomon se servit, pour faire confectionner tout cela, mais principalement les ouvrages d'or, d'argent et de cuivre, d'un ouvrier admirable, nommé Hiram, qu'il avait fait venir de Tyr, dont le père, nommé Ur, quoique résidant à Tyr, était descendu des Israélites; car sa mère était de la tribu de Nephtali. Ce même homme lui fit aussi deux colonnes de bronze qui avaient quatre doigts d'épaisseur, dix-huit coudées de haut, et douze coudées de tour, au-dessus desquelles étaient des corniches de fonte, en forme de lis, de cinq coudées de hauteur. Il y avait autour de ces colonnes des feuillages d'or qui couvraient ces lis, et on y voyait pendre, en deux rangs, deux cents grenades, aussi de fonte. Ces colonnes furent placées à l'entrée du porche du temple, l'une nommée Jachim, et l'autre nommée Bor, à main gauche..... Salomon fit en outre bâtir, hors de cette enceinte, une espèce d'autre temple d'une forme quadrangulaire, environné de grandes galeries, avec quatre grands portiques qui regardaient le levant, le couchant, le septentrion et le midi, et auxquels étaient attachées deux grandes portes toutes dorées; mais il n'y avait que ceux qui étaient purifiés selon la loi et résolus d'observer les commandements de Dieu, qui eussent la permission d'y entrer. La construction de cet autre temple était un objet si digne d'admiration, qu'à peine est-ce une chose croyable; car pour le pouvoir bâtir au niveau de la haute montagne sur laquelle le temple était assis, il fallut remplir, jusqu'à la hauteur de quatre cents coudées, un vallon dont la profondeur était telle qu'on ne pouvait le regarder sans frayeur. Il fit environner ce temple d'une double galerie, soutenue par un double rang de colonnes de pierres d'une seule pièce; et ces galeries, dont toutes les portes étaient d'argent, étaient lambrissées de bois de cèdre. »

A ce premier temple, dont il serait difficile, sur un récit aussi vague, de reconstruire l'ensemble, succéda le second temple, bâti par Hérode l'Ascalonite, qui rentrait dans le caractère des ouvrages moitié grecs et moitié juifs. Ainsi il ne reste, à proprement parler, aucun édifice à Jérusalem qui appartienne à la première époque de son existence, si ce n'est pourtant la piscine Probatique. Cette piscine, qu'on voit encore près de la porte de Saint-Étienne, bornait le temple du côté du nord. C'est un réservoir qui a cinquante pieds de long sur une largeur de quarante pieds. Il est formé de murs construits avec de grosses pierres que lient des crampons de fer, puis revêtu de cailloutage que couvre un enduit. Dans cette piscine desséchée croissent aujourd'hui des grenadiers, des nopals et des tamarins sauvages.

Les monuments grecs et romains sont plus abondants à Jérusalem que les monuments tout à fait antiques. Dans la vallée de Josaphat gisent les sépulcres d'Absalon et de Zacharie : le premier formant une masse carrée, qu'ornent vingt-quatre colonnes d'ordre dorique uni, à demi engagées dans la masse, colonnes surmontées elles-mêmes d'un socle qui porte une pyramide triangulaire; le second, taillé dans le roc, et se terminant par une pointe recourbée. Le sépulcre de Josaphat et le sépulcre de saint Jacques sont aussi des constructions qui ne manquent ni de goût ni d'élégance. Quelques auteurs en portent la date à l'époque des Machabées.

Les sépulcres des rois se composent d'une salle découverte, taillée dans le roc, de trente pieds de long sur trente de large et douze de haut. La porte de cette salle, d'ordre dorique, située au midi, est surmontée d'une frise sculptée avec une finesse exquise, frise qui reproduit un triglyphe, un métope et une grappe de raisin se succédant l'un à l'autre. Au-dessus de la frise, et dans une direction parallèle, règne une autre ligne d'ornements, feuillage entremêlé de fruits qui descend le long des côtés de la porte. Dans l'angle, à gauche de cette porte, s'ouvre une sorte de canal dans lequel on ne peut aller qu'en rampant, et qui aboutit à une chambre carrée creusée dans le roc. Les parois de cette chambre sont garnies de cavités qui semblent avoir été disposées de manière à recevoir des cercueils. Sept autres chambres mortuaires continuent cette première chambre, et la plus mystérieuse de toutes semble avoir contenu les cercueils des principaux rois. D'après les fragments qui en restent, on voit que les sarcophages étaient de pierres ornées d'élégantes arabesques. Ce lieu était incontestablement un lieu de sépulture, car plusieurs voyageurs des premiers temps y virent, les uns des ossements, les autres des cendres. Au dehors, ces sépultures étaient signalées par trois pyramides, dont l'une existait encore du temps de Villalpando. Quant au roi qui fit bâtir ces monuments, et qui le premier y trouva sa sépulture, M. de Châteaubriand, après avoir comparé entre eux Josèphe, le livre des Machabées et Pausanias, nomme Hérode le Tétrarque, qui ne fut pas moins magnifique que son frère l'Ascalonite.

Le dernier voyageur savant qui ait parlé de Jérusalem, M. de Saulcy, membre de l'Institut, dans un excellent livre rempli de la plus ingénieuse érudition, est d'avis que ces sépulcres sont réellement ceux des rois de Juda. « En résumé, dit-il, aucune objection sérieuse ne subsiste, et je crois avoir le droit de dire que les tombeaux des rois de Juda étaient bien dans la cave sépulcrale qui porte encore le nom de Qbour-el-Molouk, de tombeaux des rois[1]. »

On a vu, à propos des saints lieux, quel était le caractère des monuments chrétiens construits à Jérusalem avant l'invasion sarrasine. Il ne reste plus qu'à apprécier ceux qui datent de cette seconde époque. Au premier rang est la mosquée du Temple, commencée par Omar sur les ruines du temple de Salomon. Ce temple, ruiné de fond en comble par les soldats de Titus, offrait un bel emplacement dont les conquérants surent tirer parti. Les Mahométans y construisirent une mosquée, devenue sainte aujourd'hui, presque à l'égal de celles de la Mekke et de Médine, et l'ornèrent de toutes les dépouilles des monuments voisins. Elle se nomma la mosquée de la Roche (El-Sakhrah), à cause d'une roche que l'on y découvrit. Cette mosquée est un des premiers monuments sur lesquels les Arabes essayèrent les rudiments de cette architecture qui s'est d'abord inspirée des caractères romain et byzantin, et qui est pour l'architecture moresque ce que le style roman est pour l'architecture chrétienne. L'architecture arabe s'est successivement transformée et a fini par s'élever aux proportions et aux magnificences de l'Alhambra.

La mosquée est octogone, et couronnée d'une lanterne à huit faces, que domine un dôme revêtu jadis de cuivre, aujourd'hui de plomb. Les murs sont recouverts, à l'extérieur, de petits carreaux ou de briques peintes chargées d'arabesques et de versets du Koran, écrits en lettres d'or. Les portiques des parvis, et ces briques peintes, rappellent les décorations de la cathédrale de Cordoue, ancienne mosquée, et du palais du Généralife, à Séville. Du reste, cette mosquée diffère peu, pour le caractère, de la foule des mosquées musulmanes, que beaucoup de voyageurs ont vues et décrites. On peut donc, sans y avoir pénétré, s'en faire une idée exacte. On sait que la décoration intérieure des temples turks est des plus simples. Voici ce que l'on en raconta à l'ambassadeur Deshayes : « Il y a dedans un grand dôme » qui est porté par deux rangs de grosses colonnes de marbre, au » milieu de laquelle est une grosse pierre, sur laquelle les Turks » croient que Mahomet monta quand il alla au ciel. Pour cette

---

[1] *Voyage autour de la mer Morte et dans les terres bibliques.* Paris, 1852, 1853, t. II, p. 219-281.

» cause, ils y ont une grande dévotion, et ceux qui ont quelques
» moyens fondent de quoi entretenir quelqu'un après leur mort qui
» lise l'Alcoran autour de cette pierre à leur intention. Le dedans de
» cette mosquée est tout blanchi, hormis en quelques endroits, où le
» nom de Dieu est écrit en caractères arabiques. »

Guillaume de Tyr en parle à son tour ainsi :

« Pour entrer dans le temple, il y a quatre portes, situées à l'orient,
» à l'occident, au septentrion et au midi, chacune ayant son portail
» bien élabouré de moulures, et six colonnes avec leur piédestal et
» chapiteau ; le tout de marbre et de porphyre. Le dedans est tout de
» marbre blanc ; le pavé même est de grandes tables de marbre de
» diverses couleurs, dont la plus grande partie, tant des colonnes que
» du marbre et le plomb, ont été pris par les Turks, tant en l'église
» de Bethléem qu'en celle du Saint-Sépulcre, et autres, qu'ils ont dé-
» molies.

» Dans le Temple, il y a trente-deux colonnes de marbre gris en
» deux rangs, dont seize grandes soutiennent la première voûte, et
» les autres le dôme, chacune étant posée sur son piédestal, et leurs
» chapiteaux. Tout autour des colonnes, il y a de très-beaux ouvrages
» de fer doré et de cuivre, faits en forme de chandeliers, sur lesquels
» il y a sept mille lampes posées, lesquelles brûlent depuis le jeudi
» au soleil couché, jusqu'au vendredi midi, et tous les ans, un mois
» durant, à savoir, au temps de leur Ramadam, qui est leur carême.

» Dans le milieu du Temple, il y a une petite tour de marbre, où
» l'on monte en dehors par dix-huit degrés. C'est où se met le cadi
» tous les vendredis, depuis midi jusqu'à deux heures que durent
» leurs cérémonies.

» Outre les trente-deux colonnes qui soutiennent la voûte et le
» dôme, il y en a deux autres moindres, assez proches de la porte de
» l'occident, que l'on montre aux pèlerins étrangers, auxquels ils font
» accroire que lorsqu'ils passent librement entre ces colonnes, ils sont
» prédestinés pour le paradis de Mahomet, et disent que si un chré-
» tien passait entre ces colonnes, elles se serreraient et l'écraseraient.
» J'en sais pourtant bien à qui cet accident n'est pas arrivé, quoiqu'ils
» fussent bons chrétiens.

» A trois pas de ces deux colonnes, il y a une pierre dans le pavé,
» qui semble de marbre noir, de deux pieds et demi en carré, élevée
» un peu plus haut que le pavé. En cette pierre, il y a vingt-trois

» trous, où il semble qu'autrefois il y ait eu des clous, comme de fait
» il en reste encore deux : savoir à quoi ils servaient, je ne le sais
» pas; même les Mahométans l'ignorent, quoiqu'ils croient que c'était
» sur cette pierre que les prophètes mettaient les pieds lorsqu'ils des-
» cendaient de cheval pour entrer au Temple, et que ce fut sur cette
» pierre que descendit Mahomet quand il arriva de l'Arabie Heureuse
» et quand il fit le voyage du paradis pour traiter d'affaires avec
» Dieu. »

Au milieu de la naïveté de ce récit, il est facile de distinguer ce qu'est la mosquée de la Roche, que les Turks semblent défendre avec le plus grand soin de l'approche des chrétiens. Damoiseau, qui chercha à y pénétrer, raconte la manière adroite avec laquelle le mutzelim sut l'éconduire.

« Un objet, dit-il, excitait vivement ma curiosité à Jérusalem :
» c'était la belle mosquée bâtie sur les ruines du temple de Salomon.
» Tant de voyageurs assuraient qu'il était impossible à tout chrétien
» d'y pénétrer, que je voulus tenter de prouver le contraire. Recom-
» mandé au mutzelim de la ville, j'allai lui présenter mes respects, et
» le presser de m'accorder une faveur à laquelle j'attachais le plus
» grand prix, celle de visiter ce temple des vrais croyants dont on ra-
» conte merveilles et miracles. La réception amicale du mutzelim en-
» courageait mes instances; il souriait à mes vœux, il paraissait dans
» les dispositions d'y céder, et je me croyais déjà sûr de la réussite,
» quand quelques mots m'éclairèrent. « Va, mon fils, me dit-il, la
» lumière divine t'éclaire; tu désires, je le vois bien, renoncer au culte
» des infidèles pour entrer dans le rang des disciples de Mahomet. Je
» bénis notre saint prophète d'avoir embrasé ton âme de cette ardeur
» salutaire, de t'avoir inspiré le besoin de te convertir à la foi qui
» seule peut mériter la béatitude éternelle. Va, mon cher fils, et re-
» viens purifié de tes souillures pour suivre désormais la bonne voie.
» Je vais te donner une escorte qui se chargera d'instruire nos imans
» de tes louables intentions, et t'aplanira toutes les difficultés. » Ce
» discours, que la malice du mutzelim lui dictait pour m'embarrasser,
» me désenchanta singulièrement. Je lui répondis que, tout en profes-
» sant une grande vénération pour Mahomet et beaucoup de respect
» pour la religion qu'il enseigne, mon dessein n'était pas de renoncer
» à ma patrie pour devenir sujet du Grand-Seigneur; que la seule
» envie d'examiner un beau monument des arts de l'Orient avait dé-

» terminé ma démarche auprès de lui, et qu'étant né de père et mère
» chrétiens, à mes risques et périls, je voulais mourir chrétien: « Ah!
» me dit le mutzelim, ceci change bien l'affaire! Je m'étais étrange-
» ment trompé sur ton compte, seigneur Français! N'importe, je t'ai
» promis une escorte pour t'accompagner à la mosquée, je tiendrai
» ma parole; on t'en fera voir les dehors et l'intérieur dans tous les
» détails; seulement je dois t'avertir que si le peuple musulman te
» reconnaît pour chrétien, ce qui est plus qu'à supposer, le moindre
» désagrément qui puisse t'arriver, c'est d'être massacré sur place.
» Vois maintenant ce que tu dois faire; une pareille bagatelle n'ar-
» rêtera pas sans doute un homme de courage comme toi? — Pas le
» moins du monde, répondis-je au facétieux mutzelim; mais comme
» il me reste encore quelques légers intérêts à régler, je remettrai la
» partie de plaisir à un autre jour, si vous voulez bien me conserver
» la même bienveillance. » Le mutzelim parut charmé de cet échange
» de plaisanteries; il fit apporter des sorbets et des pipes, et nous
» nous quittâmes fort bons amis, quoique je m'en retournasse un peu
» désappointé du non-succès de mes espérances [1]. »

Tels sont les monuments de Jérusalem rangés par catégories et par époques. Cette ville obéit tantôt à des gouverneurs propres qui ont le titre de pachas, tantôt à des *motzelams* ou *mutzelims*, qui relèvent du pacha de Damas. Ce mutzelim paye une ferme et s'en rembourse à l'aide du miré, des douanes et des avanies considérables qu'il impose aux chrétiens; ces avanies presque toujours prennent leur source dans une sorte de concurrence que se font les diverses sectes chrétiennes qui visent à la possession des saints lieux. Chaque communion, grecque, catholique, arménienne, copte, abyssine et franque, tient à honneur de ne point demeurer inférieure à ses rivales en priviléges de localité. Ainsi on met à une espèce d'enchère les prérogatives de telle chapelle, le droit de telle procession, et le mutzelim a grand soin de profiter de cette concurrence, qui garnit ses coffres. Par suite de cette position rivale, les divers couvents sont presque toujours en hostilité, et les fidèles aussi bien que les couvents. On ne saurait évaluer à moins de cent mille piastres ce que rapportent au gouverneur les avanies qu'il

---

[1] Pour connaître l'état moderne de la célèbre mosquée d'El-Haram, qui a été visitée par quelques chrétiens au moment de la conquête de la Syrie par Ibrahim-Pacha, on peut aussi consulter la description qu'en a faite Ali-Bey (Badia) dans son *Voyage en Afrique et en Asie*.

fait peser sur les chrétiens. Chaque pèlerin lui paye un droit d'entrée de dix piastres, et un droit d'escorte pour le voyage au Jourdain. Il a, en outre, une taxe sur toutes les contraventions qui se commettent, soit une réparation clandestine à une église, soit une procession passée à quelques toises au delà de ce qu'elle devait aller. Chaque couvent est le contribuable obligé du mutzelim ; il ne s'y fait rien, il ne s'y déplace pas un hôte sans qu'une capitation soit payée. On paye pour tout changement de supérieur, on paye pour toute cérémonie publique. Il n'est pas jusqu'aux chapelets, reliquaires, croix, agnus et scapulaires qui n'acquittent un droit entre les mains du gouverneur. L'exportation de ces reliques pieuses est plus considérable qu'on ne pourrait croire. Le grand couvent de la Terre Sainte en exporte à lui seul pour une cinquantaine de mille piastres, et les autres couvents grecs, arméniens et coptes, pour une somme à peu près égale.

Outre ces taxes prévues, le mutzelim a encore une foule d'occasions de profits licites ou non licites. Sur un caprice il taxe un chrétien à dix, vingt, trente bourses, sous peine de recevoir cinq cents coups de bâton. M. de Châteaubriand cite comme l'un des plus célèbres avanistes de l'Orient le pacha Abdallah. « Un jour, dit-il, ce pacha avait envoyé sa cavalerie piller des Arabes cultivateurs, de l'autre côté du Jourdain. Ces bonnes gens, qui avaient payé le miré et qui ne se croyaient point en guerre, furent surpris au milieu de leurs tentes et de leurs troupeaux. On leur vola deux mille deux cents chèvres et moutons, quatre-vingt-quatorze veaux, mille ânes et six juments. Un Européen ne pourrait guère imaginer ce que le pacha fit de ce butin. Il mit à chaque animal un prix excédant deux fois sa valeur ; il estima chaque chèvre et chaque mouton à vingt piastres, chaque veau à quatre-vingts. On envoya les bêtes ainsi taxées aux bouchers, aux différents particuliers de Jérusalem et aux chefs des villages voisins ; il fallait les prendre et payer sous peine de mort. J'avoue que si je n'avais pas vu de mes yeux cette double iniquité, elle me paraîtrait tout à fait incroyable. Quant aux ânes et aux chevaux, ils demeurèrent aux cavaliers ; car, par une singulière convention avec ces voleurs, les animaux au pied fourchu appartiennent au pacha dans les épaves, et toutes les autres bêtes sont le partage du soldat. »

L'un des plus curieux épisodes de la vie de Jérusalem, c'est le passage des pèlerins. Autrefois, le christianisme tout entier concourait à la splendeur de ce pèlerinage, mais depuis quelques années, si l'on

en excepte un petit nombre de moines italiens, allemands ou espagnols, cette pratique religieuse n'existe plus pour les Latins, mais elle s'est perpétuée chez les Grecs schismatiques et parmi les chrétiens de l'Orient. Les Grecs assurent que le pèlerinage vaut indulgence plénière, non-seulement pour le passé, mais encore pour l'avenir. Aussi chaque année part-il de la Morée, de Constantinople, de l'Archipel, de l'Anatolie, de la Syrie et de l'Égypte, une foule de pèlerins qui arrivent en novembre à Jaffa, et vont à Jérusalem, où ils demeurent jusqu'après les fêtes de Pâques. Quand cette troupe arrive, elle se distribue parmi les couvents des diverses communions, puis elle suit avec recueillement les exercices religieux. Le jour du vendredi saint est marqué comme celui de la plus grande cérémonie. Le voyageur Damoiseau en fut le témoin. « En ma qualité de pèlerin, dit-il, j'as-
» sistai aux exercices du saint jour. Je vis, ou plutôt je ne vis pas les
» ténèbres, car l'obscurité était si complète quand tous les cierges
» furent éteints spontanément, que force me fut de garder ma place
» pour ne pas tout heurter en essayant de sortir. On frappait de grands
» coups sur les planches, en faisant retentir les voûtes de chants lu-
» gubres en langue espagnole. Enfin la lumière brilla de nouveau, et
» l'on aperçut l'officiant, assis sur des coussins de velours, et revêtu
» de riches habits pontificaux. Il prononça d'une voix grave un ser-
» mon espagnol, qu'un autre moine répéta en arabe. Ensuite l'image
» de Jésus fut promenée tout autour de l'église, en s'arrêtant à diffé-
» rents endroits pour marquer les stations du Sauveur ; puis on cru-
» cifia cette statue, on la décrucifia ; on l'enveloppa dans un linceul,
» on fit le simulacre de l'embaumer, on la mit au cercueil pour la
» retirer le lendemain. »

Une autre cérémonie, c'est la purification dans le Jourdain, quand le dimanche des Rameaux est arrivé. La foule des pèlerins se précipite alors hors des murs de Jérusalem, et, traversant la plaine de Jéricho, va se baigner dans le fleuve saint ; quelques-uns poussent le pèlerinage jusqu'à la mer Morte ; puis de retour dans la ville sainte, ils assistent à la cérémonie du feu du ciel, qui, le samedi saint, est apporté par l'ange lui-même. Quand la Pâque est finie, on délivre à chaque pèlerin une espèce de patente, et ils partent après s'être fait tracer sur le bras des figures de croix et de lances avec le chiffre de Jésus et de Marie. Ces signes se pratiquent à l'aide de piqûres d'aiguilles que l'on remplit ensuite de poudre à canon ou de chaux d'antimoine.

Dans le dernier siècle cette affluence de pèlerins laissait encore à Jérusalem des sommes considérables. Volney les évalue à un million et demi, dont une portion passait entre les mains des marchands de denrées. L'eau, en 1784, s'est payée jusqu'à la valeur de quinze sous les deux seaux. Mais le nombre des pèlerins étant considérablement diminué, la ville ne profite pas maintenant du quart de ces valeurs. Les pèlerins fidèles sont toujours obligés de donner la plus grande partie des sommes qu'ils apportent aux autorités turkes. Les couvents grecs, qui reçoivent le plus grand nombre de pèlerins, sont les plus riches. Autrefois l'archevêque grec, le plus opulent prince du lieu, se distinguait par les somptueuses décorations de son logement et par les raffinements de sa table. Damoiseau, qui y fut invité, en dit ce qui suit :
« Le jour où j'eus l'honneur de dîner avec ce patriarche, un repas
» pour dix-huit cents personnes était servi sur la terrasse du couvent
» qu'il habite. D'un côté des vins délicieux, des mets exquis, des fruits
» superbes se trouvaient offerts; de l'autre, une montagne de riz cuit
» à l'huile, de poissons cuits à l'eau et force haricots indigestes, atten-
» daient la voracité des convives qui n'en laissèrent pas de vestige,
» tant le jeûne les avait rendus peu difficiles ! »

Quant aux Pères latins qui occupent le couvent dit de *Saint-Sauveur* ou de *Terre-Sainte*, ils ne sont ni aussi riches, ni aussi influents que les chrétiens schismatiques. Loin d'avoir toutes les aises et toutes les jouissances que certains récits leur supposent, les Pères gardiens du Saint-Sépulcre ont une vie de lutte et de souffrances. « Il faut, dit M. de Châteaubriand, qu'ils obtiennent la permis-
» sion de se nourrir, d'ensevelir leurs morts, etc. Tantôt on les
» force de monter à cheval sans nécessité, afin de leur faire payer des
» droits; tantôt un Turk se déclare leur drogman malgré eux, et
» exige un salaire de la communauté. On épuise contre ces infortunés
» moines les inventions les plus bizarres du despotisme oriental. En
» vain ils obtiennent, à prix d'argent, des ordres qui semblent les
» mettre à couvert de tant d'avanies; ces ordres ne sont point exé-
» cutés : chaque année voit une oppression nouvelle, et exige un nou-
» veau firman. Le commandant prévaricateur, le prince, protecteur
» en apparence, sont deux tyrans qui s'entendent, l'un pour com-
» mettre une injustice avant que la loi soit faite, l'autre pour vendre
» à prix d'or une loi qui n'est donnée que quand le crime est commis.
» Le registre des firmans, des pères, est un livre bien précieux, bien

» digne à tous égards de la bibliothèque de ces apôtres qui, au milieu
» des tribulations, gardent avec une constance invincible le tombeau
» de Jésus-Christ. Les pères ne connaissaient pas la valeur de ce ca-
» talogue évangélique; ils n'y voyaient rien qui pût m'intéresser;
» souffrir leur est si naturel qu'ils s'étonnaient de mon étonnement. »

Le couvent de la Terre-Sainte est le chef-lieu de toutes les missions qui existent dans le ressort de l'empire turk. Ces missions sont au nombre de dix-sept, desservies par des Franciscains de toutes nations, mais surtout par des Italiens, des Espagnols, et autrefois des Français. Les trois grandes autorités se partagent entre ces trois nations; le supérieur est Italien, le procureur Espagnol, le vicaire devrait être Français, mais ce poste était occupé par un moine espagnol, lorsque nous avons habité le couvent du Saint-Sauveur et celui du Saint-Sépulcre. Chacun de ces administrateurs a une clef de la caisse générale, afin que le maniement des fonds ne puisse se faire qu'en commun. Chacun d'eux est assisté d'un remplaçant que l'on nomme *le discret*. Ces chefs et ces *discrets*, avec l'adjonction d'un septième membre qui est Portugais, forment ce que l'on nomme *le directoire* ou chapitre souverain. La plus grande partie des recettes de ce couvent consistent en magnifiques aumônes que lui font les puissances catholiques, puis en recettes réalisées à l'époque du pèlerinage. Les dépenses consistent en présents au mufti, au cady, au naqib, au pacha, enfin à tous les dignitaires turks dont l'influence et l'appui peuvent être utiles à la communauté.

Nous citerons encore une excellente description du monastère du Saint-Sauveur et du couvent du Saint-Sépulcre, par M. Michaud, dans son voyage en Orient[1]:

Jérusalem, février 1831.

« Il faut que je vous dise un mot des pères du Saint-Sépulcre et du monastère de Saint-Sauveur, où nous sommes logés : beaucoup de relations nous font connaître l'établissement et les statuts du couvent latin : les gardiens du saint tombeau appartiennent à l'ordre de Saint-François. Ils sont envoyés de l'Italie et de l'Espagne, ce qui a quelquefois fait naître des antipathies, des discordes dont on a beaucoup

---

[1] *Correspondance d'Orient*, 1830-1831, par M. Michaud de l'Académie française, et M. Poujoulat, tome IV, p. 258, lettre XCIX : «Des Couvents latins du Saint-Sépulcre; Avanies des Turcs; Ressources des Pères latins. »

parlé, quoiqu'elles n'aient éclaté que dans une étroite solitude ; tous les établissements de la terre sainte ont toujours été sous le patronage de la France, ce qui pourrait faire croire qu'il y a dans le couvent de Saint-Sauveur quelques moines français, mais la vérité est qu'il n'y a ici de français que le souvenir des monarques qui ont protégé autrefois la terre sainte, et quelques vieilles capitulations avec la Porte, dont l'exécution n'est réclamée par aucune autorité spéciale, par aucun fondé de pouvoir [1]. Ce qui m'étonne, ce qui m'afflige tout à la fois, c'est de n'entendre parler ici qu'un mauvais italien et un mauvais espagnol ; cette langue française, qu'au rapport d'un vieil historien on parlait jadis à Jérusalem comme à Paris, est à peine connue dans le monastère des pères latins, et tandis que toutes les langues de l'univers sont journellement entendues autour du saint tombeau, la langue du peuple de France est celle qu'on y parle le moins.

» Je vous parlerai d'abord du couvent que les pères Franciscains ont dans l'intérieur de l'église du Saint-Sépulcre, et du service que fait leur sainte milice auprès du tombeau de Jésus-Christ. Il y a toujours treize moines qui veillent dans le sanctuaire et qui sont là comme une garde avancée. Une fois entrés, ils ne sortent plus ; car ce sont les Musulmans, comme je vous l'ai dit, qui ont la clef de l'église. Les pères latins reçoivent leur nourriture à travers les barreaux, et restent ainsi jusqu'à ce que d'autres frères viennent leur succéder ; véritables sentinelles qu'on place et qu'on relève tour à tour. Nous avons visité plusieurs fois ce couvent intérieur ; de tous côtés il tombe en ruines. Dans plusieurs endroits du toit il s'est formé de larges ouvertures par lesquelles passe la pluie ; dans les jours pluvieux, les cellules reçoivent plus d'eau qu'il n'en faudrait pour remplir une grande citerne. Ajoutez à cela que les chevaux des santons musulmans ont leur écurie au-dessus du réfectoire des moines, et qu'ils frappent du pied le plancher toujours près de s'écrouler. Les pauvres cénobites sont chaque jour à la veille d'être écrasés sous les débris de leurs cellules.

» Il y a quelque temps que les moines ont le projet de réparer leur couvent en ruines. Ils en ont demandé la permission au pacha d'Acre. Car bien que les Turks, comme vous le savez, ne soient ni les auxiliaires, ni les complices du temps, ils sont les premières gens du

---

[1] Le père vicaire est censé représenter la France ; mais le père vicaire n'est pas Français et ne parle pas français.

monde pour le laisser faire, et lorsque ses ravages sont à leur comble, il faut toujours acheter d'eux le privilége de s'en défendre. La permission de faire les réparations nécessaires avait donc été achetée d'Abdallah. Mais voici ce qui est arrivé et ce qui vous fera connaître le régime des Turks. Les pères latins, autorisés par le pacha, allaient mettre la main à l'œuvre, lorsque le gouverneur de Jérusalem s'est présenté, en disant qu'on ne lui avait pas donné son *bakchis* (gratification) : il a fallu le satisfaire ; après cela, on a cru pouvoir se remettre à l'œuvre ; mais le cadi est venu à son tour, réclamant son *bakchis*, et menaçant les pères latins de sa colère, si on remuait une pierre avant de lui avoir compté trois mille piastres ; nouveau tribut qu'il a fallu payer. Enfin, le gouverneur et le cadi étaient satisfaits ; on pouvait croire qu'il n'y aurait plus d'opposition ; mais on se trompait, car le cadi et le gouverneur, étant partis pour la guerre de Naplouse, il est resté à Jérusalem un sous-cadi revêtu de la puissance suprême. Il a demandé à son tour qu'on lui fît une libéralité ; il exigeait quinze cents piastres. Les choses en étaient là, quand nous sommes arrivés à Jérusalem : le monastère du Saint-Sauveur était rempli de tristesse et de deuil, car il allait se trouver ruiné. Les pères ont cherché à toucher le sous-cadi par leurs prières ; et pour toute réponse on leur a dit : *bakchis,* ce qui veut dire : « payez. »

» La même chose arrive toutes les fois qu'il s'agit de faire la moindre réparation dans le couvent ou dans l'église du Saint-Sépulcre. Les gardiens du saint tombeau auraient bâti un palais avec ce qu'ils ont donné aux Musulmans pour obtenir la permission de réparer leur modeste demeure. Comment les pères latins peuvent-ils suffire à toutes ces exigences des Musulmans? Ils ont, d'ailleurs, beaucoup d'autres dépenses à faire, car ils sont obligés d'entretenir vingt-deux couvents établis dans plusieurs parties de la Palestine, en Syrie et en Chypre. Dans des temps éloignés, des princes de l'Occident venaient au secours des catholiques de Jérusalem, non-seulement en les protégeant auprès des princes de la Porte Ottomane, mais en envoyant de l'argent au monastère des Latins. Avec ces libéralités royales, les gardiens du Saint-Sépulcre pouvaient nourrir les pauvres, recevoir les pèlerins, entretenir les édifices des chrétiens dans la ville sainte. Mais ces ressources, venues de si loin, dépendaient de l'état où se trouvait l'Europe et même des opinions qui s'accréditaient dans les sociétés européennes. Dès le siècle dernier, le monastère de Jérusalem ne recevait plus de subsides que de l'Espagne, du Portugal et de la cour de Rome; encore, ces secours avaient-ils été supprimés ou réduits de beaucoup par suite des guerres qui ébranlèrent tout l'Occident et qui ne permirent pendant plusieurs années à aucun prince chrétien de porter ses regards vers les saints lieux. Au milieu des plus grands orages de la révolution française, le couvent latin se trouva dans une telle misère qu'il fut réduit à vendre les vases sacrés et les ornements des autels. J'ai vu un vieux père espagnol qui me parlait, les larmes aux yeux, des candélabres, des lampes et des calices d'or, qu'on avait vendus ou mis en gage, pour ne pas mourir de faim à Jérusalem.

» Depuis ce temps, la charité des rois, la charité des fidèles, a été sollicitée. En France, quelques voix se sont quelquefois élevées en faveur des gardiens du Saint-Sépulcre. J'ai souvent entendu un de nos orateurs sacrés rappelant à ses auditeurs la misère qui régnait dans les saints lieux et prêchant, comme il le disait lui-même[1], une croisade de charité. A la voix du prédicateur, au nom de Jérusalem délaissée, de nombreuses aumônes étaient recueillies, et la pauvreté de Sion a pu être soulagée; mais les fruits de cette croisade de charité ne pouvaient suffire à des besoins sans cesse renaissants et toujours les mêmes. Les pères du Saint-Sauveur m'ont dit que le roi Charles X leur envoyait chaque année une somme de deux mille francs. Cette somme, pour l'année 1830, vient d'arriver à Beyrouth et le consul de France leur en a donné l'avis. Mais il est plus que probable que cette modique pension sera supprimée et qu'aucun secours ne viendra désormais du Royaume Très-Chrétien.

» J'ai voulu savoir comment les pères latins, abandonnés ainsi par les rois et par une grande partie de la chrétienté, avaient pu se soutenir. Voici les renseignements qui m'ont été donnés et qui sont d'une grande exactitude. La charité des fidèles suffit encore aux besoins des gardiens du Saint-Sépulcre, mais cette charité a besoin d'être réveillée par une sorte d'industrie. La Providence, en donnant la pâture aux petits des oiseaux, n'a point entendu par là que les oiseaux ne chercheraient pas eux-mêmes leur nourriture. Les pères du Saint-Sauveur ont compris la Providence de cette manière et n'ont rien négligé pour

---

[1] Je n'ai pas besoin de vous citer ici le bon abbé Desmasures, qui a fait deux fois le voyage de la terre sainte, et qui a prêché dans toutes les provinces de France pour les pauvres de Jérusalem.

se mettre en état de donner le *pain quotidien* aux familles chrétiennes dont le sort leur est confié. Une grande quantité de chapelets se fabriquent sous leurs auspices, soit à Jérusalem, soit à Bethléem; on bénit tous les chapelets et beaucoup d'autres reliques sur le Saint-Sépulcre; puis, on les envoie dans de grosses caisses au port de Saint-Jean d'Acre, de Jaffa et d'Alexandrie. De là, on les expédie par des occasions sûres et presque toujours sans frais pour l'île de Malte, pour les Deux-Siciles, pour l'Espagne et le Portugal. Deux ou trois frères du couvent de Saint-Sauveur accompagnent ces pieuses cargaisons et débitent les chapelets qu'on leur a confiés. Les produits de cette vente sont envoyés à Jérusalem, sans qu'il y ait jamais la moindre infidélité. Telle est la précieuse manne qui tombe chaque jour sur les lieux saints et nourrit leurs pauvres habitants. Si cette ressource venait à leur manquer, si, d'un autre côté, les rois d'Espagne et de Portugal ne leur envoyaient plus aucun secours, tout me porte à croire qu'ils retomberaient dans la misère où la première révolution de France les avait plongés, et qu'ils n'auraient pas même de quoi fournir de l'huile aux lampes du saint tombeau.

» Je vous ai donné ces détails, parce qu'on ne les connaît point en Europe. Il importe, d'ailleurs, aux gardiens du Saint-Sépulcre de ne pas passer pour être plus riches qu'ils ne sont, et cela pour deux raisons qui me paraissent sans réplique. D'abord, si les Turks pouvaient croire qu'ils ont des trésors, ce seraient tous les jours de nouvelles *avanies*, de nouveaux bakchis; en second lieu, les sources de la charité se trouveraient taries, car on ne fait pas l'aumône à ceux qu'on croit riches.

» Il en coûte toujours beaucoup en Orient, même aux voyageurs, de passer pour être les favoris de la fortune et de paraître comblés de biens. Je vous raconterai à ce sujet ce qui m'est arrivé : J'ai voulu aller à l'église du Saint-Sépulcre et sur le mont Sion avec l'habit de l'Institut. Les palmes dont ce costume est orné et sa couleur verte, couleur privilégiée chez les Musulmans, avaient beaucoup ébloui les Turks. On a été jusqu'à me prendre pour un prince de l'Occident : lorsqu'on est venu m'annoncer tout cela, j'en ai été effrayé, car les Turks parlaient déjà d'un bakchis que je devais leur payer. J'ai prié le drogman de Saint-Sauveur de démentir tous les bruits qui s'accréditaient sur ma grandeur, et surtout, de faire entendre aux Musulmans qu'il y avait bien loin de l'un des quarante à un prince qui donne de gros bakchis. On a consenti à ne voir en moi qu'un pauvre pèlerin et j'en ai été quitte pour la peur.

» Je terminerai cette lettre sur le monastère de Saint-Sauveur par une seule considération. Il ne faut pas y voir un simple couvent de moines ; il est la métropole de la plupart des établissements latins en Orient ; il est à lui seul la grande famille catholique de ce pays et nous représente tout ce qui reste des Francs en Syrie et sur les terres des infidèles. On ne doit pas oublier que les enfants des chrétiens y reçoivent leur éducation, les étrangers l'hospitalité, les malades des remèdes, les pauvres du pain. »

M. Poujoulat, dans une autre partie de la *Correspondance d'Orient*, (t. V, p. 172, lettre CXX), ajoute :

Jérusalem, avril 1831.

« Plusieurs voyageurs ont parlé du couvent de Terre-Sainte, de sa porte revêtue de fer, de la sombre voûte qui sert d'entrée, de ses nombreuses cellules, de sa chapelle ; les choses générales, le gros de l'établissement sont connus, mais il me semble qu'on pourrait ajouter encore sur ce chapitre des détails intéressants. Dans ce qui va suivre, j'éviterai de répéter ce que vous avez dit vous-même touchant la communauté latine. Le couvent de Saint-Sauveur est le couvent-roi de la terre sainte ; là réside le révérendissime, qui ne relève que du pape, et fournit des secours à tous les monastères latins de la Syrie. Le couvent de Jérusalem peut loger cent personnes. Il a son économe, son boulanger, son cuisinier, qu'assistent des servants inférieurs. La communauté se compose en ce moment de vingt-cinq religieux, prêtres ou simples frères ; ils sont tous venus d'Espagne ou d'Italie. Depuis plus de vingt ans la terre sainte n'a pas eu un seul religieux français, et celui qui se trouvait à Jérusalem à l'époque du passage de M. de Châteaubriand, est le dernier prêtre de notre nation qui se soit consacré à la garde du divin tombeau. Chaque cénobite a sa petite chambre, avec un lit, une table, une lampe, un crucifix, une chaise et une cuvette ; c'est là ce que fournit le couvent. Comme les religieux font vœu de pauvreté et qu'ils ne possèdent rien, ils ne sauraient augmenter leur ameublement. Les seuls embellissements qui soient à leur portée consistent en images et en chapelets. Une robe de laine brune, serrée d'un cordon blanc, compose le costume des cénobites. La construction du monastère est fort irrégulière ; il faut l'avoir habité plusieurs semaines pour ne pas se perdre dans ses corridors, ses détours et ses issues sans nombre. Le couvent de Saint-Sauveur possède les seuls puits qui soient à Jérusalem, car Jérusalem n'a que des citernes, et quand les citernes s'épuisent, la ville n'a pour toute ressource que l'eau du puits de Néhémie, dans la vallée de Géhennon. Les seaux des puits de Saint-Sauveur sont suspendus à des chaînes de fer, qui verront passer toutes les générations à venir des enfants de Saint-François.

» La salle de réception des voyageurs sert en même temps de salle de bibliothèque; ce n'est point ici qu'il faut chercher des trésors littéraires. La bibliothèque de Saint-Sauveur se compose d'un petit nombre de livres ecclésiastiques ou pieux qu'on trouve partout. Il est, dans le couvent, une bibliothèque particulière qui rentre dans la juridiction du père vicaire et qui ne renferme que des livres français; pour s'expliquer ce dépôt de livres français, il faut savoir que le poste de père vicaire a toujours été occupé par des religieux de notre nation, pendant tout le temps qu'il s'en est trouvé à Jérusalem. Le père Augustino Méra, Espagnol d'origine, qui remplit aujourd'hui cette dignité française, m'a ouvert plusieurs fois la porte de la bibliothèque abandonnée. Il m'a fallu la première fois passer à travers des toiles d'araignées pour arriver au rayon des livres. Parmi les cent cinquante ou deux cents volumes qui forment cette bibliothèque, j'ai remarqué une Bible de Sacy, une Vie des Saints, les Voyages de Paul Lucas et de Tavernier; entre autres livres enterrés dans la poussière, je n'ai pas vu sans tristesse l'Histoire de Vertot, l'Histoire romaine de Rollin, les Oraisons funèbres de Bossuet; tout cela est répandu sans ordre, sans suite, pêle-mêle aux quatre coins de la petite chambre de la bibliothèque, espèce de tombeau commun (*acritos tumbos*), où beaucoup d'auteurs illustres se trouvent livrés ensemble aux vers et à l'oubli. »

M. Poujoulat cite ici quelques livres qui ne devraient pas faire partie de cette bibliothèque. Nous avons vu le petit volume in-18 qu'il indique, et, comme M. Poujoulat, nous l'avons fait remarquer au père gardien, mort depuis notre séjour à Jérusalem et remplacé par le père Augustino Méra; il nous affirma que ce livre avait été laissé, avec quelques autres, par un voyageur.

« Dans cette bibliothèque, qui a pour moi quelque chose de national, sur un rayon dont j'ai soigneusement écarté toutes les araignées, sont placés les cinq premiers volumes de votre *Histoire des*

Croisades, et les deux volumes de votre *Bibliographie* des croisades, à côté d'une brochure in-12 renfermant la description des lieux saints, tirée de l'*Itinéraire* de M. de Châteaubriand ; ainsi, le hasard vous a donné pour voisin, à Jérusalem, un vieil ami qui fut pèlerin comme vous, et le sort a voulu réunir, dans la ville de Godefroi, les deux Français de notre temps qui ont le plus sympathisé avec la gloire de la vieille France.

» Je vous demande grâce pour mes transitions dans cette lettre. Obligé de passer à chaque instant d'un objet à un autre, je crains de ne pouvoir assez éviter la confusion. Je veux vous parler de la chapelle du Saint-Sauveur, non point pour vous décrire son chœur avec des stalles européennes; son orgue, que touche un cénobite latin ; ses autels élégamment ornés, ses ornements sacerdotaux, provenant de la munificence des rois d'Occident; c'est pour vous faire remarquer deux tableaux, dont l'un représente saint Antoine, placé au-dessus d'un petit autel consacré à ce saint, l'autre, sainte Catherine, je crois, suspendu au mur dans le chœur de la chapelle. Le premier, envoyé d'Italie depuis peu d'années, m'a rappelé les inspirations de Raphaël. Le second a plus vivement excité mon admiration; une inscription latine tracée au bas du tableau annonce qu'il est l'ouvrage de François Dupuis, et porte la date de 1694 : *Franciscus Dupuis vovit, fecit, deditque terræ sanctæ, anno* 1694.

» Dans le siècle dernier, une des principales curiosités du couvent de Terre-Sainte était la pharmacie. Hasselquist parle de l'apothicairerie des Latins comme de la plus précieuse qui soit au monde. Les drogues de toute espèce, les remèdes les plus vantés, les baumes les plus rares et les plus merveilleux enrichissaient la pharmacie latine. Hasselquist l'avait évaluée à cent mille piastres. Le religieux qui porte le titre de *fra dottore* m'a conduit dans la salle des trésors médicaux, et je me hâte de vous dire que l'apothicairerie de Saint-Sauveur a beaucoup perdu de sa gloire. Je n'y ai remarqué que le baume de Jérusalem, qu'on emploie pour guérir les plaies et les blessures. Le reste de la pharmacie se compose de médicaments assez communs.

» Le couvent de Saint-Sauveur a une école comme le couvent de Bethléem ; cette école est ouverte à tous les enfants catholiques de Jérusalem. Indépendamment des doctrines de la foi chrétienne, on y apprend à lire et à écrire l'arabe, le latin et l'italien. Le maître d'arabe est un catholique de la ville sainte, le maître de latin et d'italien est un père du couvent. Les jeunes élèves de Saint-Sauveur sont nourris au monastère et vont dormir chez leurs parents. Les huit premiers de l'école servent d'enfants de chœur et paraissent à tous les offices. S'il arrivait qu'un de ces élèves montrât une vocation bien décidée pour l'état ecclésiastique, on l'enverrait en Europe ou chez les Maronites du Liban. L'école de Saint-Sauveur se compose de cinquante-deux élèves. Le mode d'enseignement qu'on y suit tient beaucoup de l'enseignement mutuel.

» Dans une de vos lettres vous avez parlé du couvent latin qui fait partie de l'église du Saint-Sépulcre. Vous l'avez vu tombant en ruines, et vous avez raconté tout ce qui a été fait pour obtenir le privilége de le réparer. Les travaux de restauration sont en ce moment terminés. Il ne faut pas croire que ces travaux consistent en de grandes choses. On a tout simplement empêché que la pluie n'inonde le réfectoire, et que les toits des cellules ne croulent sur la tête des religieux. Le petit couvent du Saint-Sépulcre est habité par treize cénobites, prêtres ou laïques, qui se renouvellent tous les trois mois. Ceux-là font particulièrement le service du saint tombeau; ce sont les sentinelles du Golgotha. Enfermés dans l'église du Saint-Sépulcre, ils ne peuvent sortir qu'aux jours et aux heures où la porte est ouverte par les gardiens musulmans. »

C'est à Jérusalem que se sont tenus les premiers conciles. La première de ces assemblées, indiquée dans les Actes des Apôtres, se fit pour l'élection de Matthias, à la place de Judas. Les disciples étaient réunis au nombre de vingt-six; saint Pierre se leva pour leur proposer de nommer quelqu'un pour tenir la place de Judas. Joseph, surnommé le Juste, fut présenté avec Matthias, mais le sort tomba sur ce dernier. Ainsi, l'Église de Jérusalem n'a pas seulement l'avantage d'être la plus ancienne, la mère des Églises, elle a encore celui d'avoir eu les apôtres et les premiers disciples réunis en concile. La seconde assemblée eut lieu pour l'élection des diacres, comme on le voit dans le sixième chapitre des Actes; on y traita une question qui fait pressentir qu'un jour les Grecs se sépareront par un schisme de l'Église orthodoxe. A ce concile, les Grecs murmurèrent contre les Hébreux chrétiens de ce que leurs veuves étaient méprisées dans la dispensation des aumônes. Alors les apôtres assemblèrent les disciples et leur firent choisir sept hommes d'une probité reconnue, pour leur confier le ministère de la distribution équitable des charités. Ce fait se passait en l'an 34 de l'ère chrétienne, c'est-à-dire un an après la mort de Jésus-Christ. Seize ans plus tard, la troisième assemblée ecclésiastique fut encore nommée le concile de Jérusalem des apôtres; saint Pierre y parla le premier. Saint Paul, saint Barnabé et saint Jacques s'y trouvaient. Vers l'année 197, saint Narcisse, évêque de Jérusalem, assembla un concile où se trouvèrent quatorze évêques. Ce fut sous le pontificat du pape Victor Ier, vers 335, que l'empereur Constantin fit savoir aux prélats d'Orient qni se trouvaient à Tyr, de se transporter à Jérusalem pour la dédicace d'un temple qu'il avait fait bâtir près du tombeau du Fils de Dieu. Dans ce siècle apparaissent les partisans d'Arius, nommés aussi Eusébiens; ils tiennent un synode, se séparent de l'Église latine et commencent cette guerre de sectes qui dure encore entre les schismatiques et l'Église catholique. En 553 on célébra à Jérusalem un synode, où le cinquième concile général fut approuvé. C'est dans cette assemblée que l'on confirma aux prélats de Jérusalem la dignité de patriarche. Guillaume de Tyr fait mention des conciles tenus après la prise de la ville sainte par les croisés. Le dernier, dont la date n'est pas précise, est de 1136 ou de 1142.

L'aspect général de Jérusalem est monotone et triste. Vue de la montagne des Oliviers, la ville présente un plan incliné qui descend du couchant au levant. Dans le centre de la ville, et vers le Calvaire, les maisons se pressent d'assez près, mais le long de la vallée de Cédron, des vides se remarquent, surtout dans le terrain abandonné où s'élevaient le château Antonia et le second palais d'Hérode. Les maisons de Jérusalem sont de lourdes masses carrées fort basses et presque toujours sans fenêtres, les unes surmontées de terrasses, les autres terminées en dômes. Ces dômes et ces terrasses seraient à l'œil d'un niveau morne et égal, si les clochers des églises, les minarets des mosquées et les cimes de quelques cyprès ne coupaient l'uniformité des lignes. Cette tristesse extérieure se reproduit au dedans sous d'autres teintes et avec d'autres couleurs. Un labyrinthe de petites rues non pavées qui, procédant par autant d'escaliers, n'offrent qu'un sol de poussière subtile ou de cailloux roulants, des bazars voûtés et sales, de chétives boutiques, personne aux portes de la ville, personne dans les rues, si ce n'est quelques Barbaresques à cheval, et quelques Fellahs qui reviennent du marché : voilà le spectacle habituel que présente la grande et belle Jérusalem, jadis métropole de splendeur et de lumières, aujourd'hui ville de ténèbres et de désolation.

Le quartier des Juifs est situé près de la porte *des Maugrabins* ou *Sterquilinaire*, vers le nord de la ville. C'est là que sont aussi relégués les lépreux que l'on voit quelquefois assis solitairement à l'ombre comme des réprouvés. On estime que la population juive de Jérusalem s'élève de six à huit mille âmes. Le nombre des femmes y est plus considérable que celui des hommes. Elles y ont le privilége de vivre aux dépens de la communauté israélite. Il n'est pas rare de rencontrer de ces femmes qui ont plus de cent vingt ans ; fait curieux et extraordinaire, qui semblerait contredire les principes d'hygiène. Presque tous les Israélites qui viennent se fixer à Jérusalem ont amassé quelque argent sur lequel ils vivent. Néanmoins, à cause de l'oppression et des avanies dont ils sont l'objet de la part des Turks, ils reçoivent de temps en temps des sommes provenant des collectes que leurs frères font pour eux sur tous les points de la terre.

On se tromperait fort si l'on croyait que cette communauté de misère dans laquelle vivent les Israélites de Jérusalem, éloigne d'eux toute dissidence : ils sont divisés dans leur croyance en deux sectes qui se détestent aussi cordialement que peuvent le faire les différentes sectes des autres religions. Les Juifs de la cité sainte forment en outre une secte à part, qui se regarde comme séparée de toutes les autres par la pureté de sa foi. Il existe en général chez les Juifs orientaux une très-grande répugnance à se mêler à leurs coreligionnaires d'Europe. Malgré leurs divergences et leurs haines réciproques, toutes les sectes israélites venues à Jérusalem, se réunissent dans l'unique synagogue qu'elles possèdent dans cette ville, comme les différentes communions chrétiennes se réunissent dans l'église du Saint-Sépulcre.

Ignore-t-on l'état de malheur et d'avilissement où sont tombés les tristes débris d'Israël, il suffirait de voir leur grande synagogue à Jérusalem pour juger de leur abaissement. Qu'on se figure des espèces de caves voûtées dans lesquelles on arrive par un escalier en ruine : des piliers dégradés, qui furent autrefois chargés de sculptures et de dorures, supportent les voûtes de ces chambres souterraines, dont de grandes portions sont éboulées. A peine un faible jour, arrivant par des ouvertures comme des soupiraux, éclaire cet humble sanctuaire. De petites galeries grillées pour recevoir les femmes sont pratiquées autour des murs sous les voûtes. Au-dessous de ces tribunes existent des bancs pour les hommes. Un grand rideau tendu au fond de chaque chambre cache à tous les yeux le tabernacle, espèce de coffre où sont enfermés les rouleaux de parchemin sur lesquels on a transcrit les saintes Écritures. Les tables de la loi sont gardées avec un saint respect dans la principale de ces chambres, où elles sont entourées mystérieusement d'un drap de pourpre brodé en or. Pendant tout le temps que durent leurs cérémonies religieuses, les Juifs ont sur le front un voile de serge blanche bordé de bleu avec un cordon qui pend aux quatre coins. Lorsque les rabbins déroulent devant les assistants les parchemins des saintes Écritures, chacun vient pieusement les toucher avec l'extrémité d'un des cordons de son voile. La psalmodie triste et grave des docteurs de la loi à laquelle répond toute la synagogue par des versets de la Bible, mêlés de sanglots, au milieu des manifestations d'un violent désespoir, produit un effet qui déchire l'âme. On est saisi d'un sentiment de profonde pitié pour ce malheureux peuple sur lequel plane depuis si longtemps le sceau de la réprobation. Enfin, la cérémonie se termine par une aspersion d'essence de roses que l'on répand sur tous les assistants.

L'empereur Adrien avait interdit aux Juifs, sous peine de mort, l'entrée de la ville sainte. Un seul jour dans l'année il leur était permis d'acheter à prix d'argent la faveur d'y pénétrer pour y pleurer leur misère. Aujourd'hui encore, ils achètent chèrement la liberté d'aller, le vendredi après midi, sur *la place des Pleurs*, dans le parvis de la mosquée d'Omar, pour s'y prosterner sur la poussière qui recouvre la place du temple de Salomon, et gémir sur les malheurs de Juda.

La nourriture n'est pas exorbitamment chère à Jérusalem. La viande de boucherie y abonde, et le gibier est très-commun dans les environs. On voit sur les tables du buffle, du mouton, du veau, des pigeons, des perdrix blanches, des bécasses, des lièvres, du sanglier, de la gazelle. Les légumes les plus communs sont les lentilles, les fèves, les concombres et les ognons; les fruits, très-variés, consistent en dattes, grenades, figues, pommes, pastèques, raisins. Le vin des coteaux de la Judée est excellent; le froment qu'on y recueille, très-savoureux. Les récoltes des environs consistent en blé, orge, doura, sésame, maïs et coton.

Pour résumer ce tableau de Jérusalem, nous empruntons à M. de Lamartine une vue prise des environs.

« L'aspect général de Jérusalem, dit-il, peut se peindre en peu de mots : montagnes sans ombre, vallées sans eau, terre sans verdure, rochers sans torrents et sans grandiose ; quelques blocs de terre grise perçant la terre friable et crevassée, de temps en temps un figuier auprès, une gazelle ou un chakal se glissant furtivement entre les brisures de la roche ; quelques plants de vigne rampant sur la cendre grise ou rougeâtre du sol ; de loin en loin un bouquet de pâles oliviers, jetant une petite tache d'ombre sur les flancs escarpés d'une colline ; à l'horizon un térébinthe ou un noir caroubier se détachant triste et seul du bleu du ciel ; les murs et les tours grises des fortifications de la ville, apparaissant de loin en loin sur la crête de Sion ; voilà la terre. Un ciel élevé, pur, net, profond, où jamais le moindre nuage ne flotte et ne se colore de la pourpre du soir et du matin. Du côté de l'Arabie, un large gouffre descendant entre les montagnes noires, et conduisant les regards jusqu'aux flots éblouissants de la mer Morte, et à l'horizon violet les cimes des montagnes de Moab. Pas un souffle de vent murmurant dans les créneaux ou entre les branches sèches des oliviers ; pas un oiseau chantant, ni un grillon criant dans le sillon sans herbe : un silence complet, éternel, dans la ville, sur les chemins, dans la campagne. Telle était Jérusalem pendant tous les jours que nous passâmes sous ses murailles. Je n'y ai entendu que le hennissement de mes chevaux qui s'impatientaient au soleil autour de notre camp, et qui creusaient du pied la poussière ; et, d'heure en heure, le chant mélancolique du mouezzin, criant l'heure du haut des minarets, ou les lamentations cadencées des pleureurs turks, accompagnant en longues files les pestiférés aux différents cimetières qui entourent les murs. Jérusalem, où l'on vient visiter un sépulcre, est bien elle-même le tombeau d'un peuple ; mais tombeau sans cyprès, sans inscriptions, sans monuments, dont on a brisé la pierre, et dont les cendres semblent recouvrir la terre qui l'entoure de deuil, de silence et de stérilité. Nous y jetâmes plusieurs fois nos regards, en la quittant, du haut de chaque colline d'où nous pouvions l'apercevoir encore ; et enfin, nous vîmes, pour la dernière fois, la couronne d'oliviers qui domine la montagne de ce nom, et qui surnage longtemps dans l'horizon, après que l'on a perdu la ville de l'œil, s'abaisser elle-même dans le ciel, et disparaître comme ces couronnes de fleurs pâles que l'on jette dans un sépulcre. »

Dans l'histoire de Jérusalem, de cette ville, une des plus anciennes et la plus poétique du monde, ce qui domine c'est la venue du Christ, et, depuis le Christ, la prise de cette cité sainte par les chrétiens croisés. Un littérateur sincère, élégant, érudit, M. Michaud, qui a donné quarante ans de sa vie à l'étude du grand événement des croisades, et dont le plus vif désir était d'aller vérifier sur les lieux mêmes les récits des chroniqueurs du moyen âge, arrivant, à la fin de sa carrière, sous les murs de Jérusalem, nourri des plus profondes études sur ce grand mouvement du christianisme transportant un million de guerriers du Nord sur la terre d'Orient, terre brûlante, pour délivrer un tombeau, reconnaît l'exactitude des historiens et raconte ainsi le siége et la prise de la ville de Dieu.

Nous le citons encore avec un vif plaisir, car il est impossible de tracer un tableau plus savant et plus vrai de ce fait de l'histoire si remarquable, que quelques soldats chrétiens, la plupart Français, exténués par les privations et les fatigues d'un voyage de plus de mille lieues, aient pu accomplir, en cinq semaines[1], une action comparable aux plus grands exploits militaires de l'antiquité et des temps modernes.

« Quelques seigneurs féodaux et leurs vassaux, créant et défendant ce royaume de Jérusalem contre une multitude innombrable de peuplades diverses animées par l'enthousiasme, de hordes braves, se renouvelant sans cesse, dont les aïeux avaient pénétré en France jusqu'aux bords de la Loire, et dont les successeurs ne devaient être arrêtés que sur les rives du Danube : Arabes et Turks, peuples de l'Islam qui ont manqué fermer un cercle terrible dans lequel, en rendant l'Europe mahométane, ils paralysaient les progrès, ou pouvaient même étouffer la civilisation de l'univers. C'est contre ces races dont l'audace et le courage étaient exaltés par le plus ardent fanatisme, qu'une poignée de chrétiens croisés, loin de leur patrie, sous un soleil dévorant, abandonnés par leurs frères d'Europe, ont combattu et glorifié ce nom de chrétiens sur la terre d'Asie, pendant près d'un siècle.

» J'étais venu à Jérusalem pour y suivre les traces des croisés et savoir comment ils avaient assiégé et pris la ville sainte. M. de Château-

---

[1] Les chrétiens croisés restèrent cinq semaines devant les murs de Jérusalem. Ils y avaient établi leur camp le 7 juin 1099, comme nous l'apprend Guillaume de Tyr, liv. VIII, chap. v : « Anno igitur ab incarnatione Domini millesimo nonagesimo nono, mense junio, septima die mensis, nostrorum ante prædictam urbem castrametatæ sunt legiones. » Godefroi de Bouillon entra dans la cité sainte le 15 juillet.

briand m'a rendu cette tâche plus facile en examinant dans son *Itinéraire*, les positions de l'armée chrétienne, telles que le Tasse les a décrites; notre voyageur nous a montré avec la critique la plus judicieuse, tout ce que l'épopée a pu mettre de vérité dans ses peintures. Il est cependant des détails dans lesquels la poésie ne saurait entrer, et que l'histoire ne peut négliger sans être accusée de manquer d'exactitude.

» On exige de l'historien une précision minutieuse et sévère qu'on n'exige pas toujours du poëte. La muse épique, à qui le ciel semble avoir donné quelque chose de sa puissance, a quelquefois le droit d'ajouter aux événements et de nous intéresser à ses tableaux par des merveilles que l'imagination a créées. Tout ce qu'on lui demande, c'est de respecter la vérité des mœurs et des caractères, et de peindre les lieux avec les couleurs générales qui leur sont propres; c'est ce qu'a fait le Tasse dans la plus grande partie de son poëme, et M. de Châteaubriand nous fait très-bien apprécier ce mérite.

» Toutefois, il faut le dire, si le poëte de l'Italie avait fait lui-même le voyage de Jérusalem, peut-être ses tableaux seraient-ils encore plus vrais; peut-être ses inspirations auraient-elles été plus sublimes, ses couleurs plus solennelles! Vous savez que Virgile était revenu de l'Orient avec l'intention de refaire son chef-d'œuvre, *l'Énéide*, car la vue des contrées qu'il avait parcourues avait élevé ses pensées et l'avait mieux inspiré que la vue même du Latium et de la belle Italie. Nous pourrions demander ici à l'auteur des *Martyrs*, lui-même, s'il n'a pas rapporté de son voyage en Grèce, de ses courses poétiques à Jérusalem et dans les montagnes de la Judée, quelque chose de ces conceptions brillantes, de ce coloris si vrai, de ces images si vives que nous admirons dans son poëme. Un jour viendra sans doute, où l'exemple de notre illustre voyageur sera suivi par d'autres grands poëtes; les muses de notre pâle Occident viendront se ranimer aux rayons de ce beau ciel qui éclaire la Syrie, et renouveler, en quelque sorte, leur génie au spectacle de toutes les merveilles que nous offre cet Orient, à la fois si ancien et si nouveau.

» Pour moi, simple narrateur du temps passé, je jouis, en passant, de tous ces tableaux, mais leurs inspirations sont étrangères à la tâche que je me suis faite; il faut que je marche, les froides chroniques à la main, à travers tous ces prodiges; il me faut suivre les chroniqueurs dans l'histoire de chaque événement; il faut comparer leurs versions diverses ; il me faut expliquer chaque circonstance de leur relation par l'aspect des lieux, et me condamner à ne voir dans ces contrées merveilleuses que des remparts, des fossés, des accidents de terrain qui ont pu favoriser ou arrêter la marche d'une armée; tandis que d'autres plus heureux rapporteront des trésors de poésie des pays que nous visitons maintenant, pour moi, je n'en rapporterai que quelques lignes de critique, quelques explications de faits déjà connus. La moisson que j'aurai faite dans un champ aussi vaste, aussi fécond, ressemblera peut-être à celle du modeste botaniste qui, après avoir parcouru les plaines et les montagnes, après avoir vu les plus belles scènes de la nature, ne rapporte de tout cela que quelques brins d'herbe et quelques fleurs qui se dessèchent dans son herbier.

» Nous avons fait plusieurs fois le tour de Jérusalem accompagnés de notre drogman Joseph. Une esplanade couverte d'oliviers s'étend sur le côté septentrional. Là, le terrain présente une surface unie, et c'est le seul endroit autour de la ville qui puisse se prêter au campement d'une armée. Lors même qu'on n'aurait pas vu dans l'histoire les premières dispositions des croisés, on jugerait qu'ils durent d'abord porter leurs principales forces de ce côté. C'est au milieu de cette esplanade que Godefroi de Bouillon, Robert comte de Normandie[1], Robert comte de Flandre, dressèrent leurs tentes dès le commencement du siège. Nous placerons leur camp entre la grotte de Jérémie et les sépulcres des Rois. Ils avaient devant eux la porte appelée maintenant *porte de Damas*, et la petite porte d'Hérode qui est aujourd'hui murée. Tancrède, avec plusieurs autres chefs renommés, avait planté ses pavillons à la droite de Godefroi et des deux Robert, sur le terrain qui fait face au nord-ouest des murailles ; à cette époque, l'angle nord-est et l'angle nord-ouest des remparts étaient surmontés chacun d'une tour qui s'appelait *tour Angulaire;* ce qui reste de la tour qui prit plus tard le nom de *Tancrède* est l'indication la plus certaine que nous puissions suivre pour déterminer le campement du héros chrétien. Après le camp de Tancrède, venait celui du comte de Toulouse et des pèlerins provençaux. Le comte Raymond avait devant lui la porte du Couchant et la tour de David, dont on voit encore des débris. Il était séparé de Jérusalem par la

---

[1] C'est une erreur dans le texte, peut-être une faute de typographie. Robert III, surnommé Courte-Heuse, qui se croisa pour la guerre de la terre sainte, était duc et non pas comte de Normandie.

vallée de Réphaïm et par une vaste et profonde piscine : ses tentes couvraient les hauteurs appelées maintenant collines de Saint-Georges. Cette position ne lui permettait pas de concourir utilement au siége; c'est ce qui le détermina à porter une partie de son camp vers le côté méridional de la ville et à planter son drapeau sur le mont Sion. Alors, comme aujourd'hui, la partie du mont Sion qui ne se trouvait pas enfermée dans la ville, présentait fort peu d'étendue; les croisés qui s'y étaient établis et dont les tentes couvraient l'espace qu'occupent les cimetières des chrétiens pouvaient être atteints par les flèches lancées du haut des tours et des remparts. Aussi, beaucoup de soldats de Raymond refusèrent-ils de venir camper dans cet endroit périlleux, et les plus braves de l'armée ne purent se décider à y rester, que parce que Raymond augmenta leur paie et que le clergé les conjura de défendre l'église du Cénacle et les autres lieux sacrés du mont Sion.

» Les murailles du côté de l'est, défendues par les profondes vallées de Josaphat et de Siloé, se trouvèrent à l'abri de toute attaque. Seulement, pour prévenir une surprise de l'ennemi, les croisés avaient établi un camp de surveillance sur le mont des Oliviers. Ainsi donc, la ville ne fut investie qu'à moitié par les pèlerins; elle n'était entourée que dans la ligne qui s'étend de la porte Saint-Étienne vers l'angle nord-est, à la porte de Bethléem vers le nord-ouest, et depuis cette dernière porte jusqu'au mont Sion. Tout l'espace extérieur qui s'étend du côté du midi et de l'est, depuis la porte des Maugrabins jusqu'à la porte Saint-Étienne resta libre et ne fut le théâtre d'aucun combat. S'il avait fallu partout livrer des assauts et planter des pavillons, il est probable que l'armée des croisés n'aurait pu y suffire; car, d'après les chroniques du temps, cette armée comptait à peine sous ses drapeaux vingt mille combattants. Encore, Raymond d'Agiles, témoin oculaire, ne porte-t-il qu'à douze mille le nombre des pèlerins en état de porter les armes. Aussi a-t-il soin de nous dire que la conquête de Jérusalem était la grande affaire de Dieu, et que les miracles du ciel devaient suppléer, en cette occasion, à ce qui manquait aux soldats de la croix.

» Je n'ai point cherché l'emplacement des tours de *Marianne*, *Phasaël* et *Hippicos*, ni les restes des antiques fortifications. Un semblable travail, déjà si bien fait par d'Anville, ne vous donnerait aucune lumière pour l'histoire des croisades. Je me bornerai à vous dire ici qu'à quelque distance de la porte des Maugrabins, vers le côté oriental de la ville, on distingue dans les murailles deux arcades avec quelques ornements d'architecture. Ces deux arcades, qui paraissent appartenir à un âge très-reculé, marquent la place de la porte Dorée : la porte Dorée, par laquelle Jésus-Christ entra à Jérusalem le dimanche des Rameaux, aboutissait à l'enceinte intérieure du temple; non loin de là nous avons vu des remparts dont la base est dégradée par le temps. Ces remparts sont bâtis avec d'énormes pierres, dont quelques-unes ont jusqu'à vingt-quatre pieds de longueur. Si l'on en croit les traditions du pays, cette partie des murailles appartiendrait aux constructions de Salomon. Je n'ai pu savoir à quelle époque on a muré la porte d'Or. Elle a été fermée, dit-on, à cause de certaines prédictions qui annonçaient que les chrétiens devaient un jour entrer par cette porte dans Jérusalem. Nous avons vu à Constantinople une porte qui s'appelle aussi la porte Dorée, et qui a été fermée par les Turks d'après des prédictions semblables. On retrouve en plusieurs endroits de l'Orient cette crainte qu'on a des Francs et des chrétiens exprimée par des traditions populaires, ce qui prouverait que les Barbares, maîtres de ce pays, n'ont pas confiance dans leur avenir et qu'ils prévoient la fin de leur domination.

» Je viens de vous montrer les campements des croisés. Nous suivrons maintenant les travaux du siége et les différents assauts. Le cinquième jour, disent les chroniqueurs, après que les pèlerins furent arrivés sous les murs de Jérusalem, les chefs firent publier dans tout le camp que chacun, depuis le plus petit jusqu'au plus grand, eût à préparer ses armes pour commencer le siége. A peine cet ordre fut-il donné, que, sur les avis d'un ermite établi au mont des Oliviers, on essaya d'escalader les murailles. Dans cette première attaque, où les croisés n'étaient soutenus que par leur enthousiasme, quelques-uns des plus braves périrent sur les remparts qu'ils avaient envahis; et ce fut alors qu'on fut obligé d'arracher Tancrède à l'échelle sur laquelle il voulait monter pour voler au secours de ses compagnons [1]. Tout nous porte à croire que cette première attaque eut lieu entre la porte d'Hérode et la tour

[1] Raoul de Caen, auteur contemporain, nous apprend que les croisés n'avaient qu'une seule échelle pour ce premier assaut. Lorsque Tancrède fut arraché à cette échelle, ce fut un jeune guerrier, nommé Raimbaut Creton, qui y monta à sa place et qui arriva au sommet de la muraille où il fut blessé. Orderic Vital, qui écrivait soixante ans après la première croisade, et qui nous dit que Raimbaut Creton fut le premier des pèlerins qui monta sur les remparts de Jérusalem, en a parlé d'après Raoul de Caen.

Angulaire du nord-ouest. Les pèlerins s'aperçurent qu'il ne suffisait pas, comme l'avait dit l'ermite, d'avoir des *échelles de joncs pour escalader de hautes murailles*, et que le Dieu des armées, en de pareilles circonstances, ne favorise guère que ceux qui ont pris les précautions convenables.

» C'est ici qu'on peut prendre pour guides et pour cicérones les chroniqueurs du temps des croisades. Parmi ces chroniqueurs, deux avaient suivi les croisés jusqu'à Jérusalem; et leur récit, rempli de leurs vives impressions, anime pour les voyageurs ces lieux où règne maintenant un profond silence, et qui ne sont autour de nous qu'une triste solitude. En relisant Robert le Moine et Raymond d'Agiles, il me semble voir cette vaste esplanade du côté du nord toute couverte de tentes où flotte l'étendard de la croix. Le même spectacle se présente sur le terrain qui s'étend devant la tour de Tancrède, sur le plateau de Saint-Georges et le sommet du mont Sion. Partout on s'occupait de la construction des machines et des instruments nécessaires pour attaquer la place. Les croisés maniaient tour à tour la cognée et la lance, la hache et l'épée. Les grands, les petits, les pauvres, les riches, les clercs, les barons, les chevaliers travaillaient ensemble; des bêtes de somme apportaient au camp des arbustes, des branches, des broussailles amassées du côté de Bethléem, et destinés à faire des échelles et des claies. D'un autre côté, on voyait arriver à la file des chameaux chargés de sapins et de cyprès qu'on venait de couper dans le pays de Sichem, et qu'on employait à construire des tours et des béliers. On était alors dans les plus grandes chaleurs de l'été; l'air, la terre, le ciel paraissaient embrasés. La multitude, dévorée par la soif, descendait par le mont de Sion à la fontaine de Siloé qui ne donnait son eau que par intervalle, et beaucoup de pèlerins étendus sur la poussière ardente attendaient que la fontaine merveilleuse vînt à couler. On se répandait dans les vallées du voisinage pour y découvrir des sources, et souvent des femmes, des enfants, de pauvres malades tombèrent sous les coups des Sarrasins, comme des colombes surprises par des chasseurs qui les attendent au bord des fontaines. Ceux qui restaient au camp achetaient au poids de l'or une eau bourbeuse, mêlée à des insectes et à des vers. Quelques-uns prenaient entre leurs lèvres des mottes de terre humide, ou léchaient les pierres et les marbres couverts de la rosée de la nuit. Au milieu de cette désolation aucun courage ne faiblissait. On n'exprimait pas la moindre plainte.

On n'entendait sous les murs de Jérusalem que le bruit du travail, la voix de la prière et le cri de guerre des croisés : *Dieu le veut! Dieu le veut!* Ce miracle de la résignation et de la patience était produit par la seule vue de Jérusalem. L'enthousiasme était si grand, qu'on voyait chaque jour des pèlerins se précipiter sans armes au pied des murailles, baiser avec transport les pierres des remparts et tomber sous les coups des Sarrasins, heureux d'avoir vu et touché la cité sainte.

» On avait construit trois énormes tours de bois : l'une devait être dirigée par Godefroi contre les murailles du nord de la ville; l'autre par Tancrède contre les murs du nord-ouest; la troisième par Raymond, comte de Toulouse, chargé d'attaquer la place vers le midi. Quand ces trois tours, qui étaient comme trois forteresses mouvantes, furent achevées, il fallut donner aux croisés cette force miraculeuse qu'ils trouvaient toujours dans leur enthousiasme religieux. Le peuple de la croix alla en procession à la montagne des Oliviers; il est probable que cette procession partit du camp de Godefroi au nord de la ville sainte, descendit à la vallée de Josaphat, passa entre le tombeau de la Vierge et le jardin des Oliviers, et se dirigea ensuite sur le mont de l'Ascension. Descendus de la montagne des Oliviers, les pèlerins traversèrent la vallée de Siloé et se rendirent sur le mont de Sion. Là plusieurs clercs furent atteints par les flèches de l'ennemi, et les croisés se trouvèrent assez près des remparts pour voir les insultes faites par les infidèles aux images de la croix.

» Après cette cérémonie religieuse, l'armée des assiégeants n'avait pas un soldat qui ne fût disposé à mourir les armes à la main pour le triomphe de la croix. On ne s'occupait plus parmi les croisés que de disposer toutes les machines de guerre, et surtout, de faire approcher des murailles les trois forteresses de bois qu'on venait de construire. Celle de Raymond de Saint-Gilles s'avançait péniblement du côté du midi; Tancrède faisait mouvoir la sienne au nord-ouest; quant au duc de Lorraine, et aux comtes de Flandre et de Normandie, ils changèrent tout à coup leur position et le point de leurs attaques : « Le jour était fixé pour l'assaut général, dit le chroniqueur Raymond d'Agiles, Godefroi et les deux Robert transportèrent pendant la nuit leurs machines, leurs claies et leurs instruments de guerre, vers cette partie de la ville qui s'étend depuis l'église de Saint-Étienne jusqu'au penchant de la vallée de Josaphat. Il y avait presque un mille de distance du premier camp de Godefroi à cette nouvelle position ; ce changement, ajoute le chroniqueur, fut fait d'abord parce que le terrain du nouveau campement était plus uni et présentait plus de facilités pour pousser les tours au pied des murailles ; en second lieu, parce que ce côté de la ville était plus faible, et que les assiégés avaient négligé d'y faire des travaux de défense. » Raoul de Caen, qui entre dans beaucoup de détails, rapporte le même fait que Raymond d'Agiles. « Entre le camp des chrétiens et la vallée de Josaphat, un espace planté d'oliviers offrait un emplacement très-commode pour livrer un assaut, et sur nul autre point la ville ne pouvait être attaquée avec plus de chances de succès. En effet, de ce côté, à l'extrémité du champ d'oliviers la muraille était plus basse que sur d'autres points ; il n'y avait point de tours, et la surface plane du terrain avait toute l'étendue nécessaire pour l'approche et le jeu des machines. » Les chroniques contemporaines admirent la promptitude avec laquelle s'opéra un si grand déplacement. Les béliers, les tours furent démontés et transportés pièce à pièce, dans le nouveau camp ; ce travail prodigieux, qui devait décider du sort et de la prise de Jérusalem, se fit dans une seule nuit et dans une nuit du mois de juillet, c'est-à-dire dans l'espace de cinq ou six heures.

» On peut imaginer quelle fut la surprise et même l'épouvante des Sarrasins. Cependant, ils repoussèrent le premier assaut ; et les croisés, après avoir combattu jusqu'au soir, abandonnèrent leur attaque, désespérés de ce que *leurs péchés ne leur permettaient pas encore d'entrer dans la ville sainte*. Des deux côtés on passa la nuit dans les alarmes : les assiégeants craignaient qu'on ne brûlât leurs machines, les assiégés redoutaient une surprise. Le lendemain on donna le signal d'un nouvel assaut, et les chroniques nous disent que l'aurore se leva plus brillante qu'à l'ordinaire. Les grands combats qui furent livrés vers le côté de la ville attaqué par Godefroi n'ont pas manqué d'historiens ; les assiégés étaient animés par le désespoir, les assiégeants par l'enthousiasme religieux et par l'exemple du duc de Lorraine. « Godefroi, » dit le moine Robert, témoin oculaire, paraissait dans sa tour, non » comme un chevalier, mais comme un soldat exercé à lancer des » flèches : le Dieu des armées dirigeait son bras, et ses javelots por- » taient partout la mort ; près de lui était son frère Eustache, comme » un lion à côté d'un lion. » La victoire demeura indécise, jusqu'à l'heure de la journée où le Sauveur expira sur la croix ; alors, l'ardeur des pèlerins qui commençait à se ralentir se ranima tout à coup. Des visions miraculeuses vinrent réchauffer leur bravoure. Un chevalier parut sur le penchant de la montagne des Oliviers, agitant un bouclier d'airain et faisant signe aux soldats de la croix d'entrer dans la ville; ce chevalier fut aperçu des hauteurs du mont de Sion où combattait Raymond de Saint-Gilles, et du lieu où combattaient Godefroi et les deux Robert. Beaucoup de croisés, dans la chaleur de la mêlée, crurent voir l'évêque Adhémar et plusieurs chevaliers morts au siége d'Antioche, à qui Dieu avait permis, ajoutait-on, de sortir de leurs sépulcres pour assister à la conquête de Jérusalem. Les femmes mêmes, les enfants s'étaient mêlés parmi les combattants. Des prêtres, vêtus de leurs robes blanches, transportaient des échelles en chantant des hymnes. On entendait partout dans les rangs ces mots : *Dieu le veut*, et *Kyrie eleïson !* Enfin, la tour de Godefroi s'avançant au milieu des flammes, des pierres et des flèches lancées par l'ennemi, parvient à jeter son pont-levis sur le rempart. Bientôt un passage est ouvert pour entrer dans la ville. Le duc de Lorraine s'y précipite avec les plus braves; d'autres montent sur les murs par des échelles : quelques-uns de ceux qui avaient franchi les murs accourent vers la porte qui s'ouvre sur la vallée de Josaphat; ils en font sauter les gonds avec leurs épaules, et la foule des pèlerins pénètre dans Jérusalem sans rencontrer d'obstacle.

» Je me suis longtemps arrêté dans ce lieu où se décida la dernière et la plus glorieuse victoire des croisés; lorsque je décrivais, il y a vingt-deux ans, le siége de Jérusalem, les chroniques me présentaient quelque obscurité, et j'avais dès lors la pensée de venir sur les lieux éclaircir mes doutes; les moyens et les occasions m'avaient toujours manqué; enfin, j'ai pu voir la vérité par mes yeux; c'est là, pour moi, le plus beau résultat, le plus heureux fruit de mon voyage, et je retournerai content en Europe.

» Je dois vous dire que tout a été changé dans cette partie des remparts. Il paraît que dans la construction des murailles, ordonnée par Soliman, l'enceinte de la ville s'est trouvée agrandie vers l'angle nord-est. En visitant le côté intérieur de la ville nous avons reconnu un terrain plat, moitié nu, moitié couvert de pauvres cabanes; au temps des croisades, ce terrain se trouvait en dehors de la cité : c'est là que s'arrêta la tour mobile de Godefroi, et que se livra le combat décisif des assiégeants. L'examen des lieux me fait penser que la porte Saint-

Étienne occupe la même place qu'au temps des guerres saintes, mais l'avancement des murailles du côté du nord-est lui donne une position plus orientale par rapport à la ville.

» Malgré les changements qui ont été faits sur ce point, ce côté de la ville est encore aujourd'hui celui qui présenterait le plus de facilités à un ennemi, pour en approcher et pour s'en rendre maître. Le terrain va en s'élevant et domine l'extérieur des murailles. Le drogman Joseph, fort préoccupé comme on l'est ici d'une arrivée prochaine des Francs, ne cessait de nous faire remarquer combien ce côté de la place est de facile accès. A l'entendre, il ne fallait qu'une pièce de canon et deux cents grenadiers pour s'emparer de la ville vers le rempart du nord-est, le plus voisin de la vallée de Josaphat.

» Pour compléter le tableau des derniers combats et des derniers travaux du siége, je ne dois pas oublier les attaques qui se firent sur d'autres points. Les chroniques nous donnent peu de détails sur l'attaque de Tancrède et se bornent à nous dire qu'il fit armer sa tour mobile vers l'angle nord-ouest des murailles ; l'impétueux Tancrède suivit de près Godefroi de Bouillon et s'avança vers le temple de Salomon sur lequel il planta le premier son drapeau ; les croisés qu'il conduisait entrèrent dans la ville par les portes de Damas et de Bethléem, qui furent enfoncées comme celle de Saint-Etienne. Tandis que Jérusalem, dit Raymond d'Agiles, était comme prise par les Français du côté du nord, les Sarrasins résistaient encore à ceux qui combattaient au midi sous les ordres du comte de Toulouse ; *ils résistaient encore comme s'ils n'eussent jamais dû être vaincus.* Le comte Raymond avait eu beaucoup de peine à faire approcher sa tour mobile du rempart méridional de la cité ; cependant, la tour de David qu'il attaquait offrit de se rendre à lui, et c'est ainsi qu'il fut averti de la prise de Jérusalem. Dès lors, il abandonna ses machines qui lui devenaient inutiles, et fit enfoncer la porte de Sion par laquelle il entra dans la cité conquise à la tête de ses bataillons provençaux.

» Le côté extérieur de la ville, contre lequel Tancrède dirigea ses dernières attaques, ne paraît pas avoir subi de changement comme celui qui fut attaqué par Godefroi vers la fin du siége ; les murailles, surtout dans les parties basses, conservent quelques restes des anciennes constructions. Les portes de Damas et de Bethléem se trouvent dans la même place qu'au temps des croisades ; j'ai parcouru, les chroniques à la main, l'esplanade du mont Sion, sur laquelle était campé le comte de Saint-Gilles ; on reconnaît facilement que rien n'y a été changé, et la distance qui sépare les remparts de l'église du Cénacle est toujours, selon l'expression d'Albert d'Aix, d'une portée de flèche. On s'étonne que lorsqu'on a reconstruit les fortifications de Jérusalem, cet espace n'ait pas été enfermé dans les murs de la place ; la ville aurait été, par là, inaccessible du côté du midi comme elle l'est à l'orient. L'histoire nous apprend que Soliman fut tellement irrité de cette faute ou de cette négligence, qu'il fit couper la tête à l'ingénieur qui avait dirigé les travaux.

» Vous savez que Jérusalem retomba au pouvoir des Musulmans quatre-vingt-sept ans après la conquête des croisés [1]. J'aurais voulu vous parler du siége à la suite duquel Saladin entra dans la cité sainte. Nos chroniques d'Occident nous donnent très-peu de détails sur les événements de ce siége, où les débris de l'armée chrétienne, vaincue près de Tibériade, ne purent opposer une longue résistance. Les historiens arabes se contentent de dire que Saladin attaqua la ville du côté du nord et du côté du midi. Ce fut sans doute sur l'esplanade du nord que le sultan victorieux, après la reddition de la ville, fit élever son trône, et qu'il fit défiler devant lui les misérables restes de la population chrétienne qui, abandonnant les saints lieux, allaient chercher un asile au delà des mers. Quarante-deux ans après la conquête de Saladin, Frédéric II, empereur d'Allemagne, vint en Palestine à la tête d'une armée de croisés, et dans une négociation avec le sultan de Damas, il demanda que Jérusalem fût rendue aux disciples de l'Évangile. « Je suis venu dans ce pays, écrivait-il au prince mu-
» sulman, pour délivrer la ville de Jésus-Christ : rendez-moi donc
» cette ville sainte, le berceau de notre foi, afin que mon entreprise
» ne soit point mal jugée chez les nations chrétiennes et que je puisse
» lever la tête parmi les rois de l'Occident [2]. » Après de longs pourparlers où Frédéric fut secondé par la discorde des Musulmans, Jérusalem fut remise entre ses mains. Mais les fortifications en avaient été démolies et ne furent point relevées. Les chrétiens ne purent y rester

---

[1] Depuis l'année 1099, date de la conquête de Jérusalem par Godefroi de Bouillon, jusqu'en 1187, époque où la ville sainte fut reprise par Saladin, on compte quatre-vingt-huit ans, *Dict. hist.*, par L. Moréri. Paris, 1749, tome VI, page 292.

[2] Paroles tirées de la lettre de Frédéric. Cette lettre a été conservée par l'historien arabe Déhébi. Voyez, dans la *Bibliothèque des croisades*, les auteurs arabes traduits par M. Reinaud.

longtemps; depuis cette époque la sainte cité a toujours été soumise au joug des infidèles. »

Autant qu'il a été en notre pouvoir, nous avons extrait des fragments des anciens auteurs, des anciens voyageurs et des voyageurs modernes qui ont vu et décrit Jérusalem et ses environs. De tous ces écrivains, les plus utiles à consulter pour visiter maintenant la ville sainte et reconnaître ses ruines, ses sanctuaires et les lieux célèbres qu'elle renferme, sont, pour l'époque actuelle, M. de Châteaubriand, MM. Michaud et Poujoulat, M. de Saulcy, qui, dans son *Voyage en Syrie et autour de la mer Morte*, nous a donné la dernière relation la plus savante sur Jérusalem (1853), et pour le siècle dernier, avant l'incendie du Saint-Sépulcre et la destruction de beaucoup de monuments, l'abbé Mariti, qui séjourna dans la ville sainte en 1767 et composa en italien une *Histoire de l'état présent de Jérusalem*, dont on vient de publier une traduction française.

Les voyages à Jérusalem sont aujourd'hui moins difficiles à exécuter qu'à l'époque de notre pèlerinage. La France, l'Angleterre, la Russie et l'Autriche y ont maintenant des consuls qui protègent les voyageurs et les pèlerins.

III

ENVIRONS DE JÉRUSALEM.

BETHLÉEM. — JÉRICHO. — LA MER MORTE. — LE JOURDAIN. — NAZARETH. — GAZZAH. — LE DÉSERT. — MONT SINAÏ.

Pour se rendre de Jérusalem à Bethléem, on sort par la porte de ce nom; puis, traversant les ravins du mont de Sion, on chemine pendant une heure sur un plateau qui court au sud de Jérusalem. Le couvent de Saint-Élie, où l'on montre le rocher sur lequel s'asseyait le saint, et le champ de Rama, où l'on trouve le tombeau de Rachel, sont les stations les plus remarquables de la route. Le tombeau de Rachel est un édifice carré que surmonte un petit dôme, et dont rien ne prouve l'authenticité. On le prendrait plus volontiers pour un santon turk que pour un tombeau hébreu. Le nom de Rama seul est resté au village qui entendit les cris de Rachel pleurant ses fils.

Au delà de ce hameau, un chemin étroit conduisait à Bethléem. Bethléem (*la maison du pain*) fut ainsi nommée par Abraham. Ville de la maison de Juda, elle vit naître David, Émissan, Élimélech, Booz et Jessé. Mais la naissance de Jésus-Christ devait lui donner une célébrité bien plus vaste, une bien plus haute importance. « *Et vous, Bethléem Éphrata*, dit le prophète Michée, *quoique vous soyez une des moindres villes de Juda, c'est de vous, dit le Seigneur, que sortira mon fils, pour être le dominateur dans Israël, lui dont la génération est dès le commencement, dès l'éternité*[1]. » De tout temps Bethléem fut le but de pieux pèlerinages. Les premiers fidèles y avaient élevé sur la crèche du Sauveur un oratoire qu'Adrien renversa pour y placer la statue d'Adonis. A son tour, sainte Hélène fit bâtir une église au lieu où s'élevait l'idole; et c'est cette église, accrue par les princes chrétiens, que des religieux gardent depuis huit siècles. A l'église attient un couvent fermé par de hautes murailles. L'église, à laquelle conduit une poterne basse, saisit le regard par sa majesté intérieure. Son ensemble est cruciforme, et la nef, qui figure le pied de la croix, est ornée de quarante-huit colonnes d'ordre corinthien, de deux pieds six pouces de diamètre près de la base, et de dix-huit pieds de hauteur, y compris la base et le chapiteau. La voûte de la nef manquant, les colonnes ne portent qu'une frise de bois qui remplace l'architrave, et au lieu de dôme figure une charpente en bois destinée à porter un toit qui n'a pas été achevé. Les murs percés de fenêtres ont été autrefois couverts de mosaïques, dont la conservation eût été essentielle pour l'histoire de l'art. Sur les colonnes sont peintes des figures représentant les saints vus de face; ces figures sont droites et sans ombre.

L'aspect de ce monument dévasté inspire la tristesse : on y cherche en vain ce qui caractérise tous les temples chrétiens, l'autel et la chaire. Les dévastations ont particulièrement détruit la régularité intérieure de cette belle église. Une muraille grossièrement faite la partage à la naissance de la croix. Cette muraille est la ligne de démarcation entre les divers cultes, qui tous se disputent la possession des moindres parties des lieux saints. Quand on a passé la muraille, on se trouve dans le sanctuaire ou le chœur, qui occupe le haut de la croix, et qui est élevé de trois degrés au-dessus de la nef. Les deux nefs latérales qui formaient

---

[1] Michée, chap. v, vers. 2.

la croix de l'ancienne église sont constituées en chapelles particulières, dont l'une appartient aux Arméniens, l'autre aux Latins. Dans le sanctuaire est un maître-autel dédié aux Mages, et placé exactement au-dessus de la grotte de la Nativité. Au bas de cet autel, et sur le pavé, paraît une étoile de marbre, qui, d'après la tradition, correspond au point du ciel où s'arrêta l'étoile conductrice des Rois. C'est au-dessous de cette étoile qu'est placé le lieu où naquit le Sauveur, dans l'église souterraine de la Crèche. Saint Jérôme dit que cette grotte n'était pas dans la ville, qu'elle était située du côté du midi [1] ; saint Justin le Martyr [2] et Eusèbe [3] disent simplement qu'elle était hors de la ville. Pour y arriver, on a pratiqué deux escaliers tournants, de quinze degrés chacun. Cette grotte irrégulière occupe, dit-on, tout l'emplacement de l'Étable et de la Crèche. Taillée dans le roc, elle a sur son pavé et sur ses parois un revêtement de marbre. Aucun jour du dehors n'y parvient; mais trente-deux lampes, envoyées chacune par un prince chrétien, y veillent sans cesse. La place où naquit Jésus est au fond de la grotte du côté de l'est : un marbre blanc, incrusté de jaspe et entouré d'argent, la signale. On y lit : *Hic de Virgine Maria Christus natus est.* Une table de marbre qui sert d'autel est élevée au-dessus de ce lieu, et trois lampes d'argent y brûlent en l'honneur du mystère de la Nativité. A quelques pas, vers le midi, est la Crèche, dont le niveau est plus bas que celui de la grotte. Un bloc de marbre blanc, creusé en forme de berceau, indique le lieu où le Sauveur fut couché sur la paille.

Cette église souterraine n'a pas seulement des attraits mystérieux, mais elle plaît encore par ses décorations précieuses. Les tableaux de l'école espagnole et italienne la tapissent de toutes parts, et offrent des scènes qui cadrent avec les souvenirs du lieu. Les ornements ordinaires de la Crèche sont de satin bleu, brodé en argent. L'encens y brûle toujours devant le berceau, tandis qu'un orgue fait entendre des airs pieux.

Bethléem a encore d'autres lieux consacrés par la tradition. De la grotte de la Nativité, on va dans la chapelle souterraine, où cette tradition place la sépulture des Innocents. Plus loin, on montre la salle, de construction romaine, où saint Jérôme demeurait et tenait

---

[1] Hieronym., ep. XXIV ad Marcellam.
[2] Justin. martyr. *Dialog. cum Tryphone.*
[3] Euseb., lib. VII, cap. IV, *Demonst. evang.*

une école pour enseigner l'Écriture sainte, et où il composa ses écrits contre Vigilance et Jovinien. Près de là, se trouvent les tombeaux de sainte Paule et de sainte Eustochie, que saint Jérôme avait converties au christianisme, et qui délaissèrent les grandeurs de Rome pour venir vivre et mourir à Bethléem.

Près de la cité de la Nativité est le vallon des Pasteurs. La nuit en laquelle Jésus-Christ vint au monde, la tradition de l'Église dit : « Au milieu de la nuit, des bergers gardaient leurs troupeaux dans un vallon qui s'étend près de Bethléem, du levant au couchant, au bas de la colline sur laquelle est située la ville. » Quoique l'on fût à la fin du mois de décembre, la douceur des hivers, en Syrie, permet aux bergers, comme on le voit encore aujourd'hui, et aux voyageurs, comme nous l'avons éprouvé, de coucher sur la terre. C'est dans ce vallon que ces bergers eurent la vision racontée ainsi par l'Évangile de saint Luc [1].

« Or, il y avait là, aux environs, des bergers, qui passaient la nuit dans les champs, veillant tour à tour à la garde de leur troupeau.

» Tout à coup un ange du Seigneur se présenta à eux, et ils furent environnés d'une lumière divine, ce qui les remplit d'une extrême crainte.

» Alors l'ange leur dit : Ne craignez point, car je vous viens apporter une heureuse nouvelle, qui sera pour tout le peuple le sujet d'une grande joie.

» C'est qu'aujourd'hui, dans la ville de David, il vous est né un Sauveur, qui est le Christ, le Seigneur.

» Et voici la marque à laquelle vous le reconnaîtrez : vous trouverez un enfant enveloppé de langes et couché dans une crèche.

» Au même instant une troupe nombreuse de l'armée céleste se joignit à l'ange, louant Dieu et disant :

» Gloire à Dieu, au plus haut des cieux, et paix sur la terre aux hommes de bonne volonté.

» Après que ces anges se furent retirés dans le ciel, les bergers se dirent l'un à l'autre :

» Allons jusqu'à Bethléem, voyons ce qui est arrivé et que le Seigneur nous a fait connaître.

---

[1] Évangile selon saint Luc, chap. II, vers. 8-20.

» S'étant donc hâtés d'y aller, ils trouvèrent Marie et Joseph avec l'enfant qui était couché dans une crèche.

» Et l'ayant vu, ils reconnurent la vérité de ce qui leur avait été dit touchant cet enfant.

» Et tous ceux qui en ouïrent parler admiraient ce que les bergers leur racontaient.

» Or, Marie conservait toutes ces choses en elle-même, les repassant dans son cœur. Et les bergers s'en retournèrent, glorifiant et louant Dieu de toutes les choses qu'ils avaient entendues et qu'ils avaient vues, selon qu'il leur avait été dit. »

Le *champ des Pasteurs* est situé à un quart de lieue de Bethléem. Sainte Hélène y fit élever une église dédiée à Notre-Dame Mère des Anges.

L'Évangile de saint Matthieu indique[1] que ce fut dans la maison au-dessus de la grotte où était né Jésus-Christ, que les Mages, quinze jours après la venue du Sauveur, vinrent l'adorer.

« Jésus étant donc né à Bethléem de Juda, au temps du roi Hérode, des Mages vinrent de l'Orient à Jérusalem.

» Et ils demandèrent : Où est celui qui est né roi des Juifs? car nous avons vu son étoile en Orient, et nous sommes venus pour l'adorer.

» Ce que le roi Hérode ayant appris, il en fut troublé et tout Jérusalem avec lui.

» Il assembla tous les princes des prêtres et les docteurs du peuple, et il s'enquit d'eux où le Christ devait naître.

» A Bethléem de Juda, lui dirent-ils; car voici ce qui a été écrit par le prophète :

» Et toi, Bethléem, terre de Juda, tu n'es pas la dernière d'entre les *villes qui donnent des chefs à Juda;* car c'est de toi que sortira le chef qui conduira Israël, mon peuple.

» Alors Hérode, ayant fait venir secrètement les Mages, s'enquit d'eux avec grand soin en quel temps l'étoile leur était apparue.

» Et les envoyant à Bethléem, il leur dit : Allez; informez-vous exactement de cet enfant, et lorsque vous l'aurez trouvé, faites-le-moi savoir, afin que j'aille aussi moi-même l'adorer.

» Ayant entendu le discours du roi, ils partirent. Alors l'étoile

---

[1] S. Matthieu, chap. ii, vers. 1-12.

qu'ils avaient vue en Orient allait devant eux, jusqu'à ce qu'étant arrivée sur le lieu où était l'enfant, elle s'arrêta.

» Lorsqu'ils virent l'étoile, ils furent transportés d'une extrême joie.

» Entrant dans la maison, ils trouvèrent l'enfant avec Marie, sa mère, et, se prosternant en terre, ils l'adorèrent; puis, ouvrant leurs trésors, ils lui offrirent en présent de l'or, de l'encens et de la myrrhe.

» Et, ayant reçu pendant qu'ils dormaient un ordre (du ciel) de n'aller point retrouver Hérode, ils s'en retournèrent en leur pays par un autre chemin. »

Après le pèlerinage de Bethléem, vient celui du Jourdain et de la mer Morte. Pour s'y rendre, on passe par Béthulie, peuplée encore de quelques familles arabes; puis on descend vers la route de Jéricho, par un chemin large et à pentes ménagées dans les flancs escarpés des montagnes. Cette route était celle qui menait aux possessions des tribus d'Israël, campées dans la vallée du Jourdain, et de là en Arabie et en Mésopotamie. Au delà de Béthulie la végétation cesse : il n'y a plus ni moissons, ni culture ; mais seulement des groupes de roches noirâtres, qui affectent les combinaisons les plus âpres et les plus bizarres. La plupart de ces montagnes sont de formation volcanique : les blocs qui roulent ou pendent sur leurs flancs ressemblent à une lave durcie. A peine çà et là, trouve-t-on dans un caravansérail abandonné quelques gouttes d'eau tombant du roc, et s'amassant dans une conque naturelle.

Quand on a franchi ces onduleuses chaînes, la vallée du Jourdain paraît aux yeux du voyageur. On ne voit point encore le fleuve; mais à l'aspect plus riant de la campagne, on pressent le voisinage de l'eau. Quelques bocages, apparaissant çà et là, rappellent les jolis sites de l'Europe. Après une heure de marche dans ce vallon, on arrive à Jéricho. Les remparts de Jéricho, si célèbres dans l'histoire, ne sont que de véritables murailles de vingt pieds d'élévation sur quinze à vingt de largeur, formées de fagots d'épines accumulés et arrangés avec une admirable industrie pour empêcher le passage des bestiaux et des hommes; car Jéricho ou Raba est aujourd'hui un village arabe qui cherche à se défendre des invasions de l'ennemi. Cette forteresse d'épines sèches avait deux ou trois larges portes toujours ouvertes, et où les sentinelles arabes veillaient sans doute pendant la nuit. Quand on passe devant cette enceinte, on aperçoit les femmes et les enfants de la ville du désert, groupés sur les terrasses, dans des attitudes pittoresques. Les maisons de cheiks ne sont pas plus considérables que les autres : ce sont des huttes de boue, de quelques pieds d'élévation, avec une grande cour remplie de chevaux, de chameaux, de chèvres et de vaches. Jadis on cultivait à Jéricho ce que l'on nomme le baume de la Mecque, arbuste semblable aux grenadiers, et qui porte un fruit charnu d'où l'on retire le baume. Aujourd'hui Jéricho n'a plus de ces végétaux ; mais il a des *zaqqouns*, arbuste d'où l'on tire une huile excellente pour les blessures. Ce *zaqqoun* ressemble au baume de la Mecque. Son fruit est un gland sans calice, où se trouve l'amande qui fournit l'huile de zaqqoun.

Quand on va de Jéricho vers le Jourdain, on rencontre d'abord quelques champs de maïs et de doura, quelques jardins de grenadiers et d'orangers, puis tout redevient désert et sable. On descend ainsi par de vastes gradins, et par une suite de terrasses successives, jusqu'au bord même du fleuve qui ne se découvre qu'au moment où l'on y touche. Les bords du Jourdain, à cette hauteur, n'ont pas l'aspect nu et désolé qu'ils présentent à son embouchure dans le lac Asphaltite. Le fleuve s'est creusé entre les plateaux du désert une oasis fraîche, profonde et ombreuse, une vallée gracieuse et charmante, où tout est pelouses, fraîcheur et verdure. Çà et là croissent des touffes de joncs en fleurs, des bulbeuses, dont les larges corolles scintillent comme autant d'étoiles, des bouquets d'arbustes aux tiges flexibles, des peupliers de Perse au feuillage touffu et épanoui ; des forêts de saules, de grands osiers impénétrables qu'enlacent mille tiges de lianes. Ces forêts s'étendent à perte de vue sur les deux rives du fleuve, et ne laissent accès qu'au piéton. En cet endroit, le Jourdain peut avoir de cent à cent vingt pieds de largeur ; sa profondeur est considérable, et son cours très-rapide ; ses eaux sont d'un bleu pâle, légèrement ternies par le mélange des terres grises qu'il traverse et qu'il creuse. La forêt suit d'ailleurs toutes les sinuosités du fleuve, et le borde d'une perpétuelle guirlande de rameaux et de feuilles qui trempent dans l'eau. Une innombrable quantité d'oiseaux peuple ces impénétrables asiles, où les Arabes prétendent avoir souvent vu des lions, des panthères et des chats-tigres.

A mesure que l'on approche de la mer Morte, le paysage change de caractère : il devient plus stérile et plus âpre. Bientôt la vallée du Jourdain se trouve resserrée entre deux chaînes, qui élèvent leurs falaises vers le ciel. D'un côté est la chaîne arabique taillée à pic, noire, nue et droite; de l'autre, la chaîne de la Judée moins élevée et plus inégale, crayeuse et fantastique. La vallée comprise entre ces chaînes offre un sol assez semblable au fond d'une mer depuis longtemps à sec. On n'y distingue que quelques arbres chétifs. Des ruines de tours et de châteaux apparaissent au loin. Au moment de se jeter dans la mer Morte, le Jourdain lui-même, traversant un sol vaseux, change de physionomie et de couleur. Il semble traîner à regret vers le lac immobile des eaux jaunes et lentes. Les bords de la mer Morte sont plats du côté du levant et du couchant; au nord et au midi, de hautes montagnes l'encadrent. L'aspect de la mer Morte n'a rien de la teinte funèbre que divers voyageurs, plus poétiques que vrais, lui ont attribuée. C'est un lac éblouissant dont la nappe représente le soleil comme une glace, en offrant partout le même aspect : éclat, azur et immobilité. Cette mer porte très-bien son nom. Elle étincelle, elle inonde le désert de ses reflets; mais elle est morte; elle n'a plus ni mouvement, ni bruit; ses ondes semblent trop lourdes pour le vent; l'écume de ses flots ne joue jamais avec les cailloux de la grève. On dirait une mer saisie, une mer en pétrification. Ses bords sont entièrement déserts; l'air y est malsain. On ne voit que très-peu de verdure sur la rive, et on dit qu'elle ne nourrit point de poissons. C'est possible; mais il est moins vrai que les oiseaux ne puissent la traverser impunément. On a vu des hirondelles voler à sa surface pour y recueillir l'eau nécessaire à la construction de leurs nids. La vraie cause de l'absence des végétaux et des animaux est la salure âcre de cette mer, qui repose évidemment sur de vastes lits de sel gemme. L'air chargé par évaporation de cette salure, et aussi d'exhalaisons de bitume et de soufre, n'est plus ni aussi salubre pour l'homme, ni aussi propice à la végétation. On trouve tout le long du rivage du bitume et du soufre ainsi que des sources d'eaux minérales, que signalent au loin de petites pyramides. On y rencontre aussi une sorte de pierre qui exhale, en la frottant, une odeur infecte, brûle comme le bitume, se polit comme l'albâtre, et sert en Judée à paver les cours. La mer a, du côté où le Jourdain se jette, trente lieues de long, et les Arabes disent qu'ils ne se sont jamais aventurés même à suivre son rivage. Ce n'étaient point les périls de cette entreprise qui détournaient les voyageurs, mais plutôt les superstitions des Arabes, qui semblaient regarder cette navigation comme impossible. De là vient sans doute le mauvais renom que l'on a donné à la mer Morte. Ce que quelques voyageurs lui refusent, et entre autres des poissons, d'autres le lui accordent; de sorte qu'au fond, ce lac, si voisin de Jérusalem, est encore une énigme pour la géographie.

Au retour de notre voyage en Orient, nous avions conçu le projet de faire un voyage de navigation sur la mer Morte, ce qui alors n'avait jamais été exécuté. A cet effet, nous fîmes construire à Toulon une chaloupe qui devait se démonter, pour être transportée à l'embouchure du Jourdain et reconstruite sur les bords de la mer Morte. Ce bâtiment existe encore dans le port de Toulon, et est employé maintenant au service de la marine de l'État. Les graves événements politiques de l'Europe nous empêchèrent d'exécuter notre projet. Nous fûmes devancés, en 1848, par le capitaine américain Lynch, qui eut le bonheur de mener à bonne fin l'entreprise tentée peu de temps avant lui par son compatriote Costigan, mort sur cette terre inhospitalière, comme notre jeune ami Américain M. Bradfort. M. Lynch monta deux embarcations qu'il avait fait construire, et traversa en plusieurs sens le lac Asphaltite.

C'est sur l'emplacement de ce lac, qu'existaient, selon Strabon, treize villes englouties, huit selon Étienne de Byzance, cinq selon la Genèse, quatre selon le Deutéronome. Quant à la forme du lac, c'est le père Nau qui autrefois avait donné là-dessus les renseignements les plus précis. « La mer Morte, dit-il, est à sa fin comme séparée en
» deux : il y a un chemin par où on la traverse, n'ayant de l'eau
» que jusqu'à mi-jambes, du moins en été. Là la terre s'élève et
» borne un autre petit lac, de figure ovale, entouré de plaines et de
» montagnes de sel. »

Jusque dans ces derniers temps, peu de personnes avaient essayé de parcourir les bords de cette mer si célèbre. Il fallait, pour ce voyage, un courage et une érudition qui se trouvent rarement réunis. Ces deux qualités se sont rencontrées chez M. de Saulcy, que nous avons déjà cité. Il a accompli un voyage autour de la mer Morte, du mois de décembre 1850 à la fin de janvier 1851, et reconnu les ruines de Sodome (Esdoum), de Gomorrhe (Goumran), de Seboïm (Sebaân), de Zoar (Zouëra), et l'emplacement d'Adamah (el-Thaemeh). Il a fait le tour complet de cette mer, à l'exception des sept ou huit dernières lieues qu'il lui a été impossible de franchir, parce que la mer est bordée en ces endroits par des rochers à pic.

Le Jourdain n'est pas toujours dans l'état où nous l'avons décrit.

et qui forme pour ainsi dire son aspect mixte. Dans les grandes sécheresses, il reste quelquefois presque à sec, et alors ses bords se ressentent du manque d'eau. D'autres fois, au contraire, dans le courant de l'hiver, il sort du lit étroit qui l'encaisse, et, débordant sur la plaine, il forme une large nappe qui couvre un quart de lieue de terrain. Sa grande crue est en mars, au temps où les neiges fondent sur la montagne du Cheik, et se mêlent à ses ondes, qui deviennent alors jaunâtres, et à son cours impétueux. Du reste, le fleuve n'a mérité aucune des exagérations de ses visiteurs. Il n'est ni aussi humble, ni aussi fier qu'on l'a fait. C'est un cours d'eau ordinaire, qui se relève par l'importance des mystères dont il fut jadis le témoin, et par les pieux souvenirs qui s'y rattachent. Les Arabes le nomment *el-Charria*.

Les environs du Jourdain sont infestés d'Arabes qui mettent à contribution les voyageurs isolés qui vont visiter ses bords et ceux du lac Asphaltite. M. de Châteaubriand eut une alerte de ce genre. « A peine
» avions-nous fait, dit-il, un quart de lieue dans la vallée, que nous
» aperçûmes sur le sable des traces nombreuses de pas d'hommes et
» de chevaux. Ali proposa de serrer notre troupe afin d'empêcher les
» Arabes de nous compter. — S'ils peuvent nous prendre, dit-il, à
» notre ordre et à nos vêtements, pour des soldats chrétiens, nous
» sommes sauvés. Quel magnifique éloge de la bravoure de nos
» armées! Nos soupçons étaient fondés. Nous découvrîmes bientôt
» derrière nous au bord du Jourdain une troupe d'une trentaine
» d'Arabes, qui nous observaient. Nous fîmes marcher en avant notre
» *infanterie*, c'est-à-dire nos six Bethléémites, et nous couvrîmes leur
» retraite avec notre *cavalerie*. Nous mîmes nos *bagages* au milieu :
» malheureusement, l'âne qui les portait était rétif, et n'avançait qu'à
» force de coups. Le cheval du drogman ayant mis le pied dans un
» guêpier, les guêpes se jetèrent sur lui, et le pauvre Michel, emporté
» par sa monture, jetait des cris pitoyables; Jean, tout Grec qu'il
» était, faisait bonne contenance; Ali était brave comme un janis-
» saire de Mahomet II. Quant à Julien, il n'était jamais étonné : le
» monde avait passé sous ses yeux sans qu'il l'eût regardé; il se
» croyait toujours dans la rue Saint-Honoré, et me disait du plus
» grand sang-froid du monde, en menant son cheval au petit pas :
» — Monsieur, est-ce qu'il n'y a pas de police dans ce pays-ci pour
» réprimer ces gens-là ? Après nous avoir regardés longtemps, les
» Arabes firent quelques mouvements vers nous; puis, à notre grand

» étonnement, ils rentrèrent dans les buissons qui bordent le fleuve.
» Ali avait raison, ils nous prirent sans doute pour des soldats chré-
» tiens. Nous arrivâmes sans accident à Jéricho. »

Le retour de la mer Morte s'effectue par la vallée de Saint-Saba dans laquelle est situé le couvent de ce nom. Le désert, de ce côté, est beaucoup plus accentué qu'ailleurs. Des terres vagues et des ondulations de sable le labourent dans tous les sens. Le couvent est bâti dans la ravine même du Cédron qui, à sec en cet endroit, peut avoir de trois à quatre cents pieds de profondeur. L'église occupe une petite éminence dans le fond du lit. De ce point partent les constructions du monastère qui, par des escaliers perpendiculaires et des passages creusés dans le roc, s'élèvent jusqu'à la croupe de la montagne, où elles se terminent par deux tours carrées. Du haut de ces tours, l'œil plane sur le désert et sur les montagnes; c'est une porte d'observation d'où l'on surveille les mouvements des Arabes. Au pied même et dans la ravine, on remarque des grottes qu'habitèrent autrefois des anachorètes, et où des colombes bleues font aujourd'hui leurs nids. Le couvent de Saint-Saba semble avoir une grande importance dans l'histoire religieuse de la contrée. On y montre quatre mille têtes de morts, qui sont celles de religieux massacrés par les infidèles, à une époque que précisent les annales du monastère.

Telle est Jérusalem, telles sont les localités qui l'entourent. En dehors de ce rayon, assez rapproché de la ville sainte, il existe encore d'autres lieux que leurs noms recommandent à l'attention chrétienne, et dont quelques-uns ont été cités déjà; la plaine d'Esdrelon, par exemple, cette partie favorisée du royaume de Chanaan, cette zone de riches moissons et de gras pâturages. C'est là que Barac défit Sisara; là encore que Josias, roi de Juda, combattit contre Nekao, et tomba percé de flèches; là enfin qu'eurent lieu les grandes rencontres d'armées depuis Nabuchodonosor jusqu'à Kléber: Juifs, Gentils, Sarrasins, Croisés, Égyptiens, Persans, Druses, Turks, Arabes, Français, tous les peuples, tous les cultes semblent s'y être, dans le cours des siècles, donné rendez-vous. Non loin de là est Nazareth, avec son couvent latin et son église de l'Annonciation, la plus belle de la Palestine après celle de Bethléem. Là aussi, on a consacré à l'adoration des fidèles un local que l'on dit être celui où figuraient autrefois la demeure de la Vierge, l'atelier de saint Joseph, et la place où l'ange Gabriel lui apparut; enfin, l'école où Jésus enfant se rendait avec ses jeunes camarades. Tout près de là sont Cana, célèbre par le miracle de l'eau changée en vin, et le mont Thabor, que consacre le prodige de la transfiguration. Au pied de cette montagne, Kléber remporta une victoire sur les Osmanlis. Sur le sommet du Thabor est une grotte où l'on a construit trois autels en mémoire des trois tabernacles que saint Pierre proposa d'y élever. Plus au nord est Tibériade, ville située sur les bords du lac de ce nom, où résidèrent les principaux docteurs juifs après la ruine de Jérusalem, et où les bains d'Emmaüs attirèrent si longtemps la foule au temps des Romains. Au N.-E. se révèle encore Capharnaüm, séjour de Jésus pendant les dernières années de sa vie mortelle, et théâtre de plusieurs de ses miracles. Enfin, en se rapprochant de Saint-Jean d'Acre, paraît le mont Carmel, où vécurent dans les temps anciens les prophètes Élie et Élisée, et dans le moyen âge une foule d'anachorètes qui s'abritaient sous les grottes du mont, et se réunissaient le jour dans l'église qui le couronne pour prier en commun. Cette église, et le couvent qui y touche, servirent, pendant le siège de Saint-Jean d'Acre, d'hospice pour les pestiférés.

Si l'on quitte le rayon nord de la Judée, pour pousser jusqu'à ses dernières limites dans le sud, vers les déserts de Gazzah et de Tor, on trouve le village d'Habroun ou Hébron, que les Arabes nomment *el-Khalil*, le bien-aimé, nom qui lui vient, dit-on, d'Abraham, dont on montre en ce lieu la grotte sépulcrale. Assis au pied des ruines d'un château antique, Habroun domine un bassin oblong de cinq à six lieues d'étendue, semé de collines rocailleuses, de bosquets de sapins, et de plantations d'oliviers et de vignes. Le raisin qui provient de ces vignes est séché et préparé pour la vente. Les autres branches de l'industrie locale sont la filature du coton, des fabriques de savon et une verrerie fort ancienne, d'où sortent des anneaux et des bracelets coloriés, dont on fait grand usage dans l'Orient. Ces industries diverses contribuent à la richesse d'Habroun, qui, dans ses rixes avec Bethléem, sa rivale, peut armer huit à neuf cents hommes. Cette rivalité et cette lutte durent depuis que les Arabes se sont établis dans la contrée. Ces voies de fait consistent en des vols à main armée, en dévastations réciproques. Les Arabes fondent sur les Bethléémites, ravagent leurs champs de doura, de maïs, de blé et de sésame, leurs plants d'oliviers et leurs récoltes pendantes, enlèvent leurs brebis, leurs chèvres et leurs chameaux, puis emportent le butin. A quelque temps de là, les Bethléémites rendent la pareille aux Arabes en même monnaie, et de représailles en représailles, la querelle est interminable. Aussi le pays est-il misérable et pauvre. Les Turks, les Juifs, les Grecs, d'humeur vagabonde, les malfaiteurs poursuivis par les pachas, se réfugient à el-Khalil comme dans une terre d'asile, ce qui concourt à faire de ce village un repaire de brigands. El-Khalil possédait autrefois une magnifique église, bâtie par l'impératrice Hélène sur le tombeau même d'Abraham. Les Turks, pour qui la mémoire d'Abraham est sacrée, ont fait de cette église une mosquée, desservie avec luxe, et où le prétendu mausolée du patriarche est recouvert d'étoffes de soie verte, richement brodées en or, et renouvelées de temps à autre par le Grand-Seigneur.

En se rapprochant de Gazzah et du littoral, on rencontre à quatre lieues de Ramleh le village de Mesmié, qui fournit beaucoup de coton filé. Plus loin, à une petite lieue, est la colline el-Tell, sur laquelle on trouve de vastes débris d'habitations, et des souterrains tels qu'on en construisait dans les châteaux du moyen âge. Betagobris (Baït-Djibun) n'est éloigné d'el-Tell que de quelques lieues. En tirant vers le S.-O., paraît un autre village de Bédouins nommé el-Hesi, aux environs duquel est une colline carrée et factice, large de cent cinquante pas, et longue de deux cents, sur soixante et dix pieds de hauteur.

En gagnant encore vers la mer, on rencontre Yabné, l'antique Jamnia, qui possède le seul ruisseau de ces cantons où l'on trouve de l'eau en été; el-Doud, la puissante Azot des Philistins, qui n'a aujourd'hui rien de remarquable, si ce n'est ses scorpions; puis Ascalon, dont les ruines désertes semblent s'éloigner de jour en jour de la mer, qui jadis les baignait. Toute cette côte s'ensable journellement, et des lieux qui ont été jadis des ports sont aujourd'hui au milieu des terres. Ainsi est Gazzah, cette ville philistine dont Samson enleva les portes. Gazzah est un groupe de trois villages, dont celui du milieu, nommé le *Château*, s'élève sur une colline de médiocre hauteur. Ce château n'est, à proprement parler, qu'une ruine qui domine la plaine et la mer. Aux environs de Gazzah commence un changement caractérisé dans le paysage; ce n'est plus une nature syrienne, mais égyptienne. Le port des dattiers, la plaine rase et nue, la chaleur, la sécheresse, les vents, la taille, l'accent, les mœurs des populations, tout signale l'Égypte, dont Gazzah et el-Arych sont les deux clefs. Cette position a fait de Gazzah une ville importante. Des ruines de marbre blanc attestent qu'elle fut ornée jadis de riches monuments.

Ses jardins arrosés d'eaux vives, sont encore couverts d'orangers, de grenadiers et de palmiers aux dattes exquises. Quoiqu'en décadence, et peuplée de deux milles âmes seulement, Gazzah est célèbre dans la Palestine pour ses étoffes de coton. Autrefois le commerce de soude, que les Arabes apportaient du désert pour alimenter des fabriques de savon, occasionnait un mouvement d'affaires assez considérable ; mais le pacha ayant voulu s'en attribuer le monopole, cette branche d'industrie s'est éteinte. Une autre branche plus avantageuse, est le passage des caravanes qui vont et viennent d'Égypte en Syrie. Les approvisionnements pour la traversée du désert procurent aux farines, aux huiles, aux dattes et aux autres denrées, un débouché profitable aux habitants. Ils ont aussi des relations avec Suez, où ils arrivent en deux ou trois jours de marches forcées, et vont aussi à la rencontre de la caravane de la Mecque, jusqu'à Mâan ; mais, de tous ces bénéfices, le plus grand est l'achat des pillages des Bédouins. Malheureusement les occasions sont rares. Volney cite celui de 1757 comme un des plus fructueux pillages connus. Les deux tiers des marchandises de la grande caravane arrivèrent à Gazzah, portées par les Bédouins qui les avaient enlevées. Ces malheureux donnaient pour quelques piastres les châles de cachemire, les toiles, les mousselines de l'Inde, les sirsakas, les cafés, les perses et les gommes. Un Bédouin d'Anazé, ayant trouvé dans son butin plusieurs sachets de perles fines, et les prenant pour des graines de doura, les fit bouillir pour en faire une soupe ; puis, voyant qu'elles ne cuisaient point, il allait les jeter quand un Grec lui offrit en échange un bonnet écarlate, ce que l'Arabe accepta avec joie. En 1784, les Bédouins s'emparèrent ainsi de trois mille charges de café, ce qui fit tomber de moitié le prix de cette fève.

Au sud de Gazzah, il n'y a plus que déserts. Jusqu'à la frontière d'Égypte on ne rencontre que deux châteaux mal fortifiés, Kan-Yonnès, qui a douze hommes de garnison, et el-Arych où les Français ont fait quelques travaux durant leur séjour en Égypte. A l'est du littoral s'étendent des vallées qui appartiennent plutôt à l'Arabie qu'à la Syrie, et où des Fellahs s'établissent l'hiver, sous le coup des rapines des Arabes, pour y cultiver quelques champs de doura. Dans cette direction, en gagnant vers Mâan, Karak, et dans le sud-est du lac Asphaltite, le sol est jonché de ruines monumentales, qui témoignent d'une existence populeuse et splendide. Plus de trente villes en ruines s'y révèlent, comme Palmyre, par des tronçons de colonnes et des débris de temples. C'était là le pays des Nabathéens, les pères des Arabes et des Iduméens, qui, à l'époque du siége de Jérusalem, étaient tout aussi nombreux que les Juifs.

Plus au sud, s'étend le désert de Tor, que les Arabes nomment pays du mont Sinaï. Ce désert, limite méridionale de la Syrie, s'étend en forme de presqu'île entre les deux golfes de la mer Rouge : celui de Suez à l'ouest, celui d'el-Aqabé à l'est, dans une largeur commune de trente lieues sur soixante et dix de longueur. C'est là ce qu'on nommait, dans l'ancienne géographie, Arabie Pétrée. Les montagnes, qui sont calcaires du côté de la Syrie, deviennent granitiques en approchant de la mer Rouge. Le Sinaï et l'Horeb sont des pics de granit. C'est par ces monts et par le désert de Tor que le peuple israélite arriva en Judée ; c'est là que Moïse reçut les Tables de la loi et retint les Hébreux pendant une génération, afin d'avoir le temps de faire un peuple de conquérants d'un peuple de pasteurs. Toute cette zone se compose d'un terrain aride, qui produit quelques palmiers, des acacias épineux, des tamarins, des sapins et des arbustes clair-semés. Dans les environs fourmillent encore des localités que les Écritures ont rendues célèbres : les sources de Moïse, le rocher d'où jaillit l'eau miraculeuse sous la verge d'Aaron, les tombeaux d'Aaron et de Moïse, la grotte de saint Athanase ; enfin, pour les Musulmans, l'empreinte du pied de la jument de Mahomet, dans le lieu où ce prophète fut, selon le Koran, enlevé vers le ciel. Les montagnes d'Horeb et de Sinaï offrent d'ailleurs un grand intérêt au géologue. Des voyageurs modernes, tels que Gray et Steetzen, y ont entendu, par intervalle, sous leurs pieds, un bruit prolongé qui ressemblait au battement d'une pendule et paraissait soulever le sable. Procope dit aussi que le sommet du mont Sinaï était inhabité à cause du bruit horrible qu'on y entendait. Ces phénomènes s'expliquent, comme celui du lac Asphaltite, par l'existence de volcans souterrains et peut-être mal amortis. La grande quantité d'eaux thermales que l'on trouve dans l'Arabie Pétrée, et les matières bitumineuses que l'on y rencontre à chaque pas, confirment cette opinion. Cependant, de loin en loin, quelques vallons riants apparaissent entre ces montagnes nues, tels que la vallée de Djirandel, toute semée de bocages, et la vallée de Faran, qui renferme les vestiges d'une ville.

Dans ce rayon où s'élevaient jadis de florissantes cités, errent aujourd'hui, avec leurs dromadaires, cinq ou six mille Arabes, que l'on nomme Arabes de Tor, et dont les caravanes poussent de temps en temps jusqu'au Kaire, avec leurs bêtes chargées de sel gemme et de charbon. Tor, leur principal entrepôt, est situé au sud de Suez, dans le dernier coude de la mer Rouge. C'est un méchant petit village, habité par des Arabes qui s'engagent comme matelots, et protégé par un fort ruiné et sans garnison. Le mont Sinaï est l'objet d'un pèlerinage célèbre parmi les Grecs schismatiques, qui vont y faire leurs dévotions aux reliques de sainte Catherine. Les pèlerins partent du Kaire avec une escorte, arrivent au mont Sinaï, visitent l'église de Sainte-Catherine, baisent les reliques, montent à genoux cent marches du mont, et s'en vont après avoir laissé leur offrande entre les mains du supérieur du couvent. L'église et le couvent de Sainte-Catherine ressemblent à une petite citadelle posée, comme l'aire d'un aigle, au sommet de pics arides et nus. Le Sinaï, auquel les bâtiments sont adossés, semble devoir les écraser un jour sous son cône noirâtre. La grande église, qui est la principale partie de cette construction, fut bâtie par l'empereur Justinien, et la coupole et l'autel appartiennent à cette érection primitive. On distingue encore sur la coupole le portrait de Justinien et de sa femme Théodora à côté d'un tableau de la Transfiguration. Du reste, l'ensemble de l'édifice ressemble à une forteresse, plutôt qu'à un couvent. Pour parvenir dans l'intérieur, il faut s'asseoir dans un panier que l'on hisse à l'aide d'un treuil. Deux petites pièces de canon et un arsenal bien fourni d'armes défendent, contre les surprises des Arabes, les trente moines qui habitent le monastère. Les portes ne s'ouvrent guère qu'une fois tous les trois ou quatre ans pour recevoir la visite solennelle de l'évêque. Il paraît que, malgré cette situation toujours menacée, les anachorètes s'accommodent de cette vie pénible, au milieu de solitudes ingrates. Comme ils sortent rarement, la campagne n'étant point sûre, ils sont parvenus à se ménager sur les rochers un jardin de terre rapportée, qui leur sert de promenade : ils y cultivent d'excellents fruits, tels que des raisins, des figues, et surtout des poires inconnues au Kaire, où ils en envoient comme un cadeau très-recherché. La vie de ces moines ressemble à celle des cénobites du Liban ; elle se partage entre des travaux d'utilité et des pratiques de dévotion.

Leur bibliothèque renferme un assez grand nombre de manuscrits, entre autres un saint Jean Chrysostôme en plusieurs volumes, tous écrits de la même main, les saintes Écritures en grec et quelques parties détachées de la Bible en langue slave. On y trouve aussi de nombreux manuscrits arabes qui ont été examinés par Burckhardt. Il y a peu d'ouvrages imprimés de quelque importance.

Les moines du mont Sinaï n'ont pas, comme ceux du Liban, la faculté de sortir de leur enceinte claustrale. Loin que cette servitude leur déplaise, l'un d'eux, supérieur de Mar-Hanna, et obligé comme les moines du Sinaï à une réclusion rigoureuse par la crainte des Arabes, disait à Volney : « Dans l'état où est le pays, quel sort est préférable au nôtre? Vois le paysan pillé par l'Arabe, pillé par le Turk, massacré par l'un, bâtonné par l'autre. Ne sommes-nous pas plus heureux, plus tranquilles, entre le néant de la terre et l'espoir de l'éternité? » (Voir l'explication de la planche XIX, Mont Sinaï.)

Cette organisation monastique est à peu près la même pour tous les couvents répandus sur le territoire de la Syrie, de la Palestine et de la Judée. Ainsi vivent les Grecs de Mar-Siméon au nord d'Alep; de Mar-Saba, sur la mer Morte, et de Mar-Hanna. Quoique semblables à des prisons et perdus dans les sites les plus âpres, ces couvents sont peuplés. On compte trente ou quarante moines au mont Sinaï, vingt à Mar-Saba, et deux ou trois cents autres disséminés dans des localités non moins sauvages.

IV

PEUPLES ERRANTS DE LA SYRIE.

TURKOMANS. — KOURDES. — ARABES BÉDOUINS.

En dehors de ces populations sédentaires et agricoles, la Syrie et la Palestine nourrissent des populations nomades qui errent avec leurs troupeaux et leurs tentes, dans des districts limités dont ils se regardent comme les propriétaires.

Parmi ces peuples nomades, il faut citer d'abord les Turkomans, peuplades d'origine tartare, qui, à l'époque des grandes révolutions survenues dans l'empire des Abassides, émigrèrent des bords de la mer Caspienne, et vinrent déborder dans les plaines de l'Arménie et de l'Asie Mineure. La langue des Turkomans diffère peu de la langue des Turks. Pasteurs comme les Bédouins, ils promènent leurs troupeaux d'une vallée à l'autre; seulement, comme la zone qu'ils fréquentent est plus féconde, ils ne sont pas obligés de parcourir d'aussi grandes distances. Les tribus turkomanes se divisent en *ordous* ou camps, dont chacun reconnaît un chef. Les pouvoirs de ce chef ne sont déterminés par aucun statut, mais seulement par l'usage et par les circonstances : leur autorité n'est ni dangereuse ni exorbitante; elle a à la fois quelque chose de l'ancien mode patriarcal, et d'un régime militaire. Tout homme en état de porter les armes se range au milieu des guerriers sans qu'on soit obligé de lui faire le moindre appel. De lui-même il comprend que sa considération et sa sûreté dépendent de sa force et de sa bravoure individuelles. Les richesses de ces peuples consistent en bestiaux, tels que les buffles, les chameaux, les chèvres, et surtout les moutons. Ils se nourrissent de laitage, de beurre, de viande et de riz, et portent le reste de leurs produits à Alep, dont ils défrayent presque toute la consommation. En retour de ces denrées, ils tirent des villes des habits, des armes, de l'argent et du grain pour les semailles. Quant aux femmes, elles filent des laines et confectionnent des tapis, industrie fort ancienne et fort célèbre dans la contrée. En dehors de quelques travaux agricoles assez peu pénibles, les hommes n'ont d'autres soins que de veiller à la conduite des troupes. Cavaliers vigoureux et soldats infatigables, toujours munis de leur pipe qu'ils ne quittent jamais, même à cheval, ils arpentent ces vastes plaines, la lance sur l'épaule, le sabre courbe au côté, le pistolet à la ceinture. Dans leurs guerres, assez fréquentes, avec les Turks, ils ont plus d'une fois obtenu des avantages marqués, et ces derniers n'ont pu les vaincre qu'en attaquant isolément et une à une leurs tribus désunies. Plus de quarante mille de ces Turkomans vaguent dans les pachaliks d'Alep et de Damas, seules zones syriennes dans lesquelles on les rencontre. L'été, une grande partie de ces tribus passent dans la Caramanie et dans l'Arménie, pays mieux arrosés, et où l'herbe se dessèche moins vite. Quoique Musulmans, et presque tous circoncis, les Turkomans attachent fort peu d'importance aux cérémonies de leur religion. Du reste, on les dit hospitaliers et généreux, braves, exercés aux fatigues de la guerre, et pouvant fournir en toute autre main que celle de la Porte, d'excellents et infatigables cavaliers au recrutement d'une armée. Quant à leurs mœurs et à leurs habitudes de peuplades, il serait difficile de les préciser. Il paraît seulement certain qu'ils allient un peu des coutumes arabes aux sauvages traditions des Ansariés.

Les Kourdes, que souvent on a confondus avec les Turkomans, forment un autre corps de nation, dont le pays originaire est la chaîne des montagnes où naît le Tigre, laquelle, après avoir enveloppé le cours supérieur du grand Zab, passe du Midi jusqu'aux frontières de l'Irak-Adjami. Dans la géographie, ce pays se nomme le Kourdestan. Il y a un siècle environ, cette région était presque déserte : ce n'est guère que depuis cent ans que de nombreuses tribus kourdes sont venues l'occuper. Du reste, nul terrain n'a été plus favorisé par la nature. Le grain, le lin, le sésame, le riz, les noix de galle, tout y vient à souhait; les pâturages y sont gras et nombreux. Un gland doux qu'on y recueille sert à la fabrication d'une espèce de pain.

Dans l'antiquité la plus reculée, cette portion de l'Asie fut le théâtre de grands et merveilleux événements. Le Chaldéen Bérose et l'Arménien Mariaba, que cite Moïse de Chorène, rapportent que ce fut dans les monts *Gordoués* qu'aborda Xisuthrus, échappé du déluge, et l'affinité des noms, comme les analogies de position, prouvent l'identité des deux noms *Gord* et *Kourd*. Xénophon, dans sa Retraite des Dix mille, parle aussi des Kourdes, que Volney retrouve dans le nom de Karduques. L'historien grec observe que, quoique enclavés de toutes parts dans l'empire des Perses, ils avaient toujours bravé la puissance du grand roi et les armes de ses satrapes. Dans leur état moderne, ils n'ont guère changé, et plus d'une fois ils ont affronté avec succès les attaques de la Porte ottomane. En 1769, Niebuhr, qui passa dans ces cantons, remarqua parmi ces peuples un gouvernement féodal assez semblable à celui que nous avons observé chez les Druses. La nation est fractionnée en trois camps qui ne dépendent pas l'un de l'autre; après quoi chaque camp se fractionne encore en villages, dont chacun nomme son chef. Cet état de démocratie féodale est la cause de troubles nombreux et de querelles sanglantes. A diverses reprises, des tribus ou des fractions de tribus se sont détachées de la grande famille kourde, et elles forment aujourd'hui des castes errantes qui ont adopté la vie nomade des Turkomans et des Bédouins. L'ensemble de ces Kourdes détachés qui vaguent dans les plaines d'Erzeroum, d'Érivan, de Sivas, d'Alep et de Damas, peut aller à cent quarante mille tentes, c'est-à-dire à cent quarante mille hommes armés. Comme les Turkomans, ces Kourdes sont vagabonds et pasteurs. Seulement sur plusieurs points leurs mœurs et leurs usages diffèrent. Les Kourdes vendent leurs filles, tandis qu'au contraire les Turkomans les dotent; les Kourdes connaissent et prisent une espèce de noblesse; les Turkomans n'admettent aucune supériorité de rangs; les Kourdes sont d'éhontés détrousseurs de caravanes, tandis que les Turkomans professent le plus grand respect pour la propriété d'autrui. Les Kourdes, véritables bandits de grands chemins, infestent tout le pays qui s'étend d'Alep à Antioche, et il est peu de voyageurs qui soient à l'abri de leurs brigandages.

Dans le pachalik d'Alep et dans celui de Damas, leur nombre passe vingt mille tentes. Plusieurs d'entre eux sont sédentaires, et, quoiqu'ils n'aient ni dogmes, ni rites, ils sont censés professer l'islamisme. Dans le nombre, quelques-uns, distingués par le nom de *Yardie*, honorent le *Chaïtan* ou Satan, c'est-à-dire le génie ennemi de Dieu; croyance qui, conservée dans tout le Diarbékir et sur toute la lisière de la Perse, reproduit évidemment le système zoroastrien, et le double principe du bien et du mal; principe, du reste, plus vieux que Zoroastre, et que l'on retrouve soit dans la théogonie indoue, soit dans la mythologie égyptienne. La langue kourde se ressent aussi de l'origine de ce peuple; elle est plus persane que turke. Le fond est un jargon persan, mêlé de chaldéen et d'arabe; les lettres alphabétiques sont purement arabes.

Peu de voyageurs modernes ont pu observer de près les mœurs des Kourdes, fort peu abordables, et l'effroi des voyageurs qui traversent ces contrées. Celui de tous qui a fait parmi eux le plus long séjour est M. Damoiseau, qui se rendit, en 1819, en Syrie, chargé par le gouvernement français d'un achat d'étalons. M. Damoiseau, malgré tous les dangers d'un tel voyage, se rendit chez l'un des plus puissants cheiks des Kourdes, le cheik Kolassis, muni d'une simple lettre de recommandation d'Hadji-Ali-Aga.

Kolassis reçut la lettre de l'aga avec les témoignages du plus grand respect, se rendit auprès du voyageur, et ordonna à ses hommes de le porter dans sa tente. Damoiseau voulut d'abord se refuser à cette singulière marque d'honneur; mais il fut enlevé de sa selle malgré lui et conduit à la tente du chef, où on le déposa sur un magnifique tapis. Le dîner qui fut servi consistait en lait caillé (*lében*), en dattes excellentes, en sucre de raisin (*dups*), en miel très-blanc, et en une espèce de galette cuite sur une plaque en fer. Le cheik fit placer son hôte près de lui et l'invita à visiter, le lendemain, tous les chevaux de

sa tribu. La tente se trouva bientôt remplie de Kourdes, qui venaient en foule pour saluer l'étranger. «Tu es le premier Français qui ait
» encore paru au milieu de nous, lui dit le cheik, et c'est uniquement
» pour te fêter et te faire honneur que les hommes de la tribu se sont
» ainsi empressés de se rendre auprès de moi. »

Le jour suivant, au lever du soleil, Kolassis se mit en marche avec M. Damoiseau pour lui faire voir ses chevaux, qui pâturaient dans un champ d'orge situé à quelque distance du camp. Chemin faisant, ils rencontrèrent près d'une tente un troupeau assez considérable de chameaux d'une très-haute taille et d'une rare beauté. Tous étaient placés en cercle et avaient un des pieds de devant replié et attaché au moyen d'une corde faite avec du poil de ces animaux, afin de leur ôter les moyens de s'éloigner du lieu où ils étaient parqués. Plus loin, notre voyageur, passant devant une tente de très-grande dimension, dont les montants supérieurs lui paraissaient violemment agités, entendit un cri aigu partir de la bouche d'une femme qui s'y trouvait. A son exclamation, plusieurs autres femmes parurent sur la porte de la tente, se précipitèrent sur Damoiseau et l'entourèrent. Les unes s'emparaient de son chapeau et l'examinaient dans tous les sens; d'autres, saisissant les boutons en cuivre de son habit, les tiraient avec force; d'autres encore se mettaient à genoux, touchaient ses éperons et s'amusaient à en faire tourner les molettes. La position du voyageur au milieu de cet essaim de curieuses, serait devenue assez embarrassante, si le cheik n'était accouru et n'eût dissipé d'un mot le rassemblement féminin, en engageant son hôte à ne plus le quitter.

Comme les hommes, les femmes kourdes sont d'assez haute taille. Il n'est pas rare de voir des Kourdes hauts de six pieds. En général, les hommes de cette race ont une belle figure; leurs yeux sont grands et très-expressifs; leur barbe est noire et bien fournie; ils sont très-forts, pleins de vigueur et de courage, et d'un tempérament essentiellement belliqueux. Leur costume diffère peu de celui des Turkomans; seulement, quelques-uns ont la tête armée d'une espèce de casque en fer, que surmonte une pointe du même métal, longue d'environ six à huit pouces. Ces casques sont semblables à ceux des Sarrasins du moyen âge.

Les Kourdes sont un peuple presque neuf pour les voyageurs ou les historiens anciens et modernes. Ils ont été rarement visités, et tout ce que l'on savait d'eux jusqu'ici ne nous était arrivé que de seconde et de troisième main.

De tous les peuples nomades de la Syrie, les Arabes Bédouins sont ceux qui jouissent de la célébrité la plus grande, soit à cause du rôle politique et militaire qu'ils furent appelés à jouer en Asie et en Afrique, soit à cause de leurs mœurs immuables et primitives.

Ils prisent eux-mêmes beaucoup l'ancienneté de leur origine. D'après une tradition que consacre d'ailleurs le Koran, une partie d'entre eux descendent d'Ismaël, de ce fils d'Abraham dont le Seigneur a dit :

« Ce sera un homme fier et sauvage; il lèvera sa main contre tous, » et tous lèveront la main contre lui; et il dressera ses pavillons vis- » à-vis de tous ses frères. Je le bénirai, et lui donnerai une postérité » très-grande et très-nombreuse. »

Si l'on rapproche ce portrait du caractère actuel des Bédouins, on retrouve en effet une rudesse et une fierté qui ne démentiraient pas l'hypothèse de leur origine. Ce qui est pourtant plus prouvé, c'est que les Arabes sont de la même famille que les Hébreux. Pour obtenir la preuve de cette identité, il suffit de comparer la vie des anciens patriarches avec celle des cheiks de tribus; tous les faits, tous les usages concordent au travers des divergences religieuses.

Les livres saints ne sont pas du reste les seuls qui fassent foi de cette existence qui se perd dans la nuit des siècles. On en retrouve des témoignages dans les auteurs profanes, et Diodore, entre autres, traçait de la vie des Bédouins, il y a plus de dix-huit siècles, le tableau suivant, qu'on pourrait réimprimer de nos jours, sans y changer presque une syllabe : « Ils habitent en pleine campagne, sans aucun toit. Ils ap- » pellent eux-mêmes leur patrie une solitude, et ils ne choisissent point » pour leur séjour les lieux pourvus de rivières et de fontaines, de » peur que cet appât même n'attire les ennemis dans leur voisinage. » Leur loi ou leur coutume ne leur permet ni de semer du blé, ni de » planter des arbres fruitiers, ni d'user du vin, ni de vivre sous des » toits; et celui qu'on surprendrait en une de ces pratiques, serait » infailliblement puni de mort, dans la persuasion où ils sont que » ceux qui se sont assujettis à de pareilles commodités, s'assujettissent » bientôt à des maîtres pour les conserver. Quelques-uns d'entre eux » font paître des chameaux, et d'autres des brebis en pleine cam- » pagne. Entre tous les Arabes, il n'y en a point de plus riches que

» ces derniers; car bien qu'ils ne soient pas les seuls qui aient des
» troupeaux en des campagnes désertes, ceux dont nous parlons, qui
» ne passent pas le nombre de dix mille, portent encore, pour les
» vendre aux bords de la mer, de l'encens, de la myrrhe et d'autres
» aromates précieux qu'ils ont reçus des habitants de l'Arabie Heu-
» reuse. Ils sont, d'ailleurs, extrêmement jaloux de leur liberté, et
» quand ils ont nouvelle que quelque armée s'approche d'eux, ils se
» réfugient au fond du désert, dont les bords, par leur étendue, leur
» tiennent lieu de rempart, car les ennemis, n'y apercevant point
» d'eau, n'oseraient pas le traverser; au lieu que les Arabes, s'en étant
» fournis dans des vaisseaux cachés sous terre, et dont eux seuls sa-
» vent les indices, se sont mis à l'abri de ce besoin. Tout le sol n'étant
» formé que d'une terre argileuse et molle, ils trouvent moyen d'y
» creuser de profondes et vastes cavernes, en forme carrée, dont
» chaque côté est de la longueur d'un arpent, et dont l'ouverture est
» extrêmement petite. Ayant rempli ces cavernes d'eau de pluie, ils en
» bouchent l'entrée, qu'ils rendent uniforme à tout le terrain qui l'en-
» vironne, et sur laquelle ils laissent quelque indice imperceptible et
» qui n'est connu que d'eux seuls. Ils accoutument les troupeaux
» qu'ils enlèvent à ne boire que tous les trois jours, afin que, dans le
» cas où il faudrait fuir un peu plus loin à travers des plaines arides,
» ils fussent habitués à soutenir quelque temps la soif. Pour eux, ils
» vivent de chair, de lait et de fruits communs et ordinaires; ils ont
» dans leurs champs l'arbre qui porte le poivre, et beaucoup de ce
» miel que l'on nomme sauvage, et qu'ils boivent avec de l'eau. Il y
» a d'autres espèces d'Arabes qui travaillent à la terre; ils sont tribu-
» taires comme les Syriens, et ont avec eux plusieurs autres confor-
» mités, excepté néanmoins qu'ils n'habitent pas des maisons. »

Tels étaient les Arabes au temps de Diodore. On pourra, dans les détails qui vont suivre, voir en quoi les Bédouins modernes se rapprochent de leurs ancêtres et en quoi ils en diffèrent. De tout temps ces peuples, divisés en tribus et soumis à un chef de famille, ont promené leurs tentes nomades des rives de l'Euphrate à celles du Nil, et des bords de la Méditerranée jusqu'au golfe Persique. Jamais, à aucune époque, on ne put les assujettir ni les réduire. Tour à tour, les Perses, les Grecs et les Romains traversèrent leurs steppes ingrates, sans en pouvoir chasser leurs insaisissables possesseurs. Fiers de leur indépendance, de tout temps aussi les Bédouins ont regardé avec mépris les nations esclaves qui les entourent. Belliqueuses et ardentes, quand il se leva parmi eux un Mahomet pour les fanatiser, ces tribus marchèrent à la conquête du monde ; elles couvrirent de leurs armées l'Afrique, la Syrie, la Perse, l'Espagne et le midi de la France.

Les Arabes, nom générique de ce peuple, se subdivisent en deux fractions, en *cultivateurs* et en *pasteurs*. Le genre de vie établit entre ces deux classes une séparation telle, qu'elles sont presque étrangères l'une à l'autre. Dans le premier cas, attachés au sol, sédentaires et soumis à des gouvernements réguliers, comme les Arabes de l'Yemen, ils rentrent dans la catégorie ordinaire des populations mahométanes. Dans le second cas, ils changent de zone au gré de leur fantaisie ou à la moindre menace du danger. Sur le vaste horizon de sable qui les entoure, les hommes et les animaux se détachent comme autant de points noirs, de sorte qu'ils aperçoivent leur ennemi à des distances de plusieurs lieues. Quand ils soupçonnent la moindre surprise, ils cachent leurs dattes, leurs grains, la paille de leurs troupeaux dans des fosses secrètes, et fuient devant leurs adversaires, bientôt las d'une poursuite inutile.

Ces Arabes pasteurs sont ceux qu'on a désignés sous le nom de Bédouins. Quoique divisés en tribus indépendantes, souvent même hostiles, on peut cependant les regarder comme un même corps de nation. Cette fraternité résulte d'ailleurs évidemment de la conformité d'idiome. Le nom de Bédouins, qu'on leur a donné, dérive du mot *Bedaout*, signifiant *homme du désert*.

La passion de ces peuples pour l'indépendance est telle, que même à l'époque où Mahomet rallia, dans une pensée de propagande, toutes les tribus de l'Yemen et de l'Hedjaz, les peuplades du désert se refusèrent à tous les appels qu'il leur fit, ce qui leur valut, dans le Koran, la désignation de *rebelles* et d'*infidèles*. Ce caractère si tranché les fait considérer par les Syriens, leurs voisins, comme des hommes à part, des hommes extraordinaires, et leur degré de surprise à leur égard se proportionne sur les zones plus ou moins avancées qu'ils habitent au sein du désert. Ainsi, les Bédouins des vallées de Bequaa, du Jourdain et de la Palestine, sont regardés comme des Arabes bâtards, tandis que les tribus qui accourent du fond du désert, les Anazès, les Kaïbar et les Taïs excitent, même parmi les peuples du littoral, une sensation extraordinaire. Volney raconte que lorsque, du temps de Daher, il en vint des cavaliers jusqu'à Acre, ils y firent l'effet que produiraient parmi nous des sauvages de l'Amérique. On regardait avec surprise ces hommes plus petits, plus maigres et plus noirs qu'aucuns Bédouins connus. Leurs jambes sèches n'avaient que des tendons sans mollets, leur ventre était collé à leur dos; leurs cheveux étaient crépus, presque à l'égal de ceux des nègres. De leur côté, tout les étonnait; ils ne concevaient ni comment les maisons et les minarets pouvaient se tenir debout, ni comment on osait habiter dessous, et toujours au même endroit; mais surtout ils s'extasiaient à la vue de la mer, et ils ne pouvaient comprendre ce *désert d'eau*. On leur parla de mosquées, de prières, d'ablutions, et ils demandèrent ce que cela signifiait, ce que c'était que Moïse, Jésus-Christ et Mahomet, et pourquoi les habitants, n'étant pas des tribus séparées, suivaient des chefs opposés.

Toute l'organisation politique de ces peuples nomades consiste à se grouper par familles, puis par tribus. Chaque famille a un chef qui prend le titre de *cheik* ou vieillard. C'est celui de ses membres qui, par sa sagesse, sa valeur, ses richesses, s'est attiré le plus de considération. La tribu a donc autant de cheiks qu'elle compte de familles. Mais alors le plus puissant des cheiks devient le chef de la tribu, et lui donne son nom. Quelquefois même il prend le titre d'*émir*, qui signifie commandant ou prince. Plus un cheik a de parents, plus il est puissant et fort; il a, en outre, des serviteurs qu'il s'attache d'une manière toute spéciale en fournissant à leurs besoins. D'habitude, ce ne sont guère que les cheiks renommés qui imposent leur nom aux tribus. Ce nom ne change même pas à chaque génération. Il reste le même jusqu'à ce qu'un autre cheik, par ses talents militaires, par ses vertus, par sa justice, fasse oublier celui de son prédécesseur. C'est à l'ombre de ce nom, d'autant plus redouté et respecté qu'il est plus ancien, que viennent se grouper toutes les petites familles qui n'ont pas assez de force par elles-mêmes pour vivre indépendantes. Ainsi se forme peu à peu la tribu ou *kabilé*, agglomération lente et successive d'individus et de familles, qui tantôt se trouve en progression ascendante, tantôt en décadence, suivant le génie et la bravoure de ses chefs. Le nom générique de ces tribus est *Beni* (enfants), quoique la tribu ne soit pas toute du même sang. On dit par exemple : *Beni Temim*, *Oulad Taï*, enfants de Temim ou de Taï, et cette expression a une valeur si universelle, que les Arabes l'appliquent même aux peuples étrangers à leurs déserts: ils disent *Oulad Mâsr*, pour désigner les Égyptiens ; *Oulad Cham,* pour les Syriens ; *Oulad Fransa,* pour les Français ; *Oulad Mosqou,* pour les Russes.

Il serait bien difficile de trouver une assimilation européenne qui précisât le caractère du gouvernement de ces peuplades. C'est le régime patriarcal, dans lequel l'aristocratie a toujours joué le rôle principal. Il y existe bien des formes démocratiques, car la tribu entière est appelée à juger quelques affaires importantes qui ne se résolvent qu'à la majorité des voix ; mais les familles des cheiks y ont et y gardent un privilége de naissance, qui leur donne une très-grande influence. C'est bien à tort qu'on a qualifié de républicaine, dans le sens qu'on donne en France à ce mot, l'organisation de ces peuples, ou ce serait une république avec une puissante noblesse. L'autorité du cheik est quelquefois absolue et sans contrôle. Quand il a de la bravoure personnelle, un caractère ferme et impérieux, il peut pousser son pouvoir jusqu'à l'abus ; mais il est rare qu'il ne paie pas tôt ou tard de sa tête une violence trop injuste. Du reste, quant aux individus, l'autorité du cheik s'exerce conjointement avec les familles nobles et les vieillards ; sa plus grande influence est dans les affaires d'intérêt général. C'est lui qui ordonne les déplacements de la peuplade, qui décide de la guerre et de la paix, droit dont généralement il n'abuse pas, son intérêt étant lié à celui de la tribu. Aucun traitement n'est attaché à sa dignité : il a pour tout revenu le produit de ses troupeaux ; la culture temporaire de quelques champs, sa part dans les pillages, et dans le droit de péage imposé aux caravanes qui traversent le territoire de la tribu. En retour, toutes les charges des dépenses extraordinaires pèsent sur lui. Il est obligé de défrayer les allants et les venants, de recevoir la visite des alliés, et de tous ceux qui sont en affaire avec la peuplade. Sur le prolongement de sa tente, est un grand pavillon, asile destiné aux passants et aux étrangers. C'est dans cette pièce attenante qu'ont lieu aussi les assemblées fréquentes de cheiks et de notables, dans lesquelles se décident les questions de campement et de décampement, de guerre ou de paix ; les démêlés avec les gouverneurs turks et les villages de la lisière ; enfin, les petits différends entre particuliers. De la sorte, ce pavillon est presque toujours rempli d'une foule que le cheik héberge et défraie. A ces hôtes il faut donner le café, le pain cuit sous la cendre, le riz, quelquefois même le chevreau ou le chameau rôti. Traiter libéralement ses hôtes, voilà où est la plus grande expression de la puissance d'un cheik. L'Arabe, pauvre et presque toujours affamé, met avant toute chose la magnificence de celui qui le nourrit. Aussi, quelque brave qu'il soit, un cheik avare n'a-t-il aucune chance de l'impressionner vivement; il lui applique alors son proverbe : *Main serrée, cœur étroit*. Il faut, du reste, fort peu d'éclat pour éblouir ces indigents naturels du désert. Quand un cheik a quelques troupes, deux ou trois robes et burnous, des tapis, des armes, des chevaux et des chameaux, il est un potentat. Ceci ne l'empêche pas cependant de seller et de brider lui-même sa jument, de lui donner de sa main l'orge et la paille hachée. Un cheik a des domestiques sans doute, mais non pas pour son usage particulier. Ses femmes et ses filles préparent son repas, filent ses vêtements, les lavent au milieu du camp, vont traire les troupeaux, ou se rendent, la cruche sur la tête, à la source commune pour y puiser de l'eau. Le cheik, de son côté, passe sa vie au milieu des siens, sans gardes, souvent sans armes. Il doit compter beaucoup plus sur l'affection qu'il inspire, que sur la crainte qu'il impose. S'il fatigue ses sujets par sa dureté, ils l'abandonnent et passent dans une autre tribu. Ses propres parents le renversent et prennent sa place, sans qu'il puisse s'appuyer sur aucune force étrangère à la tribu. De cela il résulte que, bien qu'investis d'une autorité à peu près discrétionnaire, les cheiks sont contenus par la crainte d'une éclatante destitution.

Le tribunal du cheik a la haute main sur les différends de tout genre ; mais son pouvoir est plutôt arbitral qu'absolu ; quel que soit le crime, il prononce rarement la peine de mort. Voici les formes usitées. Les plaignants se rendent auprès du cheik et lui demandent justice; ils s'accroupissent devant ce juge, qui s'assied de son côté, les jambes croisées, sur une natte ou sur un tapis. Quand les deux parties ont déposé leur poignard, le cheik les écoute dans leurs plaidoyers; puis, après avoir bien pesé les prétentions de l'un et de l'autre, il rend son jugement. La sentence paraît-elle blessante pour l'une des deux parties, le cheik mande auprès de lui un ou deux vieillards respectés, soit pour leur âge, soit pour leur caractère, et il leur expose de nouveau l'affaire. Tant que les plaideurs insistent, il continue ainsi à s'entourer d'avis et de lumières. Mais il est rare que la discussion dure aussi longtemps. D'ordinaire, le gros de la tribu, amené par la curiosité sur le lieu du débat, intervient dans l'affaire. Les amis du plus obstiné plaideur s'emparent de lui, et l'emmènent en lui disant : « Allons, cède, cède, tu as tort. » Le plus souvent ils l'y décident; mais s'il s'obstine, on le chasse de sa tribu, et ses propriétés sont confisquées.

S'il s'agit de vol ou de tout autre délit, qui touche à la tranquillité publique, on procède de la même manière, avec cette seule différence que la sentence une fois rendue est exécutée tout de suite. Le coupable est condamné, soit à une amende, soit à un nombre de coups de bâton que le cheik lui applique quelquefois lui-même. Dans ce cas, les spectateurs se font les aides des exécuteurs : ils couchent le patient sur le ventre, lui fixent le corps au moyen d'anneaux de fer, puis saisissent les pieds qu'ils relèvent pour en présenter la plante. C'est là-dessus que l'on frappe avec un bâton un peu souple, ou une espèce de fouet nommé *kourbay* (kourbache), formé d'un morceau de peau d'éléphant ou d'hippopotame.

Les querelles sont assez fréquentes parmi les Bédouins; mais elles sont plus bruyantes que dangereuses. Presque toujours elles se terminent en criailleries. On arrive avec d'autant plus de peine à l'effusion du sang, que le meurtre d'un homme devient un objet d'éternelles représailles de famille à famille. La loi du *tar* ou *talion* existe parmi les Bédouins dans toute son implacable rigueur. De tribu à tribu, ces expiations de l'assassinat subsistent et se perpétuent. Le meurtrier n'est pas le seul poursuivi; les proches parents le sont aussi. Ces haines se transmettent de génération en génération, et cela dure *tant qu'il reste du sang entre les deux familles.* Une représaille en attire une autre, de telle sorte que c'est une guerre d'extermination. Quand ces haines existent dans la même tribu, elles peuvent plus facilement se calmer; mais d'une tribu à l'autre, elles sont éternelles, et déterminent quelquefois des hostilités générales. Cette loi est la cause peut-être que ces peuples nomades ne se laissent les uns aux autres ni paix, ni trêve, à cause de ces haines, de ce *talion* qu'il faut rendre sous peine d'être déshonoré. De nos jours même, on a pu constater que cet usage fort ancien n'avait rien perdu de son autorité. Voici ce que raconte le voyageur moderne, M. Damoiseau, que nous aimons à citer, à cause de la naïveté et de l'importance de ses observations. M. Damoiseau a vécu un mois entier au milieu du désert parmi les tribus de l'intérieur, les Anazès :

« Un Arabe de la tribu de Keboësec s'était joint à une caravane de Persans qui allaient en pèlerinage à la Mecque. Ayant appris que la tribu des Feddans-Anazès avait planté ses tentes sur le territoire d'Alep, il se joint à une troupe de Turkomans, qu'il savait venir à l'espèce de foire de chameaux qui se tenait dans la tribu de Douhaï; à peine arrivé, il s'informe en vain à tous ceux qu'il rencontre s'ils n'ont pas vu dans le camp un Arabe du nom de Sébilé-el-Cheffy; nul ne peut le lui désigner, mais tout à coup il aperçoit l'homme qu'il poursuivait en vain depuis deux ans. Le sabre à la main, il fond sur lui, lui assène un coup sur la tête à fendre un bœuf, et ne fait entendre que ces mots : *Je te trouve, je serai vengé;* quelques Arabes accourus aux cris de la victime, se précipitent sur l'assaillant; il allait succomber, s'il n'eût réussi à mettre de son bord une partie de ceux qui l'attaquent : quelques mots feront comprendre un changement si subit.

» Lorsqu'un Arabe, quel que soit le sujet de l'attaque, se trouve trop vivement poursuivi, il peut arrêter les assaillants en formant un nœud à l'un des cordons qui servent de franges au châle que tous portent sur la tête, et qu'ils appellent *keifec*. Toute la difficulté consiste à pouvoir former ce signe de salut. Au fort d'un combat, où un homme lutte contre dix, la chose n'est point facile. Mais lorsque l'assailli a le bonheur d'en venir à bout, la scène change, et chaque assaillant doit aussitôt aide et protection à l'homme dont il cherchait auparavant à faire sa victime.

» A peine l'Arabe eut-il réussi à former le nœud sacramentel, qu'une partie de ses adversaires se rangea de son côté, mais sans combattre cependant les Arabes dont elle venait de se séparer. Ils se contentèrent de parer les coups portés à leur nouveau protégé, et de le conduire jusqu'à leur camp, où, une fois arrivés, ils lui ménagèrent le moyen de se jeter dans une tente exclusivement occupée par des femmes. Un pareil asile est inviolable, et un Arabe y est dans la sécurité la plus complète pendant tout le temps qu'il peut y rester.

» Quant au malheureux que le fugitif venait de mutiler, il arriva peu d'instants après, et se jeta dans une tente voisine de la mienne. Dans les rencontres du genre de celle que je viens de raconter, l'usage du désert veut que les propriétaires des tentes où se réfugie chaque adversaire épousent aussitôt la cause de leur hôte, et s'identifient avec ses intérêts et ses haines.

» Cette aventure ne tarda pas à se répandre dans tout le camp; ses circonstances n'étaient point sans gravité. Douhaï convoqua donc en conseil les anciens de la tribu, qui tous se rendirent sur une espèce de place, située au centre du camp. Là, ils se constituèrent en tribunal, sous la présidence du cheik, qui fit immédiatement amener devant lui les propriétaires des tentes où chacun des Arabes avait cherché asile. La séance avait lieu en plein air, et au milieu d'une foule d'Arabes qui se tenaient rangés en cercle à une certaine distance des juges.

» L'acte d'accusation fut présenté par l'hôte de l'Arabe aux doigts coupés. Son adversaire lui répondit en exposant les motifs qui avaient porté l'Arabe étranger à une attaque aussi violente. Voici les faits qu'il raconta :

« Il y a deux ans, dit-il, Sébilé-el-Chefly faisait partie de la tribu
» Keboësec. Une caravane vint à être pillée ; il avait droit à une part
» du butin. Dans le partage, il se prend de querelle avec l'Arabe qui
» vient de le blesser, et, au milieu de la dispute, tire son sabre, et
» du premier coup emporte à mon hôte une partie des muscles de
» l'avant-bras. Redoutant la vengeance de sa victime, le lendemain
» Sébilé-el-Chefly avait quitté la tribu. Le sang de mon hôte avait
» coulé ; il fallait que celui de Sébilé payât le sien. C'est, vous le savez,
» la loi du talion. Dès qu'il fut guéri, mon hôte quitta sa tente, jura
» de n'y rentrer que lorsqu'il serait vengé, et se mit à la recherche de
» Sébilé. Pendant deux ans, il a visité presque toutes les tribus du dé-
» sert de Syrie, et ce n'est que ce matin qu'il a rencontré son ennemi ;
» qu'il lui a tiré le sang que Sébilé lui avait fait perdre. Qui oserait
» dire qu'il ait fait mal ? »

» Pour qui connaît les Arabes, cet incroyable amour de la vengeance ne saurait surprendre. Il existe entre certaines familles des guerres qui durent souvent plus d'un siècle. Tant *qu'il y a du sang* entre un ou plusieurs de ses membres, il faut qu'il soit racheté, soit par d'autre sang versé, soit par une composition en argent. Un agresseur est-il mort sans avoir satisfait à cette dette, ses parents, ses amis ou ses enfants lui succèdent dans cette sanguinaire obligation, et les poursuites ne cessent que lorsqu'il y a compensation complète. Je reviens aux débats.

» L'hôte de Sébilé répondit à son adversaire, que, quels que fussent les motifs de cette querelle, toujours était-il que la gravité de la blessure demandait une réparation. Le cheik mit ses conclusions aux voix ; elles furent adoptées, et les juges s'occupèrent ensuite de régler la composition. Le demandeur exigea vingt chameaux par chaque doigt coupé. Le tribunal les accorda, et condamna l'Arabe étranger à payer cent chameaux à Sébilé. George me traduisait chaque partie du débat. Je fis alors observer que le nombre de têtes accordées au plaignant ne devait être que de quatre-vingts, puisque quatre doigts seulement avaient été abattus. Un Arabe me répondit que j'aurais raison, si le pouce restant seul et ne pouvant plus être d'aucune utilité à Sébilé, il n'était pas de toute justice de racheter la main tout entière. Je ne répliquai rien, mais prenant ma pipe avec mon pouce, je démontrai que Sébilé pouvait encore s'en servir, ne fût-ce que pour cet usage. Les juges furent de mon avis, et réduisirent de vingt chameaux l'indemnité accordée. La discussion roula ensuite sur l'appréciation en argent de ces quatre-vingts têtes. Après force discours échangés de part et d'autre, la compensation fut fixée à 800 piastres (600 francs), plus le sabre qui avait servi d'instrument à la mutilation. Le procès ainsi terminé, l'accusé se trouva déchargé de toute responsabilité, et déclaré libre.

» Tandis que l'on débattait la valeur pécuniaire de chacune de ses articulations digitales, Sébilé-el-Chefly, retiré sous la tente où il avait trouvé asile, se débattait au milieu de douleurs atroces, et malgré tous les moyens employés par ses hôtes pour diminuer l'hémorragie, perdait une énorme quantité de sang. On en fut réduit à employer les moyens auxquels recourent les Arabes lorsque le cas devient extrême. On mit du beurre dans une marmite que l'on plaça sur le feu; puis, lorsqu'après être fondu le beurre entra en ébullition, on plongea dedans le moignon du pauvre blessé, qui, poussant des cris horribles, jura qu'une fois guéri, rien au monde ne pourrait l'empêcher de tirer vengeance de ceux qui le faisaient si épouvantablement souffrir. »

Voilà quelles horribles représailles exige cette loi du talion, en vigueur de temps immémorial chez les Arabes. Cependant avant que les haines soient devenues trop envenimées, on peut apaiser la famille offensée avec des présents qui consistent principalement en bestiaux, et le traité qui se conclut alors se nomme *dyeh* ou rachat de sang. On lit dans la Bible, que du temps même de Moïse, ce rachat était connu des tribus errantes dont il fut le législateur. Lorsque les deux familles ennemies sont de la même tribu, le *dyeh* est beaucoup plus facile à conclure. Le talion et le rachat du sang ont également lieu pour les blessures. Les hommes ont le droit de mort sur leurs enfants, et ils l'exercent quelquefois pour punir leurs femmes adultères. Quant au duel, il est inconnu des Arabes. On ne rencontre dans l'histoire de ces peuples rien qui y ressemble, si ce n'est pourtant quelques combats singuliers, soit entre un petit nombre de guerriers, soit entre deux braves qui se défient à la vue des armées rivales.

Les cheiks bédouins apportent, dans leurs traités avec les tribus qui les avoisinent, une finesse, une sagacité, une dignité qui feraient honneur à nos diplomates européens. Plus d'une fois des voyageurs ont eu l'occasion d'admirer la profondeur de leurs vues et la sagesse de leur conduite. Les questions de paix et de guerre sont entièrement de leur ressort; c'est à eux à ne pas entraîner leur peuplade dans des hostilités désastreuses qui ruineraient leur propre autorité. Lorsque la paix se conclut entre deux tribus, les cheiks se font des cadeaux réciproques, et cette formalité est tellement de rigueur, que lorsque des princes étrangers traitent avec eux, ils se conforment à cet usage. La coutume est aussi, en pareille occasion, de prendre un repas ensemble. Manger sous la même tente devient le gage d'une inviolable amitié, et quand une fois un Arabe a *rompu le pain et partagé le sel* avec un étranger, il lui est tout acquis et dévoué[1]. Denon raconte qu'un officier français devenu, pendant la campagne d'Égypte, prisonnier d'un cheik, se trouva perdu avec lui au milieu du désert avec un pain pour toute ressource. Ce pain pouvait à peine suffire pour ses besoins de la journée, et pourtant il le partagea avec le captif. « Demain, dit-il, j'en aurai peut-être besoin; mais je n'aurai pas du moins à me reprocher d'avoir prolongé mes jours aux dépens des tiens. » Ces vertus hospitalières prennent parfois un caractère chevaleresque que l'on serait loin d'attendre de ce peuple considéré comme demi-sauvage. L'étranger qui a touché les tentes arabes, non-seulement sera nourri aux dépens de la tribu, mais encore il sera inviolable. L'insulter, lui nuire, le tourmenter serait une lâcheté qui retomberait sur toute la tribu; le livrer à un ennemi, si puissant qu'il fût, serait une honte éternelle, une infamie indélébile. L'autorité même du sultan serait impuissante à obtenir l'extradition du moindre réfugié. Si avide, si pillard hors de son camp, le Bédouin devient libéral, généreux, presque prodigue dès qu'il touche à ses tentes. Si peu qu'il ait, il est prêt à tout par-

---

[1] *La Syrie, l'Égypte, la Palestine et la Judée*, par Louis Reybaud, Paris, 1839.

tager. Il n'attend pas les besoins de son hôte, il les devance, il les sollicite. S'il prend un repas, il affecte de s'asseoir à la porte de sa tente afin d'inviter le passant : sa générosité est si vraie qu'il ne la regarde pas comme une qualité et comme un mérite; mais simplement comme un devoir. Du reste, les procédés des Arabes entre eux donneraient souvent lieu de croire qu'ils vivent en communauté de biens. Ils connaissent toutefois la propriété; mais elle n'a pas chez eux les formes dures, tranchantes et processives qu'elle affecte parmi les nations civilisées. L'hospitalité des Arabes est pour les Européens presque proverbiale. Cette vertu est héréditaire chez eux depuis la plus haute antiquité. Un des voyageurs qui dans ces derniers temps ont le mieux observé et décrit les mœurs des Arabes bédouins, Burckhardt, en rapporte beaucoup de traits intéressants [1].

Nous citerons également D. La Roque qui, dans l'avant-dernier siècle, fut, par ordre du roi Louis XIV, chargé de faire un voyage en Palestine vers le grand émir, chef des princes arabes du désert, connus sous le nom de *Bédouins* ou *Arabes scénites*, qui se disent la vraie postérité d'Ismaël, fils d'Abraham [2].

« Ceux qui croient faire en un mot le portrait d'un homme féroce, cruel et brutal, en disant que c'est un Arabe, seraient bien détrompés s'ils les voyaient par eux-mêmes; on donne aussi la qualité de Turk et de barbare à ceux dont on veut exprimer la cruauté et les mauvaises inclinations. Cependant, pour peu qu'on connaisse les peuples de ce nom, on revient aisément de ces fausses idées; on ne se trompe jamais quand on réfléchit que le bien et le mal sont le partage de toutes sortes de nations; nous ne sommes proprement distingués les uns des autres que par la religion, par les habits, par le langage, et par quelques manières qui nous sont particulières en apparence, et qui, au fond, n'aboutissent qu'à la même fin. On reconnaît qu'elles sont communes à tous, lorsqu'on y fait un peu d'attention. Rien ne nous paraît vrai, et nous ne pouvons rien goûter quand notre imagination est prévenue; la réputation qu'on donne aux choses en fait souvent le

---

[1] *Voyage en Arabie*, par J. L. Burckhardt, traduit de l'anglais par J. B. Eyriès, 1835, tome III, page 127.

[2] *Voyage dans la Palestine*, où il est traité des mœurs et des coutumes de cette nation, avec la description générale de l'Arabie faite par le sultan Ismaël Abulféda, traduit en français sur les meilleurs manuscrits, avec des notes. Paris, 1717. M. Reinaud, membre de l'Institut, a publié, récemment, d'excellents travaux sur Abulféda.

prix, et à moins qu'on ne les regarde avec des yeux indifférents, il est impossible d'en juger sainement.

» Je laisse tout ce que j'aurais à dire sur les mœurs des Turks et des Arabes en général : il y a quantité d'honnêtes gens dans leur païs, comme partout ailleurs ; je m'arrêterai en particulier à celles des Arabes du désert pour ne pas sortir de mon sujet, et je décrirai naïvement tout ce que j'en ai vu.

» Les Arabes sont naturellement graves, sérieux et modérés. Ils affectent tant de sagesse dans leurs actions et dans leur contenance, que tout ce qu'il y a au monde de plus plaisant ne sçauroit presque les faire rire, quand ils sont parvenus à l'âge d'être mariés, et qu'ils ont la barbe assez longue pour ne paroître plus de jeunes garçons. Ils tiennent que ceux qui rient aisément pour la moindre chose ont l'esprit foible et mal tourné, et que cet air gracieux, riant et enjoüé, n'est agréable que sur le visage des filles et des jeunes femmes. Ils parlent fort peu et jamais sans nécessité, toujours l'un après l'autre, sans s'interrompre par aucune sorte d'empressement, ce qui est bien opposé à la manière de certaines gens qui parlent tous à la fois, et chez qui on passe souvent pour avoir de l'esprit quand on parle beaucoup. Si les Arabes voïoient cette affluence de paroles que nous emploïons dans nos complimens et dans nos conversations, ce mouvement perpétuel de notre corps, ces prétendus agrémens extérieurs que nous appellons le bon air, et les gestes qui accompagnent ordinairement nos actions, ils ne manqueroient pas de dire qu'il y a de la folie dans notre tête ; ils sont accoutumés à ne faire non plus de mouvement que des statües, et s'ils pouvoient parler, pour ainsi dire, sans remuer les lèvres, ils croiroient être parvenus au plus haut degré de la sagesse ; ils écoutent patiemment le babil des femmes, des enfants et des grands causeurs sans les interrompre ni leur répondre, quand même il dureroit depuis le matin jusqu'au soir ; ils voïent avec plaisir les gens qui parlent vite et d'un ton doux, égal et qui n'est point précipité, qui s'énoncent aisément, qui disent beaucoup en peu de mots, qui ne choquent personne par des paroles piquantes, qui n'emploïent ni raillerie, ni dérision, ni médisance dans les sujets de leurs entretiens ; ils prennent beaucoup d'attention à ce qu'on leur dit, et quand quelqu'un parle dans une compagnie ils ne l'interrompent jamais, et ne répondent que longtems après qu'il a achevé tout ce qu'il avoit à dire.

» Les conversations des Arabes sont fort honnêtes ; on n'y entend rien dire de ce qu'ils croïent être contre la bienséance. La médisance ne règne jamais parmi eux. Ils disent naturellement du bien de tout le monde, à moins qu'ils ne soient obligés d'avouer les vices d'un scélérat, s'ils sont assez publics pour ne pouvoir plus les dissimuler. Ils ont même cette politesse de ne point démentir ceux qui déguiseroient la vérité en leur présence, ou qui se serviroient d'une exagération trop forte dans le récit de quelque histoire qui leur paroîtroit peu vraisemblable ou incroïable; ils applaudissent à ce qui nous feroit rire, et qui nous obligeroit à dire d'abord qu'on se moque de nous, qu'on nous prend pour des niais et que ce sont des contes à dormir debout. La raison pourquoi ils en usent ainsi, c'est, disent-ils, qu'il ne faut jamais désobliger personne, que le conteur sçait bien si ce qu'il dit est vrai ou faux, et que s'il se fait un plaisir de le dire, pourquoi ne lui en fera-t-on pas un autre qui ne lui coûtera qu'un oüi? Que quand même la chose ne paroîtroit pas véritable, il faut du moins faire semblant de croire qu'elle l'est, pour témoigner à un ami ou un étranger qu'on a de l'estime pour tout ce qui vient de lui.

» Les Arabes restent debout devant leur père; ils sont très-modestes dans leur contenance : assis à terre devant les émirs et devant les étrangers, afin de conserver constamment cette modestie dans leur maintien, ils passent continuellement dans leur barbe les doigts de la main droite, et ils mettent la gauche par-dessous le coude, pour soutenir le bras. Si un émir, ou un cheik, ou un étranger entrent, ils se lèvent tous, leur cèdent le haut bout et ne s'assoyent jamais que les nouveaux venus ne soient assis.

» C'est le sort des Arabes du désert de n'être pas longtemps fixes dans les mêmes lieux; la beauté et les commodités d'un païs les attirent, ils s'y maintiennent tant qu'ils peuvent; la moindre révolution les en éloigne. Dieu livra autrefois à leurs ancêtres les provinces d'Ammon et de Moab, selon la prophétie d'Ézéchiel, chap. xxv, vers. 4, « non pas, dit le P. Calmet, qu'ils en eussent fait la conquête
» par les armes, mais parce que les Caldéens aïant assujetti ces païs
» et en aïant conduit les habitants au delà de l'Eufrate, les Arabes
» voisins, charmés de la beauté et de la fertilité de ces provinces, s'y
» jettèrent et s'y conservèrent en la place des premiers habitants. ». Le sçavant commentateur remarque que dans le passage d'Ézéchiel le génie et la manière de vivre de nos Arabes sont parfaitement bien exprimés : « Leur nourriture, dit-il, est le laitage, leurs demeures des

tentes, leurs richesses des troupeaux, leurs montures des chameaux; sans villes, sans villages, sans maisons, sans demeures fixes, ils passent d'un lieu et d'une province à une autre, selon que le temps, leur fantaisie et la qualité des pâturages les y attirent.

» Le seul plaisir que les femmes puissent prendre, chez les Arabes, est celui de la conversation qu'elles ont ensemble sous leurs tentes. Les lieux où elles sont campées ne leur fournissent rien d'agréable qui puisse les obliger d'en sortir, et comme elles se font un honneur de ne pas se montrer, celles dont la qualité les distingue du commun ne vont point se promener dans les villages et dans les autres lieux un peu éloignés du camp, où elles pourraient se divertir, s'il leur étoit permis de se communiquer à toutes sortes de gens.

» Les princesses ne sortent ordinairement de leurs tentes que le soir, après le soleil couché, et si c'est plutôt, les voisins se cachent par respect, comme j'ai dit, et les laissent dans la liberté de prendre l'air pour quelques moments; tout le reste de la journée se passe dans les tentes, où elles demeurent enfermées.

» On ne sçauroit entrer dans le détail de leurs occupations; tout ce qu'on peut en juger par leurs éclats de rire, c'est qu'elles causent volontiers, et qu'on les entretient par des récits fabuleux. Elles font quelquefois de petits voïages d'une ou deux lieues pour visiter les autres princesses. Aucun homme ne les accompagne, et c'est assés, pour toute leur garde, de sçavoir que ce sont des femmes, pour n'en approcher en aucune façon.

» J'ai vu arriver de ces dames au camp de l'émir Méhémet, qui venoient visiter la princesse sa femme. La dernière qui y vint étoit montée sur un chameau couvert d'un tapis et orné de fleurs; une douzaine de femmes marchoient en file devant elle, tenant d'une main le licol du chameau; elles chantoient les louanges de leur maîtresse et des chansons qui marquoient leur joie et le bonheur qu'elles avoient d'être attachées au service d'une si belle et aimable dame. Elle étoit parée de tous ses atours, couverte d'un grand voile blanc depuis la tête jusqu'aux pieds, en gardant un silence profond et tel que sa qualité le demandoit. Celles des servantes qui marchoient devant et qui étoient les plus éloignées de sa personne, venoient à leur tour se mettre à la tête du chameau et prendre le licol auprès de la princesse lorsqu'elle avoit marché une vingtaine de pas, cédant cette place aux autres, comme étant le poste d'honneur. La femme de l'émir envoya les siennes au-devant, et elles se joignirent aux autres, qui, par honneur, leur cédèrent entièrement le licol et se mirent derrière le chameau, marchant en cet ordre jusqu'à la tente, où elle descendit, appuyée et soutenüe par les femmes qui étoient allées au-devant d'elle. Alors elles chantèrent toutes ensemble la beauté, la naissance et les belles qualités de cette princesse. La femme de l'émir sortit en même temps de sa tente pour la recevoir, accompagnée du reste de ses gens. Elle la prit par la main et la mena dans sa maison, où la collation étoit déjà préparée. Les princesses se baisèrent plusieurs fois, et leurs femmes firent la même chose entre elles, après s'être retirées un peu à l'écart.

» Après les complimens ordinaires, les dames se mirent à table et y furent longtemps, pendant que les suivantes qui ne servoient point continuoient leurs chants et de tems en tems poussoient des cris de joie faits d'une manière qui n'est usitée que dans ce pays-là. »

Ne croirait-on pas lire un chapitre d'un roman de chevalerie? Tout ce que ce voyageur a vu et rapporté il y a plus d'un siècle, se voit encore et ne pourrait se décrire autrement. Les mœurs, les coutumes de l'antiquité et du moyen âge se sont perpétuées chez ce peuple d'une manière si admirable, que le moyen le plus sûr d'étudier avec fruit certaines nations de l'Orient, c'est de vivre maintenant avec les Arabes.

En dehors des alliances particulières de tribu à tribu, il existe de grandes ligues qui se rangent sous les ordres d'un cheik plus puissant que les autres. L'Arabe ne combat guère qu'à cheval; il se met en campagne armé d'un sabre courbe, d'un poignard et d'une longue lance, souvent aussi de javelots et d'une masse d'armes suspendue à l'arçon de sa selle. Parfois pourtant, surtout parmi les tribus de la lisière du désert, le fusil est substitué à la lance, et le cavalier manie cette arme à feu, même au galop, avec une grande habileté. Quant à l'usage de la lance, on sait que les Arabes y excellent; ils ne l'abandonnent presque jamais; le cavalier la tient d'ordinaire par le milieu de la hampe, la jette avec force et la laisse glisser dans sa main d'une partie de la longueur du bois, puis, par un mouvement contraire, la ramène à lui et la remet dans sa première position. Excellent écuyer, le Bédouin ne pare les coups de son antagoniste que par le mouvement de son cheval, dont l'étonnante souplesse le tire des plus grands dangers.

Les Bédouins des plaines qui bordent les sables, les plus exposés de tous aux incursions des Turks, connaissent la poudre, et en fabriquent eux-mêmes d'une qualité assez mauvaise et trop chargée de charbon. Jamais, dans leurs attaques, on ne les voit donner par escadrons : ils escarmouchent en tirailleurs. Quand ils sont forcés de se réunir, c'est pêle-mêle et sans ordre assigné. Les batailles sont ainsi des engagements confus, où les plus braves prennent la tête, tandis que les plus prudents se tiennent à quelque distance. Ces rencontres sont du reste courtes et peu meurtrières. Le vainqueur reste sur le champ de bataille, le vaincu regagne l'immensité du désert. Jamais les Bédouins n'attaquent la nuit; leur tactique consiste à surprendre l'ennemi par des marches rapides et des diversions inattendues, à lui dresser des embuscades et à le harceler quand il est le plus fort. La moindre enceinte, d'ailleurs, les arrête ; une muraille de briques, un simple fossé, une haie de nopals, suffisent pour mettre un village à l'abri de leurs déprédations. Les paysans de la Syrie ont même çà et là dressé des buttes factices au haut desquelles ils se réfugient avec leurs troupeaux quand ils voient poindre à l'horizon les lances des Bédouins.

Dans les guerres entre tribus, les Bédouins ne font point d'esclaves ; ils renvoient les prisonniers, après les avoir dépouillés, et retiennent à peine quelques otages. Quand ils font des captifs dans d'autres guerres, ils en gardent quelques-uns, qui demeurent chez eux comme esclaves, employés aux travaux du ménage et à la mouture du grain, sous l'autorité des femmes. Cet esclavage finit du reste par devenir une adoption. Les esclaves sont traités comme le reste de la famille ; ils suivent leurs maîtres à la guerre, et rachètent leur liberté par un beau fait d'armes. On en a vu même devenir membres si réels du ménage, qu'ils entraient comme les autres enfants dans le partage de la succession. Naturalisés dans la tribu, ils arrivaient parfois jusqu'au grade de cheiks.

Des guerres que les Bédouins ont à soutenir, les plus cruelles, les plus persévérantes sont celles que leur livrent les Turks-Arnautes et les Maugrabins des pachaliks environnants. Maîtres de tout le pays cultivable, les Turks ne regardent et ne traitent les Arabes que comme des vassaux rebelles et comme des bandits du désert. Sur ce principe, ils sont toujours en guerre avec eux, et ne leur laissent aucune trêve. Les pachas surtout, occupés à chercher incessamment des ressources par voie d'avanies, se font une étude de diviser, de surprendre, et de pressurer ces populations. Tantôt ils leur contestent un terrain qu'ils leur ont loué; tantôt ils exigent un tribut dont on n'est point convenu. Quand une guerre s'allume entre deux cheiks, ils ont le soin de prendre parti ou pour l'un ou pour l'autre, éternisant ainsi les guerres, de manière à ce que les deux tribus s'écrasent et s'affaissent mutuellement. Souvent encore ils font assassiner ou empoisonner les chefs dont ils redoutent l'habileté ou le courage, fussent-ils même leurs alliés. De leur côté, les Arabes, regardant les Turks comme des traîtres, ne cherchent que les occasions de leur nuire; et comme ils ne peuvent se venger sur leurs soldats, ils s'en prennent aux pauvres paysans, innocents du fait. A la moindre alarme, on coupe leurs moissons, on enlève leurs troupeaux, on intercepte les communications et le commerce. De là naît entre les peuplades du désert et les cultivateurs des terrains arabes, une mésintelligence à peu près constante et une guerre presque éternelle.

L'indépendance absolue des Bédouins s'étend même sur les choses religieuses. Entre les Arabes du littoral et les Bédouins du désert existe ce contraste que, tandis que les uns se montrent les rigoureux esclaves de la loi musulmane, les autres affectent au contraire d'en garder à peine les plus strictes prescriptions. Aussi, parmi les croyants dévots, ces derniers passent-ils pour des infidèles sans loi et sans prophètes. Quand on leur demande la raison de cette indifférence, ils répondent : « Comment faire des ablutions? nous n'avons point d'eau. » Comment faire des aumônes? nous ne sommes pas riches. Pour» quoi jeûner pendant le Ramadan? nous jeûnons toute l'année; et » pourquoi aller à la Mecque? puisque Dieu est partout. » De cette insouciance en matière de pratique résulte une tolérance absolue et générale dont Volney cite quelques exemples assez curieux.

La seule pratique observée avec quelque rigueur parmi les Bédouins, est celle de la circoncision. Les ablutions sont difficiles à faire faute d'eau, et quoique la prière soit imposée par le Koran à cinq heures différentes du jour, ce n'est guère qu'au lever et au coucher du soleil que les Arabes la pratiquent. Peut-être y mêlent-ils un peu de cette vénération qu'ils ont eue de tout temps pour les astres, reste évident de leur ancienne croyance. Dans les camps arabes on ne trouve point de lieu consacré à la prière; chacun la fait où il veut la faire, et agit à cet égard comme il l'entend. Il n'y a point chez eux de prêtre ni d'iman, mais seulement un cadi ; et ce docteur qui devrait connaître à fond le Koran et ses commentaires, sait à peine lire. Le cheik dit à un Arabe : « *Tu es cadi.* » Là se borne toute l'investiture. Pour complaire au cheik, l'Arabe accepte ce grade. Parfois pourtant l'Arabe monte sur les lieux élevés, pour y sacrifier un mouton ou un jeune chameau, en invoquant le nom du Seigneur ; puis il distribue aux pauvres une partie des chairs de la victime.

Depuis un demi-siècle, un schisme s'est même produit parmi les Arabes ; celui des Wahabites ou peuples du Nédj. La croyance nouvelle de ces peuplades, espèce de protestantisme musulman, admet que Dieu seul doit être adoré et invoqué ; qu'on ne doit, en priant, faire mention d'aucun prophète, parce que cela touche à l'idolâtrie ; que Moïse, Jésus-Christ et Mahomet sont à la vérité de grands hommes, dont les actions sont édifiantes, mais que nul livre n'a été inspiré par l'ange Gabriel, ou par quelque autre esprit céleste ; enfin, que les vœux faits dans un péril menaçant ne sont d'aucun mérite ni d'aucune obligation [1].

Tous les Bédouins partagent, avec le reste des Mahométans, le respect pour leur barbe ; les esclaves ne peuvent la porter ; la couper à un homme libre, c'est le déshonorer. Aussi les Bédouins jurent-ils par elle, en la prenant avec la main. Quelquefois aussi ils jurent par leur tête. Les Arabes croient aussi aux talismans, qu'ils portent ou attachés au bras ou suspendus au cou. Ces talismans sont une espèce de sachet de cuir qui renferme un morceau de papier sur lequel un derviche a écrit des paroles mystérieuses. On en a vu encore qui portaient ainsi de petites pierres gravées en caractères koufiques, et de petites statuettes d'origine égyptienne. Ces talismans sont, suivant eux, des préservatifs efficaces contre la maladie, et des curatifs plus sûrs qu'aucune formule médicale. Un arbre né près d'un tombeau est toujours, d'après les Bédouins, la demeure d'un génie ; ce serait un sacrilège que d'en couper une branche ou même de le frapper. Ils y attachent des cheveux, du poil, des morceaux d'étoffe ou de papier couverts de caractères bizarres et de paroles magiques, et, selon la cérémonie, cet *ex-voto* doit déterminer le sort en leur faveur ou jeter quelque maléfice sur leurs ennemis. Quand une caravane passe devant un de ces arbres votifs, chaque voyageur ne manque pas de suspendre à ses branches une amulette cabalistique.

[1] Voir sur les Wahabites les *Voyages* de Burckhardt en Arabie, tome II, page 253.

Les usages civils des Arabes sont fort simples et assez rationnels. Les hommes se marient très-jeunes; jaloux de leurs femmes, ils usent du poignard au moindre soupçon d'infidélité, et cependant ils ne se font aucun scrupule de reprendre celles qui, par les événements de la guerre, ont été en la puissance du vainqueur. Ce n'est pas le fait qui semble coupable à ces hommes, mais l'intention. Le plus grand désir des pères de famille, c'est d'avoir beaucoup d'enfants; c'est chez eux un moyen certain de considération et de richesse. Aussi la naissance d'un fils les comble-t-elle de joie, et c'est par suite de cet amour de père qu'ils ajoutent leur nom au nom de leur premier-né. Ainsi le père s'appelant *Abdallah*, s'il lui naît un fils auquel il donne le nom d'*Aly*, à l'instant même il le fait appeler *Abdallah-Abou-Aly* ou simplement *Abou-Aly*.

Les enfants ont le plus grand respect pour leurs parents, et en général pour tous les vieillards; ils se lèvent devant eux, prêtent l'oreille à leurs discours, et s'abstiennent même de fumer en leur présence, à moins qu'ils ne soient précisément invités à continuer. Ce respect pour les hommes âgés de la tribu est la base de la famille, comme elle l'est du gouvernement.

Les Bédouins sont plutôt agiles que vigoureux; maigres, mais non pas d'une maigreur maladive, d'une taille petite et assez uniforme. La taille moyenne est de cinq pieds deux pouces; quelques cheiks seulement, mieux nourris sans doute, sont plus fortement constitués. Ils sont blancs, mais d'un blanc hâlé par le soleil, dont la réverbération sur les sables augmente encore l'énergie; ils ont la barbe, les cheveux et les yeux noirs, les dents blanches et bien rangées, les traits généralement beaux, la physionomie spirituelle, le cou musculeux, les épaules et la poitrine larges, les genoux un peu gros; ce qui provient peut-être de leur manière de s'asseoir accroupis. Les femmes ont les yeux plus larges et mieux fendus que les hommes; les dents blanches et admirablement rangées, la taille gracieuse et souple; les bras, les mains, les jambes et les pieds d'une beauté parfaite; mais les traits chez elles ont peu d'expression et de mobilité, peut-être à cause de l'habitude où elles sont de se voiler le visage. Le nez est d'ailleurs très-gros chez elles, la bouche grande, le visage quelquefois désagréablement tatoué. Toutes sont extrêmement fécondes. Une femme qui n'aurait point d'enfants tomberait dans le mépris et serait bientôt répudiée par son époux.

Le plus grand honneur dans ces tribus est pour les vieillards. Ils sont plus recherchés dans leur costume que ne le sont les jeunes gens. On leur réserve les étoffes les plus riches et les moins grossières. Le respect pour les traditions s'étend jusqu'aux vêtements. Chez l'Arabe le vêtement est immuable. « On faisait ainsi, on s'habillait » ainsi du temps de nos pères, disent les Arabes; nous devons faire » comme eux. » Ce vêtement consiste en une tunique fort ample, en fil ou en laine, qu'ils serrent autour des reins avec une large ceinture, et ils ont par-dessous un pantalon de toile. Leur tête rase est couverte d'un turban; ils laissent croître leur barbe; gardent le cou, les bras et les jambes nus. L'habillement des femmes se compose d'une longue chemise qui sert en même temps de robe, d'un pantalon, d'un turban, de deux voiles, l'un plus large, jeté sur la tête, l'autre plus étroit placé sur la figure, immédiatement au-dessous des yeux, et fixé par deux cordons qui se nouent derrière la tête. Elles portent pour bijoux des anneaux d'argent, ou plus souvent de verre bleu, passés aux bras et aux jambes; des bagues ou des boucles d'oreilles en cuivre ou en argent, rarement en or. Quelques-unes se percent une narine, et y passent un anneau comme dans les pays sauvages. Une autre coutume bizarre, c'est de se teindre en jaune le dessous des mains et des pieds, ornements disgracieux, et de se border les paupières d'une ligne noire, qui se prolonge un peu vers les coins. Ce dernier procédé de toilette est d'un meilleur effet; l'œil en acquiert plus de vivacité; il paraît plus grand et plus fendu.

Le ménage arabe n'a pas, comme on peut se l'imaginer, un mobilier bien considérable; une lance de treize pieds de long, un sabre courbe, un fusil rouillé, un moulin à bras, une plaque de fer pour faire griller le blé ou cuire le pain, une cafetière, un sac de cuir pour puiser l'eau, quelques outres, des écuelles de bois, de petites tasses pour le café, une marmite, une natte qui sert de tapis et de lit, quelquefois un métier à tisser des étoffes grossières, une pipe de quatre pieds de long, une espèce de violon, un tambourin formé d'un vase de terre cuite sans fond et recouvert d'un côté par une peau fortement tendue : tel est le mobilier de cette tente, autour de laquelle vaguent quelques poules, chèvres ou chameaux, quelquefois aussi la jument, trésor inestimable de l'Arabe. Quant à la tente, élevée de six pieds, elle est de forme quadrangulaire, et faite d'une étoffe grossière et forte en poil de chameau. La partie supérieure de la tente qui forme le toit est peu inclinée. A l'intérieur, une cloison sépare la pièce des hommes de celle des femmes. Toutes ces tentes sont placées sans ordre, de manière à former un rond assez irrégulier. Dans ce centre est la place publique, qui sert en même temps de parc aux troupeaux. De loin, ces tentes noires ou brunes, tendues sur trois piquets, n'offrent guère qu'une suite de taches noires sur les sables du désert. L'œil des Arabes peut seul reconnaître un camp de quelque distance. Jamais on n'y pratique de retranchements; point de gardes avancées, point de vedettes; les chiens seuls sont chargés d'éveiller la tribu au premier danger. Les chevaux d'ailleurs restant toujours sellés, un camp disparaît en quelques minutes. Le signal est-il donné, à l'instant même chaque ménage enveloppe son mobilier dans les toiles de sa tente, et le charge sur ses chameaux. Les troupeaux sont chassés en avant, et bientôt toute cette colonie nomade, hommes, femmes, enfants, vieillards, les uns à pied, les autres montés sur des chameaux ou sur des ânes, poursuit sa course au milieu des sables du désert. Des hommes à cheval éclairent et protégent la marche, et bientôt les moindres traces du passage de ces hommes ont disparu de la surface mobile du désert.

On a beaucoup et de tout temps vanté la sobriété des Arabes. Cette sobriété n'est pas chez eux, il faut le dire, une vertu volontaire. La disette souvent leur impose l'abstinence, et le commun de ces malheureux vit dans un état de misère et de famine habituelles. Quoique cela paraisse peu croyable, il est un fait avéré, c'est que six onces de nourriture sont la moyenne de la consommation du désert, surtout parmi les tribus de l'Hedjaz et du Nedj. Six à sept dattes trempées dans du beurre fondu, quelque peu de lait doux et caillé suffisent à la nourriture d'un homme. Quand ils peuvent y joindre un peu de farine grossière ou une boulette de riz, c'est un aliment de luxe. De petites galettes de dourah ou de blé, à peine cuites, des lentilles, des fèves, du fromage dur, aigre et salé, un peu de café sans sucre, voilà sur quoi roule encore l'ordinaire. La viande est réservée pour les jours de grande fête; ce n'est guère que pour un mariage ou une mort que l'on tue un chevreau. Les cheiks riches et généreux sont les seuls qui tuent de jeunes chameaux pour en manger la viande avec du riz. On conçoit comment, avec un tel menu, le Bédouin doit souvent sentir le besoin d'une nourriture plus substantielle : toujours affamé, il court après les plus grossiers aliments, mange les sauterelles, les rats, les serpents, les lézards, grillés sur des feux de broussailles. De là aussi cette constitution grêle et maigre; de là cet esprit inquiet de vol et de rapine, ces incursions perpétuelles dans les lieux cultivés, où ils peuvent espérer quelque nourriture. Un fait assez remarquable, c'est que leur déperdition en tout genre, même en sueurs, est fort minime; aussi leur sang se dépouille-t-il de sérosité à tel point, qu'il n'y a que la grande ardeur du soleil qui puisse le maintenir dans sa fluidité. Ce n'est pas là, comme on pourrait le croire, un état maladif. Les maladies sont, au contraire, plus rares parmi eux qu'elles ne le sont parmi les habitants des terrains cultivés [1].

Les cheiks, quand ils reçoivent les étrangers, y mettent pourtant une recherche d'abondance, sinon de variété.

« A la porte est un immense plateau de bois placé sur une natte et rempli de riz à moitié cuit, et dont la masse, de forme pyramidale, n'a pas moins de trois pieds de hauteur : le sommet en est occupé par la viande de chameau cuite à l'eau : lorsque les convives sont rangés autour du plat, assis à terre et les jambes croisées, l'un d'eux fait avec sa main un trou dans la partie du plat de riz qui lui fait face, et place dans cette cavité du leben (lait caillé), prend de la viande au haut de la pyramide, la divise en plusieurs portions qu'il met dans le lait qu'il vient de verser; il pétrit avec les doigts ce mélange dont il forme des boulettes; chacun l'a imité; le repas est fort court; le cheik se lève et quitte sa place; d'autres convives, restés debout depuis le commencement du festin, remplacent cette première série, et successivement tous les assistants, jusqu'à ce que l'immense monceau de riz ait complétement disparu; un esclave a offert à chaque convive à boire dans une tasse de zinc qui sert à tous : puis on se rend dans la tente du cheik où une peau de chameau tendue sur quatre piquets forme un réservoir qui contient l'eau où l'on se lave les mains, la bouche et la barbe; enfin, le café qui se sert sans sucre est offert dans une seule tasse qui passe dans les mains de tous les assistants; on s'assied sur des tapis, on présente des pipes, et chacun s'arrange pour passer sans ennui, en chantant ou jouant de divers instruments arabes, le reste de la soirée; tel est l'aspect d'un camp bédouin un jour de gala. » (*Voyage* de M. Damoiseau.)

---

[1] *La Syrie, l'Égypte, la Palestine et la Judée. Peuples errants de la Syrie*, par Louis Reybaud, 1839, 2 vol. in-4° et in-fol.

L'économie ménagère est fort peu avancée parmi les Arabes. Ils réduisent le blé en farine au moyen de moulins à bras, garnis de petites meules de pierre, ou bien ils le broient tout simplement sur une pierre concave, avec une autre en forme de molette, comme font les peintres pour leurs couleurs. Pétrie et mise en pâte, la farine est étendue sur une plaque de fer, chauffée d'avance et placée sur du feu, au fond d'un trou creusé dans le sable. Le tout est recouvert de cendres chaudes, et le pain est retiré de là bien longtemps avant d'avoir acquis le degré de cuisson que nous lui donnons en France. Cet usage se pratique au désert de temps immémorial. Abraham disait à Sarah : « Faites cuire du pain sous la cendre. » La même plaque de fer sur laquelle on cuit le pain sert à faire griller des grains de blé ou d'orge. Le seul combustible qu'emploient les Arabes est la fiente de bestiaux séchée au soleil. Leur plus grand régal se compose d'un mouton entier, de poules, de miel et de fromage blanc.

Les Arabes aiment leur désert autant que les peuples civilisés peuvent aimer une patrie riante et féconde. Le désert, quand on l'a habité, a en effet ses charmes et ses avantages. Il n'effraye que lorsqu'on ne le connaît pas. Comparé à celui des pays qui l'avoisinent, son climat l'emporte en salubrité et en fixité. La peste y pénètre rarement ; les ophthalmies y sont rares ; la petite vérole y est la seule maladie endémique. Ces peuples s'y sont partagé entre eux des sables arides et immenses, auxquels ils sont attachés comme on pourrait l'être à des plaines riches et arrosées. On conçoit que l'étendue de ces divisions territoriales doit être très-grande, puisqu'à peine, de dix lieues en dix lieues, le désert offre quelques toises de terrain où les troupeaux puissent brouter un peu d'herbe maigre et fanée. Ainsi, pour nourrir le moindre bétail, les Arabes sont obligés de parcourir de vastes espaces, ce qui les a voués à la vie pastorale et nomade. En dehors de cette raison d'ordre physique, qui explique et justifie l'existence des Arabes, il en est d'autres, d'ordre politique, qui ne sont pas moins décisives. Si, en effet, leurs allures errantes ne provenaient que de la dévastation de la contrée, on les verrait alors se rapprocher de la partie fertile de leurs frontières, du Diarbékir et de l'Anatolie, y camper presque à demeure fixe, et finir, comme les Turkomans et les Kourdes, par y fonder des villages. Les Arabes pourtant ne font rien de pareil ; ils préfèrent, au contraire, se rejeter dans les plaines les plus nues, dans les steppes les plus inaccessibles. Pourquoi cela ? C'est qu'avant toutes choses, ce qui importe au Bédouin, c'est son indépendance, c'est son isolement complet de toute espèce de patronage, doux ou onéreux, cruel ou clément. Ce que le Bédouin cherche par-dessus tout, c'est de se mettre hors de la portée des armes des pachas, afin de pouvoir continuer à l'aise son métier de rapine et de vols. C'est là le seul motif de ces déplacements continuels et fatigants. Aussi, si le hasard conduit ces peuples sur un point où ils puissent trouver la sécurité et la liberté jointes à des ressources suffisantes, ils s'y fixent et passent insensiblement à l'état cultivateur et sédentaire. S'il arrive, au contraire, que la tyrannie d'un gouverneur pousse à bout la patience d'un village établi, à l'instant même les habitants désertent leurs maisons et fuient en masse vers la montagne, ou vers les plaines, en changeant souvent de retraite afin de ne pas être surpris. Parfois même il arrive que des individus, devenus voleurs, pour se soustraire soit à une peine encourue, soit à un despotisme injuste, organisent de nouvelles hordes qui bientôt se classent en tribus. Mais ces nouveaux venus, nés dans la contrée cultivable, n'en quittent jamais la frontière, et se décident difficilement à s'engager dans le cœur des déserts.

Mais l'Arabe, dans le désert où il est né, ne connaît pour patrie, pour demeure que le désert. Il ne l'aime pas seulement, cette patrie; il l'adore. Pour se faire une idée du désert, il faut se figurer, sous un ciel ardent et toujours serein, des plaines à perte de vue, sans habitations, sans arbres, sans ruisseaux, sans accidents de terrain. Quelquefois l'horizon s'y étend uni et ras comme la mer, avec quelques palmiers isolés qui, complétant l'illusion, simulent au loin des mâts de navires. En d'autres endroits, le sol est tourmenté par des ondulations ou hérissé de rocs et de rocailles. Aride presque toujours, la terre n'offre que quelques plantes ligneuses clair-semées et des buissons épars où se logent les lièvres, les sauterelles et les rats. Un semblable terrain s'étend depuis Alep jusqu'à la mer d'Arabie, et depuis l'Égypte jusqu'au golfe Persique, dans une étendue de près de six cents lieues de longueur, sur trois cents de largeur. Dans un pareil espace, le sol varie pourtant; il a des veines diverses et se modifie par canton. Sur la frontière de Syrie, par exemple, la terre est en général grasse, cultivable et féconde : elle est encore de cette nature sur les bords de l'Euphrate; mais en gagnant vers le midi, elle devient crayeuse et blanchâtre, comme sur la ligne de Damas, puis rocailleuse, comme dans l'Hedjaz; enfin, pur sable, comme à l'orient de l'Yémen. Les tribus de Bédouins se ressentent de cette différence dans les qualités du sol. Ainsi dans les cantons où l'herbe est maigre ou rare, comme le Nedj et l'intérieur du grand désert, les tribus sont faibles et très-distantes. Elles deviennent moins rares et plus rapprochées au point où le sol, mieux garni, présente des oasis plus nombreuses, comme entre Damas et l'Euphrate; enfin dans les cantons cultivables du pachalik d'Alep, dans le hameau et le pays de Gazzah, les camps sont très-multipliés. Les Bédouins sont dans le premier cas purement pasteurs, ne vivant que du produit des troupeaux, et de dattes; dans le second ils sont à demi cultivateurs, ensemencent quelques terrains et ajoutent à leur ordinaire quelque peu de riz et d'orge.

Cette infertilité du désert, cette stérilité invincible de sa croûte sablonneuse, ne proviennent que de l'absence d'eau. Un large fleuve qui traverserait ces plaines les rendrait à la culture. Ce manque d'eau vient de la disposition du terrain. Comme sur cette vaste étendue pas un point culminant n'arrête les nuages, ils glissent sur sa surface, échauffée pendant neuf mois au moins sur douze, et n'y versent pas une seule goutte de pluie. Aussi, pendant tout l'été, le ciel est-il étincelant le jour et azuré pendant la nuit. L'hiver seulement, lorsque le froid de l'atmosphère condense les nuées, elles se résolvent quelquefois en pluies; mais dans l'intérieur du désert cette eau est bien vite absorbée par des sables arides. Sur la frontière seulement elle détermine une irrigation qui féconde quelques terrains. L'été venu, toute cette eau disparaît, et il n'en résulte ni sources, ni ruisseaux durables. Pour obvier à cette disette, les Arabes ont construit à main d'homme des puits, des réservoirs et des citernes où l'on recueille l'eau pluviale pour la provision annuelle. Ce sont là, sous un ciel ardent, de rudes travaux; et encore souvent sont-ils traversés par la guerre et par les ravages des hordes ennemies. Un cas de sécheresse, cas assez fréquent, peut détruire en un jour le travail de plusieurs mois et la ressource de l'année. Les tribus sont alors réduites à la disette même de l'eau. On en trouve, il est vrai, en creusant la terre depuis six jusqu'à vingt pieds de profondeur; mais, comme dans tout le désert d'Afrique et d'Asie, cette eau est saumâtre, et souvent même elle tarit : alors la soif et la famine surviennent, et si le gouvernement n'y pourvoit pas, les villages se désertent. De là résultent nécessairement une agriculture précaire et des établissements constamment menacés de mort. Dans certains cantons où le sol est rocailleux et sablonneux, les pluies font germer quelques plantes sauvages, les renoncules, les absinthes, les *qualis*; elles forment même, vers les bas-fonds, des lagunes où croissent des roseaux et des herbes. Cette saison donne à ces plaines stériles une robe de verdure que les premiers soleils ternissent et dessèchent bientôt. A cette époque de fraîcheur et d'abondance succède une aridité poudreuse, et le sol n'offre plus dès lors que des tiges sèches et ligneuses que le bétail ne peut même plus brouter.

Quelque peu d'intérêt qu'il y ait à se disputer une terre si ingrate, les Arabes se montrent fort jaloux des circonscriptions qu'ils se sont attribuées. La possession d'un puits est surtout pour chacun d'eux un objet important de jalousie. Chacune des tribus, formée en un ou deux camps, se disperse sur l'étendue de terrain que les traités lui garantissent; elle l'exploite soit pour les revenus du sol, soit pour le produit du pillage qui peut s'opérer dans ses limites. Quiconque empiète sur les droits du voisin, conduit des bestiaux ou détrousse une caravane sur son territoire, viole le droit international des Arabes ; il est alors sur-le-champ traité en ennemi, et la guerre s'ensuit. Presque toutes les guerres entre tribus proviennent de violations analogues. Ces guerres, suivant l'importance du grief ou la force des alliances, deviennent plus ou moins générales : elles sont du reste fort peu meurtrières, ainsi qu'il a été dit. Le délit connu, on monte à cheval, on cherche l'ennemi, on se rencontre, on parlemente. Presque toujours on parvient à s'entendre sans coup férir; mais dans le cas contraire, on s'attaque par pelotons ou par cavaliers, on s'aborde ventre à terre, la lance baissée; quelquefois on la darde contre l'ennemi qui fuit. Du reste il est rare que la victoire se dispute; le premier choc la décide, et les vaincus fuient dans le désert.

L'un des plus grands fléaux de ces plaines de sable c'est le *simoun* (poison) ou vent du désert, qui souffle d'ordinaire de la partie du sud-ouest. Ce vent arrive presque à l'improviste, sans que rien l'annonce. L'air qu'il apporte est pestilentiel : il tuerait les hommes et les animaux, si ceux-ci n'évitaient de le respirer, soit en se couvrant la figure, soit en fouillant le sable avec les naseaux.

Ces immenses tourbillons semblent un bouleversement total de la nature. Ils élèvent des nuages de sable à une hauteur telle, que des caravanes et des armées entières en ont été souvent englouties. L'arène du désert garde ainsi presque éternellement des cadavres saisis un jour par l'asphyxie et enterrés à demi vivants. Au moment où le *simoun* va se déclarer, les bestiaux le pressentent et poussent des cris plaintifs, les chevaux hennissent, la nature entière s'alarme et semble se tenir sur la défensive. Peu de minutes après, le soleil détache, dans son éclat rouge et mat, un orbe dépouillé de rayons ; l'horizon prend des teintes pourpres et violacées ; l'atmosphère se chauffe peu à peu à la température d'un four. L'air devient irrespirable ; il fatigue, il brûle, il dessèche les poumons. Le pouls de l'homme passe à l'état fébrile, et une rafale suffit pour frapper de mort l'être animé qui ne l'évite pas. Hors du désert, le simoun, quoique moins dangereux, n'en est pas moins fatigant ni moins incommode. Il chasse devant lui une poussière subtile et brûlante, et attaque la vie dans ses organes les plus délicats ; s'il se prolongeait, il serait mortel.

Un autre phénomène du désert, c'est celui du mirage. Le mirage est une illusion d'optique, une cruelle ironie de ces plaines sablonneuses. Par suite d'un effet de réverbération, des images fantastiques, affectant des formes diverses, au gré des fantaisies des voyageurs, viennent distraire leur chemin et tromper leurs souffrances. Le plus souvent, dans ces configurations vaporeuses, le pèlerin croit voir l'aspect d'un lac qui semble fuir et se jouer de ses efforts. D'autres fois, c'est une oasis qui se dessine avec ses palmiers touffus, ou bien la verte lisière d'une campagne que traverse un large fleuve. Les corps que l'on aperçoit à cette distance présentent au-dessous d'eux leurs images renversées, et sont pour l'œil une illusion à peu près complète. On conçoit quel tourment doit résulter, au milieu de steppes arides, de cette fantasmagorie d'un lac qui semble s'évanouir et reparaître à chaque instant devant des lèvres arides.

Le désert a d'autres habitants que l'homme. Outre les animaux féroces qui le traversent, le chacal, l'hyène, la panthère, il a des hôtes gracieux comme la gazelle, rapides et précieux comme l'autruche, utiles comme le chameau, le dromadaire et le cheval. Rien de plus svelte, de plus souple, de plus élégant que la gazelle du désert, qui défraie si souvent la poésie sonore des Arabes. Dégagée dans ses formes, demi-sauvage, demi-caressante, la gazelle, avec son œil timide et doux, sa prestesse à la course, est l'un des plus jolis animaux de la création. Rien de plus récréatif et de plus curieux que de la voir bondir par troupes, au sein de gorges pierreuses ou sur l'immensité de la plaine, s'arrêtant attentive et inquiète au moindre bruit, et disparaissant avec la rapidité de la flèche. On trouve encore aux environs des camps arabes des chiens de forte taille et de poil roux, qui n'appartiennent à personne et vivent dans un état presque sauvage. Malgré les chaleurs excessives et la disette presque absolue d'eau, jamais ces chiens ne sont atteints d'hydrophobie. Ils se nourrissent d'immondices et d'animaux morts, et font ainsi pour la salubrité publique une espèce de service de voirie. Du reste, comme ils savent fort bien distinguer les étrangers des hommes de la tribu, ils servent la nuit de sentinelles avancées, toujours prêts à donner l'alarme par leurs aboiements, et à garantir ainsi leurs maîtres de toute surprise. Chez quelques hordes on trouve en outre des chiens lévriers de fort belle espèce ; mais ceux-ci ne vivent point en liberté comme les premiers ; ils ont des maîtres qui les tiennent presque toujours à l'attache, et qui s'en servent pour forcer à la course des gazelles et des autruches.

Mais l'un des animaux les plus utiles à l'habitant du désert, c'est le chameau. On peut même avancer que sans le chameau le désert serait inhabitable. Volney a dit avec quelque exagération : « Aucun animal ne présente une analogie si marquée et si exclusive à son climat : on dirait qu'une *intention préméditée* s'est plu à régler les qualités de l'un sur celles de l'autre. Voulant que le chameau habitât un pays où il ne trouverait que peu de nourriture, la nature a économisé la matière dans toute sa construction ; elle ne lui a donné la plénitude des formes ni du bœuf, ni du cheval, ni de l'éléphant ; mais, se bornant au plus étroit nécessaire, elle lui a placé une petite tête sans oreilles au bout d'un long cou sans chair ; elle a ôté à ses jambes et à ses cuisses tout muscle inutile à les mouvoir ; enfin elle n'a accordé à son corps desséché que les tendons nécessaires pour en lier la charpente. Elle l'a muni d'une forte mâchoire pour broyer les plus durs aliments ; mais de peur qu'il n'en consommât trop, elle a rétréci son estomac et l'a obligé à *ruminer*. Elle a garni son pied d'une masse de chair qui, glissant sur la boue et n'étant pas propre à grimper, ne lui rend praticable qu'un sol sec, uni et sablonneux, comme celui de l'Arabie ; enfin elle l'a destiné visiblement à l'esclavage, en lui refusant toute défense contre ses ennemis. Privé des cornes du taureau, du sabot du cheval, de la dent de l'éléphant et de la légèreté du cerf, que peut le chameau contre les attaques du lion, du tigre et même du loup? Aussi, pour en conserver l'espèce, la nature le cacha-t-elle au sein des vastes déserts, où la disette des végétaux n'attirait nul gibier, et d'où la disette du gibier repoussait les animaux voraces. Il a fallu que le sabre des tyrans chassât l'homme de la terre habitable pour que le chameau perdît sa liberté. Passé à l'état domestique, il est devenu le moyen d'habitation de la terre la plus ingrate. »

Les qualités des chameaux ne sont pas, comme on pourrait le croire, le résultat d'une éducation; elles tiennent à leur organisme même. Supérieurs aux autres ruminants pour l'intelligence, ils égalent au moins le bœuf pour la patience et la résignation. Il n'y a, par exemple, aucune raison de supposer que la faculté de supporter la soif vienne de la nécessité qu'on leur en impose. L'habitude ne crée pas les facultés; elle peut seulement ou les développer ou en restreindre l'exercice. La grandeur de l'œil et la faculté de supporter l'ardente réverbération des sables signale, dans les chameaux, une vue énergique. Leur odorat est aussi excellent; ils sentent l'eau d'une demi-lieue. On n'a aucun indice sur l'activité de leur ouïe.

Le gros chameau, ou chameau bactrien (*djemal* des Arabes), est caractérisé par une et quelquefois deux protubérances d'une graisse compacte, contenue dans un tissu fibro-celluleux. Son allure habituelle est le pas; son trot est lourd, et il ne peut pas le continuer longtemps. Les Arabes conduisent leurs chameaux avec un licou, et lorsqu'ils marchent en caravane, ils les attachent à la queue les uns des autres. Un homme alors en soigne six. On les emploie à porter à dos toute espèce de fardeaux. La charge se répartit des deux côtés du chameau, au moyen d'un bât garni de cordes, et il est rare qu'elle soit de plus de deux cents kilogrammes, à moins qu'il ne s'agisse d'un trajet fort court. La vitesse moyenne d'une caravane, composée d'une centaine de chameaux ainsi chargés et allant au pas, est d'environ trois mille cinq cents mètres par heure : un seul chameau ferait à peu près le quart en sus dans le même temps.

La seconde espèce de chameaux, plus faible, plus svelte, plus légère à la course, est le dromadaire (*hagyn* en arabe). Cet animal ne transporte rien; il sert seulement de monture. On le conduit au moyen d'un cordon attaché à un anneau que l'on passe dans la narine. La selle se place sur la bosse même. Le trot du dromadaire est, en général, allongé et plus doux que celui du cheval; quelque rapide que soit le galop de ce dernier, un dromadaire l'atteindra à la longue par la continuité de la marche. A l'époque de l'expédition française en Égypte, après avoir épuisé tous les moyens de rigueur vis-à-vis des tribus arabes, qui, après quelques incursions, s'enfuyaient au désert, insaisissables et enhardies par l'impunité, le général en chef eut la pensée d'organiser contre elles un corps de dromadaires, chargé de les poursuivre et de les atteindre. Cette institution remplit son but : dès que les Arabes entrevirent des représailles possibles, leurs maraudes cessèrent.

Pour pouvoir monter ou charger un chameau, on est obligé, à cause de sa hauteur, de le faire coucher, et pour cela on l'habitue à obéir à un cri convenu. L'animal commence à s'agenouiller sur les jambes de devant, puis il laisse glisser sous lui les jambes de derrière, de manière à se poser sur le ventre. Quand on le monte, il faut avoir le soin de se pencher d'abord en arrière, puis en avant, sans quoi le mouvement qu'il fait pour se relever démonte le cavalier. Ce n'est pas chose facile que de saisir avec précision ces deux mouvements opposés.

Tous les chameaux des Bédouins sont marqués avec un fer rouge, afin de pouvoir être reconnus quand ils s'égarent ou sont volés. Chaque tribu, ou chaque *taïfé* (famille) d'une tribu, a sa marque particulière, et l'applique généralement sur l'épaule gauche du chameau[1].

On ne peut pas parler des Arabes sans parler des chevaux, ces compagnons, ces amis de l'Arabe. Les chevaux de sang se classent en Arabie en deux races bien distinctes, les communs et les nobles. Ces derniers commencent à devenir assez rares. On les nomme *koheyl*. Un cheval n'est réputé noble que tout autant que sa mère et son père le sont; et comme cette qualité de noble établit une grande différence dans les prix, on a soin, lorsqu'on fait couvrir des juments nobles par des chevaux de la même race, d'en dresser un acte en présence de témoins. Cet acte accompagne toujours la vente des chevaux, et on a soin de la leur suspendre au cou dans une espèce de sachet qui, en outre, contient souvent un écrit mystérieux qui doit porter bonheur au cheval et au cavalier. Les Arabes ne hongrent point leurs chevaux; ils ne leur mutilent ni la queue ni les oreilles. Du reste, le cheval ou la jument de l'Arabe sont des hôtes de la maison; ils vi-

[1] *Voyages en Arabie*, par Burckhardt, tome III, page 143.

vent pêle-mêle avec la famille, avec une simple entrave aux pieds, qu'on leur enlève quelquefois pour qu'ils puissent aller courir en liberté autour du camp. L'Arabe ne frappe jamais son cheval, mais lui parle au contraire et le raisonne. Le cheval mange dans sa main et le suit partout comme ferait un enfant.

A dix-huit mois on commence à habituer les poulains à la selle; à deux ans on les fait monter par des enfants; en les dressant on ne leur donne que deux allures, le pas et le galop ; dans les pâturages où ils vaguent, on leur met aux pieds une sorte d'entraves en corde nommées *rousteck*, garnies d'une espèce de feutre nommé *lebbet*, parfois aux jambes de devant seulement, parfois à celles de devant et de derrière ; une longue corde croisée en avant et en arrière les retient à un piquet en fer fixé au sol ; de sorte qu'ils ne peuvent que se tourner légèrement à droite et à gauche, et sont dans l'impossibilité de ruer les uns contre les autres.

La nourriture des chevaux arabes est uniforme; on leur donne dans le jour de la paille hachée, et cinq ou six livres d'orge au coucher du soleil : jamais de foin. Ils ne boivent qu'une fois vers midi, et trois fois moins que nos chevaux. Les chevaux arabes deviennent de fort bonne heure faibles des jambes de devant, et cela pour deux causes : la première est la position avancée de la selle, qui pèse presque sur les hanches du cheval; la seconde est la manière dont les Arabes arrêtent court leurs chevaux quand ils galopent. A l'appel de la bride violemment tirée, le cheval roidit les jambes de devant, se laisse traîner sur celles de derrière et s'arrête ainsi brusquement au moment de sa plus grande vitesse. A cela il faut ajouter l'inconvénient d'un mors si dur, que lorsqu'on veut pousser les chevaux au galop, on est obligé de leur rendre tout à fait la main.

Les Arabes montent les uns à poil ras, d'autres sur de simples couvertures, d'autres enfin sur des selles à dossier semblable à celui d'un fauteuil, et avec un pommeau de cinq à six pouces sur le devant. Les étriers, quand ils en ont, sont formés d'une plaque de cuivre, recourbée des deux côtés, de manière à offrir au pied une surface quadrangulaire et un peu convexe avec des angles acérés qui servent d'éperons. Ces selles commodes et ces étriers fort courts donnent un grand avantage dans le combat.

On ne voit guère chez les Arabes de grands et de petits chevaux. La taille ordinaire est de quatre pieds huit à neuf pouces. Le cheval arabe meurt avec presque toute son ardeur; il conserve sa vivacité et son feu jusqu'au dernier moment. La maladie elle-même lui enlève des forces sans lui enlever de sa bonne volonté. Au reste, on rencontre dans cette race peu de chevaux vicieux. Quoique entier, le cheval arabe est extrêmement doux. Un Arabe peut demeurer tranquille sur son étalon, même dans le voisinage de quelque jument. Le noble animal ne bouge pas. Les Arabes préfèrent la jument au cheval, moins peut-être à cause d'une supériorité de qualité, qu'à cause d'un avantage inappréciable pour des maraudeurs nocturnes : les juments ne hennissent pas.

La plus admirable qualité des chevaux arabes, c'est la souplesse. On a des races plus belles, plus rapides à la course; on n'en connaît point d'aussi gracieuses, d'aussi légères, d'aussi coquettes. A six ou sept pas d'une muraille on peut les lancer au galop; on peut les faire volter en tous les sens; ils s'y prêtent avec plaisir; ils semblent vous comprendre et vous deviner. Rien de plus vif et de plus intelligent que le cheval arabe dans ces espèces de carrousels, passion des Orientaux, et que l'on nomme le *Djerrid*. On dirait que le noble animal s'est associé à la pensée d'une guerre simulée, et qu'au milieu de ces cris qui se poussent, de ces bâtons qui se lancent, de ces haltes subites et de ces voltes-faces, il connaît son rôle, et s'y conforme. Cette complexion étonnante des chevaux arabes les rend précieux, surtout pour un combat corps à corps, où les mouvements de l'animal sont plus habiles pour détourner le coup que l'escrime du cavalier. Aussi les coursiers arabes sont-ils recherchés dans l'Orient entier, et chaque jour le désert est-il obligé de fournir des montures pour peupler les haras des princes musulmans.

Ce n'est pas sans peine que l'Arabe se défait de son ami, de son compagnon, de son inséparable. Plus d'une fois, aux monceaux d'or qu'on étalait sous ses yeux, il a préféré sa bête, qu'il enfourchait pour retourner au désert. Sa jument, c'est la vie de l'Arabe. Elle devine mieux que lui le danger, reconnaît sur les sables mobiles, à d'imperceptibles indices, quelle est la route qui conduit vers les tentes amies, devine aux sons confus de la plaine si un ennemi va pointer à l'horizon, et galope s'il le faut une journée entière sans halte et sans nourriture, pour arracher son maître à un danger pressant.

La vie de l'Arabe est donc toute concentrée en quelques affections; sa famille et ses chevaux. Quand un Arabe a une tente, une femme et une jument, il est superlativement heureux parmi les hommes. À cela, si l'on ajoute quelques meubles, quelques troupeaux, il ne manque rien à l'enfant du désert. Il a tout ce qu'il est utile pour pouvoir dévaliser à point les caravanes qui traversent son territoire, ou si elles le préfèrent, percevoir d'elles un droit de passage stipulé d'avance, et devenu ainsi une espèce de sauf-conduit. Quant à ses heures, elles sont toutes remplies; la fabrication d'étoffes grossières, la préparation du beurre et du fromage, la vente des chevaux et des chameaux, le louage de ces derniers par les caravanes; puis, selon les localités, le commerce du charbon, du séné, du sel marin, des poissons secs, du natron, de la soude, de l'alun, du jonc à tresser les nattes : voilà qui occupe au delà les loisirs de toutes ces tribus errantes et sauvages.

Le plus grand reproche que l'on a fait aux Arabes, le plus juste, le plus mérité, c'est un esprit de rapine et de pillage qui caractérise toutes leurs tribus. Ce défaut est plutôt un résultat de leur position que de leur caractère. Jetés sur cette immensité déserte qui les met comme en dehors de la société qui les entoure, ils se croient tenus à être honnêtes entre eux, mais point envers les étrangers. Tout voyageur qui traverse leur terrain est leur justiciable. Quand un pacte quelconque n'a pas consacré son droit de passage, ils se croient libres de l'arbitrer eux-mêmes, et de se payer de leurs mains. D'ailleurs, comme les gouvernements des environs ne se font pas scrupule de les pressurer, quand l'occasion les y invite, eux, à leur tour, ils prennent leur revanche sur les individus, regagnant ainsi en détail ce qu'ils ont perdu en masse. Du reste, cet esprit de pillage n'exclut pas vis-à-vis des étrangers un respect pour la personne. L'Arabe n'a point un courage sanguinaire; il n'attaque que pour dépouiller, et si on lui résiste, il ne trouve pas que le butin vaille le risque de la vie. Pour l'irriter, il faut verser son sang; mais alors il met d'autant plus d'animosité dans la vengeance qu'il a été lui-même plus lent à se compromettre. Le grand avantage des Arabes, c'est qu'ils sont les maîtres d'accepter ou de refuser le combat. Sont-ils les plus forts, ils insistent; sont-ils les plus faibles, ils fuient sans rien laisser à leur ennemi. La fuite n'attire chez eux aucun déshonneur. Elle est au contraire un titre de réserve et de prudence. Leurs guerres avec les gouvernements organisés tournent presque toujours à leur avantage; et les pachas finissent par leur abandonner quelques terrains fertiles sur la limite du désert. Alors les Bédouins s'engagent de leur côté, soit à payer une redevance pour les terres qu'on leur cède, soit à respecter les campagnes des propriétaires voisins. D'ailleurs, toujours inquiets, toujours en garde contre la trahison, ils veillent sur l'observation de ce traité les armes à la main.

Entre eux pourtant, et dans l'intérieur de leur société, règne de la bonne foi, de la générosité, presque de la grandeur. Leur dignité de manières est même fort étonnante chez un peuple qui n'a pas la moindre teinture d'arts libéraux. A peine rencontre-t-on parmi eux quelques cheiks qui sachent lire. En revanche, ils possèdent les connaissances que peut donner une longue observation, unie à une sagacité pénétrante. A l'aide des étoiles, ils savent se diriger parfaitement la nuit dans les plaines rases et uniformes où aucune route n'est tracée; ils déterminent l'instant où le soleil passe au méridien, et quelques autres divisions de la journée au moyen de la longueur de leur ombre, et la règle qu'ils emploient, selon les diverses saisons, cadre assez avec la latitude du pays qu'ils habitent. Ils ont quelques traditions de médecine et quelque pratique de l'art vétérinaire. Ils connaissent les mœurs des hôtes de leurs déserts, et savent distinguer les plantes qui jouissent de quelque propriété utile. Bien avant que les botanistes eussent découvert les sexes entre les végétaux, les Arabes employaient déjà la dénomination de mâles et de femelles, pour distinguer les dattiers qui portent des fleurs seulement de ceux qui portent des fleurs et des fruits; ils savaient que la poussière des premiers est nécessaire pour féconder les autres, et lorsque dans leurs expéditions rapides ils veulent faire du tort à leurs ennemis, ils se bornent à couper les palmiers mâles, qui sont toujours en petit nombre.

Privés de traditions scientifiques, les Arabes ont une poésie, l'une des plus vraies, des plus riches qui soient au monde; pleine d'images et de tropes brillants et sonores, elle emploie rarement le mot simple et court, mais abonde en comparaisons [1].

Ce langage qui, en tout autre pays, est le partage exclusif des hommes que l'on nomme poëtes, de ceux chez qui la sève déborde, et à qui les mots vulgaires ne suffisent plus, ce langage est celui de la foule des Arabes. Chez eux l'éducation n'a point encore créé ces caté-

---

[1] La plus grande partie de ce tableau des mœurs arabes est empruntée au travail remarquable de M. Louis Reybaud, sur les *Peuples errants de la Syrie*. Paris, 1839.

gories qui distinguent, dans notre Europe, les hommes lettrés de ceux qui ne le sont pas. Ils sont tous, plus ou moins, poëtes par nature, quoiqu'ils sachent distinguer pourtant ceux qui s'élèvent en ce genre au-dessus des autres. Les poëtes et les conteurs arabes font la gloire et l'honneur de leur tribu. On se pare d'eux, on se les envie. Quand ce talent arrive à un degré saillant de supériorité, le nom du conteur ou du poëte retentit dans tout le désert. Ses chants demeurent perpétués par la tradition, et sans doute modifiés par elle. On a vu des tribus se faire la guerre, pour l'importance relative de leurs rhapsodes, et ne déposer les armes que lorsque la question de supériorité était entièrement vidée.

Les chants des poëtes sont consacrés soit à une fiancée, soit à l'histoire guerrière de leur tribu; dans ces chants, l'amour est presque toujours chaste, généreux, profond et désintéressé. Les vertus guerrières n'y sont point présentées sous un point de vue brutal et sanguinaire, mais sous des couleurs chevaleresques qui feraient honneur à un peuple de paladins. C'est le soir que les Arabes s'accroupissent autour du poëte qui a préludé sur sa mandoline. Les yeux tantôt fixés au ciel ou ramenés vers la terre, le chantre, devant son auditoire immobile et attentif, s'inspire et célèbre ou les exploits d'un brave ou les malheurs de ses brûlantes passions. L'assemblée tout entière, suspendue à ses lèvres, écoute l'histoire d'un jeune cheik beau, fier et généreux, violemment épris d'une Bédouine, modèle accompli de beauté, qu'il a aperçue à la dérobée; il l'enlève à travers le désert, galopant sur son cheval qui joue toujours un grand rôle dans l'aventure, brave de grands périls, tombe prisonnier d'une horde sauvage dont le cheik veut lui ravir sa maîtresse, il se tire avec gloire de cette dernière épreuve et ramène sa fiancée heureuse et pure sous la tente paternelle où on les unit en les bénissant. Quand l'attendrissante histoire est achevée, un *ma cha allah* (très-bien) s'élève de toutes parts dans l'assistance émerveillée, car le surnaturel, les génies, les fées, jouent un grand rôle dans ces fantastiques récits, et, bien avant la forêt magique du Tasse, les Arabes possédaient un répertoire complet de ces récits merveilleux puisés dans les *Mille et une Nuits*, et dans une foule de contes inédits qui jouissent encore de la célébrité du désert et se gravent à cent mille exemplaires dans la mémoire de chaque génération nouvelle. Un poëme intitulé *Antar*, qu'on prétend avoir été écrit avant Mahomet, est un modèle d'inspiration épique et semble avoir été connu de nos romanciers du moyen âge : on y trouve des chants dignes de l'Arioste.

Quand le conte ou le chant a cessé, on rallume sa pipe au foyer commun, et l'on se passe de main en main la tasse de café, cette autre passion de l'Arabe.

Les contes des Arabes ne sont pas toujours d'une nature si idéale et si fantastique, que la réalité ne s'y mêle. Tous les événements qui ont retenti sur les frontières du désert deviennent pour eux une espèce de légende. On sait le trait du jeune Bédouin qui, chargé de porter le bagage de M. de Châteaubriand, se mit en route en s'écriant : « *En avant, marche!* » Aujourd'hui une foule de versions circulent dans le désert au sujet de la campagne du général Bonaparte dans l'Orient. Voici l'une des plus accréditées :

« Abou'l Féroué, proprement, homme à fourrure. » On l'appelle aussi *Bounaberdi*.

« Il vint, il y a environ trente ans, en Égypte, avec une armée plus nombreuse que les fourmis et plus terrible que la sauterelle : on évalue les forces qu'il y avait amenées avec lui à une et mille myriades, et l'on dit qu'il possédait le pouvoir de commander aux *Djins* ou génies. Ce qu'il y a de certain, c'est qu'il avait trouvé l'anneau de Salomon, au moyen duquel il comprenait le langage des oiseaux, et pouvait se transporter en un clin d'œil à des distances plus grandes que celle de la terre aux Pléiades. Tout le monde sait qu'on l'a vu le même jour au Kaire et sous les murs de Jaffa.

» On varie beaucoup sur les motifs de son expédition en Égypte. »

Voilà l'une des versions de la campagne d'Égypte, qui se rapproche un peu de la vérité, tout en restant dans cette ligne du merveilleux dont les Arabes dévient très-rarement. Elle nous a été racontée par M. Geoffroy, ancien chancelier du consulat d'Alep, qui parle et écrit l'arabe avec tant d'élégance et de pureté, que sa conversation ou ses lettres étaient recherchées par les plus doctes Musulmans. Il avait reçu avec des voyageurs français l'hospitalité dans une tente du désert. Entouré d'un grand nombre de Bédouins assis par terre et en rond, se tenait debout un de ces conteurs que l'on trouve en Orient dans tous les lieux publics, et à toutes les haltes de caravane, et dont la vie se passe à réciter des contes, qui ne le cèdent, ni pour la longueur, ni pour la fécondité d'imagination, aux contes renommés des *Mille et une Nuits*. Le merveilleux ne domine pas tellement chez eux, qu'il ne s'y glisse parfois quelque peu d'histoire. Ainsi, le conteur qu'ils avaient sous les yeux entretenait son auditoire des hauts faits de l'armée française en Égypte. A chaque instant, il était interrompu par des exclamations de crainte, de plaisir ou d'admiration. La curiosité des voyageurs, excitée par ces marques d'intérêt de l'auditoire, cherchait à deviner les causes d'aussi vives émotions, lorsque M. Geoffroy, qui servait de drogman, leur traduisit ainsi le récit du conteur.

« Les Français, disait l'Arabe, sont des êtres surnaturels ; leurs ar-
» mes de guerre sont plus terribles que la foudre. Ils ont des canons
» qui lancent dans le camp de leur ennemi des balles d'une grosseur
» démesurée. Chose extraordinaire ! fort souvent ces balles restent un
» instant paisibles ; puis, au moment où on y pense le moins, elles
» s'ouvrent avec fracas ; l'enfer sort de leur sein, et détruit tout ce qui
» les entoure (il parlait des bombes) ! Bien plus, ajoutait-il, ils sont
» immortels, car, bien qu'ils marchent ensemble et enchaînés les uns
» aux autres, on a beau tirer sur eux, jamais on ne voit un vide dans
» leurs rangs. Ils ont en outre le don de se multiplier à volonté, car
» souvent on voit une petite troupe s'avancer, qui, au moment où on
» y pense le moins, s'étend tout à coup, et couvre quelquefois une
» plaine dont elle n'occupait d'abord qu'un petit point (les bataillons
» carrés.) Enfin, ils possèdent des fusils avec lesquels ils tirent sou-
» vent quinze à vingt coups sans avoir besoin de recharger ; c'est un
» feu perpétuel (feu de ligne et de peloton). Il existe parmi eux des
» soldats qui portent des bonnets à poil. Oh ! ceux-là sont terribles !
» un seul suffit pour terrasser six cavaliers arabes. En revanche, leurs
» cavaliers ne sont pas à craindre ; un seul des nôtres peut à son tour
» en battre facilement six. Le pays qu'ils habitent est fort loin d'ici ; il
» est séparé de nous par la mer. Eh bien ! s'ils le voulaient, ils réus-
» siraient à passer de front et arriveraient ici en un clin d'œil. »

Le récit glaça les Arabes d'épouvante ; ils se tournèrent vers les étrangers d'un air d'effroi, semblant chercher dans leurs regards et dans leur maintien la confirmation ou le démenti des choses merveilleuses qu'ils venaient d'entendre. Nos gestes quasi-affirmatifs vinrent dissiper tous les doutes. Aussi, lorsque le soir, les voyageurs que conduisait M. Geoffroy se retiraient chez eux, les Arabes accoururent dans la tente pour leur apporter un tribut d'étonnement et de respect.

Les Arabes du nord de l'Afrique, dans les guerres des Français en Algérie, ont aussi donné des surnoms aux généraux, et ont composé des poëmes très-curieux et très-remarquables où ils expriment, par des récits analogues, l'impression qu'ils ont reçue du genre de guerre des Européens. Ces récits et ces poëmes reproduisent les images employées par les Arabes de Syrie.

Voilà les Arabes Bédouins. Il ne faut pas à leur égard s'arrêter à l'apparence. On les voit sales, misérables, couverts de haillons; mais il faut oublier tout cet extérieur pour aller au fond de quelques instincts élevés, de quelques nobles vertus. Nous nous sommes étendus avec détails sur cette race de l'Yémen, des bords de l'Euphrate, du Jourdain et du Nil, parce qu'au milieu de la population métisse de la Syrie, de ce mélange confus de Grecs, de Juifs, de Turks, de Barbaresques, d'Arméniens et de Francs, de Maronites, de Druses et de Maugrabins, c'est le seul peuple qui offre un caractère spécial et homogène, le seul dont on puisse rattacher l'ethnographie aux traditions primitives et à l'histoire des premiers âges.

RÉSUMÉ GÉNÉRAL

DE LA SYRIE, DE LA PALESTINE, DE LA JUDÉE.

Comme topographie, on a pu voir ce qu'étaient, dans leur ensemble, les provinces syriennes, ou *Barr-el-Cham*, ainsi que les nomment les Arabes. C'est un pays compris entre deux lignes, l'une d'Alexandrette à l'Euphrate, l'autre d'el-Arych ou de Gazzah au désert arabique. Quand on l'aperçoit du large, il se présente comme un mur littoral qui forme une ligne non interrompue jusqu'en Arabie, serrant la mer entre Alexandrette et l'Oronte, puis se prolongeant par sommets successifs et continus jusqu'aux sources du Jourdain; là elle se bifurque pour embrasser ce fleuve et trois lacs, en projetant d'ailleurs sur la route des rameaux qui vont se perdre dans diverses directions, les uns vers la mer, les autres vers le désert. Les versants de cette suite de chaînes offrent diverses zones de végétation et de culture, fécondes et productives du côté du Liban, stériles et ingrates du côté de la Judée. Aussi vers le nord voit-on le cèdre, le sapin, le chêne, le mûrier, tandis que dans les vallons secs et raboteux de la Judée paraissent les palmiers, les lentisques, et quelques arbres rares et maigres, dont la perspective attriste plus qu'elle ne récrée l'œil. Ce vaste territoire n'a que deux cours d'eau qui l'arrosent, l'Oronte qui se jette dans la Méditerranée au-dessus de Lattakié, et le Jourdain qui se perd dans le lac Asphaltite; l'un et l'autre avec le caractère des localités qu'ils traversent.

Le calcaire dont est formée, comme nous l'avons dit, la charpente des montagnes de la Syrie et de la Palestine, se reproduit dans toute l'étendue du territoire, d'Alep à Hama, dans la masse du Liban et de l'Anti-Liban, dans les montagnes de la Galilée et du Carmel jusqu'au lac Asphaltite. Il existe seulement entre Batroun et Djébaïl une carrière de pierres schisteuses avec pétrifications marines. Le fer abonde dans ces chaînes, surtout dans celles du Kosroan et des Druses. La Judée doit en avoir beaucoup. Ces montagnes, surtout dans le midi et du côté du Jourdain, sont volcaniques. La vallée de la mer Morte porte les empreintes d'un feu souterrain qui ne semble point amorti encore aujourd'hui. A défaut des éruptions qui engloutirent autrefois trois de ses villes, la Syrie éprouve des tremblements de terre dont plusieurs ont secoué la ville d'Alep jusqu'en ses fondements.

Un des fléaux de la Palestine et de toute la Syrie, ce sont des nuées de sauterelles, dont le nombre est incroyable; quand elles s'avancent, elles font le bruit d'une armée, et plus qu'une armée elles sont fatales aux pays qu'elles parcourent. A peine ont-elles passé, qu'une campagne toute verte et en robe de printemps, devient nue et triste comme si l'hiver la désolait. Ces nuées d'insectes obscurcissent littéralement le ciel : ce qui est pire encore, c'est que la famine est sur leurs ailes. Pour les détourner, les paysans leur opposent des torrents de fumée; mais les agents les plus efficaces contre ces insectes sont les vents de sud-sud-est et le *samarmar*, espèce de loriot. Le sud-sud-est les chasse sur la Méditerranée, où les sauterelles se noient par myriades; le samarmar les poursuit et les tue.

La qualité du sol syrien varie suivant les plateaux; la terre des montagnes est rude, celle de la plaine est grasse. D'Alep à Antioche, elle est rouge et féconde; partout ailleurs, elle est brune comme du terreau de jardin. Le climat, chaud sur le littoral et dans toutes les steppes du désert, se rafraîchit à mesure que l'on s'élève dans les montagnes, et cela de telle sorte que, dans un espace de quelques lieues, on peut avoir toutes les climatures, depuis les ardeurs de la plage jusqu'aux neiges des hauts sommets. Les Arabes, parlant du Liban (*Sannine*) dans leur langue figurée, ont dit qu'il portait l'hiver sur sa tête, le printemps sur ses épaules, l'automne dans son sein, tandis que l'été dormait à ses pieds. Grâce à ces zones si diverses, la végétation du Liban pourrait être infinie, et comprendre toutes les espèces du globe. Outre le froment, le seigle, l'orge, les fèves et le coton, qu'on y retrouve à peu près partout, la Palestine a, comme produit spécial, le sésame et le doura ; Balbeck, le maïs et le riz ; Beyrouth, la canne à sucre essayée avec succès ; le pays de Bizan, l'indigo ; Lattakié, le meilleur tabac du monde ; Antioche et Ramleh, un olivier aussi haut que des hêtres ; le pays des Druses, le mûrier blanc, la vigne en échalas et grimpant sur les chênes ; Jaffa, le coton-arbre, les poiriers, les limons et les pastèques ; Gazzah, les dattes et les grenades ; Tripoli, des oranges et des figues ; Alep, des pistaches ; Damas, tous les fruits d'Europe et vingt espèces d'abricot ; le littoral de la Palestine, l'arbre à cochenille. Ainsi rien ne manque à ce sol dont un pacha turk disait : « L'Égypte » sans doute est une excellente métairie ; mais la Syrie est une char- » mante maison de campagne. »

L'air et les eaux ne sont guère salubres que dans la montagne : le premier est fiévreux, les secondes sont presque toujours saumâtres sur la côte et dans les bas-fonds. Les vents y soufflent d'une manière presque périodique. Le nord-ouest domine de septembre en novembre ; l'ouest et le sud-ouest, vents de pluie, de novembre en février ; en mars arrivent les vents du sud ou simoun ; puis les vents de l'est les relèvent jusqu'en juin, où commence le vent du nord, modifié par ce qu'on nomme la brise du large. Dans cette saison d'été, le vent alterne durant les vingt-quatre heures, brise de terre la nuit, brise de mer le jour.

On a vu déjà, peuple par peuple, tribu par tribu, ce qu'est la population si mêlée et si diverse de la Syrie. Depuis deux mille cinq cents ans, dix invasions successives qui ont passé sur ce pays ont dû y laisser les éléments de toutes les races conquérantes ou conquises. Aussi distingue-t-on encore aujourd'hui les descendants des Grecs du Bas-Empire, la postérité des Arabes conquérants, les Turks ottomans ; le tout subdivisé en Grecs schismatiques, latins ou maronites ; en Arabes Motoualis, Druses et Ansariés ; enfin, en Bédouins, Turkomans et Kourdes. La population juive y est peu nombreuse et clair-semée même en Judée.

Dans ces races distinctes, le sang suit la nature du climat. Les montagnards sont moins basanés que les habitants de la plaine ; les Druses ont les traits et le coloris européens ; les femmes de Tripoli et de Damas sont renommées pour leur blancheur. De tous les traits, les yeux sont les plus beaux : le corps, écrasé par les draperies du costume, manque d'élégance et de grâce ; mais en revanche on ne rencontre point de tailles contrefaites. La stature est en général moyenne, et la corpulence médiocre. En fait de maladies endémiques, la Syrie a la peste et le bouton d'Alep. Les autres maladies sont la dyssenterie, les fièvres et la petite vérole. L'idiome général du pays est l'arabe. Niébuhr a prétendu que le syriaque se parlait encore dans quelques montagnes ; rien n'a confirmé ce fait. Les Maronites, qui l'ont conservé dans leur liturgie, ne l'entendent pas eux-mêmes. Le grec est aussi une langue morte en Syrie. Le turk y est la langue diplomatique et aussi celle de quelques hordes du Nord. L'arabe de Syrie est beaucoup plus rude que l'arabe d'Égypte.

Chacune des races que nous avons nommées a ses allures propres : les Arabes et les Grecs natifs peuplent les villages ; ils forment la classe des laboureurs à la campagne, et celle des artisans dans les villes. Les Grecs latins habitent plutôt les villes, où, sous la protection des consuls *francs*, ils se livrent avec succès au commerce. Les Maronites, les Druses, les Motoualis, les Ansariés, sont des tribus montagnardes qui s'occupent ou d'industrie ou d'agriculture, quelquefois concurremment de l'une et de l'autre. Les Turkomans, les Kourdes et les Bédouins sont des nomades maraudeurs. Nous avons décrit avec quelque développement les mœurs de ces populations.

Au siècle dernier, la Porte percevait deux mille huit cent quarante-cinq bourses (trois millions environ) de ces diverses provinces, non compris le casuel des successions des pachas, et la capitation des chrétiens. Dans le même temps, les pachas tiraient trente millions environ de revenus de leurs gouvernements. La force armée était de deux mille quatre cents cavaliers et de deux mille trois cents fantassins barbaresques. Quant à la population, les éléments d'appréciation sont beaucoup plus vagues. Volney l'estime à deux millions et cinq cent mille habitants, ce qui ferait une moyenne de quatre cent soixante et seize âmes par lieue carrée. Combien ce chiffre est éloigné de celui de la population ancienne ! Strabon dit que deux territoires seulement, ceux de Joppé et de Jamnia, pouvaient armer quarante mille hommes : la Judée, au temps de Titus, nourrissait, elle seule, quatre millions d'âmes ; aujourd'hui, elle n'en a pas trois cent mille. Le pays des Philistins et des Phéniciens, les royaumes de Samarie et de Damas, n'étaient pas moins populeux, au dire de toutes les traditions historiques.

Ce qui a surtout dépeuplé cette terre, c'est le gouvernement des Ottomans. Quand ces hordes conquérantes mirent le pied sur ce territoire, ils le traitèrent comme on traite un pays vaincu. Ils déléguèrent ses provinces à des dignitaires de leur choix; en les laissant à peu près libres sur la manière de les gouverner. Ce territoire est ainsi comme affermé à des pachas, qui sous-afferment, à leur tour, ses subdivisions à d'autres employés, tels que les mutzelims, qaïmaqans, agas, et jusqu'aux deli-bachis. Tous ces hommes, quel que soit leur emploi, parlent et agissent au nom du sultan. Le pacha, étant ainsi l'image du sultan, se substitue à ses pouvoirs absolus et despotiques. Il est à la fois chef militaire, financier, civil, criminel et politique. Il résume tout en lui ; il avait encore, il y a peu de temps, droit de vie et de mort, droit de paix ou de guerre. Cependant il n'usait généralement de tout cela que pour la perception du tribut. Les agents de cette exécution fiscale sont des sous-fermiers qui, de grade en grade, descendent jusqu'aux plus petits villages. Ces emplois se donnent aux enchères, et souvent les enchères sont tellement poussées, qu'il faut un grand talent de pressurer pour se tirer ensuite d'affaire.

La Porte a divers moyens pour empêcher que ces pachas si absolus ne sortent de la ligne de leurs devoirs. Elle tient, pour cela, des soldats et des officiers à sa dévotion, dans quelques châteaux forts; ou bien, quand un pacha a comblé la mesure, un *kapidji* arrive à la fin de l'année, tantôt avec un firman de prorogation, tantôt avec une queue nouvelle; puis, pendant que le pacha célèbre la fête de cette investiture, l'envoyé de la Porte tire de sa poche un katchérif qui autrefois demandait sa tête et le faisait exécuter séance tenante, et qui aujourd'hui le destitue ou le rappelle à Constantinople. Ce sort menaçait particulièrement les pachas les plus riches, dont le sultan se constituait alors l'héritier. Maintenant leur vie est plus assurée, mais leur but principal est toujours d'amasser de grandes richesses, qui deviennent souvent la propriété du sultan s'ils sont destitués. Tous regardent le pays comme leur domaine. Leur droit de vie et de mort était absolu : ils l'exerçaient sans formalité et sans appel. L'exécuteur ordinaire de ces sortes d'arrêts était le ouâli, qui faisait sa ronde en coupant des têtes. Depuis que Reschid-

Pacha a obtenu du sultan Abdul-Medjid le hatti-schérif de Gulhané, cette politique barbare, ces cruautés, ces affreux abus se sont beaucoup modifiés. Un pacha, gouverneur dans les provinces éloignées, a encore un pouvoir considérable; mais lorsque, par cupidité ou par des passions naturellement tyranniques, il pressure trop les populations de la province qu'il gouverne, et que le bruit de ses violences parvient jusqu'au sultan, le rappel du pacha a lieu quelquefois. S'il exerce sa haine fanatique, comme cela est arrivé trop souvent, contre les habitants non musulmans de diverses sectes ou contre les négociants et voyageurs chrétiens, les réclamations des rajas ou des chrétiens étrangers, présentées par les ambassadeurs ou les consuls européens, obtiennent généralement justice.

Le ouâli exerce aussi la police des marchés; il surveille les poids et mesures. Outre cette justice criminelle, il y a partout une justice civile qui ressort du cadi. Les cadis ne sont point à la nomination des pachas respectifs, mais bien à celle du *cadi-el-askar* (chef de la justice), qui réside à Constantinople. Ces places de cadis sont, comme celles des pachas, vénales; elles ne sont point toujours données aux plus justes, mais aux plus riches. Les cadis rendent la justice dans leur *mahkamé*, assis sur une natte ou sur un mauvais tapis, et flanqués de leurs *scribes*. Chaque partie plaide elle-même sa cause, pendant que le magistrat fume sa pipe et roule sa barbe dans ses doigts. Quand les plaidoiries sont terminées, le cadi prononce, et les parties s'en vont, laissant le dixième du fonds comme épices du procès. Cette justice expéditive serait un grand avantage, si la corruption n'atteignait trop souvent les cadis.

Les peuples de Syrie sont, en général, ou musulmans ou chrétiens. Les musulmans y sont plus fanatiques et plus intolérants que dans aucune province turke. Toute démonstration publique de culte est interdite aux chrétiens : ils ne peuvent bâtir de nouvelles églises, et si les anciennes tombent en ruine, ils n'ont la faculté de pouvoir les réparer que sur des permissions payées à prix d'or. Un chrétien qui frappe un Musulman risque sa vie; un Musulman qui tue un chrétien peut se racheter à l'aide d'une rançon. Les chrétiens ne peuvent monter à cheval dans quelques villes, et particulièrement à Damas; il leur est défendu de porter des babouches jaunes, des châles blancs, et rien qui soit de couleur verte; le rouge pour chaussure, le bleu pour l'habit, voilà ce qu'on leur permet. Dans plusieurs péages, les chrétiens seuls paient; les musulmans sont libres de taxes. En justice, le serment de deux chrétiens ne compte que pour un; enfin, ils sont sujets à la capitation du *djazz-el-râs* (rachat de la tête). Ces distinctions sont passées dans l'usage. Le salut de musulman à chrétien n'est pas le même que de musulman à musulman; heureux encore le chrétien quand le salut n'est pas suivi, de la part du croyant, de la classe du peuple, des épithètes de *jaour*, *kefer*, *kelb* (impie, apostat, chien), qui sont les aménités habituelles de la plupart des sectaires de Mahomet vis-à-vis du commun des infidèles.

En Syrie, comme dans tout l'empire turk, les paysans sont *esclaves* du sultan, mot qui pourtant ne signifie que *sujets*, et ne constitue point l'esclavage avec le droit de vente. Les paysans acquittent ce que l'on nomme le *miri*, d'après le cadastre fixé par l'empereur Sélim. Cet impôt serait très-modéré, si les pachas et leurs agents ne l'avaient aggravé de taxes accessoires et illégales. Maîtres de la majeure partie des terres, ils ne les cèdent qu'à des conditions onéreuses; ils exigent tantôt la moitié, tantôt les deux tiers de la récolte, que les cultivateurs sont obligés plus tard de racheter au-dessus de leur valeur. Ensuite ils chicanent sur les pertes; puis comme, en définitive, ils ont la force pour eux, ils enlèvent ce qu'ils veulent. A ces vexations habituelles se joignent mille vexations passagères. Tantôt on rançonne un village entier pour un délit imaginaire ou vrai; tantôt on établit une corvée d'un genre nouveau; un jour, c'est un *backshich* (présent) pour l'avénement d'un gouverneur, ou une contribution de guerre pour le passage de ses cavaliers. Chaque *louend* ou soldat qui passe fait trembler un village : les provisions, les volailles, les récoltes, tout lui appartient. Aussi qu'en résulte-t-il? que la campagne se déserte et que les paysans se réfugient dans les villes. Si l'on ajoute à cela les pillages des Bédouins, on voit combien l'existence du cultivateur en Syrie est précaire et tourmentée. Les moins malheureux sont ceux du pays des Druses, de Kesrouân et de Naplouse; partout ailleurs, leur situation est des plus misérables. Ils sont réduits au petit pain plat d'orge ou de doura, aux oignons, aux lentilles et à l'eau. Pour ne rien perdre de leur grain, ils y laissent l'ivraie, qui donne des vertiges et des éblouissements pendant plusieurs heures. Lorsqu'il y a disette dans le Liban, ils recueillent des glands de chêne et les mangent bouillis. Comme on le présume, les méthodes d'agriculture sont bien peu avancées dans un pays aussi pauvre. Le laboureur manque d'instruments ou n'en a que de mauvais; la charrue est une branche d'arbre coupée sous une bifurcation et traînée, sans roues, par des ânes, des vaches, rarement des bœufs. Dans les cantons ouverts aux Arabes, il faut semer le fusil à la main. Les récoltes, à peine faites, sont serrées dans des caveaux ou *matmoures*, aussi secrets, aussi mystérieux que possible.

Les ouvriers et les marchands des villes sont incontestablement plus heureux que les habitants de la campagne; ils ont, plutôt que ces derniers, les moyens de se dérober à des exactions exagérées. Aussi les villes sont-elles, pour ce fait, assez populeuses.

Le commerce, en Syrie, est à l'état d'enfance. Les communications, qui en sont l'âme, sont difficiles, lentes et périlleuses. Le seul courrier qui existe pour les villes d'intérieur, est le *Tartare*, qui vient de Constantinople à Damas, par Alep. Les échanges de marchandises s'opèrent par caravanes, qui ne marchent que par intervalles et sous escorte. Dans toute la Syrie, pas un chariot, pas une charrette, pas une voiture. Les transports se font à dos d'ânes, de mulets ou de chameaux. Il n'y a d'auberges en aucun lieu; seulement les villes et les villages ont un vaste local que l'on nomme kan ou caravansérail, qui sert d'asile à tous les voyageurs. Ce sont des constructions composées de quatre ailes carrées qui entourent une vaste cour. Les cellules, sans autres meubles que quatre murs, sont infestées de scorpions. Quand un voyageur prend possession de l'une d'elles, le gardien lui donne une natte et la clef; le reste du bagage doit marcher avec le voyageur. La vie des marchands orientaux se passe presque en entier dans les pèlerinages; il y trouve l'avantage de puiser ses denrées aux sources et de surveiller les achats par lui-même. Dans l'Orient, il n'y a d'uniformité pour rien, ni pour les poids ni pour les mesures. Le rottle d'Alep pèse six livres de Paris; celui de Damas cinq et un quart; celui de Saïde, moins de cinq; celui de Ramleh, près de sept. Le *derhem* ou dragme, élément de ces poids, est seul le même partout. Les mesures sont la coudée égyptienne ou la coudée de Constantinople. Les monnaies sont plus fixes : ce sont le *para*, avec ses divisions; puis les piastres de trente, de quarante et de soixante paras. Ces diverses monnaies sont d'argent, mais affreusement alliées de cuivre. Les pièces d'or sont le sequin *dahab* et le sequin *fondqouli*. Telles sont les monnaies turques. Parmi les monnaies européennes, on compte les talaris ou les piastres, monnaie autrichienne ou espagnole, puis les sequins de Venise, très-recherchés à cause de la finesse de leur titre. Ces sequins de Venise servent aussi à la parure des femmes. Après les avoir percés, on les enfile dans une chaîne d'or, et les pièces tombent ainsi en *rivière* sur la poitrine. Plus la chaîne a de sequins, plus cette parure est belle. C'est le luxe favori des femmes riches, et tandis que les moins aisées se contentent de piastres fortes, on en a vu se parer de plusieurs rangs de quadruples qui retombaient sur leur poitrine. Deux ou trois cents sequins ainsi disposés, tant en bandeau qu'en rivière, deviennent un véritable fardeau.

Les Francs, les Grecs et les Arméniens concentrent dans leurs mains presque tout le commerce de la Syrie; les Musulmans, soit par nonchalance, soit par esprit de religion, s'en mêlent peu. Cela doit venir aussi de ce qu'à l'aide de marchés passés avec la Porte, quelques puissances européennes voient leur commerce favorisé au préjudice même de celui des sujets turks. Là où les Européens ne payent que trois pour cent de droit, les Turks en payent dix. Les résidents européens ont en outre obtenu de pouvoir couvrir de leur patronage les chrétiens latins qu'ils emploient comme agents ou *barataires*, c'est-à-dire courtiers privilégiés. L'une des nations les plus favorisées aujourd'hui encore dans le commerce du Levant est la nation française. Nos manufactures du Midi fournissent le Levant de draps, de bonnets, de denrées coloniales, de fers, de plombs, d'objets de quincaillerie, de soieries, de galons et d'autres produits de nos fabriques. En échange, la France tire des échelles de Syrie, de la soie, des cotons, des noix de galle, des pistaches, quelques vins et quelques laines. Marseille accapare presque tout ce commerce, à cause de la quarantaine obligée pour les équipages, pour les navires et pour les marchandises qu'ils portent.

Quant aux arts et à l'industrie locale, ils sont dans l'enfance en Syrie. A part quelques insignifiantes exceptions, tout ce qui tient au mobilier et au vêtement des Turks opulents est apporté d'Europe. Ce luxe lui-même est très-borné : il ne consiste guère qu'en objets de coton, de poil de chèvre ou de soie. L'orfévrerie est seule une chose importante, soit dans les bijoux des femmes, soit pour les soucoupes de café découpées en dentelles, pour les ornements des harnais et des pipes. Quant à l'aspect des bazars, il présente un mélange assez confus de batteurs de coton, de débitants de mercerie et d'étoffes, de barbiers qui rasent la tête, d'étameurs, de serruriers, de selliers, de vendeurs de graines, de dattes, de sucreries, enfin de bouchers dont l'étal est presque toujours assez mal fourni. On voit aussi, dans les capitales, quelques méchants arquebusiers.

Les procédés agricoles sont encore beaucoup plus arriérés que les arts. Chaque maison a un mauvais petit moulin portatif qui ne produit qu'une farine grossière. Les instruments aratoires sont dans l'enfance. Dans les montagnes on ne taille point la vigne, et l'on n'ente point les arbres. De toutes les méthodes industrielles ou agricoles, il n'en est qu'une dans laquelle ils nous surpassent, c'est celle de la teinture en rouge, qu'ils tiennent, dit-on, encore des Tyriens. La manière d'exploiter le fer est de la plus grande simplicité ; c'est celle que l'on emploie dans les Pyrénées sous le nom de fonte catalane.

Leur danse a un caractère original ; mais leur musique a des chants qui pourraient rappeler quelques inflexions et la vocalisation italienne. La danse qu'ils préfèrent est celle de leurs almés, qu'on retrouve en Égypte, théâtre de leurs plus grands succès.

Avec les siècles des califes sont passés, pour la Syrie, les temps de la science et de l'éducation arabes. Les sultans ont laissé s'épaissir sur ces peuples conquis une couche si profonde d'ignorance, que sa régénération semble devoir être lente et difficile. Aujourd'hui on ne trouve plus dans ces provinces ni astronomes, ni géomètres, ni médecins, ni musiciens, ni peintres, ni horlogers, ni mécaniciens. La seule science du pays, c'est l'étude de la langue dans ses rapports avec la religion. Les principes seuls de la grammaire occupent pendant plusieurs années les jeunes élèves qui suivent les cours des mosquées; puis on arrive à la déclamation, à l'éloquence, enfin à la science par excellence, ou théologie. L'unique base de ces études c'est le Koran. Les autres livres sont fort rares, et cette rareté vient de ce que l'imprimerie n'a pas encore acclimaté ses procédés expéditifs sur ce sol demi-barbare. On chercherait vainement peut-être dans toute la Syrie un exemplaire des *Mille et une Nuits*. Les sultans, par le passé, favorisaient autant qu'il était en leur puissance, le maintien de cette ignorance qui était, à tout prendre, dans l'état des pays turks, un moyen de gouvernement.

Ce qui frappe d'abord, quand on arrive en Syrie et en Palestine, comme aussi dans tout pachalik ottoman, c'est le contraste de ses mœurs avec les nôtres. Nous portons des vêtements serrés et courts, ils les portent longs et amples; nous laissons croître nos cheveux et rasons nos barbes, ils laissent pousser leurs barbes et rasent leurs cheveux. Se découvrir la tête chez eux est un signe de folie, chez nous une marque de respect; ils saluent droits, nous saluons en nous inclinant. Ils s'asseyent et mangent à terre, nous nous tenons, pour cela, assis à distance du sol; ils écrivent au rebours de nous, et la plupart des noms masculins chez nous sont féminins chez eux. Le caractère le plus général des Turks, c'est un air de componction religieuse, un visage austère et mélancolique, un maintien nonchalant et calme. On dirait que le mouvement est pour eux un supplice. N'ayant aucun de ces plaisirs publics qui animent nos villes, limités aux seules joies de leurs harems, les Turks n'éprouvent pas le besoin incessant de distractions toujours nouvelles qui agite notre société européenne. Mais en revanche, ils n'ont aucune des jouissances qui découlent de ce besoin même. Du reste, si l'on va au fond du naturel turk, on y trouve de la bonté, de l'humanité, de la persévérance et de la suite dans les amitiés comme dans les haines, du courage d'instinct, de la dignité, de la noblesse, une certaine sûreté dans leurs engagements. Au contraire, les Grecs, qui vivent en grand nombre avec eux, ont, à côté d'une foule de qualités plus sociables, les défauts qui tiennent à leur position de peuple longtemps esclave, la mobilité, la ruse, la dissimulation. Un religieux à qui l'on disait un jour que les chefs chrétiens ne s'étaient jamais, dans ce pays, montrés dignes de leur fortune, répondit : « Nos chrétiens n'ont pas la main propre au gouvernement, » parce qu'elle n'est exercée dans leur jeunesse qu'à battre du coton. » Ils ressemblent à ceux qui marchent pour la première fois sur les » terrasses : leur élévation leur donne de l'étourdissement; puis, » comme ils craignent de retourner aux olives et au fromage, ils se » hâtent de faire leurs provisions. Les Turks, au contraire, sont ha- » bitués à régner; ce sont des maîtres accoutumés à leur fortune, et » ils en usent comme n'en devant jamais changer. »

Les Turks agissent effectivement en maîtres, mais en maîtres fanatiques et peu intelligents, pour gouverner tous ces beaux pays que leurs ancêtres avaient su conquérir. La décadence de leur empire est évidente; il n'existe plus que parce que les puissances chrétiennes ne savent comment se le partager. Les différents schismes religieux, les jalousies des diverses nations européennes, leur ambition, sont maintenant les seuls soutiens de ce vaste empire qui, de toutes parts, tombe en ruines. Il y a longtemps qu'on a dit que les Turks ne font que camper en Europe. Cette vérité s'accomplira; ils seront refoulés au fond de l'Asie, et les provinces chrétiennes des bords du Danube ou du Bosphore, les peuples syriens, qui doivent à la France le peu de protection dont ils jouissent depuis François Ier et Louis XIV, obtiendront leur entière liberté. Cette sainte Jérusalem sera une seconde fois délivrée. Ce ne sera plus, comme au temps de nos pères, par l'ardente foi catholique, mais par une volonté mystérieuse de Dieu, qui fera que les schismatiques, les incrédules, ceux-là mêmes qui ont protesté contre l'enthousiasme religieux des croisades, seront contraints par la nécessité à affranchir de l'oppression les chrétiens soumis au joug ottoman.

A cette opposition entre les races, il faut ajouter d'autres contrastes qui résultent des localités. Ainsi, les habitants du littoral sont en général plus dissimulés, plus immoraux, plus cupides que les habitants de l'intérieur des terres. D'ailleurs, pour les uns comme pour les autres, musulmans ou chrétiens, la vie se passe dans l'Orient au milieu d'une monotonie extrême. Toutes leurs distractions se réduisent à deux : les bains et le café. Les bains ou étuves des hommes sont à peu près les mêmes que les étuves ou bains des femmes dont il a été question dans le commencement de nos récits. Quant à ce qu'on décore du nom de café, c'est tout simplement une assez vaste pièce enfumée, dans laquelle, assis sur des nattes, les gens aisés passent des journées entières à fumer la pipe, en ne conversant que par saccades, et par phrases courtes et rares. Quelques chanteurs, quelques danseuses qui passent, viennent parfois égayer ou charmer l'assemblée silencieuse. Un conteur d'histoires, de ceux que l'on nomme *nachyds*, obtient souvent la parole, et moyennant quelques paras, narre une aventure, ou récite les vers de quelque ancien poëte. Ces nachyds, pour peu qu'ils aient de talent, sont écoutés avec une attention religieuse. D'autres fois, pour tromper les heures, les Musulmans ont recours au seul jeu que le Koran ne leur interdise point, celui des échecs, et ils s'y montrent fort habiles. Quant aux spectacles publics, à part quelques baladins, jongleurs et danseurs de corde, ils n'ont rien qui puisse rappeler nos usages. On voit de ces jongleurs qui, à l'instar de ceux de l'Inde, mangent des cailloux, soufflent des flammes, se percent le bras et le nez, et avalent des serpents, grâce à des secrets d'escamotage qu'ils possèdent seuls, et dont ils se montrent fort jaloux. Ces hommes sont servis en cela par la facilité qu'ont les Orientaux à s'enthousiasmer pour le merveilleux et à croire aux prodiges. Cette disposition tient à l'instinct poétique dont ces peuples sont presque tous doués. En général, ils ont la parole éloquente et facile, le geste aisé, les passions fortes et constantes, le sens droit dans les choses qu'ils connaissent, et intelligent dans celles qu'ils ne connaissent pas. Leur commerce, froid au premier abord, devient peu à peu doux, attachant et sûr. Personne ne possède à un plus haut degré les qualités de la sobriété et de la tempérance. L'un des plus grands obstacles qu'ils aient rencontré dans leur marche vers la civilisation, c'est l'état de dépendance et de confinement dans lequel ils tiennent les femmes, cette moitié de la création humaine. La législation et la religion sont la cause de ce préjugé antisocial. Mahomet, dans son livre, n'a pas même fait aux femmes l'honneur de les nommer : elles y demeurent en dehors de toute prescription religieuse, et c'est aujourd'hui encore un problème chez les grands docteurs de la loi musulmane de savoir si les femmes ont une âme. La loi civile, venant après la loi religieuse, a encore enchéri sur elle. Une femme ne peut rien posséder; elle est l'esclave et la servante de son mari, qui est son maître. Ses droits, son influence sociale, sont complétement nuls. Aussi un Musulman ne regarde-t-il guère ses femmes que comme une sorte de mobilier, dont il use et qu'il change et renouvelle à sa volonté. Jamais il n'en parle à un étranger, et ce serait une grande impolitesse de lui en demander des nouvelles. Personne ne voit ses épouses, ses esclaves; personne ne leur adresse la parole. Sont-elles malades, il faut leur prescrire des remèdes sans les voir, ou leur tâter le pouls au travers d'une mousseline. Du reste, ces harems sont d'ordinaire le théâtre d'une guerre civile acharnée et continue. Ce sont éternellement des querelles de femme à femme, et des plaintes des favorites au mari. Tantôt les épouses se plaignent des esclaves, tantôt les esclaves, des épouses. Un bijou donné, une complaisance obtenue, une permission d'aller à la mosquée ou au bain, sont des sujets d'incessantes querelles, au milieu desquelles l'autorité et la dignité du maître sont plus d'une fois compromises.

Telles sont, sommairement, les mœurs des peuples qui habitent les provinces syriennes. Nous devions en donner l'aperçu pour compléter l'aspect général du pays, examiné déjà et successivement dans ses traditions célèbres, dans son état antique et dans son état moderne, dans ses divisions politiques et ethnographiques, dans sa topographie, dans sa géologie, dans son archéologie, dans son histoire. Aidés de nos impressions personnelles, nous les avons appuyées et complétées par les observations précises et nombreuses que des voyageurs célèbres ont recueillies à diverses époques et à des titres divers, sur une des plus riches et des plus antiques contrées du globe. Guillaume de Tyr, Jacques de Vitry, Raimond d'Agiles, Albert d'Aix, le pèlerin de Bordeaux, le voyageur Nubien, Benjamin de Tudèle, Abulféda, Marino Sanuto, Pierre Bélon, Pietro della Valle, Quaresmius, Deshayes, Reland, le chevalier d'Arvieux, Thévenot, Zwallart, Villalpando, le P. Jean Coppin de Saint-Joseph, le R. P. Joseph Besson, le V. P. Eugène Roger, le chanoine Doubdan, La Roque, Mannert, Ludolphe, Mandeville, Tuchor, Heyter, Salignac, dans une époque ancienne, et plus près de nous, Henri Dodwel, Cotovic, Nau, Maundrel, Niebuhr, Pococke, Shaw, Hasselquist, Mariti, Steezten, Volney, Châteaubriand, Forbin, Burckhardt, Catherwood, Irby et Mangles, Léon Delaborde et Linant, Banks et Legh, Henniker, Damoiseau, Williams, T. R. Joliffe, le docteur Schultz, le R. Georges Robinson, Michaud, Poujoulat, le P. de Géramb, Botta, Reinaud, le comte Beugnot, Carmoly, le géographe Zimmermann, J. R. Wellsted, Louis Reybaud, lord Lindsay, Lynch, et de Saulcy, ont fourni des matériaux pour un travail comparatif; mais nous nous sommes attachés surtout à chercher nos inspirations et nos éclaircissements dans les textes sacrés, dans les saintes Écritures et leurs commentaires, dans les ouvrages de saint Jérôme, de saint Chrysostôme et de saint Ambroise; nous nous sommes aidés aussi des travaux de l'historien Josèphe, d'Eusèbe, de Théodoret, de Socrate le Scholastique, de Sozomène, d'Orose, de Dion Cassius, de Strabon, de Dioscoride, d'Épiphanius, de Pline, de Tacite, d'Antonius le Martyr et d'Étienne de Byzance, du vénérable Bède, d'Adrichomius, de Baronius, de Samuel Bochart, et de d'Anville. C'est la substance de tous ces écrits et de tous ces auteurs qui a été résumée dans ce livre. Grâce à eux, il a été possible de rendre sa physionomie primitive et grandiose à cette terre chérie des patriarches qui s'est desséchée sous les vengeances d'en haut; il a été facile de restaurer la Judée et la Jérusalem antique, lieux aimés du ciel, où naquit le Sauveur des hommes et où parlèrent les prophètes.

Soit que l'on aborde, soit que l'on quitte cette terre féconde en religieux souvenirs, le sentiment le plus profond et le plus réel que l'on éprouve est celui de la tristesse. A cet aspect de dévastation désolante, de stérilité presque générale, de solitude presque complète, le voyageur sent son âme se serrer malgré lui; il cherche les vallons du Jourdain et leur abondance miraculeuse, il cherche les villes étagées sur les montagnes judéennes; il cherche les populations que nourrissaient leurs croupes toujours vertes, et, ne voyant que sables et rochers, que monts calcinés et versants abruptes, que steppes sans graminées et sans eau, il s'écrie dans une contemplation douloureuse : « Le doigt de Dieu a passé par là ! »

Jérusalem; murs de l'Ouest.

EXPLICATION DES GRAVURES.

PLANCHE I. — JÉRUSALEM, MURS DE L'OUEST.

Cette face de Jérusalem ne présente guère qu'une grande étendue de murs du moyen âge. La partie que nous avons dessinée est celle où se voient la porte de Bethléem à gauche, et la forteresse tout auprès appelée par les chrétiens château des Pisans. Vers la fin du treizième siècle, cette forteresse se nommait aussi *Neblosa*. Elle a été élevée sur l'emplacement ou près de la tour *Psephina*, qui appartenait au château de David. Les murailles de ce côté conservent encore dans leurs parties basses quelques vestiges des anciennes constructions. Le château des Pisans n'a rien qui le distingue des autres bâtiments de ce genre; c'est une citadelle avec ses tours, son donjon, ses fossés desséchés, ses cours intérieures, ses créneaux et ses chemins couverts. Du haut du donjon la vue plane sur Jérusalem, que l'on voit se précipiter, du couchant à l'orient, dans les vallées profondes qui la séparent du mont des Oliviers. Tout autour de la ville ce ne sont que des rochers nus et pelés, tronqués à leur sommet ou terminés en croupes arrondies. De temps en temps, à travers deux montagnes qui s'ouvrent, on cherche vainement au loin une nature moins aride : partout c'est la même stérilité.

C'est de ce côté des remparts que Tancrède assiégea Jérusalem. M. Michaud, dans sa *Correspondance d'Orient*, dit que Godefroi de

Bouillon, Robert, duc[1] de Normandie, et Robert, comte de Flandre, dressèrent leurs tentes au nord de la ville, entre la grotte de Jérémie et le sépulcre des Rois, devant les portes de Damas et d'Hérode, et que Tancrède, avec plusieurs autres chefs renommés, avait planté ses pavillons *à la droite de Godefroi et des deux Robert, sur le terrain qui fait face au nord-ouest des murailles*[2]. La tour des Pisans fut un des points qu'occupèrent d'abord les croisés en s'emparant de la ville. Les murailles, en cet endroit, ne paraissent pas avoir subi de notables changements. La porte de Bethléem, appelée aussi porte des Pèlerins, existe encore à la même place qu'elle avait au temps des croisades. Nous sortîmes par cette porte lorsque nous allâmes visiter Bethléem. Elle conduit aussi à Hébron et à Saint-Jean du Désert. Deux tours carrées, criblées de meurtrières et de mâchicoulis, la dominent. Elle est à très-peu de distance du monastère des pères de la Terre-Sainte. La voûte sous laquelle on passe est sombre et aboutit intérieurement à un carrefour formé par de petites maisons d'un aspect misérable, entremêlées de jardins incultes et entourées de murs écroulés. En sortant de la ville, à gauche, on descend, le long des murs d'enceinte, dans un ravin profond, où l'on voit encore les assises d'antiques constructions de Jérusalem. On prétend qu'elles datent d'Hérode. Tout ce fossé est rempli de tombeaux musulmans, que l'on distingue à leurs pierres funéraires, de couleur blanche, et surmontées d'un turban. A droite, s'élèvent les constructions du château de David. Notre vue a été prise du côté extérieur de la ville, en arrivant de Jaffa par Ramleh. La route tracée, que l'on voit se diriger en avant du premier plan, est celle que nous suivîmes.

PL. II. — PORTE DE L'ÉGLISE DU SAINT-SÉPULCRE A JÉRUSALEM.

Si la grande mosquée d'Omar est le monument mahométan le plus majestueux de Jérusalem, l'église du Saint-Sépulcre en est certainement l'édifice chrétien le plus curieux, le plus admirable, le plus auguste. Quoiqu'on ignore la date précise de sa fondation, on convient généralement néanmoins de la placer sous le règne de l'empereur Constantin. En effet, cela paraît évident d'après la lettre qu'Eusèbe

---

[1] Voir plus haut, page 177, note 1.
[2] *Correspondance d'Orient*, tome IV, page 270.

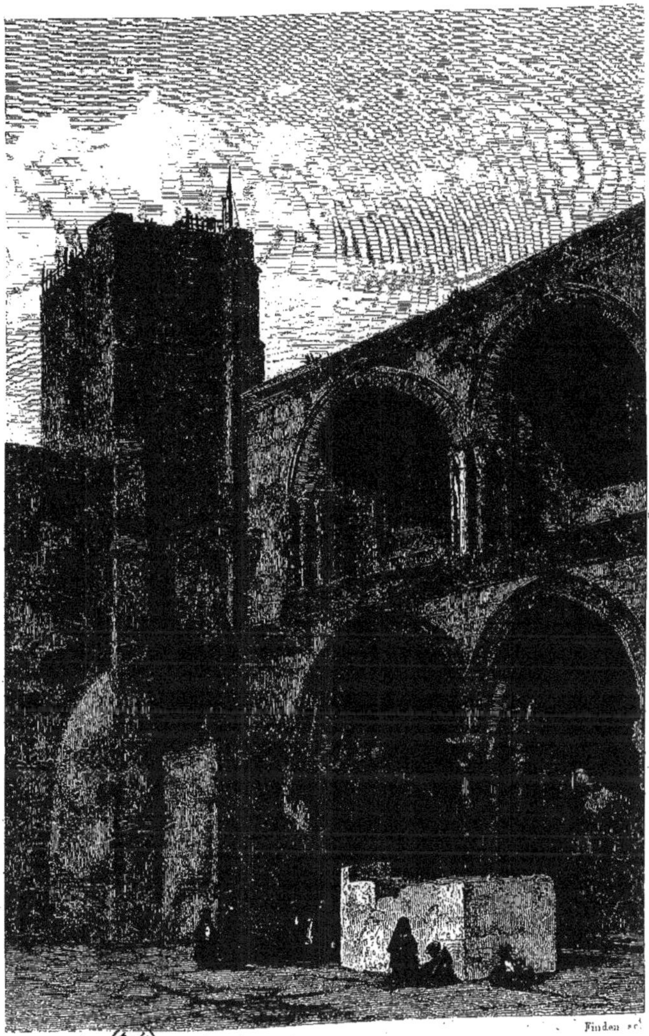

Dauzats del.t   Finden sc.t

Porte du S.t Sépulcre à Jérusalem

Imp. F. Chardon aîné.

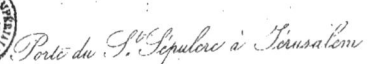

nous a conservée de ce prince, dans laquelle il recommande à Macaire, évêque de Jérusalem, de faire bâtir une magnifique église au lieu même où le mystère de la Rédemption s'était accompli. Au reste, quelle que soit l'incertitude de son origine, il est évident qu'elle est l'œuvre des premiers siècles du christianisme. Le caractère de son antiquité néanmoins ne se distingue guère que par le plan ou par des fragments qui maintenant sont recouverts de constructions plus modernes. La façade a été construite par les croisés : c'est la partie qui s'est le mieux conservée ; le reste a subi plus ou moins de modifications et de changements. Plusieurs fois prise et saccagée par les ennemis du christianisme, cette église a été tour à tour réparée et rebâtie par Héraclius, évêque de Jérusalem, par Constantin IX, dit Monomaque, par les croisés, et dernièrement encore par les Arméniens et les Grecs. Ceux-ci ont dépensé, dit-on, 14,000,000 de piastres (environ cinq millions de francs), pour la reconstruire, après le terrible incendie qui, en 1808, faillit la consumer presque entièrement. Nous doutons que la dépense se soit élevée si haut ; dans tous les cas, on peut regretter que ces millions aient été si mal employés, puisque l'on a en partie changé le caractère de ce monument autrefois si admirable. Jusque-là, l'église était restée telle qu'elle était au temps des croisades. On sait que c'est à l'époque des guerres saintes que le Calvaire fut enfermé dans ses murs, ainsi que le lieu où l'on embauma le corps de Jésus-Christ. Aujourd'hui elle comprend dans son enceinte les cinq dernières stations de la Voie Douloureuse. Quant aux neuf autres, elles sont dans les rues de la ville qui conduisent à l'église. Dans la description que nous avons donnée de l'intérieur de cette immense basilique (pages 141 et suiv.), nous avons parlé des sépultures des rois latins de Jérusalem ; nous avons cité notamment les tombeaux de Godefroi de Bouillon et de son frère Baudouin, qu'on voyait avant l'incendie de 1808, à droite et à gauche de l'entrée de la chapelle d'Adam.

Voici les deux inscriptions qui étaient gravées sur ces monuments :

HIC JACET INCLITUS DUX GODEFRIDUS DE BULLON, QUI TOTAM ISTAM TERRAM ACQUISIVIT CULTUI CHRISTIANO, CUJUS ANIMA REGNET CUM CHRISTO, AMEN.

Et :

REX BALDUINUS, JUDAS ALTER MACHABÆUS,
SPES PATRIÆ, VIGOR ECCLESIÆ, VIRTUS UTRIUSQUE,
QUEM FORMIDABANT, CUI DONA TRIBUTA FEREBANT,
CEDAR ET EGYPTUS, DAN AC HOMICIDA DAMASCUS,
PROH DOLOR! IN MODICO CLAUDITUR HOC TUMULO!

Ces deux tombeaux étaient fort simples, sans aucun ornement et portés sur quatre pétites colonnes de pierre d'un pied de haut[1].

L'entrée du temple du Saint-Sépulcre donne sur un parvis d'environ vingt-cinq pas de long sur vingt de large. Tout autour de cette place sont des bâtiments qui lui forment comme une espèce de clôture. On ne peut y arriver qu'en passant sous une petite porte très-resserrée. Les rues qui y aboutissent sont extrêmement sales, étroites et en grande partie dépavées. On ne voit pas sans peine ces masses de constructions irrégulières qui pressent la façade de la basilique et l'encombrent de toutes parts. L'architecture de cette partie de l'édifice est du style gothique des douzième et treizième siècles. Deux portes, ou plutôt une double porte en ogive, dont un gros pilier orné de cinq colonnes de marbre établit la séparation, conduit à l'intérieur. Une de ces portes est murée, l'autre est percée de plusieurs trous qui servent à communiquer avec ceux du dedans. Chaque côté des portes est flanqué de deux élégantes colonnettes de marbre avec des chapiteaux corinthiens gothiques. Au-dessus de leurs arceaux est un simple cordon qui sépare le sommet de la voûte de deux fenêtres correspondantes et construites dans le même système. Une corniche richement travaillée forme le couronnement de la façade.

Vers la gauche du monument est une tour carrée d'une fort belle exécution, et qui servait autrefois de clocher; cette tour est rasée à sa partie supérieure. Les Musulmans lui firent subir cette mutilation lorsqu'ils redevinrent maîtres de Jérusalem. Elle a trois étages de fenêtres, et ne domine pas de beaucoup l'édifice. Les fenêtres de l'étage supérieur sont ornées de colonnettes de marbre. A partir du sol, la porte de la tour se trouve murée jusqu'à la hauteur d'une quinzaine de pieds. La portion qui reste ouverte sert à donner du jour aux deux chapelles du Calvaire, situées près de là, dans l'église.

Aux détails que nous avons donnés sur l'intérieur de l'église du Saint-Sépulcre, nous ajouterons une description faite, en 1666, par le P. Doubdan, chanoine de Saint-Paul, à Saint-Denis, et qui contient des renseignements précieux sur l'état du monument à cette époque :

« De toutes les parties de cette église, il n'y en a point de plus magnifique que la nef qui est vn très-beau bastiment, encore qu'il ayt esté

---

[1] *Voyage de la Terre-Sainte*, par J. Doubdan, chanoine de l'église royale et collégiale de Saint-Paul, à Saint-Denis en France. Troisième édition. Paris, 1666, page 52.

dépouillé de tous ses ornemens. Il est presque semblable au Panthéon de Rome, appellé Nostre-Dame de la Rotonde, à cause qu'il est de forme ronde, sinon que celuy-là est vouté de pierres, et celuy ci couuert en dôme d'vne cherpenterie très bien trauaillée de grands chevrons de bois de cèdre, couverte de plomb. Celuy-là est beaucoup plus grand et spacieux, ayant cinquante pas de diamètre, et cettuy-ci n'en a que vingt-six, comme ie les ay mesuré tous deux : ayant cela de commun que pour y donner iour ils n'ont qu'vne grande ouuerture ronde au faiste, dont celle du Saint Sépulchre est couuerte d'vn treillis de fil de fer pour empescher que les pigeons n'y fassent leurs nids : cette rotonde est environnée de six gros pilliers quarrez, de pierres de taille, et dix belles colomnes de marbre, qui font dix-sept arcades qui soustiennent une belle et grande gallerie de huit pas de large, en laquelle sont autant d'autres arcades et petites colomnes de marbre avec leurs appuys qui portent le résolu du mur, auquel sont autant de grandes niches dans lesquelles sont dépeintes en fine mosaïque les images des douze apostres, de sainte Hélène, du Grand Constantin, et quelques autres qui sont a presque toutes effacées ; les pieds d'étail des colomnes qui sont fort massifs, grands et gros, qui sont de pierres aussi bien que les pilliers quarrez, estoient autrefois reuêtus et encroustés de riches tables de marbre jaspe et porphyre, mais à présent que les infidèles les en ont dépoüillés, on n'y voit plus que la pierre avec plusieurs crampons de fer qui tenoient ces ornemens.

» Quelques-vns mesme, à ce qu'on dit, y mettoient des crampons pour la tenir plus ferme ; les autres se contentoient, au lieu de cerceüil, de laisser dans le caueau vn banc de la mesme roche en forme de table, creusé seulement d'vn pouce, sur lequel ils estendoient le corps sans le couurir d'vne autre pierre.

» Il y en auoit d'autres qui les vouloient plus amples, et faisoient tailler deux petits cabinets ou deux caueaux, presque de mesme grandeur et ioignant l'vn à l'autre, en sorte qu'on entroit par vne petite porte du premier, qui seruoit comme de porche au second, dans lequel estoit le cerceüil, comme pouuoit estre la double cauerne que le patriarche Abraham acheta en Ébron pour luy seruir de sépulture, comme nous lisons en la Genèse, que ce saint homme acheta d'Émor vne double cauerne où il mit le corps de Sara sa femme, et luy mesme y fut mis après sa mort ; voilà la forme de la plus grande partie des cerceüils particuliers de la Iudée, d'où vient qu'il ne faut pas s'estonner d'entendre dire à saint Mathieu, 8, et à saint Marc, 5, qu'on a veu des hommes possédez du diable demeurer dans des sépulchres, et que saint Athanaze a esté caché quatre mois dans celuy de son père, d'autant qu'il est bien facile de se retirer dans ses caueaux, mais non dans des fossez ou des cerceüils.

» Le sépulchre de Nostre-Seigneur est fait de cette sorte, car il a esté taillé à la pointe du cizeau dans vne roche viue et dure, par le commandement de Ioseph d'Arimathie, disciple secret du Fils de Dieu, qui, l'ayant fait faire pour luy mesme dans un petit iardin qui luy appartenoit, à la pente du mont Gion et tout proche de la place du Caluaire, non-seulement il le donna à son très cher maistre, mais encore il voulut auoir l'honneur de l'y mettre luy mesme, aydé de Nicodeme, de saint Iean et de quelques autres disciples, portez de mesme déuotion.

» Ce saint tombeau contient deux parties ou deux grottes tenant l'vne à l'autre ; la première desquelles, et qui sert de porche à l'autre, a neuf pieds et demy de longueur et neuf pieds de largeur, et enuiron autant de hauteur, iusques en sa voûte et dans œuures, ayant sa porte tournée à l'orient, de grandeur ordinaire, de six à sept pieds de hauteur. Cette première partie est appellée la chapelle de l'Ange, à cause que ce fut en ce lieu où l'ange s'apparut aux saintes femmes qui y alloient pour embaumer le corps du Fils de Dieu, comme dit saint Mathieu, 28. Il est vray qu'il n'y en a que la moitié qui tient au Saint Sépulchre qui est de la roche, et le reste vers la porte a esté basty. De cette antichapelle on entre dans celle du Saint Sépulchre, par une petite porte qui n'a que trois pieds deux pouces et demy de haut, et vn pied dix pouces de large, et vn pied sept pouces d'espaisseur, tournée comme l'autre à l'orient. Cette seconde grotte ou chapelle est plus petite que l'autre, car elle n'a dans œuures que six pieds de longueur de l'orient à l'occident, et six pieds de largeur dans le fond vers l'occident ; mais du costé de la porte elle n'a que cinq pieds et demy, et la voûte quelques huict pieds de hauteur.

» A main droite, en entrant du costé septentrional, on touche l'autel qui couure le cerceüil dans lequel fut mis ce divin trésor, le corps précieux de Nostre Seigneur, qui est de six pieds de longueur, comme la chapelle trois pieds de largeur et deux pieds cinq pouces de hauteur, qui est la juste mesure qui m'en a esté donnée. C'est sur ce cerceüil que les deux anges estoient assis, vn à la tête et l'autre aux pieds, quand ils demandèrent à sainte Magdelaine : *Mulier, quid ploras?* comme saint Iean, chapitre 20, le rapporte. A présent, tant le dessus que le devant de l'autel et tout le dedans desdites chapelles est reuestu de tables de marbre gris, mais qui est tout noircy de la fumée de soixante deux lampes d'argent qui y brûlent continuellement, sçauoir, quarante-quatre dans le Saint Sépulchre et dix-huict dans la chapelle de l'Ange, dont il y en a trente aux religieux et le reste aux chrestiens schismatiques, qui ont aussi la liberté d'y faire leurs déuotions, mais non d'y dire la messe, n'estant permis qu'aux prestres catholiques romains, comme i'ay eu le bon-heur de faire plusieurs fois que les religieux m'ont fait la grâce de me le permettre.

» Dans la première chapelle, à un pas de la porte du Saint Sépulchre, il y a une pierre quarrée d'vn pied en tous sens, laquelle tient encore par le pied à la roche mesme de laquelle elle a esté taillée et laissée exprès selon la tradition, pour seruir d'appuy à la grande pierre qui fermoit l'entrée du monument, de laquelle les Euangélistes font mention, et qui est à présent en la maison de Caiphe. Saint Marc remarque entre les autres que cette pierre estoit fort grosse : *Erat quippe magnus valde.* Au rapport d'un bon autheur, elle a près de sept palmes ou cinq pieds et demy de longueur; quatre palmes ou trois pieds deux pouces de largeur, et vne palme ou neuf pouces et demy d'espaisseur.

» La roche de ce sacré monument, ou des deux chapelles, a quatre palmes d'espaisseur, reuestuë par dehors tout à l'entour de grandes tables de marbre blanc, accompagnée de dix petites colomnes de mesme matière, qui font de neuf petites arcades à sept faces qui soustiennent la corniche de la plate-forme qui couure le tout et sur laquelle sont esleuées douze petites colomnes iointes deux à deux, faisant six arcades, dans lesquelles sont dix-huict lampes sans celle du milieu, et au dessus est un petit dome. »

Devant la porte d'entrée et un peu en dehors, on remarque, entre les pierres du pavé, une grande quantité de clous enfoncés jusqu'à la tête. Ces clous, auxquels ordinairement les voyageurs ne font pas attention, sont placés dans cet endroit par le patriarche des Grecs qui, chaque année, revêtu de ses habits pontificaux, vient à l'époque du samedi saint prononcer une excommunication contre les catholiques romains, et enfonce en même temps un clou dans le pavé à grands coups de marteau, en mémoire de l'anathème qu'il prononce. Il ajoute ensuite à cette cérémonie la défense expresse de les ôter, menaçant quiconque contreviendrait à cet ordre d'une bastonnade de cinq cents coups de bâton et d'une amende considérable, payable au cadi de la ville. La garde de l'église du Saint-Sépulcre était confiée à des Turks lors de notre passage à Jérusalem. Aux jours où elle est visitée par les pèlerins, ils s'établissent à l'entrée, armés de gaules et de fouets, pour faire la police, et prélèvent sévèrement un tribut sur chaque personne, frappant sans ménagement celui qui voudrait éluder le péage. Dans les autres temps, ils fument, bâillent, dorment sur un divan ou jouent aux échecs, en attendant de rançonner les curieux qui viennent les prier de leur ouvrir les portes.

PL. III. — LE SAINT-SÉPULCRE.

Au milieu de l'église du Saint-Sépulcre, dont nous avons donné plus haut la description, on remarque un petit monument en marbre, de forme quadrangulaire, orné de pilastres avec une corniche tout autour, et surmonté d'un dôme; c'est la chapelle ou le tabernacle (*sanctum sanctorum*) du Saint-Sépulcre; elle se trouve placée au-dessous de la grande coupole circulaire qui couronne l'édifice, et qu'un violent incendie détruisit entièrement en 1808. C'est là que les traditions du pays ont longtemps placé le centre de la terre. Sous le rapport de l'art, la chapelle du Saint-Sépulcre n'a rien qui la distingue, le dessin en est même d'assez mauvais goût. Elle est divisée intérieurement en deux parties, l'une dans laquelle se trouve la pierre où était assis l'ange lorsqu'il dit aux saintes femmes : « Il n'est plus là, il est ressuscité; » et l'autre qui contient le saint sépulcre. Une porte basse, fermée par un rideau de soie cramoisie, établit la communication entre les deux sanctuaires. Des lampes en or et en argent, d'une merveilleuse richesse, éclairent nuit et jour l'enceinte de la chapelle, où brûlent constamment de suaves parfums. De magnifiques tentures de velours en recouvrent entièrement les murs. Au-dessus de l'autel de marbre blanc qui voile le sépulcre, est un tableau représentant Jésus-Christ vainqueur de la mort. Le tombeau est creusé dans le roc et recouvert d'une table de marbre sur laquelle fut déposé le corps de Jésus, ayant les pieds vers l'orient et la tête vers l'occident. Le sarcophage a sept pieds de long sur deux pieds et demi de large.

Nous aimons à compléter notre description par celle que donne

Le Saint-Sépulcre.

Chapelle construite par S.te Hélène au S.t Sépulcre.

le père Doubdan[1], de ce tabernacle de sainteté, de ce sanctuaire le plus mystérieux de l'église du Saint-Sépulcre.

« Au milieu de cette nef est le très-saint et très-auguste sepulchre de Nostre-Seigneur, que ie descriray au mieux qu'il me sera possible. Et pour le mieux conceuoir il faut sçauoir que les iuifs, au moins les plus riches et considérables, avoient coustume de choisir dès leur viuant le lieu de leur sépulture, qui estoit pour l'ordinaire un petit cabinet ou caueau, qu'ils faisoient tailler à la pointe du ciseau dans quelque roche de la grandeur d'vn corps de six à sept pieds en quarré et l'entrée fort petite. Dans ce caueau ou cabinet, ils faisoient tailler à vn des costés de la même roche vn cercueil de la mesme longueur de six à sept pieds et environ de deux de largeur, creusé enuiron de sept à huit poulces, avec un petit relais de la mesme pierre à vn des bouts pour hausser vn peu la teste, ou ayant le corps mort, enveloppé de son suaire, quelques-vns le couuroient d'une table de pierre, comme il y en a encore quelques-vns dans les sépulchres des roys. Les autres se contentoient de faire boucher la porte du caueau d'vne grande pierre qui estoit appuyée par le pied d'vne autre plus petite et sellée auec du ciment. »

L'air doux et embaumé qu'on sent en entrant dans ce lieu saint, le silence et le recueillement qui y règnent, l'effet mystique et sombre de la lumière, atténuée par les tentures qui décorent l'enceinte, joints au souvenir du mystère divin qui s'y est accompli, vous remplissent d'un sentiment qui fait taire l'orgueil et fléchir les genoux. L'état de vétusté et de délabrement dans lequel se trouvait la chapelle du Saint-Sépulcre, a nécessité la réparation de ce monument. En 1817, un architecte européen fut chargé de le reconstruire; c'est l'Église grecque qui en fit les frais. Depuis lors elle en a la possession.

PL. IV. — CHAPELLE CONSTRUITE PAR SAINTE-HÉLÈNE AU SAINT-SÉPULCRE.

Dans la partie orientale de l'église du Saint-Sépulcre, est une porte de laquelle, après avoir descendu un escalier en marbre de vingt-neuf degrés, indiqué dans notre dessin, on entre dans l'église de Sainte-Hélène, où se trouvent la chapelle que nous avons dessinée, et les cha-

---

[1] *Voyage de la Terre Sainte*, chap. VII, page. 64.

piteaux remarquables que l'on distingue sur les fûts des deux colonnes qui forment le premier plan de notre gravure.

Au milieu de cette église s'élève une coupole soutenue par de grosses colonnes de marbre de style roman, qui nous ont rappelé Saint-Marc de Venise et quelques-uns de nos monuments du midi de la France, particulièrement Saint-Front de Périgueux, et Notre-Dame de Souillac. Dans l'église se trouvent deux autels, dont le plus grand est dédié à Sainte-Hélène; l'autre, qui se voit dans l'angle, du côté de l'Évangile, s'appelle l'autel du bon Larron.

Le siège de marbre blanc qu'on aperçoit dans la partie opposée, à droite, a, dit-on, servi à sainte Hélène, et serait celui où elle était assise tandis qu'on déterrait la vraie croix.

PL. V. — VUE DE JÉRUSALEM, PRISE DE LA TERRASSE DU COUVENT DU SAINT-SÉPULCRE.

Quoique le point de vue du mont des Oliviers soit le plus général, et montre Jérusalem dans son plus grand développement, toutefois, à cause de la distance, il ne saurait présenter qu'un aspect d'ensemble dont on ne saisit pas les détails. C'est de la terrasse du couvent du Saint-Sépulcre que rien n'est inaperçu. Là, vous êtes au milieu des maisons, des édifices; vous pouvez distinguer jusqu'à leurs moindres accidents. La physionomie triste, déserte, montueuse de Jérusalem, se révèle à vous telle qu'elle est; elle vous apparaît tout entière avec ses rues étroites et solitaires, sa maigre végétation de quelques cyprès pointillant parmi les masses carrées des maisons encaissées et silencieuses comme des tombeaux. Tous les édifices de quelque importance sont là groupés autour de vous. Vers le milieu de la ville, et à peu de distance du couvent, on découvre l'église du Saint-Sépulcre, avec ses coupoles élevées; un peu plus loin, dans la partie orientale, est la mosquée d'Omar, au lieu même où Salomon avait bâti son temple. Plusieurs autres monuments plus ou moins remarquables se dressent du milieu de ces amas de maisons surmontées de petits dômes et de terrasses uniformes. Nous distinguions entre autres le couvent grec; le palais du mutzelim élevé à la place qu'occupait le prétoire; vers le sud, le vaste monastère des Arméniens, situé sur la partie du mont Sion enfermée dans les murs de la ville, et à droite le château encore désigné par le nom de la tour de David. La montagne des Oliviers, à

Jérusalem.
Vue prise de la Terrasse du Couvent du St Sépulcre.

Porte de l'Ecce Homo à Jérusalem.
Voie douloureuse.

Grande mosquée d'Omar à Jérusalem,
construite sur l'emplacement du temple de Salomon.

l'orient, borne les regards. Les religieux, à Jérusalem, se tiennent volontiers sur les terrasses des monastères, où ils dressent des tentes, et se réunissent dès qu'ils ont quelque loisir.

PL. VI. — PORTE DE L'ECCE HOMO A JÉRUSALEM, VOIE DOULOUREUSE.

En parcourant la Voie Douloureuse (*Harat-el-Allam*), dont nous avons parlé dans le récit de notre pèlerinage aux lieux saints, on rencontre à environ trente pas du prétoire de Pilate une grande et haute arcade, appelée communément la porte de l'*Ecce homo*. Cette arcade est surmontée d'une galerie percée de plusieurs ouvertures; c'est de l'une de ces espèces de fenêtres que Pilate, montrant Jésus-Christ au peuple, vêtu de pourpre, couronné d'épines, le corps meurtri de coups, et un roseau dans la main droite, s'écria : *Ecce homo*. Des cris de mort et de rage répondirent à cette présentation. N'osant braver la colère de la multitude, et désirant pourtant sauver le Christ, qu'il savait innocent, Pilate chercha à apaiser la fureur du peuple par une ruse. La loi permettait de faire grâce à un coupable à l'occasion de la Pâque, qui était proche; saisissant cette circonstance : « Lequel, dit-il, voulez-vous que je vous livre, du voleur Barabbas ou de Jésus? » Aussitôt mille voix répétèrent : *Jesum Nazarenum; tolle, tolle, crucifige* [1] !

En mémoire de cet arrêt sanglant, vociféré par une populace en démence, les chrétiens avaient gravé depuis, sur deux grandes pierres en saillie au-dessous des fenêtres de la galerie, les mêmes paroles : *tolle, tolle, crucifige!* On ne distingue plus aujourd'hui que ces six lettres, espacées comme il suit : TOL   TOL... Le reste de l'inscription a complétement disparu. L'arcade de l'*Ecce homo* paraît avoir appartenu autrefois à un très-vaste portique.

PL. VII. — GRANDE MOSQUÉE D'OMAR A JÉRUSALEM.

Entre tous les monuments mahométans construits sur l'emplacement du temple de Salomon, la mosquée d'Omar tient incontestablement le premier rang. Aussi simple dans son ensemble que dans les détails, elle frappe tout d'abord par le caractère et le grandiose de son

---

[1] Matth., cap. xxvii, vers. 1-25.

les actions bonnes ou mauvaises sont pesées dans la balance invisible, *El-Mizan*.

Pendant l'espace de quatre-vingt-huit ans, les mosquées d'Omar et de la Roche furent converties en églises chrétiennes. Saladin, s'étant emparé de Jérusalem en 1187, les rendit au culte de l'islamisme, auquel elles sont toujours restées depuis. A cette époque, le parvis qui entoure la mosquée d'Omar était ceint de murailles avec des tours crénelées. En 1099, les habitants de Jérusalem, réfugiés dans le temple, ayant été massacrés par l'armée chrétienne, Saladin, pour effacer une pareille souillure, en fit laver les murs et les pavés avec de l'eau de rose. Six mille chameaux, suivant les uns, et cinq cents, selon d'autres, furent employés à transporter de l'Yémen l'énorme quantité d'essence que l'on consomma à cet usage. Tous les princes de la famille de Saladin prirent part eux-mêmes à la cérémonie lustrale [1].

PL. VIII. — VUE DE LA PORTE DE DAMAS A JÉRUSALEM.

Cette porte, appelée en arabe *Bab-el-Hamoud* ou *Bab-el-Cham* (porte de la colonne), est située vers le nord de la ville, et conduit aux sépulcres des Rois, à Sichem et à Damas. On l'appelle aussi porte des Pèlerins, parce qu'autrefois c'était par là que les pèlerins faisaient leur entrée à Jérusalem. Aujourd'hui ils arrivent par celle de Bethléem ou de Jaffa, ce qui a fait donner également à celle-ci le nom de porte des Pèlerins. Cette même dénomination appliquée indistinctement aux deux portes rend quelquefois le récit des voyageurs difficile à comprendre.

C'était de la porte de Damas que venait Simon le Cyrénéen, quand il fut contraint, par les soldats qui conduisaient Jésus-Christ au Calvaire, de porter la croix sous laquelle le fils de Marie succombait. En 1099, lorsque Godefroi de Bouillon s'empara de Jérusalem, ce fut près de la porte de Damas qu'il livra l'assaut à la suite duquel il se rendit maître de la cité sainte. Ce côté des murailles nous a paru, en effet, être encore l'endroit le plus faible. En tournant à droite, au sortir de la ville, on voit aussitôt se dérouler à gauche la profonde vallée de Gethsémani, au fond de laquelle est le lit du torrent de Cédron.

[1] A la fin de l'*Histoire de l'état présent de Jérusalem*, par Mariti, on trouve la description de la mosquée d'El-Haram, élevée sur l'emplacement de l'ancien temple de Salomon, tirée du *Voyage d'Ali-Bey* (Badia) *en Afrique et en Asie*, tome III, chap. VI, page 150.

Porte de Damas à Jérusalem.

Porte d'Ephraim à Jérusalem.

Fontaine de Siloé à Jérusalem.

L'architecture de la porte de Damas est arabe. Une belle et grande ogive, supportée par deux colonnes avec des chapiteaux frustes, en décore l'entrée. Elle forme au-dessus comme une espèce de fronton où l'on remarque trois rosaces et une inscription illisible. Le couronnement de la porte est percé de petits créneaux arabesques. Deux tours flanquent ce monument, dont l'aspect est élégant et plein de grâce. Son origine est très-ancienne, et date vraisemblablement de la meilleure époque de l'architecture arabe. La vue que nous en donnons ici a été prise de l'intérieur de la ville.

PL. IX. — PORTE D'ÉPHRAÏM A JÉRUSALEM.

L'architecture de la porte d'Éphraïm, appelée aussi porte d'Hérode, paraît être à peu près de la même époque que celle de Damas. Comme celle-ci, elle est surmontée d'une ogive en forme de fronton, mais dont les arcs ne reposent point sur des pilastres. Une inscription domine l'entrée, avec trois espèces de demi-boules qui lui servent d'ornement. Le couronnement de ce monument n'offre point, ainsi que l'autre, une gracieuse bordure de créneaux arabes. En somme, la porte d'Éphraïm est beaucoup moins élégante que celle de Damas. Une distance d'environ onze cents pas la sépare de cette dernière.

PL. X. — FONTAINE DE SILOÉ.

Au pied de la montagne de Sion, à environ cent pas de l'arbre qui marque la place où Élisée fut scié en deux, on découvre, au milieu d'une campagne aride et brûlée par le soleil, l'entrée de la fontaine de Siloé. Cette fontaine, citée dans l'Ancien Testament, dans l'Évangile et dans l'histoire des croisades, est également vénérée par les chrétiens, les Juifs et les Musulmans. Mais son principal titre au respect religieux des chrétiens, c'est qu'elle fut le théâtre d'un des miracles de Jésus-Christ, rapporté par saint Jean au chapitre neuvième de son Évangile. Jésus, ayant vu un homme qui était aveugle-né, délaya un peu de poussière avec sa salive, lui en oignit les yeux, et lui dit : « Allez vous laver dans la piscine de Siloé. L'aveugle obéit, et la lumière lui fut rendue. »

L'entrée de la piscine regarde l'orient. Un escalier de pierre pratiqué entre deux hautes murailles conduit au réservoir sacré, sur les bords duquel les pèlerins viennent chaque jour s'agenouiller et prier. La piscine est renfermée sous une large voûte, dont la base est formée de blocs de pierre bruts et la partie supérieure construite en pierres régulièrement taillées. Les blocs sont tapissés de mousse et de lierre. Dans les intervalles des pierres de taille croissent également des plantes de la famille des pariétaires. La source qui alimente la piscine ne coule que tous les trois jours. On l'entend alors suinter faiblement entre les fentes d'une roche.

Quoique environnée du respect de toutes les nations, la fontaine de Siloé n'en sert pas moins à tous les usages profanes de la vie. Les femmes des environs y viennent laver leur linge et tendre leurs urnes au-dessous du léger filet d'eau qui sort invariablement du rocher tous les trois jours. En face de la fontaine est établie, sur le penchant du mont de l'Offense, la féroce tribu des Arabes de Siloé. Ces Arabes, renommés pour leur caractère sombre et leur goût sanguinaire, vivent et meurent à moitié enfouis dans des sépulcres, dont ils ont fait leurs demeures. Les étrangers qui s'approchent trop près de ce cimetière vivant, appelé le village de Siloé, sont toujours fort mal reçus. Des cris sinistres les saluent de loin et les forcent à revenir sur leurs pas. Cette population sauvage et inhospitalière s'est sans doute fixée sur ce sol à cause de la proximité des eaux salubres de Siloé. Il faut dire cependant que les mauvaises réceptions de la part des Arabes deviennent de jour en jour plus rares.

PL. XI. — RETRAITE DES APÔTRES, VALLÉE DE JOSAPHAT.

Entre les tombeaux de Zacharie et d'Absalon, dans la vallée de Josaphat, existe un monument curieux, dont la destination primitive est un problème pour le voyageur, mais que les gens du pays n'hésitent point à appeler *retraite* ou *tombeau des Apôtres*, ou encore *grotte de Saint-Jacques*, sans que rien puisse justifier l'une ou l'autre de ces dénominations. Ce monument est une espèce de grotte profonde taillée dans le roc, flanquée de deux tours dans le style arabe, et ornée d'une façade composée de quatre colonnes avec un entablement. Cette façade appartient évidemment à l'architecture dorique. L'exécution en est grossière, et on pourrait lui assigner la même époque qu'aux mausolées de Zacharie et d'Absalon. Perchée à vingt pieds au-dessus du sol, serrée de tous côtés par d'énormes masses de rochers, la retraite des

Retraite des apôtres.
Vallée de Josaphat.

Jérusalem.
Vue prise de la vallée de Josaphat.

Apôtres, avec ses colonnes grecques, présente à distance un spectacle inaccoutumé. La scène change d'aspect, et ne plaît pas moins à l'imagination, quand on ne craint pas d'escalader le piédestal gigantesque du monument pour errer parmi les colonnes de son portique aérien.

Une tradition incertaine rapporte que l'apôtre saint Jacques, après avoir vu arrêter son divin maître sur le mont des Oliviers par Judas et sa troupe, courut se cacher dans cette grotte, d'où il ne sortit qu'après la résurrection de Jésus-Christ.

PL. XII. — VUE DE JÉRUSALEM, PRISE DE LA VALLÉE DE JOSAPHAT.

De tous les sites aux alentours de Jérusalem, aucun n'est plus propice pour dessiner l'aspect général et pittoresque de cette ville, que le côté de l'est, et surtout le versant de la montagne des Oliviers (*Djebel-Tor*), au-dessus du torrent de Cédron, dans la vallée de Josaphat. C'est le point que nous avons choisi dans notre dessin. De là l'œil domine et embrasse dans sa plus grande étendue la ville sainte du côté de l'orient, avec sa ceinture de remparts crénelés de cent vingt pieds de haut et de trente pieds de large, ses tours carrées, ses minarets élancés, ses mosquées couronnées de coupoles, ses maisons basses, sans fenêtres, disposées en gradins, et terminées par des terrasses surmontées de petits dômes. Assise en pente sur la déclivité des deux collines *Acra* et *Moria*, on croirait qu'elle va glisser, d'occident en orient, dans les profondes vallées de Siloé et de Josaphat, et qu'elle n'est retenue que par ses murailles.

L'enceinte de Jérusalem est d'environ une lieue. Sa forme est à peu près celle d'un carré allongé dont les faces sont tournées vers les quatre points cardinaux. On y compte sept portes principales, dont les unes sont fortifiées et les autres sans fortifications [1]. Les lignes que présente ce carré sont irrégulières du côté de l'ouest, du nord et du sud. Il n'y a guère que la façade du mur de l'est qui est parfaitement droite. Les premières assises de cette muraille ont appartenu au soubassement de l'ancien temple de Salomon, sur l'emplacement duquel est bâtie aujourd'hui, comme nous l'avons déjà dit, la grande mosquée d'Omar, que l'on voit en face avec sa galerie octogone, sa coupole et son croissant. Presque au-dessous de cette mosquée se trouve

---

[1] Voyez la planche 20, *Plan de Jérusalem*.

la porte Dorée, très-vénérée des chrétiens de Syrie, qui sont dans l'entière persuasion que c'est par cette porte que Jésus-Christ fit son entrée dans Jérusalem, le dimanche des Rameaux. Elle aboutissait autrefois dans l'enceinte intérieure du temple; aujourd'hui elle est murée, et l'on ignore depuis quelle époque. Tout ce que l'on sait, c'est qu'il y a fort longtemps qu'elle est ainsi. Selon les versions que nous avons recueillies dans le pays, on l'aurait condamnée pour éviter l'accomplissement d'une ancienne prédiction, annonçant que ce serait par là qu'un jour les chrétiens entreraient dans Jérusalem. Son architecture est romaine, et rappelle le goût qui régnait sous l'empereur Adrien, mais la base est de construction plus ancienne. Ce qui en reste présente deux arcades, soutenues au milieu par un pilastre dans lequel étaient engagées deux colonnes, l'une à l'intérieur, l'autre à l'extérieur de la ville. Le tout est surmonté d'un fronton avec quelques autres ornements.

Sur le premier plan de ce dessin est la vallée de Josaphat, qui sépare Jérusalem du mont des Oliviers ; elle s'étend du nord au sud, et est arrosée par le torrent de Cédron, dont les eaux se jettent dans la mer Morte, à l'extrémité de la vallée. Très-étroite dans la direction de l'est à l'ouest, elle a plus de sept lieues de longueur dans l'autre sens. De toutes parts l'on aperçoit sur les flancs des montagnes qui bordent la vallée, des pierres tumulaires, des inscriptions et des tombeaux creusés dans le roc. Tout est morne et silencieux au dehors comme au dedans de Jérusalem : vous diriez une ville abandonnée. L'uniformité de ses maisons, la teinte sombre de ses monuments se découpant sur le bleu pur d'un ciel immobile et sans tache, a quelque chose de triste qui vous serre le cœur.

PL. XIII. — ENTRÉE DU SÉPULCRE DES ROIS A JÉRUSALEM.

On arrive au sépulcre des Rois par la porte d'Éphraïm ou par la porte de Damas, en se dirigeant vers le nord-ouest de Jérusalem. Après avoir parcouru une route semée de rocailles l'espace d'un quart de lieue, vous descendez au bas d'une carrière profonde par un chemin en pente douce : là, une arcade ouverte à l'entrée de la carrière vous introduit dans un espace découvert d'environ cinq toises carrées, divisé en deux parties par une cloison naturelle de quatre ou cinq pieds d'épaisseur. Cette excavation en forme de salle est taillée dans le roc, avec

Sepulcri doppi a Gerusalemme.

des parois perpendiculaires de douze ou quinze pieds de haut. Du côté du midi, on aperçoit au centre de la muraille une grande porte carrée, creusée également dans le roc, à une profondeur de plusieurs pieds, et dont le style architectural est d'ordre dorique. Au-dessus de la porte règne une frise composée d'un triglyphe, d'un métope avec une espèce de rosace en forme d'anneau au milieu. On y remarque aussi une grappe de raisin entre deux couronnes et deux touffes d'acanthe en palme. Un feuillage entremêlé de glands et de pommes de pin suit parallèlement la frise et borde les deux côtés de la porte. Tous ces ornements, sculptés avec une grande finesse, témoignent de l'habileté et du goût de l'artiste. Malheureusement l'état de ruine où se trouvent ces monuments ne permettra bientôt plus de rien distinguer.

Sur la gauche de la porte, et dans l'angle formé par l'enfoncement, existe une sorte de galerie où l'on pouvait autrefois marcher debout, et où il n'est plus possible aujourd'hui de pénétrer qu'en rampant. Cette galerie conduit, par un escalier qui n'est plus qu'un sentier rapide, à une chambre creusée dans le cœur même du rocher. Des niches d'une longueur de six pieds, sur une largeur de moitié, sont pratiquées dans l'épaisseur des parois pour y recevoir des cercueils. On communique de cette pièce, par trois portes voûtées, à sept autres chambres sépulcrales plus ou moins grandes. L'une d'elles, où l'on descend par un escalier de six marches, paraît avoir contenu les cercueils les plus importants. Ces cercueils étaient de pierre ou de marbre, avec des bas-reliefs représentant des arabesques, des feuillages de vignes ou des fleurs. Quelques-uns existent encore en entier; les autres n'offrent plus que des débris.

En visitant ces sépulcres, on ne peut s'empêcher d'admirer la structure des portes qui ferment l'entrée des chambres; formées de la même pierre que les parois de la grotte, ainsi que les gonds et les pivots qui les supportent, on serait tenté de croire qu'elles ont été détachées d'une seule pièce, avec le ciseau, du roc même. Plusieurs voyageurs n'ont pas hésité à l'affirmer, quoique la chose ne paraisse guère possible. Il ne reste plus qu'une de ces portes en place, et qui ne soit point brisée[1].

---

[1] Voir l'*Histoire de l'état présent de Jérusalem*, par Mariti, 1853, chap. XVIII, partie septentrionale, *Sépulcres des Rois*, p. 212.

Les sépulcres des Rois paraissent avoir quelque rapport avec les sarcophages antiques que l'on trouve sur la route de Beyrouth à Sidon. De même que ceux-ci, ils n'offrent point suffisamment d'indices à l'archéologue pour déterminer l'époque à laquelle ils appartiennent. Les saintes Écritures ne font pas connaître d'une manière précise le lieu de la sépulture des rois de Juda. Elles disent seulement que ces princes furent ensevelis à Jérusalem, ou sur la montagne de Sion. Au surplus, le caractère de l'architecture ornementale de ces monuments semble indiquer qu'ils sont d'une date plus récente que les temps où vivaient ces rois. Plusieurs savants les attribuent à Hérode le Tétrarque. Quelques-uns disent que les ornements et les accessoires révèlent une époque voisine du Bas-Empire; les salles creusées dans le roc, qui constituent le fond des constructions, sont d'une antiquité beaucoup plus haute. Jusqu'à ce moment on n'a rien découvert qui puisse leur assurer une date et une destination certaine.

Nous avons déjà dit, page 153, que M. de Saulcy, qui vient de publier son *Voyage à Jérusalem et autour de la mer Morte*, est d'avis que ces tombeaux sont réellement ceux des rois de Juda. Voir son excellente dissertation à ce sujet.

PL. XIV. — ENTRÉE DU SÉPULCRE DES JUGES A JÉRUSALEM.

Vraisemblablement les sépulcres des Juges appartiennent à l'époque qui a suivi les conquêtes d'Alexandre ou à l'époque romaine. Ils diffèrent très-peu des sépulcres des Rois, et par le genre des constructions et par la beauté des ornements. Comme ces derniers, ils sont taillés dans le roc, sont divisés en plusieurs chambres et ont des niches superposées les unes aux autres dans l'épaisseur des parois, pour recevoir des cercueils. L'entrée de ces grottes sépulcrales est précédée d'une cour assez spacieuse. L'antiquité hébraïque nous offre des exemples de tombeaux attenant à des maisons de campagne qui avaient des terrasses dominant les cours des sépulcres. On voit dans un passage de la Bible qu'on inhumait quelquefois les morts sous la maison. Samuel, est-il dit, fut enseveli dans sa maison de Rama [1].

On trouve les sépulcres des Juges à un quart de lieue environ de ceux des Rois, après avoir traversé dans une grande étendue la vallée

---

[1] Rois, liv. I, chap. xxv, vers. 4.

Entrée du sépulcre des juges à Jérusalem.

ombreuse et fertile de *Croum*, lieu de rendez-vous des juifs de Jérusalem, où ils se réunissent habituellement pour se divertir le jour du sabbat. L'espace qui sépare ces tombeaux les uns des autres est un terrain nu, stérile, sur lequel on remarque, parmi quelques oliviers maigres et rabougris venus dans les fentes des rochers, des traces de citernes qui sembleraient témoigner des efforts tentés pour rendre ce sol productif par la culture.

Plusieurs portes des sépulcres des Juges se distinguent spécialement par un fronton et des ornements plus dignes d'attention par la complication et la difficulté du travail que par le goût. Cependant celle que nous avons représentée dans notre dessin n'est dépourvue ni d'élégance ni du sentiment de l'art. La corniche qui entoure le fronton est gracieuse, et les arabesques dont il est orné produisent un effet agréable à l'œil. Le grand nombre de ces grottes rassemblées dans un même lieu montre qu'elles ont dû être évidemment la propriété de plusieurs familles. Quand ces grottes furent abandonnées, quelques-unes devinrent des citernes, et les bergers y trouvaient avec leurs troupeaux un refuge contre le mauvais temps ou les ardeurs du soleil d'été. Encore aujourd'hui on voit des familles s'y retirer pendant l'hiver, et y remiser leur bétail, la nuit, pour le soustraire aux atteintes des bêtes carnassières. Ces grottes sont très-multipliées dans toute la Palestine.

Quant au nom que l'on donne à celles appelées sépulcres des Juges, il règne à leur égard tout autant d'obscurité qu'à l'égard du tombeau des Rois.

Toutefois, M. de Saulcy, que nous avons tant de plaisir à citer souvent, prétend, comme pour les tombeaux des Rois, que ces sépulcres sont bien ceux des Juges. Il s'appuie sur un argument qui, en histoire et en archéologie, a toujours beaucoup de force, c'est qu'en l'absence de preuves écrites, la tradition est d'une grande valeur.

PL. XV. — TOUR DE JÉRICHO.

Cette vue est prise d'un terrain vague qui s'étend entre les misérables huttes des habitants de Jéricho et la tour qui sert en ce moment de forteresse à la pauvre bourgade de Rayha. Derrière ce monument, le seul qui subsiste encore à Jéricho, on aperçoit la *mer Morte*, calme, assoupie, qu'on dirait véritablement morte entre les hautes montagnes qui la bordent.

La tour de Jéricho est de forme carrée, et paraît être de construction chrétienne. Sa fondation date probablement de l'époque où les croisés étaient maîtres de Jérusalem. Par son état de délabrement, cette tour ne semble pas destinée à rester debout aussi longtemps qu'elle a déjà vécu. C'est là que réside l'aga ou gouverneur de Jéricho, au milieu d'une poignée de soldats turks qui composaient toute la garnison du pays lors de notre passage.

PL. XVI. — MER MORTE.

Il n'est pas de lieu peut-être sur lequel on ait fait plus d'histoires que sur le lac Asphaltite ou mer Morte, appelée aussi par les Arabes *Bahar-Loth*. Sa célébrité tient à la fois à la religion, à l'histoire, aux sciences et aux prodiges. C'est là que par la punition du ciel se sont abîmées les villes coupables de Sodome et de Gomorrhe; c'est là qu'on trouve des eaux, dit-on, sur lesquelles l'homme flotte comme un morceau de liége; c'est sur les bords de ce lac immense que croît cet arbre célèbre dont le fruit, d'un aspect séduisant à l'œil, ne contient que des cendres. On n'en finirait pas si l'on voulait énumérer toutes les choses extraordinaires, vraies ou fausses, que l'on a débitées sur la mer Morte.

Le fait est qu'à travers tout le merveilleux des récits de certains voyageurs, il est possible de constater plusieurs vérités. S'il n'est point parfaitement exact que l'homme y flotte comme du liége, il est du moins démontré qu'on peut y demeurer à la surface sans effort, et que ses eaux soutiennent beaucoup mieux que toutes les autres eaux connues. Ce n'est même qu'avec peine qu'on peut y plonger, encore ne peut-on atteindre à une certaine profondeur. Pococke, qui en a fait l'expérience, prétend n'avoir pu parvenir à s'y enfoncer. Selon Josèphe, Vespasien ayant voulu vérifier ce même fait, fit lier les mains et les pieds à des esclaves, qu'on lança ensuite dans le lac, sans qu'aucun d'eux allât au fond, quoiqu'ils ne pussent se mouvoir.

Quant au fruit si singulier qu'on dit rempli de cendres, M. de Châteaubriand croit l'avoir trouvé. « L'arbuste qui le porte, dit-il,
» croît partout à deux ou trois lieues de l'embouchure du Jourdain;
» il est épineux, et les feuilles sont grêles et menues; il ressemble
» beaucoup à l'arbuste décrit par Amman; son fruit est tout à fait
» semblable, en couleur et en forme, au petit limon d'Égypte. Lors-

Akar-merdī.

» que ce fruit n'est pas encore mûr, il est enflé d'une séve corrosive et
» salée; quand il est desséché, il donne une semence noirâtre qu'on
» peut comparer à des cendres, et dont le goût ressemble à un poivre
» amer. »

On a mis longtemps en question s'il y avait des poissons dans la mer Morte : quelques savants en doutent même encore. Il est cependant certain que les eaux de ce grand lac sont peuplées comme les autres eaux. Toutefois, il est vrai de dire que le poisson ne paraît pas y atteindre à une grande dimension, et que sa chair y est d'un goût très-désagréable. On y trouve aussi sur le rivage une foule de petits cailloux et de coquillages, ainsi qu'on en voit sur les rives de la Méditerranée et de l'Océan.

Il n'est point exact qu'elle laisse échapper de son sein des vapeurs empestées qui tuent les oiseaux s'ils se hasardent à la traverser. Nous n'y avons vu non plus ni fumée ni brouillard : l'air, quoique fortement imprégné d'une odeur marine, était pur autour d'elle et le flot limpide. A la vérité, ses eaux sont d'une amertume et d'une âcreté extrêmes. L'effet qu'elles produisent sur la langue et sur le palais ressemble à l'action corrosive de l'alun. Du reste, sa salure est beaucoup plus considérable que celle des autres mers. Tous les environs des côtes sont couverts d'une croûte blanchâtre qui a l'aspect du givre. Les vêtements, la chaussure et les mains, quand on séjourne quelque temps sur les bords, sont tout imprégnés de ce produit salin.

Jusqu'à présent peu de personnes avaient fait le tour de la mer Morte. Ce voyage était fort difficile, à cause de la superstition des guides et des attaques des Bédouins, qui faisaient une guerre acharnée aux voyageurs dans cette partie de la tribu de Ruben. Autrefois les Arabes offraient de vous conduire à un pilier enduit de bitume qu'ils vous donnaient pour la femme de Loth, transformée en statue de sel. Actuellement, ils n'osent plus s'exposer au même voyage.

M. de Saulcy a suivi dernièrement les bords de ce lac si longtemps mystérieux. Nous avons dit, page 194, les ruines ou les emplacements si célèbres qu'il avait découverts. Consulter, pour la solution de ces questions, son *Voyage autour de la mer Morte et dans les terres Bibliques*, qu'il a exécuté de décembre 1850 à avril 1851.

L'étendue de la mer Morte est de vingt lieues de long sur dix lieues de large. C'est du nord au sud que l'on mesure sa plus grande longueur. Sa forme est un peu ovale ; elle est encaissée entre deux montagnes qui ne se rejoignent point aux deux extrémités. Le docteur Shaw a calculé que le Jourdain seul versait par jour dans son bassin six millions quatre-vingt-dix mille tonnes d'eau. Elle reçoit en outre celles de l'Arnon et de sept autres torrents. C'est cette énorme quantité d'eau, ajoutée continuellement dans un bassin si limité, qui avait fait supposer à plusieurs savants un écoulement souterrain pour dégager le trop plein ; mais aujourd'hui cette opinion est abandonnée, d'après les observations faites par le docteur Halley sur l'évaporation. Les eaux de la mer Morte rejettent sur le rivage des pierres ponces, du bitume et des bois pétrifiés.

La vue que nous en donnons ici est prise du haut d'un amoncellement de ruines qu'on croit être les restes de Gomorrhe. En face de ces ruines est le mont *Nebô*, où Moïse expira. C'est au-dessous, dit-on, que se trouve le lieu de sa sépulture.

PL. XVII. — ÉGLISE DU COUVENT DE NAZARETH.

Le village de Nazareth, appelé par les Arabes *Nasra*, est situé à sept lieues au sud-est de Saint-Jean d'Acre, un peu à l'ouest du mont Thabor et sur le pied d'une montagne. C'est, après Jérusalem, un des lieux de prédilection des chrétiens de Syrie, qui s'y trouvent réunis en grand nombre et y vivent avec les Turks en parfaite intelligence. Aussi la principale curiosité de Nasra est-elle un édifice chrétien : nous voulons parler du vaste et beau couvent des frères latins, dont la première fondation est ancienne, mais qui a été considérablement augmenté et achevé définitivement vers le milieu du siècle dernier. En cas d'attaque, ce couvent pourrait très-bien servir de forteresse et recevoir dans son enceinte les femmes, les enfants et les vieillards de Nasra. Sa massive porte de fer, ses murailles, plus fortes que celles de bien des villes de guerre, étant défendues par quelques hommes déterminés, seraient en état de soutenir un long siége.

Dans l'intérieur du monastère s'élève la célèbre église de l'Annonciation. Cette église a été construite sur la place même qu'occupait la maison de la sainte Vierge, avant sa translation miraculeuse en Dalmatie et à Lorette, dans la marche d'Ancône. Elle se compose de trois parties bien distinctes : la première est celle où se tiennent les fidèles qui viennent assister aux offices ; la seconde, à laquelle on arrive par un double escalier richement orné, sert de chœur aux religieux ;

Eglise du couvent de Nazareth

Sources de Moron

enfin, la troisième est située sous la précédente, et on y descend au moyen de plusieurs belles marches de marbre. Cette dernière partie est une espèce d'église souterraine du plus haut intérêt par les souvenirs qui s'y rattachent. On y voit un autel éclairé par des lampes d'argent qui ne s'éteignent jamais, et une table de marbre sur laquelle on lit cette inscription : *Verbum caro hic factum est. Ici le Verbe a été fait chair.*

En effet, un grand nombre de témoignages authentiques établissent que ce fut là que s'accomplit le mystère de l'incarnation de Notre-Seigneur. A cette place, l'ange Gabriel apparut à l'épouse de Joseph, et lui dit : « Je vous salue, Marie ! le Seigneur est avec vous [1] ! »

Un peu plus loin, deux autels ont été élevés dans l'endroit où était l'habitation de la mère de Jésus-Christ. L'église entière est pleine du souvenir de Marie. Chaque mur, chaque colonne, chaque autel est revêtu de son chiffre et de ces deux mots solennels : *Ave Maria!* On y célèbre avec pompe l'office divin et l'office de la Vierge. Les voix des fidèles y sont accompagnées par des orgues qui produisent beaucoup d'effet. La puissance de cette harmonie, mêlée à la prière, dans ces lieux si remplis des plus touchants et des plus grands souvenirs, exerce sur l'âme et sur l'esprit une impression qu'il est difficile de décrire.

PL. XVIII. — HALTE AUX SOURCES DE MOÏSE.

On a confondu souvent les Sources de Moïse avec la fontaine que le législateur des Hébreux fit jaillir d'un rocher, ou bien avec le Mara de l'Écriture, ou encore avec l'Élim aux soixante-dix palmiers; mais ces lieux sont situés bien plus au midi.

Un charmant bouquet de palmiers abrite de son feuillage verdoyant les Sources de Moïse, d'où s'échappe par cinq issues une eau limpide et fraîche. C'est là que jadis le peuple de Dieu se désaltéra ; c'est dans le même endroit que de nos jours l'homme extraordinaire qui devait bientôt après commander à l'Europe, Napoléon, s'arrêta pour étancher sa soif, lors de sa dernière halte dans le désert, avant de revenir sur ses pas. L'eau en est saumâtre, et il faut le puissant aiguillon de la soif pour la faire trouver potable. Ce sont des puits artésiens naturels.

[1] Luc., cap. I, vers. 28.

Le commerce maritime de la mer Rouge avait fait de ce lieu un point de ravitaillement, depuis l'antiquité la plus haute jusqu'aux établissements vénitiens. De là le point de vue est magnifique : d'un côté on découvre une portion du Djebel-Ruhat; de l'autre la grande montagne Attaka, qui borde la mer Rouge, et au fond la ville de Suez[1].

PL. XIX. — LE MONT SINAÏ.

Le couvent du mont Sinaï, qui, dans les relations des voyageurs, est présenté habituellement sous le nom de Sainte-Catherine, n'est autre que le monastère de la Transfiguration. Il est situé entre la montagne dédiée à saint Épistème et le mont Horeb, adossé contre la muraille qui entoure la base du mont Sinaï. Sa forme est allongée. Les murs qui le ferment du côté du sud-ouest et du nord-est ont une longueur de près de trois cents pieds ; ils sont construits en grandes pierres granitiques de six pieds carrés. Les deux autres murs, dont l'un regarde au sud-est et l'autre au nord-ouest, n'ont guère que deux cent cinquante pieds de long. Leur hauteur n'est point égale partout ; elle varie selon les mouvements du terrain. Vers l'angle du côté de l'ouest, elle peut avoir cinquante et quelques pieds. Nous n'y avons remarqué qu'une grande porte donnant sur la montagne ; elle était murée, ce qui nécessite, quand on veut pénétrer dans le monastère, de se faire hisser par une corde à la hauteur d'une fenêtre de quarante pieds : c'est l'entrée ordinaire. Elle est pratiquée aux murs du nord-est.

En entrant dans le monastère, on est frappé de l'arrangement et de la propreté qui y règnent. La cour dans laquelle on arrive, après être descendu dans l'intérieur, vous charme par son aspect rustique et pittoresque. Du reste, l'ensemble de l'édifice présente la réunion de bâtiments divers, construits d'une manière irrégulière et sur un terrain très-inégal. On y trouve une mosquée qui fut bâtie pour les Arabes employés autrefois au service de la maison. Vous diriez un petit village clos de hautes murailles. Parmi les particularités de cette grande forteresse religieuse, nous citerons, avec l'église, un puits célèbre dont l'origine remonte, dit-on, à l'époque des patriarches. C'est tout près

---

[1] Voir le *Voyage dans l'Arabie Pétrée*, par Léon de Laborde, Explication des planches, page 44.

Mont Sinaï.

de là que Moïse rencontra les filles de Jéthro. On y remarque aussi un grand cyprès isolé, fort ancien.

Quant à l'église, elle mérite d'être particulièrement distinguée par le style de son architecture, ses ornements, et surtout par la belle mosaïque qui orne la voûte de l'abside. C'est dans cette partie de l'église que reposent les reliques de sainte Catherine. Les lampes et les cierges qui y brûlent continuellement à son occasion, et le faux jour qui éclaire la voûte où est la mosaïque, sont cause que très-peu de voyageurs ont remarqué cet ouvrage. Dans la partie supérieure, on voit Moïse à genoux devant le buisson ardent. Sur la droite, il reçoit les tables de la loi. Une chose à noter ici, c'est que dans les miniatures et les mosaïques venant de l'Orient, Moïse est toujours représenté sans barbe, avec les traits d'un jeune homme, vêtu d'une longue tunique bleue et d'un manteau blanc.

Dans le fond de la voûte est l'image de la transfiguration. Jésus-Christ apparaît au milieu, ayant à sa droite Élie, et Moïse à sa gauche. Au bas du tableau, saint Jean, saint Pierre, saint Jacques, sont frappés d'étonnement et éblouis par la lumière céleste. Au haut de la voûte règnent deux médailles représentant les fondateurs du couvent, l'empereur Justinien et Théodora sa femme. Justinien est également figuré sans barbe. Un grand nombre de portraits en buste, rappelant tous quelque saint personnage avec leur nom, occupent le pourtour du cintre et la partie au-dessous de la grande mosaïque.

La construction de ce couvent date de l'année 527 ; elle est due à l'empereur Justinien. Nous croyons toutefois que l'église a été reconstruite à une date postérieure ; son style est un mélange byzantin et roman extrêmement remarquable. Quoiqu'on n'ait pas de renseignement précis sur l'époque où les religieux furent obligés de murer leur porte pour se garantir des incursions des Arabes, cependant il est possible d'en déterminer à peu près la date. Nous voyons qu'en 1598 et en 1647 elle était encore ouverte. Harant de Polschitz et Monconys y entrèrent à cette époque par la grande porte. Mais déjà en 1722, le supérieur des Franciscains fut introduit comme on l'est aujourd'hui, par une grande ouverture pratiquée, comme une fenêtre, en haut de l'édifice. Ainsi c'est très-vraisemblablement vers la fin du dix-septième siècle qu'on peut placer le murage de la porte. MM. Léon de Laborde, membre de l'Institut, et Linant-Bey, ont donné, dans leur *Voyage de l'Arabie Pétrée*, publié en 1830, de très-bons dessins du monastère et des divers sites remarquables de la péninsule du Sinaï, avec des notes très-savantes sur ces lieux si célèbres. M. Dauzats, qui accompagnait le baron Taylor en Orient, a séjourné au couvent de Sainte-Catherine; il a peint un excellent tableau de l'église de ce couvent; c'est la seule peinture qui existe jusqu'à ce moment de cette admirable église.

Après avoir quitté le monastère du Sinaï pour gravir au sommet de cette montagne, on rencontre à peu près à mi-chemin une chapelle dédiée au prophète Élie; elle est située dans une espèce de vallée formée par la base des montagnes. Cette chapelle est actuellement en ruines; elle renferme dans l'intérieur la grotte célèbre où le prophète s'arrêta après avoir marché quarante jours et quarante nuits, et où le Seigneur vint lui parler. Auprès de la chapelle est une fontaine et un très-beau cyprès, dont les rameaux répandent au milieu de ces rocs arides et déserts le seul ombrage de verdure qu'on rencontre.

L'aspect du Sinaï est d'un effet sublime. Ces montagnes bouleversées comme des vagues de granit, ce chaos de rochers nus, secs et sauvages, qu'on dirait soulevés et amoncelés par les convulsions du monde, rappellent bien ces paroles de l'Écriture : « Étant arrivé là, il demeura dans une caverne, et le Seigneur lui dit : « Que faites-» vous là, Élie ? » Il répondit : « Je brûle de zèle pour vous, Sei-» gneur, Dieu des armées, parce que les enfants d'Israël ont aban-» donné votre alliance et qu'ils ont tué vos prophètes par l'épée, et » qu'étant demeuré seul, ils cherchent encore à m'ôter la vie. »

« Et le Seigneur dit à Élie : « Sortez, et tenez-vous sur la montagne » devant le Seigneur. » Et voilà que le Seigneur passa, et un vent violent et impétueux renversait les montagnes et brisait les rochers devant le Seigneur; et le Seigneur n'était point dans ce vent; et après le vent un tremblement de terre : et le Seigneur n'était point dans ce tremblement.

» Et après le tremblement il s'alluma un feu : et le Seigneur n'était point dans ce feu; et après ce feu on entendit le souffle d'un vent plus doux qui annonça la présence du Seigneur. A ce moment Élie se jeta la face contre terre et se couvrit le visage de son manteau. Le Seigneur lui dit : « Reprenez le chemin par où vous êtes venu, et allez vers le » désert de Damas. Lorsque vous serez arrivé, vous oindrez Hazaël pour » être roi de Syrie; vous oindrez aussi Jéhu, fils de Namsi, pour être

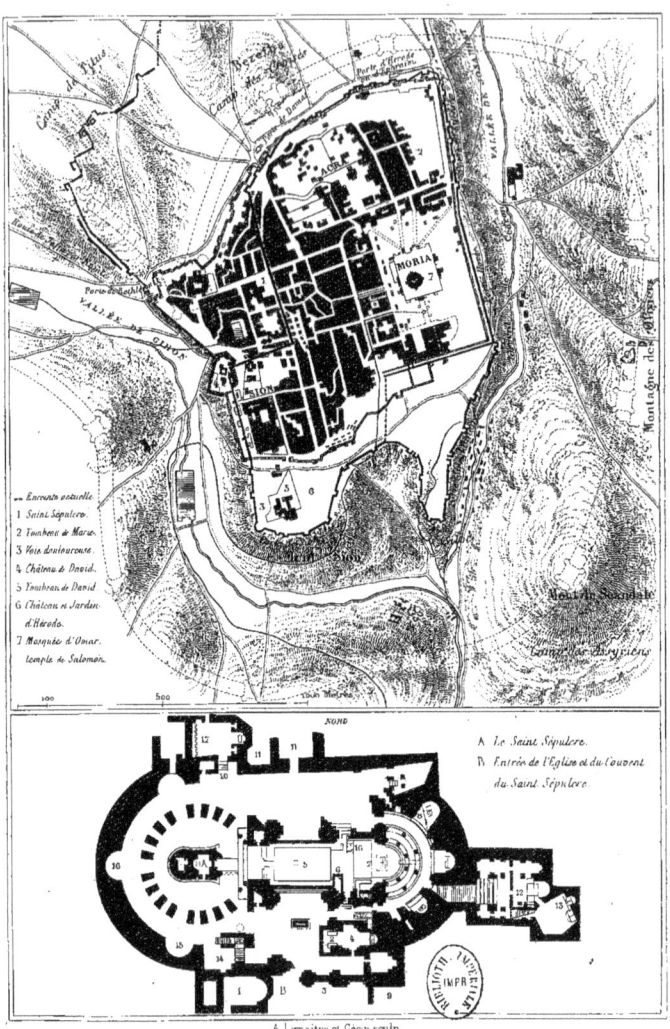

PLANS DE JÉRUSALEM ET DU SAINT SÉPULCRE.

Couvent et Église du Saint Sépulcre.

1. Le Clocher en partie démoli.
2. Tombeaux de Godefroy et de Baudoin son frère.
3. Escalier qui conduit à la Chapelle du Calvaire.
4. Le Calvaire.
5. Le Chœur.
6. La Chaire du Patriarche.
7. Le Maître Autel.
8. Chapelle du lieu de la Croix et la colonne de la flagellation.
9. Où Abraham sacrifia.
10. Entrée du Couvent.
11. Cellules des Religieux.
12. Chapelle de Sainte Hélène.
13. Où fut trouvé la Sainte Croix.
14. Autel des Arméniens.
15. — des Abyssins.
16. — des Grecs.
17. Église Catholique.

» roi d'Israël, et vous donnerez l'onction à Élisée, fils de Saphet, pour
» être prophète en votre place [1]. »

Le mont Sinaï porte à son sommet une chapelle chrétienne. Les Turks y ont aussi construit une mosquée en l'honneur du libérateur des Hébreux, pour lequel ils conservent une vénération telle, qu'ils ne désignent la montagne que par le nom de *Gibel-Mousa* ou montagne de Moïse. De l'autre côté du Sinaï est le mont Sainte-Catherine, dont le sommet, élevé à huit mille quatre cent soixante pieds au-dessus du niveau de la mer Rouge, est le point culminant de toute cette chaîne.

PL. XX. — PLANS DE JÉRUSALEM, DU COUVENT ET DE L'ÉGLISE DU SAINT-SÉPULCRE.

La ville de Jérusalem est située à 41° 47′ latitude nord, et 33° longitude est. La montagne sur laquelle elle est assise descend en pente vers le nord, et est entourée à l'est, au midi et à l'ouest, de profonds ravins, au delà desquels se trouvent des montagnes plus élevées, de sorte que la ville ne peut être vue de loin. On y distinguait autrefois trois collines, l'une au sud-ouest, la plus haute; c'est le mont de Sion, le fort des anciens Jébusites, conquis par David. En face, et au nord-est, se trouve une autre colline qui n'a point de nom particulier dans la Bible, mais qui s'appela plus tard *Acra*, à cause de la citadelle qu'Antiochus Épiphane y fit construire. Sion fut appelée la haute ville; Acra la basse ville. Elles étaient séparées l'une de l'autre par la vallée de Tyropéon, aboutissant au torrent de Cédron. Au sud-est d'Acra est une troisième colline, *Moria*, sur laquelle Salomon bâtit le temple, aujourd'hui remplacé par la mosquée d'Omar.

Ces trois collines formèrent, depuis David et Salomon, l'emplacement de la ville de Jérusalem. Une quatrième colline, située au nord du mont Moria, et appelée *Bézétha*, fut jointe à la ville par Agrippa Ier, et le quartier qui l'entourait fut appelé la ville neuve. C'est par ce côté du nord, moins fortifié par la nature, que la ville était ordinairement attaquée. Les ravins profonds qui l'entouraient des trois autres côtés la rendaient inexpugnable. Celui de l'est est la vallée de Josaphat, appelée aussi vallée de Cédron. Elle a environ deux mille pas de longueur, et elle sépare Jérusalem de la montagne des Oliviers qui

---

[1] Rois, liv. III, chap. xix, vers. 44 et suiv.

est à l'est. Le ravin du midi est la vallée de Hinnom ; celui de l'ouest, moins profond, est la vallée de Gihon.

La sainte cité est peut-être, de toutes les villes du monde, celle qui a soutenu le plus grand nombre de siéges. Fondée probablement, comme nous l'avons dit, par Melchisédec, un des rois de Chanaan du temps d'Abraham, elle ne fut complétement conquise par les Hébreux, sur les Jébuséens, que la huitième année du règne de David. Prise et pillée sous Roboam par Sésac, roi d'Égypte, sous Joram par les Philistins, sous Amasias par Joas, roi d'Israël, elle tomba au pouvoir de Nabuchodonosor, qui la détruisit de fond en comble, et emmena ses habitants en captivité. Rebâtie, ainsi que le temple, du temps de Cyrus, elle se rendit à Alexandre, fut successivement prise par Ptolémée, fils de Lagus, par Antiochus Épiphane, par Pompée et par Titus. Adrien en fit une ville nouvelle, sous le nom d'Ælia. Conquise par Chosroës, reprise par Héraclius, elle passa successivement au pouvoir du calife Omar, des sultans persans, des Fatimites d'Égypte et des Seldjoucides. Godefroi de Bouillon l'assiégea en 1099, et s'en empara après un siége mémorable. Son camp était situé au nord de la ville, entre le tombeau des Rois et la grotte de Jérémie. Il avait devant lui la porte de Damas et la porte d'Hérode. Nous avons vu comment le royaume de Jérusalem, repris par Saladin en 1187, rentra au pouvoir des sultans d'Égypte et de Syrie, jusqu'à ce que, en 1517, il fut conquis par les Turks sous Sélim Ier.

Jérusalem a été ceinte de murailles à diverses époques. La plus moderne, selon Josèphe, entourait Sion et une partie du mont Moria ; la seconde commençait à la porte de Genath ou des Jardins, qui se trouvait dans la première muraille à l'est de la tour Hippicos ; s'avançant de là vers la partie septentrionale de la ville, elle tournait ensuite vers l'est, et venait aboutir à l'angle nord-ouest du temple. Ces deux premières enceintes laissaient en dehors de la ville le Golgotha ou le Calvaire, sur lequel Jésus-Christ fut crucifié, et où s'élève aujourd'hui le Saint-Sépulcre. La troisième muraille, commencée sous le roi Agrippa Ier, avait vingt-cinq coudées de hauteur et dix coudées d'épaisseur. Commençant à la tour Hippicos et courant en ligne droite vers le nord, jusqu'à la tour Pséphina, elle se dirigeait à l'est, en passant devant le tombeau d'Hélène, traversait les grottes royales ou sépultures des rois, et rejoignait au midi l'ancienne muraille dans la vallée de Cédron.

Après la construction de cette troisième muraille, l'enceinte de la ville était, selon Josèphe, de trente-trois stades, qui, d'après le calcul de d'Anville, font deux mille quatre cent quatre-vingt-treize toises deux pieds.

Les remparts qui environnent maintenant Jérusalem furent bâtis en 1534 par Soliman Ier. Leur hauteur est de quarante pieds, et leur largeur de trois pieds; ils sont flanqués de tours élevées de cent vingt pieds.

On y trouve sept portes, dont deux sont condamnées. Dans le mur septentrional il y a deux portes : vers l'occident, la porte de Damas, appelée par les Arabes *Bab-el-Hamoud* (porte de la Colonne), qui mène à Naplouse, à Nazareth, à Saint-Jean d'Acre et à Damas; vers l'orient, la porte d'Hérode ou d'Éphraïm, en arabe *Bab-el-Zohéri*.

A l'orient il y avait deux portes : vers le nord, la porte Saint-Étienne, appelée par les Arabes *Bab-sitti-Mariam*, parce qu'elle conduit au tombeau de Marie. Par cette porte on va à Jéricho, en passant par la montagne des Oliviers. Vers le sud, toujours dans l'orient, est la porte Dorée, qui donne sur le parvis du Temple. C'est par là que le Christ est entré à Jérusalem le jour des Rameaux. Cette porte, qui est géminée, est évidemment une des plus anciennes de Jérusalem. Elle est murée.

Au midi, on trouve, vers l'orient, la porte Sterquilinaire, qui mène à la fontaine de Siloé, en arabe *Bab-el-Mogharebé* (porte des Maugrabins ou des Barbaresques). Vers l'occident, sur le mont de Sion que le mur traverse, est la porte de Sion, ou *Bab-el-Nabd-David* (porte du prophète David). En dehors de cette porte, sur le sommet du Sion, on montre la maison de Caïphe, maintenant une église arménienne. Non loin de là est une mosquée bâtie, dit-on, sur le tombeau de David. A l'ouest se trouve un édifice qui autrefois était un couvent de Franciscains, et qui maintenant est un hôpital turc.

A l'occident, on ne trouve que la porte de Bethléem, qui mène à Bethléem, à Hébron et à Jaffa, par Ramleh. Les Arabes l'appellent *Bab-el-Khalil*, porte de l'ami de Dieu, c'est-à-dire d'Abraham. Près de cette porte se trouve le château des Pisans, monument chrétien du temps des croisades. La tour de David, qui en fait partie, existait cependant avant cette époque.

Le tour de la muraille actuelle est de quatre mille six cent trente pas.

La ville forme une espèce de trapèze dont les côtés les plus longs sont au nord et au midi.

Voici maintenant les noms des rues de Jérusalem, d'après l'*Itinéraire* de M. de Châteaubriand : « Les trois principales se nomment : 1° *Harat-Bab-el-Hamoud*, la rue de la porte de la Colonne. Elle traverse la ville du nord au midi ; 2° *Souk-el-Kebir*, la rue du grand Bazar ; elle court du couchant au levant ; 3° *Harat-el-Alam*, la Voie Douloureuse. Elle commence à la porte de la Vierge, passe au prétoire de Pilate, et va finir au Calvaire. On trouve ensuite sept autres petites rues : *Harat-el-Moslemin*, la rue des Musulmans ; *Harat-el-Nacara*, la rue des Chrétiens, qui va du Saint-Sépulcre au couvent Latin ; *Harat-el-Arman*, la rue des Arméniens, au levant du château ; *Harat-el-Yacoub*, la rue des Juifs, où sont les boucheries de la ville. Elle est située entre le Sion et le Moria, là où était autrefois la vallée de Tyropéon ; *Harat-bab-Hotta*, la rue près du Temple ; *Harat-el-Zohara*. « Mon drogman, dit M. de Châteaubriand, me traduisait ces mots par *Strada comparita*. Je ne sais trop ce que cela veut dire. Il m'assurait encore que les *rebelles* et les *méchantes gens* demeuraient dans cette rue. » *Harat-el-Mogharebé*, la rue des Maugrabins ou des Barbaresques.

Ces rues sont étroites et irrégulières ; elles ne sont pavées qu'en partie. Les maisons présentent des masses lourdes de terre argileuse ou de pierre. Elles sont très-basses et ont très-rarement des fenêtres, qui sont toujours grillées. Elles sont pour la plupart couvertes de toits plats ou de coupoles.

Les relations des voyageurs diffèrent beaucoup entre elles sur le nombre des habitants de Jérusalem. Elles balancent entre quinze et vingt mille. Dans ce nombre les Juifs paraissent entrer pour un tiers.

Les principaux édifices de la moderne Jérusalem sont : 1° l'église du Saint-Sépulcre, vers le nord-ouest de la ville ; elle fut incendiée dans la nuit du 11 au 12 octobre 1808 ; mais elle a été rebâtie plus tard en partie ; 2° le couvent de Saint-Sauveur, entre les portes de Damas et de Bethléem ; 3° le principal couvent des Grecs, près de l'église du Saint-Sépulcre ; 4° l'église des Arméniens, au pied du Sion, bâtie, dit-on, à l'endroit où était la maison d'Anne le Pontife ; 5° la grande mosquée d'Omar avec ses dépendances. Elle est bâtie sur le mont Moria, sur l'emplacement du temple de Salomon.

Le monument célèbre qui s'élève sur le lieu où fut enseveli le Sauveur se compose de trois églises : celle du Saint-Sépulcre, celle du Calvaire et celle de l'Invention de la Sainte-Croix. Il est surmonté d'un double dôme, se trouve masqué par des constructions adjacentes et n'a point de décorations extérieures.

L'église proprement dite du Saint-Sépulcre a la forme d'une croix. A l'entrée on trouve d'abord la pierre de l'Onction, que couvre une table de marbre pour la préserver des dégradations. Plus loin, à gauche ou à l'ouest, s'élève la grande coupole, qui était construite autrefois en bois de cèdre et couverte de plomb. Elle s'élève au-dessus d'une rotonde formant la nef de l'édifice [1] et qui était entourée par des colonnes, et maintenant par des piliers supportant une galerie supérieure. Au milieu de cette nef circulaire, sous un petit monument de marbre taillé en forme de catafalque, se trouve un tombeau de marbre blanc : c'est le tombeau de Jésus-Christ (planche III).

A l'orient de la nef s'ouvre le chœur et au delà le maître-autel, autour desquels sont placées les chapelles de l'Apparition, de la Prison de Notre-Seigneur et de la division des vêtements.

Derrière le chœur, et à droite, on rencontre deux escaliers, l'un montant sur le Calvaire où fut élevée la croix, l'autre descendant sous le Calvaire où la croix fut retrouvée par l'impératrice Hélène.

Cette dernière partie du monument est une des trois églises qu'il renferme, et s'appelle l'Invention de la Sainte-Croix. Elle comprend la chapelle de Sainte-Hélène, où l'on arrive en descendant vingt-neuf marches, et que nous avons décrite (planche IV). On descend encore treize marches, et l'on parvient dans une grotte profonde ou chapelle, qui a donné son nom à la partie de l'édifice où elle est creusée. C'est là que le signe du salut, après être resté enfoui durant trois siècles, a été découvert par les soins pieux de l'impératrice Hélène.

L'église du Calvaire est élevée de vingt marches au-dessus de l'église du Saint-Sépulcre, et d'environ soixante au-dessus de la grotte où fut trouvée la croix. Elle a deux chapelles, l'une marquant la place où Jésus fut attaché sur l'instrument de son supplice, l'autre la place où la croix fut érigée. Toutes deux sont revêtues de marbre et constamment éclairées de trente ou quarante lampes entretenues,

---

[1] Marino Sanuto (liv. III, chap. VIII, partie XIV), donne à cette rotonde soixante-quatorze pieds d'élévation ; mais elle n'en a juste que soixante-trois, dont le Saint-Sépulcre en occupe quinze.

dans la première, par les Franciscains, et dans la seconde, par les Arméniens.

Au septentrion, on monte quelques marches et l'on trouve l'entrée du petit couvent où treize religieux franciscains sont envoyés du monastère de Saint-Sauveur, pour veiller à la garde des saints lieux; ils y restent trois mois, et ne peuvent sortir qu'aux heures où la porte de l'église du Saint-Sépulcre est ouverte par les gardiens turks.

En entrant, on pénètre d'abord dans notre église latine, construite sur le lieu où Jésus-Christ apparut à sa mère. En sortant de cette église et tournant à droite, on arrive dans différentes parties des logements et du cloître des religieux. En revenant et se dirigeant vers la gauche, on se trouve dans le réfectoire et un peu plus loin est la chambre du supérieur. Dans cette partie du couvent, en descendant quelques marches, on trouve des citernes pour l'usage de la communauté, puis enfin, plusieurs sépulcres.

FIN.

TABLE DES MATIÈRES.

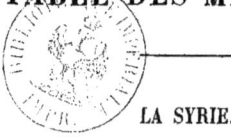

LA SYRIE.

Aperçu géographique et historique. — Les rois de Syrie depuis Hadadézer, contemporain de David, jusqu'à la conquête de Damas par Teglath Phalasar, roi de Ninive. — Les Séleucides. — La Syrie sous les Romains, sous les empereurs d'Orient, sous les sultans d'Égypte, sous les Ottomans. — Ses divisions territoriales.................... 1-7

PACHALIK D'ACRE OU DE SAÏDE.

Saint-Jean d'Acre ou Ptolémaïs, son histoire. — Prise par les Croisés. Sour (l'ancienne Tyr), Saïde (Sidon), Beyrout (Béryte). — Couvents maronites de Mar-Hanna et de Daïr-Mokallès. Daïr-el-Quammar. Palais de Bettedin. L'émir Beschir. — Lady Esther Stanhope............... 7-28

PACHALIK DE TRIPOLI.

Tripoli; le Liban, Éden. Les cèdres Antoura; château du moyen âge, près de Batroun (Botrys). Lattakieh (Laodicée); Djébilé; Merkab, Tartosa; Rouad (Aradus), Djébaïl (Byblos). Les Ansariés, les Maronites. — Le couvent de Saint-Antoine. — Les Druses; l'émir Fakr-ed-Dyn (Facardin). Les Motoualis.................................. 28-52

PACHALIK D'ALEP.

Alep. — Alexandrette. — Baïlan, Antakieh (Antioche); la plaine de l'Oronte; Séleucie; Martouan; Klès, Aëntab; Mambedj (Bembyce ou Hiérapolis); monticules de la plaine d'Alep.................... 52-68

PACHALIK DE DAMAS.

Les pachas de Damas. Damas, son histoire, ses monuments, ses bazars; Balbeck (Héliopolis) et Palmyre, leurs ruines, leurs temples. — Homs (Émèse); Hama; Famieh (Apamée)........................... 68-87

LA JUDÉE ET LA PALESTINE.

Aperçu géographique. — Résumé historique des événements qui se sont passés en Palestine et en Judée, depuis l'entrée des Hébreux dans la terre de Chanaan, jusqu'aux temps modernes. Races aborigènes. Arrivée des Hébreux dans la terre de Chanaan ; conquête de Josué. Division du pays entre les tribus ; les Juges ; les Rois. Saül ; David enlève aux Jébuséens la forteresse de Jébus ou Jérusalem ; Salomon fondateur du temple ; division du royaume des Juifs en deux états ; les rois de Juda, les rois d'Israël. Captivité à Babylone. Reconstruction du temple. Alexandre à Jérusalem. La Judée sous les Ptolémées, sous les Séleucides, sous les Romains. — Le Messie. — Les Hérodes. Siège et prise de Jérusalem par Titus, d'après l'historien Josèphe. Adrien rebâtit Jérusalem sous le nom d'Ælia. — Constantin, l'impératrice Hélène. — Julien l'Apostat. — Conquête de la Palestine et prise de Jérusalem par Chosroës, roi de Perse, par le calife Omar, par les sultans d'Égypte. — La Terre Sainte sous les Seldjoucides. — Première croisade. — Pierre l'Ermite. — Godefroi de Bouillon, prise de Jérusalem en 1099. — Les rois latins de Jérusalem. — Conquête de cette ville par Saladin ; suite des croisades. — L'empereur Frédéric à Jérusalem. — Saint Louis dans la Terre Sainte. — État de la Palestine sous les rois latins. — Conquête par les Musulmans. — Protection accordée aux saints lieux par les princes de l'Occident. — L'ambassadeur Deshayes à Jérusalem. — Expédition française en 1799. — Guerre du vice-roi d'Égypte contre le sultan. — La Palestine retombe sous la domination de la Porte.... 87-130

DESCRIPTION DE LA PALESTINE ET DE LA JUDÉE.

I. — DE JAFFA A JÉRUSALEM.

Jaffa (Joppé). — Loudd (Lydda ou Diospolis), Ramla ou Ramleh ; tour des Quarante Martyrs ; puits de Jacob. — Plaine de Saron. — Vallées de Jérémie et de Térébinthe. — Naplouse (Sichem). — Aspect des environs de Jérusalem.. 130-138

II. — JÉRUSALEM.

Sa fondation, son histoire, ses monuments. Église du Saint-Sépulcre, sa description ; le tabernacle ou sépulcre de Notre-Seigneur ; les tombeaux de Godefroi et de Baudouin, rois de Jérusalem. La Voie Douloureuse ; la maison de Pilate, l'arcade de l'*Ecce Homo;* la maison du mauvais riche ; la maison de Véronique ; la Porte Judiciaire. — Maison d'Anne le Pontife et de Simon le Pharisien ; monastère de Sainte-Anne, prison de Saint-Pierre. — Piscine de Bethsabée. La maison de Caïphe, le Saint-Cénacle, le palais de David. Fontaine et piscine de Siloé, fontaine de la Vierge ; vallée de Josaphat, torrent de Cédron ; montagne des Oliviers, mont du Scandale. Le village de Gethsémani ; sépulcres de la Vierge, de saint Joachim, de saint Joseph et de sainte Anne. — Tour des Pisans, prétoire de Pilate, piscine Probatique, palais d'Hérode, hôpital turk (ancien hôpital chrétien). Enceinte, portes et rues de Jérusalem. — Le temple de Salomon ; sa description d'après Josèphe. — Tombeaux de Zacharie, d'Absalon, de Josaphat, de saint Jacques. — Sépulcres des Rois et des Juges. — Mosquée d'Omar ou de la Roche (El-Sakhrah). — Les gouverneurs turks (mutzelims) à Jérusalem ; les pèlerins ; les pères latins de Saint-Sauveur ou de Terre Sainte, gardiens du Saint-Sépulcre. Description de leur monastère. Aspect général de Jérusalem. Quartier des Juifs. Détails sur le siége et la prise de Jérusalem par les Croisés en 1099.................................... 138-167

III. — ENVIRONS DE JÉRUSALEM.

Bethléem ; église bâtie par sainte Hélène sur la crèche du Sauveur ; grotte de la Nativité ; sépulture des Innocents ; salle et école de Saint-Jérôme ; tombeaux de sainte Paule et de sainte Eustochie ; vallon des Pasteurs. — Béthulie. — Jéricho. — La mer Morte. — Le Jourdain. — Couvent de Saint-Saba. — Plaine d'Esdrelon. — Nazareth. — Cana. — Le mont Thabor. — Tibériade. — Capharnaüm, le mont Carmel. Habroun (Hébron). Mesmié ; la colline El-Tell ; Baït-Djibun (Metagobris) ; El-Hesi ; Yabné (Jamnia) ; El-Doud, (l'Azote des Philistins), Gazzah. — Désert du Tor. — Mont Sinaï ; église et couvent de Sainte-Catherine...... 167-203

IV. — PEUPLES ERRANTS DE LA SYRIE.

Turkomans. — Kourdes. — Arabes, Bédouins. — Leurs usages, leurs traditions, leurs mœurs ; récits des voyageurs célèbres qui les ont visités... 203-246

V. — RÉSUMÉ GÉNÉRAL DE LA SYRIE, DE LA PALESTINE ET DE LA JUDÉE.

Sol, climat, races diverses. — Influence du gouvernement des Turks. — Condition des habitants musulmans et des chrétiens. — Arts, industrie, commerce. — Détails de mœurs. — Noms des écrivains et des voyageurs anciens et modernes indiqués dans cet ouvrage............... 246-260

EXPLICATION DES GRAVURES.

Planche première. — Jérusalem ; murs de l'ouest........................	261
Pl. II. — Porte de l'église du Saint-Sépulcre à Jérusalem................	262
Pl. III. — Le Saint-Sépulcre...	268
Pl. IV. — Chapelle construite par sainte Hélène au Saint-Sépulcre.........	269
Pl. V. — Vue de Jérusalem prise de la terrasse du couvent du Saint-Sépulcre...	270
Pl. VI. — Porte de l'*Ecce Homo* à Jérusalem, Voie Douloureuse...........	271
Pl. VII. — Grande mosquée d'Omar.....................................	271
Pl. VIII. — Vue de la porte de Damas à Jérusalem.......................	274
Pl. IX. — Porte d'Éphraïm à Jérusalem.................................	275
Pl. X. — Fontaine de Siloé..	275
Pl. XI. — Retraite des Apôtres, vallée de Josaphat......................	276
Pl. XII. — Vue de Jérusalem, prise de la vallée de Josaphat..............	277
Pl. XIII. — Entrée du sépulcre des Rois à Jérusalem.....................	278
Pl. XIV. — Entrée du sépulcre des Juges à Jérusalem....................	280
Pl. XV. — Tour de Jéricho..	281
Pl. XVI. — Mer Morte..	282
Pl. XVII. — Église du couvent de Nazareth.............................	284
Pl. XVIII. — Halte aux sources de Moïse...............................	285
Pl. XIX. — Le mont Sinaï...	286
Pl. XX. — Plans de Jérusalem, du couvent et de l'église du Saint-Sépulcre..	289

FIN DE LA TABLE.

Paris. — Typographie de Mme Ve Dondey-Dupré, rue Saint-Louis, 46.

www.ingramcontent.com/pod-product-compliance
Lightning Source LLC
Chambersburg PA
CBHW072020150426
43194CB00008B/1188